KB123533

완역 서우 1

점필재연구소
대한제국기번역총서

완역 서우 1

西友

권정원
신재식
신지연
최진호

보고사
BOGOSA

발간사

강명관 / 부산대 한문학과 교수

2019년에 『조양보(朝陽報)』를, 2020년에 『태극학보(太極學報)』를 발간한 우리 '대한제국기 잡지 번역팀'은 이번에 『서우(西友)』를 완역하여 발간한다. 『조양보』와 『태극학보』 등 이른바 대한제국기 잡지의 중요성에 대해서는 이미 상식이 되어 있기에 여기서 다시 말할 필요는 없을 것이다.

『서우』는 서우학회(西友學會)의 기관지로서 1906년 12월 1일 창간되어 1908년 5월까지 통권 17호를 발간하였다. 『서우』는 겨우 1년 반 정도 발간되고 말았으니, 이 시기 대부분의 잡지가 그랬던 것처럼 단명했던 것이다. 『서우』의 내용 역시 애국계몽기 잡지와 크게 다르지 않다. 그럼에도 불구하고 『서우』는 『서우』만의 특성이 있다. 『서우』의 발간 주체인 서우학회는 1906년 10월 26일 평안도와 황해도 출신의 지식인들이 주축이 되어 결성한 학회다.

조선시대에 평안도와 황해도를 '양서(兩西)'라 불렀던 바, 양서는 함경도 지역과 함께 심한 차별의 대상이었다. 박은식(朴殷植)은 창간호의 사설에서 "수백 년간에 이른바 서도 출신이 우리 국민들과 비교하여 어떤 대우를 받았던가? 독서하는 선비들은 재상가의 인역(人役)에 불과했고, 일반 평민들도 모두 관리들의 희생이었다."라고 말하며 자신들이 받았던 지역적 차별을 강렬하게 의식했던 것이다.

『서우』는 이처럼 지역적 차별에 대한 강렬한 의식에서 출발했지만,

최종적인 목적은 지역을 넘어선 민족의 계몽을 지향하고 있었다. 박은식은 이렇게 말한다. "지금 우리들로 하여금 지난 일들을 생각하게 하면 당연히 화가 나고 속이 끓는구나. 아주 옛날에 우리 선조와 부형들 중 과거 급제로 관료가 된 자들은 나그네 처지로 서울에 머무를 때에 '도계(道契)'라는 조직이 있었으니, 이것이 지금 학회의 배태(胚胎)이다. 그러나 그때 도계의 주의(主義)는 일반 계원의 상애상조(相愛相助)를 목적으로 한 것이었지만, 지금 우리의 학회 발기는 그 취지 목적이 단지 회원의 친목구락(親睦俱樂)을 위함이 아니고, 일체 청년의 교육을 진작시키며 동포의 지식을 개발하여 대중을 단체 결합시켜 국가의 기초를 굳게 세우고자 함이다." 곧 서우는 평안도와 함경도인의 '친목구락'이란 지역적 이기주의를 벗어나 청년의 교육, 동포의 지식 개발, 민족의 단결 등 민족의 각성과 계몽을 지향하고 있었던 것이다. 이 점에 유의하지 않을 수 없다.

『서우』의 내용은 전반적으로 이 시기 계몽적 잡지를 크게 벗어나지 않는다. 격변하는 세계정세에 대한 보고, 근대적 지식의 수용, 민족의 각성에 대한 계몽적 논설 등이 주류를 이룬다. 물론 이 시기가 을사늑약 이후 통감부 체제 하라는 것을 염두에 두지 않아서는 안 될 것이다. 어쨌든 이번 『서우』의 완역을 계기로 하여, 계몽기에 대한 연구가 보다 치밀해지고 풍성해지기를 기대한다.

『서우』의 완역에도 여러 사람이 참여했다. 권정원, 신재식, 신지연, 최진호 등이 번역을 맡았고, 서미나, 이강석, 전지원은 편집과 원문 교열을 맡았다. 그 외 유석환, 손성준, 임상석, 장미나, 김도형, 이태희 등 여러분들이 책의 완성에 수고를 아끼지 않았다. 이 자리를 빌려 고맙다는 말을 전한다.

차례

서우 제1호

서우 제2호

서우 제3호

서우 제4호

서우 제5호

일러두기

1. 번역은 현대어화를 원칙으로 하였다.
2. 단락 구분은 원문의 형태를 따르는 것을 원칙으로 하되, 문맥과 가독성을 위해 번역자의 재량으로 단락을 나눈 경우도 있다.
3. 중국의 인명과 지명은 그 시기가 근・현대인 경우는 중국어 발음에 따라 표기하고, 그 이전의 경우는 한국 한자음을 써서 표기하였다. 일본과 서양의 인명과 지명은 시기에 관계 없이 해당 언어의 발음대로 표기하였다.
4. 본서의 원본은 순한문, 국한문, 순국문 기사가 혼합되어 있다. 이를 구분하기 위해 순한문인 경우 '漢', 순국문인 경우 '한'을 기사 제목 옆에 표시해두었다. 표시하지 않은 기사는 국한문 기사이다.
5. 원문의 괄호는 '- -'으로 표기하였다.

【해제】

『서우』를 통해 본 근대 계몽주의의 이상과 현실[1]

유석환 / 전남대학교 학술연구교수

1. 머리말

1876년에 한국 최초의 근대적인 조약인 조일수호조규(일명 강화도조약)가 체결됨으로써 500년간 유지되어 온 조선의 재문명화는 더 이상 거스를 수 없는 시대적 흐름이 되었다. 일각에서 근대계몽기(1905~1910)라고 부르는 1900년대 후반기는 그 재문명화를 위해 요구되었던 근대 지식이 폭발적으로 수용된 첫 번째 시기였다. 두말할 필요도 없이 근대 계몽주의의 열기는 장기지속적인 인쇄 매체였던 책 외에도 근대의 신생 인쇄 매체인 신문・잡지가 가세함으로써 빠르게 고조될 수 있었다. 『서우』도 그 가운데 생겨난 잡지 중 하나였다.

잘 알려진 대로 『서우』는 관서 지방 출신 인사들이 조직한 서우학회

1 이 해제는 2020년 8월 19일에 "대한제국기 잡지의 존재 양상과 지식의 현재성"이란 주제 아래 개최된 부산대학교 점필재연구소 학술대회에서 필자의 발표문이었던 「근대 지식시장의 형성에 대한 예비적 고찰: 『서우』를 중심으로」의 일부 내용을 바탕으로 작성한 것이다. 참고로 그 발표문은 「근대 지식문화의 형성에 대한 예비적 고찰: 『서우』를 중심으로」이란 제목으로 『민족문학사연구』 75호(2021년 4월호)에 수록되었다.

의 기관지로서 1906년 12월에 창간되어 1908년 1월까지 통권 14호가 발행되었다.[1] 1908년 1월에 서우학회가 관북 지방 출신 인사들이 조직한 한북학회와 통합되어 서북학회로 재편됨에 따라 『서우』도 『서북학회월보』로 변경되었다. 하지만 한북학회가 기관지를 갖고 있지 않았기 때문에 『서북학회월보』는 『서우』의 체제를 그대로 계승하게 되었다. 『서북학회월보』는 『서우』의 지령을 이어서 1908년 5월까지(통권 15~17호, 1908년 4월호는 결호) 발행되다가 1908년 6월부터는 지령을 처음부터 다시 시작하여 적어도 1910년 7월까지 통권 25호(1910년 1월호는 결호)가 발행되었다.[2] 『서우』는 근대 지식을 가장 빠르게 수용했던 지역 출신 인사들이 조직하여 당대 가장 활성화된 학회의 기관지였다. 게다가 『서북학회월보』와의 연속성까지 고려하면, 근대 계몽주의가 가장 빛났던 1900년대 후반기를 관통하므로 『서우』만큼 당시 계몽주의의 역사상을 파악하는 데 적합한 잡지도 없다. 이 글에서는 1906년 12월에 창간된 『서우』와 함께 그 지령을 이어받아 1908년 5월까지 발행된 『서북학회

---

1 기존의 『서우』 관련 연구들은 다음과 같다. 이송희, 『대한제국기의 애국계몽운동과 사상』, 국학자료원, 2011; 권영신, 「한말 서우학회의 사회교육 활동에 관한 연구」, 성균관대학교 박사학위논문, 2006; 조현욱, 「서북학회의 계몽운동 : 『서우』·『서북학회월보』의 분석을 중심으로」, 성균관대학교 석사학위논문, 1995; 문한별, 「근대전환기 학회지의 서사체 투영 양상: 『서우』·『서북학회월보』를 중심으로」, 『우리어문연구』 35, 우리어문학회, 2009; 전은경, 「근대계몽기 잡지의 매체적 특징과 역사의 서사화 과정」, 『한국현대문학연구』 50, 한국현대문학회, 2016; 전은경, 「『서우』의 독자 글쓰기와 개인적 고백의 서사」, 『대동문화연구』 97, 성균관대학교 대동문화연구원, 2017; 전은경, 「근대계몽기 서북지역 잡지의 편집 기획과 유학생 잡지의 상관관계」, 『국어국문학』 183, 국어국문학회, 2018 등.

2 현재까지 확인된 『서북학회월보』의 실물들 중 통권 25호가 가장 늦은 시기의 것이지만 그것이 종간호인지는 확실하지 않다. 참고로 한국학문헌연구소에서 편찬한 『한국개화기학술지』 영인본(아세아문화사, 1978)에 수록되지 않은 것들 중 일부가 서울대학교 중앙도서관 고문헌자료실에 소장되어 있다. 그것들은 1권 20호(1910년 2월호)와 1권 22호(1910년 4월호), 1권 25호(1910년 7월호)이다. 이 중 1권 20호는 국립중앙도서관에서도 소장하고 있다.

월보』를 일별하며 근대 계몽주의에 대해 다시 생각해보고자 한다. 이것이 근대 지식문화의 역사상을 이해하는 하나의 첩경이 될 것이라고 믿기 때문이다. 자, 이제 거두절미하고 본론으로 어서 넘어가보자.

2. 『서우』가 직면한 현실

잡지들의 시대별 경향성, 이를테면 잡지의 편집 양식이라고 할 만한 현상을 쉽게 찾아볼 수 있는데, 잡지들이 본격적으로 출현하기 시작했던 1900년대도 예외는 아니었다. 1896년 2월 한국 최초의 국문잡지로 알려진 『친목회회보』(1896.2~1898.4, 통권 6호)가 창간된 이래 대체로 1910년대 중반까지 잡지의 주류적인 편집 양식은 기본적으로 『친목회회보』가 제시한 방향을 따랐다. 『친목회회보』에서 제시한 잡지의 편집 양식은 다음과 같았다.

사 설	사회상 이익되는 언론을 건백함
논 문	학문연구상 일부분에 대해 전적으로 그 이치를 따짐
기부서	우리나라 사람 및 외국 유지자의 의견서도 청구하여 본국 국문으로 번역·게재함
문 원	지사의 술회와 외국 산천 경치 및 풍속을 형유(形喩)함
강 연	지금 우리가 각 전문에 나아가서 각 학문을 배우는데, 나누면 한 개인의 학업이요, 합하면 사회상 전체 문명이다. 이를 매월 통상회의에 몇 명씩 미리 정해서 자기가 실제로 수학하는 의학, 화학, 공학, 농학, 병학, 법률학, 정치·경제학 등을 강연으로 설명해서 회보에 실을 터이니 이를 합편하면 곧 교과 서목이다. 인물을 양성하는 방법에 간접 이익이 적지 않음
내외보	만국의 현재 정교(政教)가 어떠한지와 국세(國勢)가 어떠한지와 사민(四民)이 어떠한지를 그 맥락을 서로 연결하여 기록함

잡 보 국가의 발달과 개인의 사업을 찬양하여 누구든지 이들 사건을 기록하여 본회 사무소에 투서·기고하면 엮어서 실음
회중기사 본회의 동정을 기록함
본회규칙 대가를 받지 않고 보고 싶은 자에게 증정함[3]

보는 바와 같이 『친목회회보』에서는 잡지 기사들의 상위 범주를 '사설'부터 '본회규칙'까지 모두 9가지로 설정했다. 물론 『친목회회보』에서 그 9개의 상위 범주가 언제나 사용되지는 않았다. 잡지 내에서 범주들 간 비중 격차도 작지 않았다. 이를테면, 『친목회회보』가 호수를 더해갈수록 '친목'보다는 '지식의 교환' 내지 '학문상의 발달'을 중시한 까닭에 그 9가지 범주 중 '사설, 논문, 강연' 등의 범주를 중심으로 잡지가 구성되어 갔다.[4] 동 시기뿐만 아니라 그 이후의 잡지들 사이에서 『친목회회보』가 활용했던 상위 범주의 수량이나 명칭을 엄수했던 잡지는 없었다. 그러나 잡지 전체의 틀만큼은 『친목회회보』의 것을 따르고자 했던 것이 1900년대 잡지들의 주류적인 현상이었다.

그런데 일제에 의한 대한제국의 식민지화가 본격적으로 진행됨에 따라 '사설, 논문, 강연'만큼 중요해진 범주가 하나 있었는데, 바로 '내외보'였다. 『서우』에서는 그것을 '시보(時報)'(때로는 '시사일보(時事日報)')라고 표현했다. 국내외 주요 사건들의 단신들을 모아놓은 '시보'는 『서우』가 발행되는 내내 상설되어 있었던 범주였다(1907년 9월호에만 부재). 이 '시

3 「친목회 광고」, 『친목회회보』 4, 1897.03. 이하 인용문의 현대어화는 인용자의 것인데, 다만 『서우』·『서북학회월보』의 것은 『서우』 번역본의 것을 따랐음을 밝혀둔다.

4 『친목회회보』 창간호에서는 잡지 발행의 목적을 "피아(彼我)의 사정을 통하여 친목을 돈후히 하고 겸하여 지식을 교환함을 위함"이라고 밝혔던 데 비해 편집체제를 일신했던 4호에서는 "학문상 발달과 회원 동정에 기관됨"이라고 공지했다(「대조선인일본유학생친목회회보 회지」, 『친목회회보』 1, 1896.02, 앞표지 뒤쪽과 『친목회회보』 4, 1897.03, 목차 앞쪽). 보다시피 시간이 갈수록 조직의 결속보다는 지식의 전파를 강조하는 쪽으로 편집방침이 변화되고 있었음을 짐작할 수 있다.

보'가 갑자기 이슈화되었던 까닭은 일제의 검열 때문이었다. 일제에 의해 1907년 7월 27일에 공포되었던 신문지법에서는 당국의 허가를 받지 못하거나 허가를 받더라도 보증금 300원을 납부하지 못하면, "학술, 기예 혹 물가 보고에 관한 사항"만 다루도록 규정했다.[5] 신문지법 36조에 따라 신문뿐만 아니라 "정기 발행하는 잡지류"에도 그 법률이 준용되었다. 일제는 신문지법을 통해 시사와 정치, 요컨대 정론(政論) 통제를 강화할 수 있는 법적 정당성을 확보했다. 이에 따라 아무리 단신만을 모아 놓은 '시보'라 할지라도 정론과 직결된다는 점에서 시보는 잡지의 편집진과 검열 당국자 사이에서 민감한 사안이 될 수밖에 없었다.[6] 결국 '시보'는 『서우』가 『서북학회월보』라는 이름으로 처음 발행된 통권 15호(1908년 2월호)까지 존속했다가 그 이후에는 폐지되었다. 당연히 지령을 달리했던 『서북학회월보』에서도 '시보'는 개설되지 않았다.

이런 변화는 두 가지 사항을 환기한다. 하나는 일제에 의해 인쇄 매체의 검열이 본격적으로 시작되는 1907년 7월을 전후하여 잡지 편집양식이 일정 부분 바뀐다는 것이다. 1900년대 잡지의 편집틀을 제시했던 『친목회회보』를 가지고 말하면, '내외보'의 폐지와 함께 기사 전반에서 정론적인 요소를 최소화하는 방향으로 잡지가 구성되어 갔다. 그런 잡지 편집의 방향성이 바뀌기 시작했던 일은 이른바 '문화정치'의 시행에 따라 소수의 잡지에나마 정론 취급이 허용되면서였다. 잡지 전반으로까지 정론의 허용이 확대된 때는 1930년대 들어서였다.[7]

---

5 「법률 제5호 신문지법」, 『관보』, 1907.7.27. 아울러 1900년대 일제의 검열에 관해서는 정근식, 「식민지적 검열의 역사적 기원: 1904-1910년」, 『사회와 역사』 64, 한국사회사학회, 2003 참조.

6 일례로 식민지시기에 가장 정치적인 잡지 중 하나였던 『개벽』은 보증금을 납부하지 못해 창간 후 한동안 합법적으로 정론을 취급할 수 없었다. 개벽사는 1922년 1월에 보증금 문제를 해결하고 나서야 1922년 2월호부터 『개벽』에 『서우』의 '시보'와 동일한 '사회일지'를 개설할 수 있었다.

일제의 정론 통제가 야기한 잡지 편집양식의 부분적 변화는 나머지 또 하나의 사항, 즉 『서우』의 전반적인 성격에 대한 재고를 요청한다. 그동안 연구자들 사이에서 『서우』는 균질적인 잡지로 인식되온 경향이 없지 않다. 그도 그럴 것이 '논설(論說), 교육부(敎育部), 위생부(衛生部), 잡조(雜俎), 아동고사(我東古事), 인물고(人物考), 사조(詞藻), 문원(文苑), 회보(會報)'와 같은 범주가 『서우』 발행 기간 내내 일관되게 유지되었기 때문이다. 잡지 내 기사들의 배치 구조뿐만이 아니라 주필 박은식의 영향력 또한 잡지 전체에서 꾸준히 지속되고 있었다는 점도 쉽게 확인할 수 있다. 이러한 특징을 지령의 연속성 여부와 상관없이 2종의 『서북학회월보』 모두 보였다. 이 까닭에 선행연구에서는 주필이 박은식에서 김원극으로 교체되는 1909년 10월 무렵, 다시 말해 지령을 달리한 『서북학회월보』 통권 16호에 이르러서야 그 이전과의 불연속성을 훨씬 더 강하게 의식하곤 했다.[8]

그러나 '시보'의 존치 여부가 증언하듯이 『서우』는 시사잡지는 아니었지만 시사적인 것을 적극적으로 지향했다는 점에서 『서북학회월보』와는 성격이 다른 잡지였다(이런 성격 변화 때문에 『서북학회월보』가 갑자기 지령을 바꿨는지도 모르겠다). 더 거칠게 말하면, 『서우』는 시사성이라는 측면에서 『서북학회월보』보다는 가장 정치적인 학회지로 알려진 『대한자강회월보』와 더 가까운 잡지였다. '시보'와 같은 범주의 부재는 말할 것도 없고, 이미 발행 초기 때부터 "직접 정치상에 관한 기사는 수납치 아니함"을 공지하며 정론을 명시적으로 배제했던 『태극학보』(1906.8~1908.12, 통권 27호)와 비교하면,[9] 『서우』의 시사적인 성격은 더 분명해

7 유석환, 「근대 초기 잡지의 편집양식과 근대적인 문학 개념」, 『대동문화연구』 88, 성균관대학교 대동문화연구원, 2014 참조.

8 전은경, 「근대계몽기 서북지역 잡지의 편집 기획과 유학생 잡지의 상관관계」, 『국어국문학』 183, 국어국문학회, 235-252쪽.

진다.

따라서 『서우』의 편집진은 '시보'의 존치 여부에 결정적으로 영향을 미쳤던 일제의 검열이 본격화된 1907년 7월 무렵부터 잡지 편집의 새로운 방향성을 모색하지 않을 수가 없었다. 사실 그 7월을 기점으로 그 이전과 동일한 논조를 유지한다는 것 자체가 문제가 있는 것이었다. 헤이그특사사건을 빌미로 벌어진 고종의 강제 퇴위(7.20), 한일신협약의 체결(7.24), 대한제국 군대 해산의 칙령 반포(7.31) 등이 잇달아 일어났던, 그야말로 정치적 격동기였던 7월은 대한제국이 사실상 일본의 식민지가 되었던 때였기 때문이다. 신문지법을 비롯하여 언론·집회·결사의 자유를 금지한 보안법(1907.7.29 공포) 등은 대한제국 강점에 반발하는 여론을 통제하기 위한 일제의 후속 조치에 불과한 것이었다. 1907년 8월에 해산당한 대한자강회는 그 본보기였다. 『서우』로서는 변화가 불가피했다.

3. 근대 계몽주의 논리의 분열 양상

『서우』의 논조가 일관성을 유지하기 어려운 상황이었다는 점을 염두에 두고 『서우』를 일별할 때 눈에 띄는 현상 중 하나는 법에 대한 관심이 그 격동의 7월을 전후로 고조되었다는 점이다. 『서우』에서 법 관련 글이 본격적으로 등장했던 것은 박성흠의 연재물 「민법 강의의 개요」(7~9·13호, 4회)와 한광호의 「영사의 재판권」이 수록되었던 1907년 6월호(통권 7호)부터였다. 그 이전까지는 법의 중요성만을 간단히 언급했던 옥동규의 짤막한 글 「인민 자유의 한계」(2호)가 전부였다. 그런데 흥미롭게도 1907년 8월호는 법 특집호라고 해도 무방할 만큼 법에 관한 글이

9 「투서 주의」, 『태극학보』 5, 1906.12.

집중되었다. 박성흠의 글 외에도 차종호의 「법률상 자치의 관념」, 채수현의 「국법상 국무대신의 지위」, 경찰법을 다룬 최응두의 「경찰시찰담」 등이 게재되었다. 특히 '시보'에는 처음으로 시사 단신 대신 법령(「지방금융조합 규칙」)이 수록되었다. 이후 법 관련 글은 한광호의 「외국인의 공권 및 공법상 의무」(10호)와 박성흠의 글(13호)을 끝으로 『서우』에 더 이상 등장하지 않았다. 그 이례적이었던 8월호를 제외하면 '시보'에도 더 이상 법령 전문은 수록되지 않았다. 법 관련 글은 통권 15호, 그러니까 『서우』에서 『서북학회월보』로 재편되면서 다시 등장했다. 「법학의 범위」(15호), 「형법과 형사소송법의 관계 여하」(16호), 한광호의 「이혼법 제정의 필요」(17호) 등이 그 사례들이다. 이렇게 법 관련 글이 매호 등장했던 『서북학회월보』에서는 앞에서 언급했던 대로 '시보'가 폐지되고, 그 대신 특정 법령 전문을 수록한 '법령적요(法令摘要)'가 개설되었다.

『서우』 논자들의 법에 대한 관심은 기본적으로 국가 및 개인의 근대적 정체성과 그 주체들의 다양한 관계를 규정하는 토대를 법이 조건화한다는 인식에서 비롯된 것이었다. 이를테면, 법이 근대적 주체의 권리능력을 보장하지 않으면 천부인권도 유명무실해질 수밖에 없다는 것이 그들의 공통된 생각이었다. "그런즉 인민의 자유는 법률 범위 내에서 완전히 보유된다 할 것이다."[10] 이는 근대적 주체성이 도덕이 아니라 권력에 의해 좌우됨을 뜻하는데, 더 말할 필요도 없이 그 권력은 개인이 아니라 국가가 독점하는 것이었다. 그래서 그 논자들 중 한 명인 박성흠이 "법률은 근세 국가 통치의 큰 근본"으로서 "법률 규칙은 국가가 강행하는 것이요, 도덕 규칙은 강행 없이 오직 사람들이 양심상으로만 자연히 받들고 따르는 것이다"라고 지적했던 것이다.[11] 또 다른 논자 옥동규

---

10 옥동규, 「인민 자유의 한계」, 『서우』 2, 1907.01.

11 박성흠 역초(譯抄), 「민법 강의의 개요」, 『서우』 7, 1907.06.

가 "국가가 인민을 보호하는 목적에서 나온 법률 범위 내에서 자유권에 따라 활동하면 타국의 압제도 가히 배척할 수 있고 개인 간에 침해도 받지 않을 것이다. 그러므로 자유의 한계는 법률 범위 내에 있다"고 말했던 것도 그 때문이었다.[12]

이때 문제는 개인 기본권의 핵심적 보호자인 국가의 붕괴가 일제에 의해 기정사실화된 상황에 『서우』 논자들이 직면하게 되었다는 사실이다. 다시 말해 『서우』 논자들은 대한제국에 대한 일제의 강점이 진행될수록 근대적 법질서의 현실, 곧 그 맹점과 한계를 점점 직시할 수밖에 없었다. 이는 "국제법은 독립의 국제적 조건"이라고 회자되었던 당시 상황에서 『서우』의 논자들이 국제법에는 조금의 관심도 기울이지 않은 채 오로지 국내법에만 관심을 쏟았던 사실과도 무관하지 않을 것이다.[13]

그런데 이와 같은 근대적 법질서에 대한 『서우』 논자들의 회의가 단지 법이라는 하나의 영역에만 국한된 것은 아니었다. 오히려 근대의 논리 자체에 대한 회의가 법을 통해 드러난 것이라고 보는 것이 더 타당하다. 합법적 폭력성을 전제한 법이야말로 도덕적 질서 체제에 근간한 전근대의 세계와 확연히 구분되는 근대세계의 요체라고 강조했던 것이 바로 그들이었기 때문이다. 『서우』의 논자들이 인식했던 근대의 논리란 이미 수많은 연구에서 언급되었던, 이른바 사회진화론에 근간한 문명론이었다. 이를 서우학회의 발기인들은 다음과 같이 말했다.

> 무릇 사물이 고립되면 위태로워지고 모이면 강해지며 하나가 되면 이룰 수 있고 떨어지면 패배하는 것은 본래 한결같은 이치이다. 하물며 오늘날 세계의 생존경쟁은 천연(天演)이요, 우승열패는 공례(公例)라고 말해지

---

12 옥동규, 「인민 자유의 한계」, 『서우』 2, 1907.01.

13 장인성 외 편, 『근대한국 국제정치관 자료집 1: 개항・대한제국기』, 서울대학교출판문화원, 2012, 371쪽.

고 있음에랴. 고로 사회가 단체를 이루는 여부로 문명과 야만을 변별하고 존속과 멸망을 판별할 수 있다. 오늘날 우리가 이같이 극렬한 풍조를 맞부딪쳐 크게는 국가, 작게는 가문을 스스로 보전하는 방책을 강구하면, 우리 동포 청년의 교육을 힘써 개도해 인재를 양성하며 중지(衆智)를 계발함이 즉 국권을 회복하고 인권을 신장하는 기초일 것이다. 그러나 이런 중대 사업을 진흥시키고 확장하고자 하면 공중(公衆)의 단체력을 반드시 바탕으로 삼아야 할 것이니 이것이 금일 서우학회가 발기한 이유이다.[14]

보는 바와 같이 박은식을 비롯한 12명의 서우학회 발기인들,[15] 나아가 『서우』에 글을 투고했던 모든 논자들도 당대의 수많은 계몽 주체들과 똑같이 현실을 적자생존・우승열패의 원리를 따르는 생존경쟁의 장으로 파악했다. 따라서 『서우』 논자들의 주된 관심사도 대한제국과 그 국민을 어떻게 적자(適者)・우자(優者)로 만들어낼 것인가 하는 거였다. 그 적자・우자의 결정적 요소가 근대 지식이었음을 인정한 그들로서는 당연히 "진실로 학회가 성행한다면 인재도 성행할 것이요 인재가 성행한다면 국세(國勢)도 진흥할 것"이라고 생각했기에 서우학회가 조직되고, 『서우』가 창간된 것이었다.[16]

그러나 사회진화론적인 문명론은 부적자(不適者)・열자(劣者)에게는 부당한 담론이었다. 아무리 그 안에서 약자가 강자가 될 수 있는 방법을 찾을 수 있다고 하더라도 그것은 근본적으로 강자의 우위와 약자의 복종을 정당화하는 제국주의적인 이데올로기였기 때문이다.[17] 단선적인

---

14 「본회 취지서」, 『서우』 1, 1906.12.

15 12명의 발기인은 박은식, 김병도, 신석하, 장응량, 김윤오, 김병일, 김달하, 김석환, 김명준, 곽윤기, 김기주, 김유탁이었다.

16 지나 음빙실주인 저, 이갑 역술, 「학회를 논하다」, 『서우』 4, 1907.03.

17 전복희, 『사회진화론과 국가사상』, 도서출판 한울, 1996, 151쪽. 그 책 곳곳에서는 서세동점의 상황에서 사회진화론적인 문명론의 모순성을 지적하고 있다.

진화의 시간표를 따르는 문명화의 과정에서 부적자・열자가 적자・우자가 되는 일은 요원한 일이었다. 그 선후의 상대적인 격차가 상존할 뿐만 아니라 앞선 자는 언제나 뒤처진 자의 모범으로서 그 우열의 관계가 고정되어 있기 때문이다. 이런 차이를 해소하려는 행위는 사회진화의 법칙에 근본적으로 위배되는 것이었다. 부적자・열자는 자연도태의 대상이지 상생의 대상이 아니었기 때문이다. 그래서 후쿠자와 유키치가 이른바 '탈아론(脫亞論)'을 외쳤던 것이 아닌가. 『서우』 논자들이 사회진화론적인 문명론에 근간하여 계몽의 논리를 고안하면 고안할수록 직면하게 되었던 것은 문명론의 그와 같은 제국주의적인 면모였다. 아시아 유일의 적자・우자였던 일제에 의해 대한제국이 식민지로 전락해 가는 현실 앞에서는 그 누구도 그 사실을 부인하기가 어려웠다. 『서우』의 논자들로서는 새로운 계몽의 논리가 절실했다.

그 결과 이례적이었던 그 1907년 8월호를 기준으로 『서우』의 논조가 점점 분열하는 듯한 현상을 어렵지 않게 발견할 수 있다. 거칠게 말하면, 그 분열의 양상이란 문명론의 대항 담론으로서 1910년대부터 본격적으로 등장하는 문화론을 예비하는 것이었다.[18] 물질적이고 단선적인 문명론의 논리보다는 정신적이고 다선적인 문화론의 논리를 강조하는 목소리가 점차 힘을 얻고 있는 것이 『서우』의 논조 분열의 핵심이었다.

『서우』에서 물질적인 문명론의 논리는 근대 지식의 우선순위를 강조하는 글에서 전형적으로 나타났다. 일례로 『서우』 편집진은 1907년 6월호의 사설란에 "절실한 의견"이란 제목의 글을 게재하면서 "정치・법률의 고등학문"보다는 "공업 발달"에 주력하는 것이 실효적이라는 서우학회 회원의 견해를 "현재 급무에 대하여 가장 절실한 의견"이라고 판단

18 문명론・문화론의 이동(異同)에 대해서는 류준필, 「'문명', '문화' 관념의 형성과 '국문학'의 발생」, 『민족문학사연구』 18, 민족문학사학회, 2001; 노대환, 『문명』, 소화, 2010; 김현주, 『문화』, 소화, 2020 참조.

한 적이 있었다.[19] 그 의견서에서는 59개의 실업학과에 90명의 학생을 어떻게 배치할지, 이에 대한 예산 규모는 어떠해야 할지까지 제시했다. 옥동규도 그 의견서와 동일한 견해를 표명하며 농업・공업・상업의 실업이 그 어떤 학문보다 우선되어야 함을 역설했다. "백성의 생업이 진작되지 못하고 재정이 점차 고갈되어 국가의 안녕을 유지하기 어려우며 인민의 생활을 보전하는 것 또한 어렵다. 이와 같으니 어느 겨를에 예의를 다스릴 수 있으리오. 소위 지지(地誌)니, 역사니, 산술이니, 법률학이니, 정치학을 연구하고 강론하여도 써먹을 곳이 없을 것이니 어찌 한심하지 않은가."[20] 대한제국의 공업 발달 방법을 논한 『경성일보』의 일본어 기사를 『서우』에 역재(譯載)했던 까닭도 "생활 정도의 전진과 물질문명의 복지는 완전히 공업 개발"로 가능하므로 공업이야말로 "국가의 부력(富力)을 증진하고 국민의 지술(智術)을 계발하는 일로, 이것이 생활상 전진을 계획하는 데에 큰 효력이 있을 것"임을 『서우』 편집진이 동의했기 때문이다.[21] 국가 간 생존경쟁을 "상전(商戰)", 그러니까 경제적 패권 다툼으로 인식했던 이달원의 「상전설」도 그런 사례 중 하나였다.[22]

이와 같은 일회적인 기사뿐만 아니라 『서우』의 기사 배치 구조 자체가 물질적인 문명론의 논리에 따른 것이었다. 『서우』에서 가장 중시되었던 범주들, 즉 과학적인 교육론의 일환으로 체육 교육을 강조했던 '교육부'와, 국민의 신체 문제와 직결된 사안을 당대 잡지들 사이에서 가장 적극적으로 다룬 '위생부', 상무 정신을 전형적으로 보여준 인물들을 집중 조명한 '아동고사(我東古事)', '인물고(人物考)'는 문명론의 논리를 매개로 서로 공명・연동하고 있었기 때문이다.[23] 이는 "자국의 권리를 전

19 「절실한 의견」, 『서우』 6, 1907.05.
20 옥동규, 「실업의 필요」, 『서우』 8, 1907.07.
21 「한국 공업」, 『서우』 7, 1907.06.
22 이달원, 「상전설(商戰說)」, 『서우』 3, 1907.02.

부 상실하여 타국인의 노예가 된 것은 허문(虛文)만 숭상하고 무사(武事)를 천시하여 허약함이 극치에 이르게 된 결과"라고 판단하여 "문약의 폐단"을 대한제국 패망의 원인으로 지적했던 『서우』의 주필 박은식의 문제의식과 맥을 함께하는 것이기도 했다.[24]

이러한 문명론의 논리가 『서우』에서 지속되던 가운데 실업에 의해 후순위로 밀렸던 정치・법률 관련 지식이 이례적으로 새롭게 주목을 받았던 그 1907년 8월호를 전후하여 『서우』의 발행 초기에는 보이지 않던 새로운 글들이 『서우』의 지면을 장식했다. 예컨대, 최열의 「나라의 일이 물욕에 의해 그르쳐지다」(7호, 1907년 6월호), 박상목의 「교육정신」(11호), 「인격은 어떻게 양성해야 하는가」(13~14호), 「덕육(德育)의 필요」(17호) 등은 모두 물질주의적인 문명론을 비판하며 개인의 정신적・도덕적 교육이 선행되어야 하고, 그것이 본질적인 것임을 강조한 글이었다. "아아, 교육가 제군이여. 산술, 지지(地誌), 역사, 국한문 등의 보통 과목과 법률, 정치, 의학, 상공업 등의 전문 과목을 수학하면 교육의 할 일을 다 마쳤다고 유쾌하게 일컬을 수 있겠는가. 우리가 도덕이 없으면 비상한 재지(才智)와 기능과 학문이 있어도 완전한 인도적 생활을 할 수 없을 것이니, 급히 도덕적 교육에 힘써 도덕적 인사를 양성해야 할지어다."[25] "세계열강의 영원한 성패는 그 국민의 지력(智力) 및 도덕적 세력에 달려 있다"고 주장한 박성흠의 「보통교육은 국민의 중요한 의무」처럼 개인의 내면을 중시하는 논리를 글의 제목으로 표현하지 않

23 조현욱, 「서북학회의 계몽운동-『서우』・『서북학회월보』의 분석을 중심으로」, 성균관대학교 석사학위논문, 1995, 19-22쪽. 조현욱은 학회지에 수록된 위생・생리학 관련 기사들을 정리한 이학래의 「한국근대체육사연구」(동국대학교 박사학위논문, 1985)를 근거로 『서우』・『서북학회월보』에서 위생 담론이 다른 학회지에 비해 월등히 많다는 것을 지적했다.

24 박은식, 「문약(文弱)의 폐단은 반드시 나라를 잃게 한다」, 『서우』 10, 1907.09.

25 「덕육(德育)의 필요」, 『서북학회월보』 17, 1908.05.

는 글들까지 고려하면,[26] 『서우』의 논조 변화의 양상은 더 확연해진다.

물론 이러한 글들 역시 물질적인 문명론을 추구했던 목적, 그러니까 절박한 국권 회복의 문제에 직면한 현실에서 개인보다 국가를 우선시하는 국가주의적인 사유를 동일하게 보였다. 그러나 그것은 외면적인 공통점에 불과할 뿐 그 새로운 글들이 추구하는 국가주의는 문명론의 국가주의와는 다른 것이었다. 보편적이고 균질적인 문명론의 물질성보다 특수적이고 이질적인 정신성을 우선함으로써 국가의 본질은 그 정신에 있고, 그 정신에 의해 국가는 유일무이한 성격을 띠게 된다. 이로써 제국주의적인 문명론의 논리에 따라 대한제국의 육체를 강탈당하는 현실에서 대한제국의 정신만큼은 보전하고자 했던 것이 『서우』 논자들의 생각이었다. '국가정신'의 교육만큼은 결코 외국인이 대신할 수 없다고 역설한 박성목의 「교육 정신」은 그 점을 잘 보여준다. "오늘날의 세계는 국가주의 세계임을 마땅히 알아야 하니, 교육 또한 국가주의 교육이 되지 않을 수 없는즉 정신적 교육이 바로 그것이다. 이 국가 정신은 결코 다른 나라 사람이 대신 행할 수 있는 것이 아니고 반드시 자국 정신이 있는 자라야 그르치지 않기를 바랄 수 있다."[27] 『서우』의 편집진이 박성흠의 「애국론」과 량치차오(梁啓超)의 「애국론」을 『서우』 1, 2호에 걸쳐 잇달아 게재했음에도 불구하고 또다시 에밀 라비스(M. Émile Lavisse)의 「애국정신담」(7~10호, 4회)을, 그것도 민족사에 충실했던 『서우』에 이례적으로 외국사를 연재했던 까닭도 '애국'보다는 '정신'에 무게중심이 쏠려 있었기 때문임을 짐작할 수 있다.[28] 「애국정신담」의 연재를 마친

26 박성흠, 「보통교육은 국민의 중요한 의무」, 『서우』 9, 1907.08.

27 박상목, 「교육 정신」, 『서우』 11, 1907.10.

28 『서우』의 「애국정신담」에 관해서는 손성준의 「수신(修身)과 애국(愛國) : 『조양보』와 『서우』의 「애국정신담」 번역」(『비교문학』 69, 한국비교문학회, 2016)을 참고했다. 그는 『서우』에서 「애국정신담」의 이례적인 면모를 민족사의 보완물이라는 관점에서 파악했다. 이 글에서는 그보다는 '애국'보다 '정신'에 방점이 찍혀 있다는 측면에

후 『서우』의 편집진이 새뮤얼 스마일즈(Samuel Smiles)의 *Self-Help*에 주목했던 까닭(『서우』 12~14호, 3회 연재)도 개인의 내면적 덕목을 강조하는 그 글의 입장 때문이었다.

물질보다 정신을 강조하는 논조는 『서우』에서 『서북학회월보』로 개편되면서 한층 더 두드러졌다. 이를테면, 앞에서 제시한 서우학회의 취지서와 「서북학회 취지서」를 비교하면 후자에서 강조하는 사항이 한 가지 더 있었는데, 바로 "정신적 단합"이었다. "오직 이 정신적 단합을 관철해 빈틈이 없게 해야 전체의 활동이 완실(完實)하고 건강해질 것이다."[29] 이것이 서우학회와 구별되는 서북학회만의 지향점이었다. 이와 같은 『서북학회월보』의 입장을 압축적으로 보여준 글이 『서북학회월보』 1908년 5월호(통권 17호)에 실린 장우생(長吁生)의 「지력(智力)의 전장(戰場)」이었다.

> 오늘날 전장은 지력 전장이다. 지금의 세계가 이 전쟁을 시작하였는데 (……) 그런즉 승리를 얻은 자는 저와 같거니와, 패한 자는 누구인가. 곧 세계 중에는 동양이요, 동양 중에는 한국이요, 한국 중에는 서북(西北)이다. (……) 그러면 이 지력은 어디에서 나오는가. 곧 정신적 교육에서 나온다. 우리는 급히 지력을 제조하는 군기창-학교-을 많이 세우고, 지력을 훈련하는 사관-곧 교사-을 많이 초빙하여 정예한 군기(軍器)-곧 지력-를 다수 제조하여 거대한 전쟁을 준비해야 한다. 그러나 우리가 말하는 지력은 간사함과 음흉함으로 시기하고 모함하는 소인적 지력이 아니라 장대한 계획, 웅대한 계략으로 앞다퉈서 승리하는 군자적 지력이요, 우리가 말하는 전장은 서로 알력(軋轢)하여 침해하고 쟁투하는 야만적 전장이 아니라 서로 겨루며 나아가서 우선 발달하는 문명적 전장이다. 그러니 우리 형제

더 주목했다.

29 「서북학회 취지서」, 『서북학회월보』 15, 1908.02.

는 오직 군자적 지력을 길러서 문명적 전장으로 나아가야 할 것이다.

흥미롭게도 「지력의 전장」에서는 서북을 부적자 중의 부적자, 열자 중의 열자로 파악했다. 이는 『서우』 창간호에서부터 『서북학회월보』의 종간호에 이르기까지 일관되게 유지되어 온 서북의 지역성을 전혀 다르게 파악한 것이었다. 주지하고 있는 바와 같이 서북 지역 출신의 인사들이 발 빠르게 학회를 조직했던 까닭은 대한제국 문명화의 헤게모니를 장악함으로써 조선 시대 동안 중앙 정계로부터 배제된 서북 지역을 새롭게 재건하기 위해서였다. 이를 위해 그들이 한결같이 강조했던 사항은 한반도 문명의 발상지이자 대한제국에서 근대문명이 가장 선진화된 지역, 유구한 상무의 기질과 같은 서북만의 남다른 지역성이었다.[30] 요컨대, 서북 출신의 인사들은 대한제국의 문명화 과업에 서북이 중심이 될 수밖에 없는 이유와 정당성을 사회진화론적인 문명론의 논리에서 발견했다. 그러나 그 문명론의 논리에 따라 대한제국이 붕괴되어 갔던 현실 앞에서 그 논리를 계속 지지할 수는 없었다. 그렇다고 그 논리를 전면적으로 부정할 수도 없었다. 그 문명론의 논리 말고는 대한제국의 패망이라는 현실을 설명할 길도, 자신들의 정당성을 입증할 방도도 없었기 때문이다. 이 자가당착적인 현실을 반성한 결과물이 장우생의 「지력의 전장」이었다. 장우생은 그 대안으로 '소인적 지력'과 '군자적 지력', '야만적 전장'과 '문명적 전장'을 구분함으로써 사회진화론적인 문명론의 변용을 꾀했다. 이때 그 양자의 구분이 정신적·도덕적 가치에 달려 있었음은 더 말할 필요도 없다.

30 20세기 전환기를 전후한 서북의 지역성에 관한 연구로는 정주아, 『서북문학과 로컬리티』, 소명출판, 2014, 33-148쪽과 함께 김상태, 「근현대 평안도 출신 사회지도층 연구」, 서울대학교 박사학위논문, 2002; 장유승, 「조선후기 서북 지역 문인 연구」, 서울대학교 박사학위논문, 2010 등을 참조.

4. 맺음말을 대신하여

서우학회는 창립 당시 실천 강령을 세 가지로 정리하여 대외에 알린 적이 있었다. 그것은 각 사립학교의 업무 지원, 해외 유학 주도 및 장려, 회보의 정기적인 발행이었다. 인재를 배양하고 인문을 개발하는 데 그보다 더 나은 방법이 없다는 것이 그들의 입장이었다. 그중 세 번째 사안인 회보의 발행은 학회의 창립과 함께 착수되었는데, 그 목적은 "모든 동서고금의 학문의 경위, 사람이 일용하는 실업의 이익과 각국의 정형(情形), 현시대의 급선무, 세계 명인이 남긴 자취를 장차 없는 것 없이 수집하고 연술(演述)하여 우리 동포에게 알려, 그 지식을 열고 인도하여 극렬한 경쟁의 시대에 생존하게 하려는 것"이었다.[31]

그러나 그 "극렬한 경쟁의 시대에 생존"하는 문제는 결코 쉽지 않았다. 오히려 생존보다는 죽음이, 진화보다는 도태가 시간이 갈수록 자명해졌다. 당면한 국가적 위기 앞에서 『서우』의 논자들은 그동안 그들이 추구했던 사회진화론적인 문명론을 대체할 수 있는 논리의 필요성을 절감했다. 사회진화론적인 문명론은 그들이 기대했던 것과 달리 대한제국의 도태와 죽음을 합리화·정당화하는 데 더 효과적이었기 때문이다. 현실을 타개할 수 있는 새로운 논리가 그들에게는 절실했다.

그 결과 『서우』의 논자들은 국가를 인간과 똑같이 영혼과 육체의 이원적 존재로 파악함으로써 국가의 육체가 붕괴한 절박한 현실에서 국가의 운명을 이어나가고자 했다. 이것이 『서우』에서 시간이 흐를수록 문명화 수준의 척도로서 물질문명보다 정신문명이 강조되었던 이유였다. 이에 따라 문명론의 진화 논리와는 전혀 다른 새로운 진화의 논리가 고안되었다. 흔히 문명론과 대립되는 논리로 여겨지는 문화론이 그것이

31 「공함(公函) : 각 군(郡)의 유림에게」, 『서우』 1, 1906.12.

었다. 『서우』에서 국민보다는 민족이 중시되고, 『서우』의 논자들이 민족사와 유교에 남다른 관심과 열정을 보였던 것도 그 때문이었다.

1900년대의 근대 계몽주의는 무엇보다 계몽이 곧 구국(救國)이라는 판단과 그에 대한 헌신적인 열정에 기초해 나타난 역사적 현상이었다. 주의할 사실은 구국의 방법이 계몽 외에도 많았듯이 계몽의 논리도 단일하지 않았다는 사실이다. 이는 단지 겉으로 드러나는 내용, 말하자면 근대 지식의 종류와 같이 잡지 내용의 취사선택·배치 등에 따른 차이만을 뜻하는 것이 아니다. 이미 그 기저에 흐르는 논리 구조의 분열을 『서우』를 통해 확인했기 때문이다. 사실 『서우』라는 하나의 동일한 잡지에서 그것도 분량이 몇백 쪽이나 되는 잡지도 아닌 몇십 쪽에 불과한 얄팍한 학회지에서 그렇게나 논조가 일관되지 못하다는 것이 의아스러울 수도 있겠다. 하지만 당대의 현실을 조금이라도 상기하면, 그런 논조의 분열을 분명히 확인할수록 당시 지식인들이 당면한 위기를 극복하기 위해 얼마나 고군분투했는지가 느껴지는 것 또한 분명하다. 새로운 변혁의 시기를 통과하고 있는 오늘날 어쩌면 당시 지식인들의 그와 같은 헌신적인 열정이 필요할지도 모르겠다. 이것이 오늘날 『서우』를 다시 읽어볼 만한 또 하나의 이유는 아닐까.

광무(光武) 10년 12월 1일 | 메이지(明治) 39년 12월 1일 | 제3종 우편물 인가(認可)

광무 10년 12월 1일 발행
(매월 1일 1회 발행)

서우

제1호

서우학회

서우학회월보 제1호

본회 취지서

무릇 사물이 고립되면 위태로워지고 모이면 강해지며 하나가 되면 이룰 수 있고 떨어지면 패배하는 것은 본래 한결같은 이치이다. 하물며 오늘날 세계의 생존경쟁은 천연(天演)이요, 우승열패는 공례(公例)라고 말해지고 있음에랴. 고로 사회가 단체를 이루는 여부로 문명과 야만을 변별하고 존속과 멸망을 판별할 수 있다. 오늘날 우리가 이같이 극렬한 풍조를 맞부딪쳐 크게는 국가, 작게는 가문을 스스로 보전하는 방책을 강구하면, 우리 동포 청년의 교육을 힘써 개도해 인재를 양성하며 중지(衆智)를 계발함이 즉 국권을 회복하고 인권을 신장하는 기초일 것이다.

그러나 이런 중대 사업을 진흥시키고 확장하고자 하면 공중(公衆)의 단체력을 반드시 바탕으로 삼아야 할 것이니 이것이 금일 서우학회가 발기한 이유이다. 대개 나라 안에 특정 지역에 위치한 평안과 황해, 두 도를 양서(兩西)라 말한다. 우리 양서의 사우(士友)들의 학회를 어쨌든 한성 중앙에 두고 슬그머니 살펴보건대 몇 해 전부터 우리 양서의 시국을 걱정하고 나라를 사랑하는 선비들이 시무에 주의해 이곳의 학교가 계속 이어지고 흥성 중이다. 다른 지방에 비교하면 더 나아간 상태이긴 하나 그 실상을 관찰해 보면 혹 교과 서적도 일정한 과정이 확립되지 않았고 경비 자금도 오랫동안 유지할 예산이 부족해 시작은 있지만 끝은 흐릿한 경우도 있다. 서양으로 유학하는 청년들이 뜻을 갖고 열심히 한다고 말할 수 없는 것은 아니나 간혹 작년에 갔다 올해 들어오면서 헛되이 재물을 낭비할 뿐 아니라 외인의 웃음거리가 되는 사람도 있다.

이는 중앙의 한 자리에서 고무하고 끌어가는 기관이 서지 않은 연고이니, 본회의 위치가 한성 중앙에 있어 각 사립의 교무를 찬성하고 청년 유학생을 이끌고 장려하려 한다.

또 자제의 교육을 깊게 발달케 하고자 하면 먼저 그 부형에게 뜨거운 마음을 급하게 일으켜 굶주린 자가 먹고 목마른 자가 마시는 것처럼 이를 획득하면 살 것이고 얻지 못하면 죽게 될 것으로 인식시킨 후에야 자제 교육을 위해 노고와 재산을 아끼지 않고 힘을 다할 것이다. 그런 까닭으로 본회에서 매월 잡지를 발간해 학령(學齡)이 이미 지난 사람들에게 구독물을 공급하여 보통지식을 열고자 하는 것이다. 이 또한 한성 중앙에 있기에 사방의 견문을 접수하여 간행하는 것이 편리하다.

그러므로 사회의 조직은 공중의 역량을 연합하고 사업 경영의 좋은 결과를 얻고자 하는 것이니 이에 주력해야 하는데, 우리 한국 전국 13도로 하나의 큰 단체를 결합하여 교육을 함께 도모해 공통교육을 일률적으로 확장하는 것이 완미한 사업이다. 하필 양서 지역에 한계지어 구구하게 작은 범위에 그치겠느냐마는 목하 우리 한국의 정형이 조금이나마 개화된 자는 오히려 작은 부분을 점하고 있고 개화되지 않은 자가 다수를 점하고 있으니 전국 단체는 갑자기 성립하기 어렵다. 대체로 기풍이 처음 열림에 반드시 먼저 일어나 자리를 차지하는 자가 있어야 다른 방면으로 흘러가고 연결될 것이다.

옛날 단군과 기자(箕子)의 시대에는 오직 우리 관서가 먼저 인문이 열린 땅이었다. 오늘날은 또 개명과 유신(維新)의 첫머리인즉, 나라 안 신문화의 창기가 반드시 이 지역에서 시작할 것이다. 그리하여 한 줄기 빛이 이미 그 단서를 현출하는 것이려니, 이번 이 학회의 성립이 어찌 우연이겠는가. 즉 전국적 진보의 기점일 것이니 이로 말미암아 우리나라 사람의 이목으로 보고 듣는 바가 높이 솟아올라 서로 간 감발하는 마음과 쟁투하는 뜻을 일으켜 내일 삼남(三南)에서 학회가 일어나며 또 내일 동북에서 학회가 일어나 백 가지 맥이 하나의 기(氣)가 되고 여러 흐름이 하나의 근원으로 모여 전국적 대단체가 성립함은 우리의 큰 희망이다. 이 목적을 이루려면 본 학회가 완전히 견고하게 그 실효를 드러내어 다른 지방의 표준으로 서야 하니 우리 사우(社友)의 책임이 더욱더 중대하다. 유념하고 힘쓸지어다.

광무 10년 10월

발기인

박은식(朴殷植) 김병도(金秉燾) 신석하(申錫厦)
장응량(張應亮) 김윤오(金允五) 김병일(金秉一)
김달하(金達河) 김석환(金錫桓) 김명준(金明濬)
곽윤기(郭允基) 김기주(金基柱) 김유탁(金有鐸)

서

서(序) 漢

강암(剛庵) 이용직(李容稙)

언사 하나만 가지고 입언해도 세상을 놀라게 하는 법언(法言)이 되고, 논의 하나만 가지고 저술해도 장래의 여정을 가리키는 정론(正論)이 되는 것을 일러 '어두운 거리의 밝은 촛불' 내지 '나루를 찾아 헤매는 이에게 나타난 귀한 뗏목'이라고 하는데, 서우학회(西友學會) 잡지 같은 부류가 아마도 그에 가장 가까울 것이다! 이 잡지는 서주(西州)의 뜻있는 선비들이 한성에서 우회(友會)를 창설하여 각종 학문에서 가장 요긴하고 가장 필요한 것을 수집하여 매월 간행해 온 국내에 배포하는 것이다.

학령이 이미 지난 자들이라도 그들에게 한 번 보이기만 하면 그들의 마음을 움직여서 그 무지몽매함을 변모시켜 문명으로 나아가게 하고 그 비겁함과 나약함을 변모시켜 강함과 용맹함으로 나아가게 하고 그 비루함과 사욕을 변모시켜 충성과 사랑으로 나아가게 하고 그 자포자기를 변모시켜 무엇인가 이루는 데 나아가게 하고 그 태만함을 변모시켜 흥기하고 번성하는 데 나아가도록 할 것이다. 그러니 이는 단지 사람의 지식을 발달시키고 사람의 성질을 변화시킬 뿐 아니라 국세(國勢)를 다시 떨치고 국권(國權)을 회복할 수 있는 것이 여기서 시작될 것이고 여기서 기초할 것이다. 생각건대 동포 가운데 뜻있는 자는 이 잡지가 세속을 놀라게 하는 법언이자 장래의 여정을 가리키는 정론임을 인식하고서, 마음속으로 "차라리 하루를 먹지 않을지언정, 단 하루도 이것을 읽지 않으면 안 된다."고 굳게 맹세하기 바란다.

축사 漢

하산(霞山) 남정철(南延哲)

서우학회가 큰 국면에 관심을 가지고서 일어났고, 월보(月報)의 간행 또한 이 학회의 의무 가운데 한 가지 일이다. 내가 관서 지방 사람을 보니 선비가 강개하고 의기(義氣)를 좋아하여 예부터 국가를 위해 힘을 바침이 다른 도(道)에 비해 제일인 것이 역사서에 빛나게 실려 있어 살펴보고서 알 수 있었다. 지금 또다시 단체 하나를 창설하여 진전에 진전을 그치지 않으니 그 목표에 반드시 도달할 것임을 믿어 의심치 않는다. 그리고 이 월보의 간행이 만약 나약한 자를 일으키게 하고 힘없는 자를 분발하게 하면 어두움을 바꾸어 밝아지게 하고 큰 국면을 만회할 일도 기대할 수 있을 것이다. 나는 끝없이 먼 훗날까지 오래토록 그 성취를 볼 것이라는 말로 이 학회를 위해 축원한다.

축사 漢

의재(毅齋) 민병석(閔丙奭)

어리석은 저는 실로 예전부터 관서 지역의 벗을 몹시 애호한 바 있었는데, 이제 서우학회가 발흥한 소식을 듣고서 또다시 기쁜 낯빛을 스스로 그칠 수가 없었습니다. 무엇 때문이겠습니까. 우리나라 사람이 진보하는 분기점은 반드시 서우(西友)에서 먼저 시작될 것이기 때문입니다. 만일 우리 동포들이 이 회보(會報)를 읽고서 음식과 여색(女色)을 좋아하는 것처럼 그 지식을 개발하고 학업에 힘쓴다면 국가가 자립하는 기초가 여기에 있을 것이니, 서주(西州) 지역에서 수백 년 내내 고립되어 우울하던 회한을 풀 뿐 아니라 국내에 그 특색을 드러내고 세계에 그 영광을 퍼뜨려 영원히 썩지 않는 사업을 향유할 것입니다. 힘쓰고 힘쓰십시오.

축사 漢

우하(又荷) 민형식(閔衡植)

서우학회가 발흥하자 혹자가 묻기를 "어찌 전국을 한데 모으지 않고 단지 서우(西友)라고 하였소?"라고 하기에, 나는 답하였다. "이것은 그 주의(主義)이니, 무어라고 쓴들 전국을 한데 모으는 데 달려 있지 않겠소. 하지만 우리 한국의 현재 정도(程度)가 갑자기 이렇게 행하기 어려운 점이 있소. 그러므로 동지를 결속해 우연히 학회를 한성 중앙에 세워 학문의 이치를 강구하고 회보를 간행하여 동포들의 이목을 놀라도록 하여 잠 깨우고, 그 행동의 기틀로 사방에 표준을 세운다면 일반 학회들이 서로 연이어 일어남을 차례대로 볼 수 있을 것이오. 그러니 이 어찌 전국의 권여(權輿)가 아니겠소."

축사

숭양산인(嵩陽山人) 장지연(張志淵)

관서(關西)는 우리나라 문명의 발원지이다. 단군시대는 너무 오래되었거니와 기자(箕子)께서 동쪽으로 오면서부터 시서예악(詩書禮樂)이 실로 여기에서 시작하여 동방 문명의 운명을 열었고, 해서(海西)는 또한 최문헌(崔文憲)[1], 이문성(李文成)[2] 등 제현(諸賢)이 훈도한 곳이었다.

문을 열고 교통하게 된 이래로 관서・해서의 선비들이 세계의 대세를 먼저 깨달아 먼바다를 건너 유럽과 미국, 일본 등 여러 나라에 유학하여 새로운 공기를 흡수하며 새로운 지식을 수입하여 후진을 인도하였기에, 근래에 학교의 부흥과 교육의 발전이 여러 도에서 으뜸이 되었고 개명을 말할 때 반드시 서도(西道)를 첫손에 꼽게 되었다. 대개 그 산천과 풍기(風氣)가 사람에게 심어져[3], 대체로 그 성품이 강건하고 그 기질이 과감하여 악착같이 하거나 조급해하지 않았기 때문에, 그들이 학문에서 얻은 것이 또한 거리낌 없이 힘차고 용감하게 나아갈 수 있어서 그로써 효과를 거둠이 이와 같았으니, 이것이 서도가 다른 지역보다 나은 까닭이다. 최근에 관서・해서의 뜻있는 여러 신사들이 교육의 진흥과 단체

1 최문헌(崔文憲) : 고려 시대 문신인 최충(崔沖, 984-1068). 본관은 해주(海州), 시호는 문헌(文憲). 사학십이도(私學十二徒)의 하나인 문헌공도(文憲公徒)의 창시자이다.

2 이문성(李文成) : 조선 중기의 유학자이자 정치가 이이(李珥, 1536-1584). 본관은 덕수(德水), 호는 율곡(栗谷), 시호는 문성(文成)이다. 본관인 덕수(德水)는 지금의 황해도이고, 그의 나이 49세 때 황해도 해주에 은병정사를 세워 후학을 양성하였다.

3 그 산천과……심어져 : 원문은 '其山川風氣之鍾於人者'인데, '鍾'은 문맥상 '種'으로 해석하는 것이 타당한 듯하다.

의 협동을 위해 서울에 서우학회를 하나 창설하고 각각 많은 자산을 내었다. 목적을 발달시키고 문명을 증진하기를 도모하며 기관의 월보 간행을 꾀하여 나에게 한마디 말을 요구하니, 오호라! 이 협회가 설립된 것을 가히 축하할 만하구나! 이는 복권(復權)의 기초일 것이다. 그러나 나는 영남 사람이다. 이로 인해 남몰래 유감이니, 우리 영남은 세상이 추로향(鄒魯鄕)[4]이라 칭하는 바 누천년 문학의 지역이었고 또한 산물이 풍부하고 땅도 커서 무릇 인재가 그 안에서 나는 것이 다른 지역에 비해 가장 많았다. 그러나 그 인물이란 그저 성명(性命)의 오묘함에 대해 고상한 이야기만 하고 오히려 아득히 오랜 습관에 집착하여 낡은 견해를 고수하며 신학문을 배척하여 시국의 형세가 어떠한지 알지 못하고, 하나같이 반성은 하지만 모두 무릉도원의 춘몽에 있다. 이와 같은데도 깨닫지 못한다면 어찌 인도의 복제본이자 유대인의 전철을 뒤따르는 것이 아니겠는가. 이는 다만 일개 영남의 불행일 뿐 아니라 실로 전국의 불행이니, 장차 어떤 방법으로 처방을 내려야 할지 모르겠구나. 얼마 전 관북(關北)의 여러 신사들도 또한 한북학회(漢北學會)를 조직하였는데 그 주지(主旨)는 서우학회와 서로 같으니, 만약 동서남북 사람들로 하여금 각각 하나의 학회를 설립케 하고 서울을 문명의 중심점으로 삼는다면 이는 전국 사람이 각각 단체를 이루는 것이니 국권이 회복되지 않을지 문명이 진보하지 않을지 어찌 근심하겠는가. 훗날 국력이 점점 발달해 가는 것이 참으로 이에서 시작될 것이니 어찌 바르지 않으며 어찌 아름답지 않겠는가. 내가 이에 또한 각 도(道)의 여러 군자에게 깊이 바라여 서우학회를 모범으로 삼기를 청하지 않을 수 없다. 또한 무럭무럭 날로 새로워지고 흥하는 기세를 초조하게 기다리며 마음으로 축원하오니, 원

4 추로향(鄒魯鄕) : 공자와 맹자의 고향이라는 뜻이다. 추나라는 맹자의 고향, 노나라는 공자의 고향이다.

컨대 '서우'가 서쪽으로 스스로를 한계짓지 않고 더욱 힘써 오직 이 학회를 전국에 미치게 한다면 그 공이 어찌 워싱턴이 13주를 이끌고 독립한 것만 못하겠는가.

사설

회원 박은식(朴殷植)

지금 본 학회가 한성 중앙에 우뚝 일어선 것은 진실로 이전 수천 년 사이에는 없던 성대한 일이라 이를 것이며, 전국 삼천리에서 가장 먼저 일어난 한 줄기 빛이라 일컬을 수 있을 것이다. 무슨 말인가? 오직 우리 양서(兩西)의 사우(士友)들이 전일을 회상하니, 수백 년간에 이른바 서도 출신이 우리 국민들과 비교하여 어떤 대우를 받았던가? 독서하는 선비들은 재상가의 인역(人役)에 불과했고, 일반 평민들도 모두 관리들의 희생이었다. 그중 최우등 사업이라 하는 것은 이른바 진사(進士)니 급제(及第)니 지평(持平)이니 정언(正言)이니 첨사(僉使)니 만호(萬戶)니 찰방(察訪)이니 하는 경영으로 높은 벼슬아치 집 대문을 종일토록 머리 숙여 드나드는 손님이 되어서는 여관에서 세월을 보내며 귀밑머리 희어진 것을 깨닫지 못한 것이었다. 이러한 지기(志氣)와 이러한 신세로서 온갖 고초를 겪으며 혹시라도 그 문호에서 영광을 얻을까 싶어 수다스럽게 재잘대며 그 평생을 그르쳤으니, 얻지 못한 자는 본래 가련하지만, 소위 얻었다는 자들 또한 어찌 족히 더 낫다 하겠는가. 이것이 우리 선조와 부형들이 대대로 겪어온 경우이다.

지금 우리들로 하여금 지난 일들을 생각하게 하면 당연히 화가 나고 속이 끓는구나. 아주 옛날에 우리 선조와 부형들 중 과거 급제로 관료가 된 자들은 나그네 처지로 서울에 머무를 때에 '도계(道契)'라는 조직이 있었으니, 이것이 지금 학회의 배태(胚胎)이다. 그러나 그때 도계의 주의(主義)는 일반 계원의 상애상조(相愛相助)를 목적으로 한 것이었지만, 지금 우리의 학회 발기는 그 취지 목적이 단지 회원의 친목구락(親睦俱樂)을 위함이 아니고, 일체 청년의 교육을 진작시키며 동포의 지식을 개발하여 대중을 단체 결합시켜 국가의 기초를 곧게 세우고자 함이다. 그러니 이것은 그 범위와 역량 면에서 진실로 이전의 도계에 비할 것이 아니고, 천백 년 이래 있지 않은 성대한 일이라 말할 수 있겠다.

또한 우리 양서는 수백 년 이내에 문물의 성명(聲明)과 인류의 자격이 저 기호(畿湖)의 명문가와 영남의 사림에 어깨를 견줄 수 있을 것이며 이들을 힘찬 걸음으로 추격할 것이다. 저들이 진실로 연월(燕越)처럼 우리 양서를 대접했는데[5], 지금 국민의 교육 의무를 책임지고 학회를 조직한 것은 기호와 영남이 일으키지 못한 사업이다.

그러므로 일반 여론이 본 학회에 대하여 말하기를 "우리나라가 이 시대를 만나 보통 인민들은 여전히 어리석음을 각성하지 못하고 의기소침하여 발기하지 못하는데, 오직 서로(西路)만이 자못 활발하게 매진하여 서양 유학을 가고 출의(出義)하여 학교를 설립하는 것이 다른 데 비해 조금 낫다. 지금 또 서우학회의 조직이 있으니 저와 같은 지기(志氣)로 반드시 실효를 이룰 것이다. 지금 신문화의 개진은 반드시 서로로부터 창시되리라." 하였다.

그렇다면 본 학회가 전국 삼천리 안에서 가장 먼저 일어난 한 줄기 빛이 아닌가? 우리들이 이와 같이 칭찬을 하고 이와 같이 책임을 맡았으

---

5 연월(燕越)처럼……대접했는데 : 춘추시대 연(燕)나라는 황하(黃河)의 북쪽인 지금의 베이징 근처에 위치해 있었고, 월(越)나라는 정반대의 남쪽에 위치하여 그 거리가 매우 멀었다. 이런 까닭에 서로 지역적으로 멀리 떨어져 있거나 주장하는 바의 격차가 매우 큰 것을 비유한다.

니, 만일 선시선종(善始善終)의 실효가 없다면 그 허물이 어디에 있겠는가? 이른바 발기자라고 하는 자가 몇 명인지를 막론하고 우리 양서 수백만 동포 형제가 장차 무슨 얼굴로 천하의 사람들을 대면하겠는가?

본 학회로 하여금 날마다 흥왕(興旺)해서 여러 사업이 차차 확장되어 대중의 뜻을 계발하고 국맥(國脈)을 유지하여 우리 양서 사우의 환한 빛을 세계에 널리 퍼뜨리는 것도 오직 우리 동포 형제의 노력 여하에 달려 있는 것이다. 만약 처음은 창대하였으나 끝이 미비하여 세상 사람들의 칭찬을 저버리고 자기의 책임을 버리고 돌아보지 않아서 수백 년 침울한 유족으로 하여금 거듭 천하의 비웃음을 당하게 하여 다시는 얼굴을 들고 사람들을 대하지 못하는 치욕을 받게 하는가도 우리 동포 형제의 노력이 어떠한지에 달려 있다. 그러니 오호, 생각하고 생각하라.

논설

교육이 일어나지 않으면 생존할 수 없다

회원 박은식(朴殷植)

상하로 천만 년 고금과 종횡으로 수만 리 동서에 걸쳐 역사상 · 지구상 민족 성쇠의 이유와 국가 존망의 원인을 논증해보고자 한다. 어떻게 번성하고 어떻게 쇠퇴하고 어떻게 존속하고 어떻게 멸망하는가. 지식의 명매(明昧)와 세력의 강약에 의한다고 할 수 있을 것이다. 서양 사람이 말하기를 "생존경쟁은 천연(天演)의 이치요 우승열패는 공례(公例)의 일이다."라 하였다. 이 말이 어찌 인의도덕(仁義道德)의 학설에 어긋나지 않겠는가! 비록 그러하나 인의도덕이란 것도 총명하고 지혜로우며 강인하고 용감한 사람만이 온전히 소유하는 것이지 우매하고 나약한 자는 지닐 수 없게 마련인데, 하물며 그 권력의 경쟁에서 어찌 우등한 자가 이기고 열등한 자가 지지 않겠는가!

아아! 천지가 개벽한 이래로 혈기를 지닌 생물류는 경쟁을 하지 않은 적이 없었다. 이긴 자가 주인이 되고 진 자가 노예가 되고, 이긴 자가 번영하고 진 자가 욕되고, 이긴 자가 즐겁고 진 자가 고통스럽고, 이긴 자가 존속하고 진 자가 멸망하게 마련이니, 경쟁의 국면을 맞닥뜨려 무릇 지각(知覺)과 운동의 성질을 지닌 자라면 누구라도 다른 이에게 이기기를 바라지 않겠는가. 비록 평범한 담론과 하찮은 유희라도 다 이기기를 좋아하고 지기를 싫어하기 마련인데, 하물며 민족의 성쇠와 국가의 존망에 크게 관련된 일임에랴!

그렇다면 "누가 이기고 누가 지는가?" 한다면, 오직 "지식이 우등한 자는 이기고 지식이 열등한 자는 진다."고 할 것이다. 대략 논해보건대, 혼돈이 처음 개벽한 태고(太古)는 사람과 짐승이 경쟁하던 시대였다. 하늘과 땅이 처음 나뉨에 초목이 생겨나고 금수가 생겨나고 인류가 생겨났다. 저 금수는 깃털과 털, 발톱과 어금니, 발굽과 뿔 따위의 수단을 천연적으로 지녀서 인류보다 나은 점이 많으니, 더불어 경쟁함에 당연히 인류가 잡히고 먹히기 마련이었다. 하지만 결국 인류가 이기고 짐승이 지며 인류가 번식하고 짐승이 자취를 멀리 감춘 것은 어째서인가. 사람이 지식을 가졌고 기계 따위를 가진 것이 그 편리한 이용에 보탬이 되었기 때문이다. 만약 지식이 없고 기계가 없었다면 인류가 멸종한 지 이미 오래되었으리라.

그렇다면 인류로 태어나 만물의 영장으로 불리는 자가 그 지식을 넓히고 그 기계를 이롭게 하는 데 힘쓰지 않는다면 그 또한 금수일 따름이니, 타인에게 삼켜지고 씹히며 타인에게 몰리어 쫓기는 것 또한 당연하지 않겠는가. 천지 생물의 인(仁)으로 말한다면 사람과 금수가 그 생육(生育)을 아울러 얻음이 당연하되, 옛적 성인이 사람과 짐승의 경쟁의 경계에 힘을 많이 들인 것은 금수의 우환이 없어지지 않으면 인류가 편안히 거주하며 생활을 이룰 수가 없기 때문이었다. 하우씨(夏禹氏)는 구정(九鼎)을 주조할 때 깊은 산 큰 연못의 악독한 짐승 따위를 그것에 새겨 인민으로 하여금 악독한 짐승의 모습을 잘 알아 방어할 줄을 알게 하셨고, 백익(伯益)은 산과 연못을 불살라 악독한 짐승을 태우셨고, 주공(周公)은 범과 표범을 몰아내고 용과 뱀을 쫓아내셨다. 그런 연후에야 생민(生民)이 안정될 수 있었으니, 이때를 맞이하여 인류가 금수를 이겼던 것이다. 그러하니 이 어찌 성인의 지식에 의지한 점이 있지 않겠는가!

오호라! 금수의 우환이 사라지자 인류의 경쟁이 일어났다. 중고(中古) 이후로 지력(智力)의 씨름이 날로 극렬해지다가 현대에 이르러 오대양이 크게 열리고 육대주가 서로 통하여 오색 인종이 번갈아 각축하니 지식이 개명하고 세력이 팽창한 이는 우등인종이라 불리고 지식이 어둡고 세력이 축소된 자는 열등인종이라 한다. 우등인종은 열등인종을 야만이라 지목하고 희생으로 여겨 배척과 살육을 마음대로 함에 돌이켜보거나 거리낌이 전혀 없었다. 그러므로 열등인종은 생존하지 못하여 점차 쇠퇴하고 멸망한 것이니 예컨대 아프리카 대륙의 흑인 노예와 아메리카 대륙의 홍인종〔紅番〕이 이런 경우다. 어찌 슬프지 않으며, 어찌 참혹하지 않은가! 현시대에 열등인종이 우등인종에게 쫓겨남은 상고시대에 금수가 인류에게 쫓겨남과 같으니, 그러므로 "생존경쟁은 천연이요 우승열패는 공례이다."라고 한 것이다. 아! 같은 인류로서 누구는 우등한 지위에 있어 생활의 복지를 향유하고 누구는 열등한 지위에 있어 신세의 비참함을 견디지 못하니 이것은 무슨 까닭인가. 단지 그 학문의 유무만 가지고 등급이 이와 같이 현저히 차이가 나서 안위와 성쇠와 영욕과 고락도 확실히 천지 차이가 나게 된 것이니, 어찌 우려하지 않을 수 있겠는가!

대개 세력은 지혜에서 생기고 지혜는 학문에서 나오는 까닭에 현재 세계의 문명하고 부강한 국민은 각기 그 학업을 장려하여 그 지식을 키운 효과이니, 어찌 이를 다른 데서 구하겠는가. 지금 우리 대한 동포는 이런 시대를 맞닥뜨려 처한 지위가 과연 어느 등급에 있는가? 지식과 세력으로는 벌써 우등한 지위를 잃어버린지라 남의 노예가 되고 남의 희생으로 바쳐지는 일이 바로 목전에 닥쳐온 것이니, 실로 영각(靈覺)의 본성이 있는 자라면 어찌 척연(惕然)히 경계하지 않겠으며 분연(奮然)히 일어나지 않겠는가마는 오히려 저렇게 여전히 술에 깊이 취해 긴 꿈에서 깨어나지 못하고 있으니 장차 어찌해야 하겠는가.

무릇 우리 동포 중에 남의 부형이 된 이라면 한번 생각해보시오. 자기 신세는 구습의 고루한 가운데 나고 자라 뇌수에 이미 고질이 되어 세월을 따라잡기 어려우니 신학문에 종사하여 신지식을 개발함이 역시 어렵다고 하겠으나, 차마 그 아들과 손자도 게으름 피우며 학문하지 않아 지식이 없고 재능이 없으므로 하등의 지위에 거듭 함몰되어 타인에게 노예가 되고 타인에게 희생이 될 뿐이게끔 만들 것인가. 옛사람이 "자식을 기르되 교육하지 않음은 부모의 죄다."라고 하였는데, 이러한 지경에 이르러서도 여전히 과거의 세월로 인식하고 장래의 화복을 생각하지 않아서 자제 교육에 주의하려 하지 않는 자는 비단 국가의 죄인일 뿐 아니라 실로 자손의 죄인이니, 어찌 탄식하지 않을 수 있겠는가!

무릇 인정상 그 자손이 영예롭고 존귀하기를 바라지 않는 이가 없거늘, 우리 동포 형제는 그 자손이 게으름 피우고 학문하지 않는 대로 맡겨두어 그들이 만겁의 지옥에 영원히 추락하여 고상한 쾌락의 경지를 얻지 못하게 하려는 것인가. 생각이 여기에 미친다면 침식(寢食)이 어찌 편안하겠는가. 일언이폐지하면 이 시대를 맞이하여 교육이 일어나지 않으면 생존을 할 수가 없으니, 생각건대 우리 동포 형제가 서로 분발하고 서로 권면하여 한마음 한뜻으로 자제 교육을 떨쳐 일으켜 주거지의 학교들이 연이어 홍기한다면 그 설비의 규모와 교도(教導)의 방법은 바로 본 학회의 책임일 것이다. 이 잡지의 발행에 대한 천 마디 만 마디 언급이 모두 우리의 심혈을 토해낸 것이니 우리 일반 사우(士友)들이 헤아려 힘써주십시오.

교육부

회원 청존자(靑尊子) 류동작(柳東作)

건전한 신체에 건전한 심의(心意)가 깃든다 하니, 이 말이 간단하여도 능히 인생 행복의 상황을 모두 진술한 것이다. 만약 건전한 신체와 건전한 정신-지덕(智德)을 포함함-을 아울러 지니지 못한다면 완전한 사람이라고 할 수가 없을 것이니, 교육은 결국 이것으로 그 궁극의 목적을 삼으며, 넓은 뜻으로 이것을 해석하면 삶을 빚어내는 힘이라고 할 수 있을 것이다. 특히 유아가 처음에 처한 상황과 그 감화(感化)는 뒷날을 점칠 수 있는 것이니, 그 교육이 어떠한지에 따라 인물이 어떻게 조성되는지에 주의하지 않을 수가 없다.

유아는 신체와 정신이 모두 유약하여 흡사 초목이 싹트는 것과 같아 이 시기에 받은 미세한 감화는 장래 움직일 수 없는 비상한 결과를 만드니, 가정교육의 필요와 아동교육의 귀중함은 시끄러운 언론을 기다리지 아니하고도 알 것이다.

기타 학교교육과 교당교육(敎堂敎育)을 막론하고 별일 없는 독서만 가지고는 교육의 본래 업무라고 하지 않고, 실제에 적합한 인물을 조성해내는 것을 목표로 삼으니, 그 목적을 관철하려고 한다면 체육(體育)과 덕육(德育)과 지육(智育)의 세 요건을 겸비한 교육이 필수이다.

1. 체육

유력한 승리를 항상 차지하는 사람은 항상 체력이 강건한 사람이다. 대개 사람으로 건전한 체력을 유지하고 강장(强壯)하고 활발하게 하는 것은 국가를 융성하게 하는 요소요, 실로 교육의 중요한 임무이다. 대개 체력의 불완전함은 의식(衣食)의 결핍 및 심신의 과도한 사용에서 나오는 것이니, 완전한 교육은 사람으로 하여금 그 지식과 체력의 경쟁에 적합하도록 할 뿐 아니라 신체의 대단한 피로를 극복시킨다는 목적을 그 방침으로 삼는다.

이 목적을 이루기 위해 적당하고 신선한 음식물을 제공하며, 의복은 청결을 요하되 추위와 더위의 변화에 대응하며, 적당한 운동과 사지(四肢)의 사용으로써 전신 혈액의 순환을 조정하며, 정신의 사용과 그 휴식의 시간을 알맞게 하며, 체조와 같은 것은 아동의 오락으로 하기 좋은 자연스러운 운동을 고르게 하라.

2. 덕육

특히 덕육이 교육의 초기에 필요하다고 하니, 온후하고 조심스럽고 선량한 동작을 함양케 하기 위하여 고상한 성정과 우선(優善)한 행위 등의 미덕을 갖추도록 해야 한다. 그러므로 어릴 때부터 아동의 양심에 비추어 명예를 중히 여기고 치욕을 싫어할 이유를 말로 타일러서 그 덕성을 길러야 하고, 교사나 양친 되는 사람은 위엄을 위주로 압제를 쓰고 채찍을 더하여 굴복시키지 말고 사부(師父)의 자애와 도리의 시교(示敎)로 훈도해야 한다.

3. 지육

지육은 전적으로 실리주의이다. 사회의 표면에 서서 자신의 이익을 계획하고 재산을 처리하고 직업을 힘껏 도모케 하며, 또 개인 및 국가와 양민으로서 그 의무를 다하기 좋은 지식을 부여하여 사회의 사무에 익숙한 인물을 양성하는 것을 목적으로 삼고, 허문(虛文)의 연습인 부화(浮華)한 수사학과 한아(閑雅)한 시가를 폐기하고 처세에 유익한 학과를 부여한다. 그렇게 하되 처음에 독서, 습자(習字) 및 산술을 가르치고, 그러고 나서 도화(圖畫)를 가르치고 다음으로 자국어를 가르쳐 이를 활용케 하고, 최후로 지리, 역사, 윤리, 기하학, 대수학, 천문학, 법률학, 물리, 부기 등의 학과를 가르쳐야 한다.

▲ 게으름은 빈곤의 어머니다.

미국 교육 진보의 역사

지나 닝보군(寧波郡)의 익지학당(益智學堂) 감원(監院) 페이페이더(費佩德)[6] 원고
감학(監學) 천화장(陳華章) 연설
대한 서우학회원 박은식(朴殷植) 역술

옛 역사를 연구하건대 아시아 교육의 원류는 인도에서 나왔고 세계교육의 기점은 이집트에서 세워졌다. 공자가 세상에 내려오기 5천여 년 전에 이미 이집트에 교민식자(敎民識字)의 법이 있었으니 비록 전문적인 장소가 없었지만 마을의 선생이 향당의 자제 수십 명을 모아 나무 아래 혹은 궁벽한 들판에 둘러앉아 모래를 땅에 늘어놓고 나무 붓으로 짐승의 형태나 새의 형적을 그려 보였다.

후에 이런 사상이 점차 열리고 문명이 점점 나아가 필묵의 시작이 되었다. 이스라엘 역사-이집트의 명망가-[7]를 읽어보건대 상고(上古)의 교육

6 페이페이더(費佩德) : Robert Ferris Fitch, 1873-1954. 미국에서 태어나 상하이, 닝보, 항저우 등에서 활동한 선교사이다.

7 이스라엘 역사-이집트의 명망가 : 원문은 '以色列史'로 현대 중국어로는 '이스라엘의

은 실제로 가정에서 이루어졌다. 서력기원 후 604년[8]에 대사제-이집트 신교(神敎)의 대사제는 그 종교에서 가장 존경받는 사람- 격맥랍(格麥臘)[9]이 전국에 두루 고하여 학교를 두루 설치할 때 25인 이하의 자제가 있는 마을마다 교사 1인을 초빙하고 25인 이상에서 40인 이하는 정(正)・부(副) 교사 2인을 두고, 40인 이상은 정교사 2명을 초빙하였다. 이외 서리니(西利尼)[10]와 로마 양국에서 교육이 발기한 역사를 각 역사서에서 매우 상세하게 언술하였다.

미국의 교육은 뉴잉글랜드의 하버드 대학당에서 시작되니 때는 1636년이요 땅은 매사추세츠이다. 이보다 전인 1633년에 뉴욕의 제1 공공학교의 시판(試辦)이 있었고 그 후인 1652년 제2 공공학교가 연속해서 세워지니 이 세 학교의 종지(宗旨)가 개인의 교도・덕행・학문을 만들어내는 것이었다. 1787년 정부의 제창으로 각 성에서 36제곱마일을 차지하는 향진(鄕鎭)은 1제곱마일을 공적으로 제공해 심상학교를 건설하고, 향진이 잇달아 점하는 땅이 72제곱마일인 경우는 2제곱마일을 공적으로 제공해 대학을 건설하게 했다. 1841년에 이르러 미국 16개 성에 학교 소유지가 민전(民田) 3조 무(畝)에 이르렀고 이로부터 해마다 확장해 더함이 있고 그침이 없었다. 1862년에 이르러 상하 의원에서 작정하고 징수하여 각 성의 민전 180무를 더 제공해 학무(學務)를 준비하게 했다. 오늘날에 이르러 미국 학교의 건설지가 900조 무에 다다르게 되었으니 한때의 성대함이 지극하다고 할 만하다.

역사'인데, 이스라엘이 이집트의 명망가라 하기 어렵다. 이집트를 기원전에 정복했던 힉소스(Hyksos)의 오기일 수도 있다.

8 604년 : 서기 604년은 고대 이집트가 멸망한 시점이다. 원문을 역술하는 과정에서 오류가 있었을 것으로 추정된다.

9 격맥랍(格麥臘) : 미상이다.

10 서리니(西利尼) : 정확한 나라명은 알 수 없으나 문맥상 고대 그리스의 나라를 가리키는 것으로 추정된다.

또 미국은 각 성에 학무독판(學務督辦)을 설치해 교육을 추광(推廣)하고 창설하는 일을 책임지게 하고, 학무총리 한 사람을 두어 교육의 조사와 연구 개량의 임무를 맡게 하니 그 경비는 모두 각 성이 담임하게 했다. 방법은 둘이 있으니, 첫째는 각 성 학생 수의 다소를 헤아려 지원금에 정비례의 차이를 두는 것이고 둘째는 학생 진급의 다소를 헤아려 지원금에 정비례의 차이를 두는 것이다. 오늘날에 이르러 미국 학생의 총수 중 공공학교에서 학문을 익히는 사람은 16조요, 교회가 건설한 학교에 있는 자는 1조를 넘어섰고, 사립학교에 있는 사람은 대략 1조에 가깝다. 나라를 통틀어 호구의 총계로 논하면 대략 100분의 20에 해당하니 전 지구 국가들 중 으뜸이다.

○ 공공학교

공공학교는 대략 3종류로 나누는데 '몽학(蒙學)', '심상(尋常)', '고등'이 그것이다. 그 연령은 6세에서 18세에 이르니 학생이 고등 졸업권을 얻은 경우는 대학에 진학해 4년에 학업을 마친다. 심상과 고등의 학과는 대략 4개 부분으로 나뉘니 '문학관', '라틴과학관', '근세방언관', '영문과학관' 이다. 배우는 자는 스스로 선택해 듣게 되는데 문학관 과정은 상고문자 2종, 근세방언 1종, 대수와 사실, 지질, 형세, 물리, 화학 등 과목이며, 라틴과학관은 학생이 고금 문학 이외 천문과 물질 해부 등의 학문을 익히고, 근세방언관은 상고문자 이외에 두 나라의 방언을 학습하고, 영문과학관은 타국 문자 한 과를 학습하되 혹은 현대문 혹은 고문을 학생이 원하는 대로 정하여 영국 문사(文詞)와 사장(詞章)과 독법 등을 연구한다.

○ 사범학교

사범학교는 오로지 교수하는 인재를 배양하고 기르기 위해 일으켜진 것이니 교수법과 관리법 두 과를 중시하고 학생들은 또한 부속 몽학교(蒙學教) 등에서 실험을 한다. 학생은 국가의 기초고 몽학자는 학생의 기초라 완전한 몽학이 없으면 완전한 학생이 없을 것이요 완전한 학생이 없으면 어찌 완전한 국가가 있으리오. 오직 완전한 몽학을 건설하고자 하면 먼저 완전한 사범을 얻어야 할 것이니 미국은 지금까지 사범학교가 160여 개이다.

○ 선교 사범학교

미국의 전문 종교는 먼저 저명한 대학 혹 공학에 있기에 졸업권이 있어야 선교 사범학교에 들어가 3년에 졸업할 수 있다. 그 과정 내용은 심오한 히브리어와 그리스어, 교회 역사와 교회 법률과 교회 정치, 연설학과 선도학, 가창학 및 다양하게 영혼과 육신 등의 실용에 유익한 것이니 오늘날 미국에 180개의 선교 사범학교가 있다.

○ 의학교

의학교가 미국에서 100여 개에 이르니 학생이 2만 인이요, 의학교 과정의 정밀하고 깊음은 다른 학문과 더불어 동일하게 논할 수 없다. 들어가는 사람은 비록 다른 대학의 졸업권 증빙이 불필요하지만 그러나 배움에 근저가 없으면 문진(問津)[11]을 따를 수 없다. 학기는 대략 4년을 요하며 과목은 해부학과 배태학, 성리학, 동식물학과 임증학(臨症學), 약재 등이요, 그 실험에는 지나(支那) 약재료와 출산 촉진・출산 보조 등의 일이 있다.

11 문진(問津) : 원래 공자가 장저와 걸익에게 나루터를 물었다는 것에 유래한 말로, 이상적인 길을 찾는다는 의미이다.

○ 법률학교

법률과는 국가에서 가장 중요하게 여기는 바이다. 무릇 이 학교에 들어간 사람은 각과의 학업에서 특기와 탁월한 명예를 가진 이가 아니면 안 된다. 학기는 2년 혹은 3년으로 동일하지 않다. 또 미국은 사회에서 가장 세력을 가진 사람으로 법률가만 한 사람이 없다. 종종 졸업을 겨우 마치자마자 수입이 10만에 달하니, 그 명예의 가치를 알 수 있다. 미국은 최근에 법률학교가 90여 개인데 학생 9천 명을 받아들이고 있다.

○ 공예학교

공예학교의 과정은 전후 4년이니 나이는 16세 이하이고 타국의 방언을 알지 못하면 들어갈 수 없다. 그 과정은 간명 물리를 제외하고 역사와 산술과 이재(理財) 등도 역시 반드시 겸하는데, 가장 중점을 두는 것은 격치(格致)로서 역학과 기학(氣學), 전학(電學)과 화학 등이다. 수리기관(修理機關)과 영조(營造)와 건축이 역시 그중에 있다.

○ 상업학교

미국은 상업전문학교가 있으니 단지 경상법률과 부기학술 등만을 받아들이는 것이 아니라, 재화 제조와 관련해 목공, 진흙 작업, 용광, 제철 등의 과정을 함께 배운다. 학생이 세상에 나가 세상에 쓰이게 되면 다만 무역만을 하게 되는 것이 아니라 또한 신지식을 가지고 신기구를 제조해 세상에 이롭게 되도록 도모할 수 있다.

○ 대학과 공학(公學)

미국 대학의 건설자는 정부가 소수를, 국민이 다수를 차지한다. 나라 안에서 가장 앞선 자는 교회를 가장 으뜸으로 받든다. 지금 계산해 보면 미국의 대학 혹은 공학이 모두 8백여 개인데 그 생도는 2천부터 3천이요, 교사는 2백부터 3백에 이른다. 교사 중 본국 대학 출신자가 실로 많고 유럽 각국에서 졸업한 사람이 역시 적지 않다. 또 미국 각 대학의 재산을 통계 내어보면 그 평균수가 12조 원 아래가 아니니 그 규모의 굉대함은 군더더기 말이 필요 없다. 각 학교가 강당 수십 개소로 나뉘고 각 학문에 전공과가 있으며 각 과에 전문적 장소가 있는데 물리소, 화학소, 천문소, 여지소(輿地所), 산술소, 사학소(史學所) 등이 그것이다. 미국 인민 중 학계에 종사하는 사람은 유럽 각국과 비교해 실제로 2배다. 미국의 재력이 학계에 공납하는 것은 다른 나라에 비교해 월등하다. 가깝게는 앤드류 카네기(Andrew Carnegie) 선생이 있어 혼자 힘으로 장서루(藏書樓) 1,352개를 건설하였는데 미국에서 다수를 차지하고 있고 다른 대륙에도 역시 두루 있으니 그 평균 가치는 매 장소마다 4조 달러 정도라 한다.

학교의 제도

회원 박은식(朴殷植)

『세계진화론』 중에서 초역(抄譯)

서양 사람들이 말하기를 "미래의 세계는 교육자의 손에 달려 있다."라 하니, 대개 학교는 교육 인재의 근본이고, 정치가 생성되어 나오는 곳임을 깊이 알 것이다. 옛날에 프로이센이 프랑스에 대패하여 장차 노예가 될 때, 프로이센의 어진 재상인 슈타인(Heinrich Friedrich Karl vom und zum Stein) 씨가 말하기를 "우리나라가 이러한 큰 수치를 설욕하고자 함에, 반드시 먼저 국민을 교육해서 왕에게 충성하고 윗사람을 친히 여기는 마음을 계발해야 할 것이다."라 하였다. 프로이센의 왕이 그 말대로 다스려서 나라의 운명이 우뚝 섰을 때에 상하가 한마음으로 교육에 힘쓴 지 60여 년에 마침내 프랑스와 전쟁을 해서 성 밑에서 항복의 맹약(盟約)을 받으면서 거금의 보상금을 바치게 하고 2주(州)의 땅을 나눠 가졌다. 이 때문에 프로이센의 장군 몰트케(Helmuth Karl Bernhard von Moltke) 씨가 말하기를 "오늘날 우리나라가 프랑스를 이길 수 있었던 것은 그 공적이 마땅히 소학교에 있다."고 하였다. 이에 프랑스가 비로소 국민교육이 프로이센에 미치지 못해서 전쟁에 패배하는 치욕을 입었음을 깨닫고 조약을 맺은 이후에 학교를 진흥시키고 인재를 교육시켜 강성해짐으로써 극복하니, 이때부터 유럽과 미주 각국이 더욱 교육에 주의하여 문화를 증진시켰다.

프로이센은 남녀의 학령(學齡)이 6세에서 14세까지이고, 프랑스는 남녀의 학령이 5세에서 13세까지이며, 노르웨이와 덴마크는 남녀의 학령이 5세에서 14세에 이르는데, 만약 이를 따르지 않는 자가 있으면 그의 부모와 친척을 엄벌에 처했다. 그러므로 강제교육이라 이른다.

독일은 학교 세우는 것을 가장 우선시하여 그 제도를 4등급으로 나누었는데, 국가에서 특별히 설립한 것을 국학(國學)이라 하고, 경비의 반을 국가에서 부담하고 나머지 반을 국민이 감당하는 것을 공학(公學)이라 하고, 국민들이 자발적으로 설립하는 것을 민학(民學)이라 하고, 교사가 경영하는 것을 교학(教學)이라 한다. 이 4등급 외에 또 한 가지가 있는데, 반드시 학원(學院)이 있어서 전적으로 그 책임을 다하였다. 문(文)은 문학원에서 하고, 무(武)는 무학원에서 하며, 농업은 농학원에서 하며, 공업은 기예원(技藝院)에서 하며, 상업은 통상원(通商院)에서 하여 사민(四民) 중에 배우지 않는 이가 없도록 하고, 그 외에 선정원(船政院)과 광학원(礦學院)과 율학원(律學院)과 의학원(醫學院)이 있어서 모두 수시로 그 우열을 시험하여 갑을의 등급을 매겨서 공명으로 권장하여 국가의 쓰임을 구하였다. 그래서 서쪽으로는 프랑스의 원수를 갚았고, 남쪽으로는 오스트리아의 군사를 패배시켰고, 독일연방국을 통합하여

유럽의 우이(牛耳)를 잡았다.[12]

영국은 학제가 3등급으로 나누어졌는데, 대학원과 학당과 서숙(書塾)이라 부른다. 국민들이 처음 배울 때는 서숙에 들어가고, 연이어 학당에 들어가서 학문이 이루어지면 대학원에 들어가니, 배우는 것은 각국 문자와 지리와 성리(性理)와 법률과 측산(測算)과 과학〔格化〕 등의 학문이다.

러시아는 백 년 전에는 문교(文敎)가 흥하지 않아 몽매하고 촌스러웠지만 니콜라이 황제 때에 이르러 문학이 크게 열렸다. 전체 나라의 규모를 계산하여 13도로 나누고, 모든 도에 학관 1인을 두어 살피면서 교화하니, 소서원(小書院)이 3만여 곳이고 대서원(大書院)이 수천여 곳이나 되었는데, 소서원은 대서원에 예속되고 대서원은 수도에 예속되었다.

미국은 학제가 대・중・소 3등급으로 나뉘고 선발 방법이 여러 각국과 비교하여 더욱 엄중하였다. 처음에는 소학원(小學院)에 들어가 기술 배우는 이업(肄業)을 4년 동안 하고, 배움에 성과가 있으면 시험을 쳐서 중서원(中書院)에 들어가 4년을 기한으로 삼고, 다시 배움에 성과가 있으면 시험을 쳐서 대서원에 들어갔다. 시험 과목은 책론(策論)과 각국의 역사와 그리스어와 측산과 과학과 천문과 지리와 문장과 시가였다. 대서원에 들어간 이후의 학습은 4년을 기한으로 삼았다. 학문에 성취가 있으면 혹 본국에서 일하거나 혹은 다른 나라로 유학 가서 점점 식견을 키우고 본국으로 돌아오면 대서원과 사범학당의 교습을 보충하였다.

일본은 유신 이후로 전국의 사민(士民)들이 모두 보통교육의 혜택을 받게 하였으니, 나라의 공사립 학교가 대체로 2만여 구(區)에 있을 정도로 많다. 제국대학교는 전문적인 학문을 익히게 해서 법과와 문과와 이과와 농과와 의과의 6개 분야로 나누고[13] 근래에는 또 상과 한 분야를

12 우이(牛耳)를 잡았다 : 여럿이 모여 하는 일에서 주동이 되거나 또는 어떤 일을 좌지우지하는 위치에 있는 것을 가리킨다. 중국에서 제후들이 모여서 맹세를 할 때 그 모임의 맹주가 희생으로 정해진 소의 귀를 잡은 데서 유래하였다.

증설했으니, 이는 뜻있는 선비를 대우하기 위한 것이다. 보통학교는 부(府)・현(縣)・촌(村)・시(市)에 두루 설립했으니, 그 교과과정에는 윤리와 자국문과 외국문과 역사와 지리와 화학과 습자(習字)와 도화(圖畫)와 창가(唱歌)와 체조 등의 과목이 있다. 일체의 소학교는 모두 이러한 기준에 의거하였고, 대개 보통학교를 졸업한 이후에야 전문학교에 진학할 수 있기 때문에 보통학교가 전국에서 반드시 이수해야 하는 완전교육이 되었으니 즉 이는 유럽이나 미국 여러 나라가 이미 시행하는 방법이다. 그러나 일본은 부현(府縣)에 설립한 학교가 비록 많지만 사범학교에 더욱 치중하였다. 학교 중에는 예과(豫科)와 본과(本科)와 연구과(硏究科) 등이 있으니, 반드시 소학교와 중학교를 졸업한 자여야 사범학교에 입학할 수 있다. 심상전문(尋常專門)의 사범학교 과정이 있는데 필수 기간이 10년이다. 무릇 교육방법과 편역 교과서의 각 내용이 정밀함에 정밀함을 더하지 않는 것이 없으니 학과가 이미 여유가 있고 문란하지 않고 또 널리 교육의 인재를 양성하기 때문에 학술이 나날이 새롭고 성대해지고 있다.

서양의 나라가 학교를 설립하고 학생을 가르치는 요점이 3가지가 있으니, 첫째는 도예겸통(道藝兼通)이오, 둘째는 문무겸통(文武兼通)이오, 셋째는 내외겸통(內外兼通)이다. 그 교습법의 좋은 점 네 가지가 있으니, 하나는 강해(講解)를 추구하고 외우는 것을 강요하지 않는 것이고, 하나는 정해진 교과과정이 있지만 또한 여가시간도 있다는 것이다. 하나는 순서를 좇아 등급을 넘어가지 않는 것이고, 하나는 교과서를 나라에서 반포해주기에 나라 전체가 일률적으로 사용한다는 것이다. 크고 작은 각 학교에서 성취의 차이가 있지만 내용상 다른 것이 없고, 재능의 우열

13 제국대학교는……나누고 : 원문에는 6개 분야 중 '공과'가 누락되어 있다. 이 시기 도쿄제국대학에 설치되어 있던 학과는 법(法), 의(医), 공(工), 문(文), 이(理), 농(農) 6개였다. 경제학과가 신설된 것은 1919년이었다.

이 확실히 근거하는 바가 있어서 시험관의 판단에 오류가 없기 때문에 인재가 날로 많아지고 국가의 세력이 날로 강성해졌다.

위생부

회원 김봉관(金鳳觀)

우리가 활발하게 살아 있는 신체의 건강을 완전히 보전하고 지속하게 하려면 위생상 필요한 것〔目的〕을 강구하지 않을 수 없다. 사람과 가축의 생활에 필요한 것은 공기이니 사람이 호흡하는 공기 속에는 질소, 산소, 탄산가스가 있다. 질소는 생활을 보존하게 할 수 없는 가스인 까닭에 사람이 만약 질소가 가득 찬 실내에 들어가면 빨리 질식사한다. 또 질소는 신체 안에서의 생활작용에도 관계됨이 있다.

산소는 사람과 짐승의 생활에 가장 필요한 것이니, 공기는 즉 호흡에 의해 폐와 장에서 끊임없는 활동을 만들어낸다. 들이쉴 때 폐가 팽창하고 내쉴 때에 폐가 수축하며 들이마시는 것과 내쉬는 것의 움직임에 응해서 가슴둘레도 정해진 대로 호흡운동을 영위하니 그때 가슴둘레도 확장 수축하고 또 올라갔다 내려간다. 내쉬는 공기는 흡입할 때에 비하면 조금 온난하다. 또 산소가 부족하면 반대로 탄산 및 습도가 늘어난다. 그 습도를 실험으로 알아보면 거울과 같은 한랭한 물체에 숨을 내쉴 때에 닿아서 흐려지는 것으로 나타난다.

또 내쉬는 공기가 한기를 만나면 수증기를 발생시킨다. 호흡의 수는 대인은 1분에 16~18회에 이르나 빨리 걷거나 내달리거나 혹 산을 오르내릴 때와 기타 많은 질병이 있으면 그 수가 증가한다.

대개 이 공기는 사람과 금수의 생명에만 필요할 뿐 아니라, 일반 동식물체도 시종 교환작용을 영위한다. 사람과 짐승이 내쉬는 탄산은 식물이 그 성분인 탄소·산소를 분해해 한편으로는 식물체를 구성하는 탄소를 발생시키고 또 한편에서는 사람과 짐승이 호흡하는 산소를 준다. 그 외 식물의 지엽(枝葉)과 뿌리가 물을 취해 분해하여 소비하면 공기 중에서 산소는 그 결여분을 보충하고 수소는 다시 탄산에서 떨어져나온 탄소와 화합한다.

뇌우가 쳐서 전기가 발산되거나 비·이슬로 물이 증발될 때 공기 중에 있는 산소의 일부가 조밀하게 응축해 그 용적이 3분의 2가 줄어들면, 오존(ozone)이라 칭해지는 산소의 변종이 만들어진다. 이 기체가 물체나 공기 중에 많이 혼합되면 특별한 냄새를 방출한다. 또 통상 산소에 비하면 산화력이 두드러진 까닭에 옛날에는 신체 건강에 관계가 있다 하였으나, 현재는 공기의 청정과 관련되어 인간의 몸에 간접적으로 필요하다.

탄산가스는 인간과 짐승에게 역시 독물(毒物)이다. 보통의 공기 중에서 소량의 탄산을 흡입하면 그 해를 당함이 적지만 공기 중 100분의 1에서 5의 탄산을 머금은 공기를 흡입하면 불쾌, 어지럼증, 두통, 오심(惡心) 등이 일어나고 만약 10분의 3을 포함한 공기 속에 있으면 잠깐 사이에 홀연 사망하게 된다. 공기 중에 다소 혼합된 협잡물은 침실 및 조밀하게 사람들이 함께 사는 실내에 많으니 이런 가스는 불쾌한 냄새로 인해 거부감을 느끼게 한다.

태양의 광선이 암실의 틈 사이로 들어올 때는 공기 속에서 다량의 미세한 물체를 볼 수 있다. 이는 태양과 먼지가 서로 교통하기 때문이다. 이런 미세한 물체는 사람의 거주처의 먼지와 석회분 제조소에서 생성되는 바이며, 기타 부엌의 굴뚝에서 나오는 그을음 등도 역시 공기 속에 존재하는 고형 성분 등에 속한다.

이러한 공기 속 협잡물이 우리의 호흡기에 염증을 일으켜 마침내 건강을 해치기에 이르니, 먼지에 병독이 함유되어 있는 경우 틀림없이 바로 전염병이 된다. 호흡기 통로는 먼지가 신체로 숨어 들어오는 것을 막기 위해 피부 표면이 축축하게 젖어 있으며, 비강의 통로가 굴곡되어 있는 것도 이 때문이다. 대개 먼지가 비강벽에 부착되어 내부로 깊게 들어오는 까닭에 먼지가 많은 공기 속에서는 입과 입술을 다물고 코로 호흡하는 것이 이로우나 전체적으로 위험을 피해야 할 것이다.

공기가 불결한 지방에서는 호흡기병이 많으니 우리의 건강에 적당한 방법은 삼림과 해변 등지의 먼지가 적은 장소를 택해 거주하는 것이다. 특별히 그 가운데 음용수는 역시 공기와 균일하게 우리 생활에 귀중한 것이다. 대개 물은 인체 조직의 주성분인 피부, 신장, 소화기를 따라 몸 밖으로 배설되고 또 호흡하는 공기와 공통으로 소실되는 까닭에 일정한 규례에 의거해 항상 그 부족분을 보충해야 한다.

물의 긴요한 성질은 가장 단순하고 청정하다는 것이니 일반적인 물이 모두 음용에 적당한 것은 아니다. 오직 그 좋은 물이란 투명무색하고 불용해성 부유물의 다른 냄새나 다른 맛을 갖지 않으며 탄산을 머금으면 상쾌한 맛이 난다. 물에는 경수(硬水) 및 연수(軟水)의 구별이 있으니 경수는 다량의 석회 및 고토염(苦土鹽) 등을 포함한 까닭에 맛이 좋고 연수는 염류가 결핍된 고로 경수보다는 그 맛이 못하다.

음료수의 적절성 여부를 표준화하기 위해 여러 종을 구별하니 침전수, 천수(泉水) 및 해저수, 표재수(表在水)가 그것이다. 침전수는 즉 비와 눈이 내려 오로지 천연으로 된 물이다. 염류가 적으며 그 성질이 상당히 연한 고로 그 맛이 좋지 않으니 다량으로 마시면 소화기 장애를 일으킨다. 또 그 침전물은 공기의 세정이 균일하지 못해 자주 먼지 같은 작은 유기체를 함유한 고로 빠르게 부패하기 쉽다. 이 작은 유기체가 종종 음료수 속에 혼입되어 나쁜 질병이 만연하도록 최촉(催進)하는 까닭에 건강을 해치게 되니 이 미세 물체는 현미경의 힘을 빌리지 않으면 볼 수가 없다.

천수(泉水) 및 지하수는 삼투성이 있는 지층의 경사면을 따라 땅속에 이르러 유출되는 물이니 다량의 탄산 및 광물 성분을 포함한 고로 일반적으로 상쾌한 맛이 나고 또 청결하다. 땅속 등에서 깊게 흐르는 지저천수(地底泉水)는 더운 여름날에 조금 온도가 오르지만 자못 깊은 지층에서 온 암석천수는 사계절에 공히 균일한 온도를 유지하는 까닭에 시원하며 상쾌한 좋은 맛이 난다. 음료로서의 천수는 우물 장치를 써서 불결물의 혼입과 우물 주위 더러운 물의 삼입(滲入)을 엄격히 막아내는 것이 긴요하다. 우물의 구조는 천정(淺井), 심정(深井)으로 판별해야 한다.

천정수(淺井水)는 가장 위 지층에서 솟아나는 지하수이니 사람들이 거주하는 지역에서 폐기한 오예물로 인해 건강을 해치는 물품이 섞이기 쉽다. 심정수(深井水)는 음료로 제공하기 적합하지만 천정수에 비해 종종 철염(鐵鹽)을 함유하는 고로 물은 먹물 맛을 낸다. 공기 중에 방치하면 점차 다갈색으로 침강하는 것이 많은 까닭에 음료로 사용하기 어렵다.

표재수는 하천과 호수, 바다 등지에서 나오는 것이니 음용의 물로는 천수 및 지하수보다 아득히 열악하고 또 공기 및 태양의 광선을 직접 접촉하는 고로 여름에 시원하고 차갑지만 탄산 및 광물이 부족하고 또 불결물이 혼합되는 것이 통례이다. 그 다수의 불결물은 수중 동식물의 배설물 및 기타 잔류물, 인가의 거주지에서 생기는 폐기물이 양안(兩岸)에서 섞여 들어온 것이다. 인가의 폐기물 중에 전염병독의 맹아를 가진 환자의 배설물이 혼입되는 경우는 드무나, 온갖 건강을 해치는 문제가 콜레라〔虎列剌〕 및 장티푸스〔腸窒扶斯〕의 유행기에 종종 표재수를 사용함에서 기인한다는 것을 인지해야 한다.

해수는 지상에서 가장 널리 존재한다. 염분 함유가 두드러진 고로 음용으로 제공할 수 있으나 만약 음용으로 제공하려면 그 물을 증류시켜서 설탕 등을 추가할 필요가 있다. 그러나 그 맛은 좋지 않다. 광천(鑛泉)은 지층 속의 물이다. 용해된 염류 가스가 풍부한 까닭에 이런 종류의 물은 일반적으로 맛이 좋아 청량한 음료로 다수의 건강한 자 및 환자에게 유용하다.

우리의 신체 주위에 있는 속옷 및 의복 등에 부착된 오염물은 건강을 해치는 것이니, 그 속에 토지와 다른 생활계의 폐기물과 동식물의 잔류물 등이 포함된다. 분해되기 쉽고 또 악취를 내니 우리가 싫어하는 바이다. 이와 같은 오염물이 음식물 및 먼지로 공기 중에 발산해 소화기 혹은 호흡기를 통해 신체 내로 들어가 다수의 피부병을 발생하게 한다. 물은 오염을 세척하는 데 가장 적당한 도움 물질이다. 우리가 이를 써서 도로와 주거도 청결하게 청소하고 기타 의복도 세탁하며 신체의 목욕 등도 모두 이를 의뢰하니 사용하는 물의 성질에 대해 주의해야 한다. 신체를 항상 청결히 하면 건강을 촉진하게 된다.

학교 위생의 필요

회원 류동작(柳東作)

아동 신체 발육에 관한 최대 요소 중에서 굳이 군더더기 말을 기다리지 않고도 알 수 있는 것은 바로 음식물이다. 대개 음식물에는 분량과 성질의 법의(法意)가 필요하니, 대인(大人)이 주리지 않고 쇠약해지지 않고 건강을 유지하기 위해 적당한 식료를 적절히 가려 쓰는 것처럼 발육이 급속한 소아에게도 이런 일이 한층 필요하다. 이 두 요건이 적당하면 음식물은 근육, 골격, 혈액 등으로 변해 신체의 성분을 구성하여 소아를 급속히 성장시키도록 길러내는 것이다.

하지만 인생이란 단순히 음식물에만 의지해 생활하는 것이 아니니, 이 세상에 생존하여 건강을 유지하는 데는 늘 다른 세 요소가 필요하다. 이 요소는 여러 생물들의 생존과 발육에도 불가결한 것이니, 공기, 광선, 온도가 그것이다.

이 세 요소의 효력이 적절함을 잃을 때 인체에 발생하는 영향이 적지 않다. 지금 간단한 일례를 들자면 식물이 해가 나지 않는 곳에서 충분히 발육하지 못하고 몹시 추운 겨울철에 발육을 그치거나 고사(枯死)하며, 등불도 좋지 않은 공기 속에서는 꺼지지 않을 수가 없다. 이러한 이치로 미루어 궁구해보면 저습(低濕)하고 불결하여 햇빛이 충분하지 못한 곳에서 거주하는 빈민 아동의 사망자 수가 부자의 아동보다 많을 것은 누구라도 쉽게 상상하여 알 수 있는 것이다. 또한 빈민의 자녀들이 동상에 많이 걸리는 것도 그 부모가 덮을 거리를 충분히 제공해 주지 못하기 때문이다.

아동이 학교에 머무르는 것은 하루의 일부분에 지나지 않는 대여섯 시간이다. 이것을 짧은 시간이라 하여 위생을 무시하는 영향이 없지 않으며 혹은 없다고 생각하는 사람도 있으니, 이것은 큰 오류이다. 학교가 항상 위에 기록한 세 요소에 주의하여 그 권형(權衡)을 알맞게 하면 저습하고 불결한 가옥에 거주하여 그 해(害)를 항상 받는 소아의 좋은 간호인이 될 것이며, 또 세 요소가 부적당하므로 받게 된 해를 교정하게 될 것이다. 그러므로 앞으로 일어날 문제에 대비해 학교는 교실 내의 공기, 광선 및 온도가 어떠한가에 주의해야 한다.

○ 공기

1. 공기는 인간에게 필요한 것

공기는 전 지구를 아울러 그 양이 극히 많다. 삼라만상 일체의 생물에게 잠시라도 불가결한 것이니, 그 동식물을 막론하고 이 세상에 존재하는 여러 생물 중에 공기 없이 생명을 유지할 수 있는 것은 없다. 하루의 단식은 사람에게 위해를 크게 끼치지 않는 것이지만 겨우 몇 초간의 완전한 절식(絶息)은 사망에 이르게 한다. 인간은 하루에 겨우 2・3회 음식물을 취하나 공기는 쉴 새 없이 흡입한다. 또한 사람의 음식물은 그 종류가 매우 많아 맛남과 거칢의 품질이 그 수가 실로 수천백으로 헤아리기 불가능한지라 좋은 음식을 선택하는 부자와 거친 음식을 달게 여기는 빈자 간 개개인이 취하는 바가 각각 다르나, 오직 공기에 이르러서는 전혀 빈부귀천의 차이가 없고 상하를 통하여 한 가지로 이를 흡입하는 것이다. 그러나 이에 하나 고려하지 않으면 안 되는 것은 이렇게 은혜로운 것인 공기가 우리의 신체에 사소한 위해라도 끼칠 수 있는가 없는가 하는 것이니, 물론 선량한 공기는 아무런 해가 없을지라도 어떤 독물(毒物)의 매개자가 되어 간접적으로 해를 끼치는 경우도 또한 적지 않다.

이제 한 예를 들어 이를 설명하면, 번창한 도회지의 공기는 1입방미터 내에 평균 2,148개의 세균이 함유되어 있고 심한 곳에는 30,000에 달하는 경우가 있다. 이러한 다수의 세균 중에 독성을 함유한 것은 심히 근소하나 사람에게 해를 가하는 것이 있음은 명백한 사실이다. 요컨대 공기는 인간에게 잠시라도 없어서는 안 될 것임을 알아야 하는 동시에 그 성질의 불량함에서 생기는 해로움도 역시 소홀히 여겨서는 안 된다. 그러므로 우리가 이 세상에 생존하여 건강을 유지하려 하면 먼저 제일의 주의를 이에 써서 공기를 선량한 성질로 보존해야 한다. 아동은 매일 장시간 학교에서 지내는 것이니 이들 아동에게 유해한 작용이 없게 하여 신체를 증강케 하려면 실내의 공기를 선량・무해한 성질로 유지케 해야 한다. 이는 학교에만 한하는 것이 아니다. 다수의 사람이 모이는 곳의 공기는 일종 고유한 냄새를 지니는데, 처음부터 이러한 실내에 머물던 자는 심히 감각을 불러일으키지 아니하나 만약 내가 문밖에 있다가 일정 시간 교수(教授)에 사용하고 그 후 닫아두었던 교실 안에 들어가면 먼저 오관(五官)을 자극하는 냄새가 나니 이 냄새는 공기가 높은 온도에서 변질되어 상한 것이다. 이러한 실내에 장기간 머물러 있으면 불쾌한 두통과 어지럼증 등을 일으켜 도저히 작업을 감당하지 못한다. 그러므로 학교는 항상 공기라는 것을 염두에 두어 아동에게 직접 해가 되는 작용이 없게 하며 저들로 하여금 자유롭게 활동하며 발달케 함에 주의해야 한다. 이는 실로 학교 주무자가 마음에 새겨야 하는 것이다. (미완)

▲ 법률의 보호는 사람의 보호보다 강하다.

잡조(雜俎)

애국론

회원 박성흠(朴聖欽)

오늘날 천하에는 일이 많다. 문명 경쟁으로 서로 다른 나라를 집어삼켜 인문 정도와 시국 형편이 상황에 따라 변하는 것이 달마다 다르고 해마다 같지 않다. 이때를 당하여 나라가 만일 나라답지 않으면 오직 나라답지 않을 뿐 아니라 백성 또한 보호하지 못하고, 오직 백성을 보호하지 못할 뿐 아니라 그 민족[種類]이 따라서 사멸하니 가히 두렵지 않은가. 나라가 나라다운지 나라답지 않은지는 오직 국민의 애국 여하에 있을 따름이니, 나라를 사랑하지 않을 수 있겠는가. 무릇 나라라는 것은 백성이 모인 것이다. 하나하나의 사람이 모여 한 가족을 이루고 하나하나의 가족이 모여 한 고장을 이루고 하나하나의 고장이 모여 한 나라를 이루니 나라라는 말은 이에서 정립된 것이다. 사람은 여기에서 태어나 여기에서 자라고 여기에서 늙으며 여기에서 경작하여 밥을 먹고 여기에서 우물을 파서 물을 마시며 분묘와 가옥을 여기에 짓고 친척과 친구들이 여기에 무리 짓는다.

그런즉 천리(天理)와 인정(人情)을 근본으로 삼은 것이라 애국의 마음은 진실로 그칠 수 없는 것이다. 더욱이 국가의 흥망이 고금에 같지 않아, 옛날에 나라가 멸망하면 나라의 주인만 바뀌고 국호만 변경될 뿐이었으나 오늘날은 그 나라가 멸망하면 그 백성이 노예가 되어 짓밟히고 유린당하여 필경 그 민족이 흔적도 없이 사라져버린 후에야 그친다. 오호라, 참담하구나. 이에 생각이 이르면 어찌 마음이 서늘해지지 않으리오. 그런즉 시국의 형편과 일의 형세를 헤아리면 애국의 정(情)이 더욱 절박해지는 것이다. 그러므로 국민 된 자는 마땅히 상호 단결하며 상호 보조하며 상호 보탬을 주고 상호 구제하여 무사태평할 때에는 성과를 교환하여 분업으로 서로 돕고 위급한 어려움이 있을 때에는 머리를 맞대고 힘을 모아 외부로부터의 모욕에 맞설 것이니 이것이 애국의 실질이다. 무릇 애국의 마음이 천리와 인정을 근본으로 삼는다는 것은 저와 같아서 그칠 수 없는 것이고, 애국의 정이 시국의 형편과 일의 형세를 헤아린다는 것은 또한 저와 같이 절박한 것인즉, 애국의 실질에 어찌 힘쓰지 않을 것인가.

지금 동풍서조(東風西潮)가 첩첩이 몰려오고 층층이 부딪혀 눈앞에서 번쩍이고 귓가에 천둥 치는데, 우리 한국은 몹시 약하고 몹시 가난한 나라로서 좌충우돌의 지경에 처해 있어 외딴 배가 바다를 표류하는 듯하다가 다시 모진 바람을 만나니 그 위험함이 과연 어떠한가. 나라가 나라답지 않으면 우리는 장차 어디에 의탁하리오. 설령 나라를 사랑하지 않는다 하더라도 내 몸을 어찌하리오. 가령 바람이 울타리를 무너뜨려 가옥이 장차 기울면 이때를 당하여 가족 된 자가 속수무책으로 집이 뒤집히고 넘어가는 것을 앉아 기다리는 것이 마땅한가. 아니면 한편으로 나무를 구하고 한편으로 새끼줄을 찾아 버팀목을 대고 바위를 막으며 줄을 묶어 그 뒤집힌 데를 보수하는 것이 마땅한가. 집을 사랑하는 자는 응당 취사(取捨)가 있을 것이다.

무릇 사람이 집을 사랑하는 까닭이 어찌 집이 없으면 내가 돌아가 머물 곳이 없어서이기만 하겠는가. 지금 만약 나라가 나라답지 않아서 나라 없는 지경에 이르면 우리가 어찌 다만 돌아가 머물 곳이 없을 따름이리오. 그 종족을 화합시켜 다시는 잃어서는 안 될 것이다. 그렇다면 그 집을 사랑할 줄은 알면서 그 나라를 사랑하지 않는 것이 마땅하겠는가. 그러나 우리가 또한 우리 오두막은 다들 마음 가득히 사랑하면서 그 나라를 사랑하는 자는 적으니 이 또한 미혹이 심하다. 아아, 하늘이 음산한 비를 내리기 전에 창과 문을 얽어놓는 것[14]은 하고자 해도 이를 수 없겠거니와, 지금은 비바람이 이미 표류하고 요동쳐 입을 다물어도 오히려 비명이 나오는구나.

아아, 우리 동포는 '막가내하(莫可奈何)'라는 네 글자를 가슴 속에 두지 말고 오직 애국의 실질에 종사하여, 무릇 나라에 이익되는 일은 비록 집안이 기울고 파산하더라도 사양하거나 피하지 말고 비록 몸이 가루가 되고 뼈가 부서지더라도 후회하지 않으면서 어깨에 메고 등에 짊어지고 불같이 더욱 맹렬해져야 할 것이다. 하물며 나라를 이롭게 하는 일을 행한다고 반드시 집안이 기울고 파산하거나 몸이 가루가 되고 뼈가 부서지는 것만은 아님에랴.

애국이라는 일념이 우리 2천만 인을 머리에서 꼬리까지 꿰뚫어 증기처럼 스며 통하게 되어 국내에 가득 차고 세계에 넘쳐흐르면 소위 우리와 맞선 자는 억눌리고 우리를 범한 자는 꺾이며 우리와 부딪힌 자는 부서질 것이 진실로 꼭 얻게 될 효과이니, 어찌 국권을 회복하고 민족을 보존함에 그치겠는가. 힘쓸지어다, 동포여.

▲ 세계가 대학교요 고통이 좋은 스승과 벗이라.

---

14 하늘이……얽어놓는 것 : 『시경(詩經)』 「빈풍(豳風)」에 나오는 구절이다. 원문은 "하늘이 음산한 비를 내리기 전에 뽕나무 뿌리를 거두어다가 창과 문을 얽어놓는다면 이제 백성들이 감히 나를 업신여기겠는가?〔迨天之未陰雨 徹彼桑土 綢繆牖戶 今此下民 或敢侮予〕"이다.

청년의 책임

회원 이갑(李甲)

탁월한 것은 청년의 미덕이다. 돌진과 용감함으로 젊음의 기개를 키우고, 진실과 강인함으로 그 젊음의 행실을 보존할 수 있는 자는 사회적으로 더불어 성공할 수 있고, 더불어 자립할 수 있는 자이다. 두 손을 맞잡고 입에 재갈을 문 듯 가만히 있는 것은 부패의 대표이며 모기(暮氣)의 선구이고, 허위를 꾸미는 것은 늙은이의 현상이며 죽은 시체의 여기(餘氣)이다. 오직 견인(堅忍)의 기상을 키우고, 불발(不拔)의 식견을 닦아서 세계의 정면에 우뚝 서는 것이 청년의 직책이다.

저 산악을 보지 못하는가. 높은 하늘을 마주하라. 오르고 또 오르고 나아가고 또 나아가서 멈추지 않으면 산봉우리를 넘을 수 있을 것이다. 만약 산기슭에서 마음 편히 지내면서 그 평생을 마치도록 한 걸음도 나아가지 않는다면 어찌 천하의 장관이 저 높은 봉우리에 있음을 알 수 있겠는가.

옛날에 일본의 도쿠가와 이에야스(德川家康)는 그의 자제들에게 말하기를 "사람의 일생은 무거운 짐을 지고 먼 길을 가는 것과 같으니 한순간도 쉴 수가 없다."라 했으니, 말은 비록 간단하나 처세의 요결(要訣)이 갖춰져 있다. 미국의 철학자 가마로사(苛馬路沙)[15]가 후배들에게 고하기를 "사람의 인생은 천 길 낭떠러지에 서 있는 것과 같아 한순간도 스스로 경계하지 않으면 떨어질 위험이 있다."라 했으니, 말은 매우 기발하여 스스로 가져야 할 정신을 고취시킴이 지극하다. 도쿠가와 씨는 능히 3백 년간 왕조를 보존하였고, 미국은 지금 부강을 천하에 떨치고 있으니, 모두 그 평소 교양의 소치이다. 무거운 짐을 짊어진 자는 안일함을

15 가마로사(苛馬路沙) : 미상이다.

싫어하고 험난한 비탈길을 오르는 자는 웅크리고 앉아 있는 것을 위태롭게 여기니, 스스로 꾸짖고 스스로 경계함이 깊고 절실하기 때문에 그 일궈낸 성과도 능히 원대한 것이다.

임업(林業)의 필요

회원 옥동규(玉東奎)

대개 삼림을 조성함은 임업자 자신의 사익일 뿐 아니라 국가 공익상에 그 효용이 크다. 그 효용을 간략히 들진대 직접과 간접 효용으로 구분할 수 있다. 대개 직접 효용이라 함은 우리가 임산물의 유익함을 거두어 얻는 것이다. 가장 필요한 것은 목재인데 대체로 목재는 건축재와 교량재와 기계·기구재와 선박·선함재와 철도용재와 전신·전화주(電信電話柱)와 성냥개비와 광산용재와 기타 땔나무·숯 등에 필요한 것으로 이는 하루라도 없어서는 안 되는 것이다.

하물며 근래에는 공업 발달이 전날과 달라 목재 이용의 길이 크게 열려 혹은 이로써 제지(製紙), 방사(紡絲)를 하며 혹은 이를 건류(乾餾)하여 초산(醋酸), 메틸알콜 등의 약품을 제조하며 혹은 이로써 인조상아, 활자 등을 만드는 특종의 신기한 방법을 발명하여 별개의 유익한 물품을 얻기도 한다. 심지어 수목의 가지, 숲속에 떨어진 잎과 낙엽 등은 농지의 비료와 가축의 사료 및 연료 등에 필요하여 비록 가지 하나 잎사귀 하나라도 버릴 것이 없으니 인간 세상에 수요가 되는 것이 어찌 이보다 크겠는가. 간접 효용이라 함은 삼림의 존재로 인하여 생기는 유익한 작용을 말함이니, 이는 국토 보안상에 중대한 관계가 있다.

그 관계를 대강 말하면 삼림의 보호로 인하여 큰 가뭄과 홍수를 방지할 수 있다. 어떤 이치로 홍수와 가뭄을 방지하는가 하면, 대개 삼림은 가지와 잎이 우거져 빗물을 조절하는 힘이 있기 때문으로 비가 갑자기 흘러내리는 일이 없고 또한 삼림지에 낙엽과 부식토가 있으며 수목의 뿌리가 얽혀 있어 물이 갑자기 쏟아져 흐르는 일이 없고 서서히 땅속에 들어가며 계곡물이 되어 흐른다. 그리하여 큰비에도 하천이 세차게 불어날 우려가 없으며 적은 비에도 하천이 고갈하는 해가 없어 항상 하천의 양을 동일케 하는 것이다. 그리하여 삼림을 빗물의 조절기라 칭한다.

또한 국민 위생상에 일대 이익이 있으니, 삼림은 추위·더위를 조화하며 건조함·습함을 없애는 고로 기후가 항상 평화하여 역병을 방지한다. 또 국민의 정신을 양육함이 있으니, 임업국 인민은 그 기풍이 질박하고 용맹하여 독립심이 대단한데 그 원인은 임목(林木)의 교통이 불편할 뿐 아니라 그 삼림의 장엄하고 웅대한 풍치가 인민의 마음을 감화케 하는 데가 있기 때문이다. 그 외 눈사태, 모래바람, 폭풍을 방지하는 등 효용은 셀 수도 없다. 그 효용이 이러하니 국가 경제에서 이것을 버리고 어찌하겠는가.

그러므로 문명국에서 산림경영 방법을 힘써 임업이 확장하며 공업이 이에 수반하여 경제상 중대한 이익을 거두어 국가의 부강함을 모두 이루게 된 것이다. 그런데 우리나라는 땅이 좁고 산이 많으니, 땅이 트이지 않은 것은 아니며 흙이 알맞지 않은 것은 아니되 인민이 임업에 대해 잘 알지 못할 뿐 아니라 원대한 이익을 취하지 않고 근소한 부분적 이익만 도모하여 『관자(管子)』의 십년지계는 멀다 생각하며 「화식전(貨殖傳)」의 천호지봉(千戶之封)은 거만하다 생각하여 나무 하나를 심지 않고 여간한 고유의 숲도 일삼아 벌채하여 바다에 둘러싸인 청산이 텅텅 벌거벗음을 면치 못하니 탄식해 마지않노라.

이리하여 위에 진술한 직접의 효용이 결핍하여 그 임산물의 수익은 고사하고 장차 빤히 다가올 추위〔曲突之寒〕를 면하지 못할 것이다. 더욱이 근래 홍수와 가뭄이 거듭되며 역병이 유행하며 국민의 마음이 유약하여 자강력이 적음도 삼림업의 장려가 없는 까닭이다.

그렇다면 임업의 확장이 의당 시급하지 않겠는가. 우리는 각자 지금부터 조림(造林) 방법을 연구하기 시작하여 비록 근소한 자본이라도 아끼지 말고 특히 주의를 더하여 오늘 나무 하나를 심고 내일 나무 하나를 심기를 오래오래 끊임없이 하면 삼림 하나를 스스로 조성할 수 있을 것이요, 또한 고유한 삼림은 지극히 보호하여 도끼로 벌채하기를 금하면 삼림 하나를 또한 보존할 수 있을 것이다. 우리들이 각자 이같이 한다면 임업의 확장을 날짜를 세며 기다릴 수 있을 것이다.

나태의 벌

겸곡(謙谷) 박은식(朴殷植)

인생에서 한탄해야 할 것은 나태에 익숙해지는 것이니, 애초에 일을 하지 않으면 어찌 먹을 것을 얻으리오. 동방 사람들이 앉아서 풍요를 향유함을 행복으로 여기는 것은 잘못이다. 서양에서는 나태한 자를 징벌하는 법이 있다. 손을 놀리며 일을 하지 않는 사람으로 하여금 예로부터 물통 가운데에 서게 하여 만약 힘을 다해 기기를 사용하여 그 물을 흡출(吸出)하지 않으면 물이 가득 차 익사를 면할 수 없게 한 것이다.

산학(筭學)을 논하다

이유정(李裕楨)

세상에는 비록 말을 못하는 사람은 있어도 수를 못 세는 사람은 없다. 단 상고시대의 교화되지 않은 사람들은 수에 대한 앎이 더뎌서 숫자로 기록하지 못했다. 그 실제를 연구해 보니 수학의 시초는 손가락으로 세는 것에서 시작했다는 것을 진실로 모르는 사람은 없다. 무엇으로 증명할 것인가? 예전 기원후 18세기에 듣지 못하고 말하지 못하던 마서구(瑪

西歐)[16]라는 이름의 아이는 손으로 말을 대신했고 또 글자도 잘 썼는데, 한 글자도 오류가 없었으니 모두가 그의 스승의 가르침 덕분이었다. 일찍이 그 유년시절에 대한 자술에서 그는 오히려 아배서객(阿倍西喀)[17]의 문하에서는 수를 세는 법을 배운 적이 없었으나 자신은 숫자 세는 법을 알았다고 했으니, 아마도 스스로 그 손가락을 보고 알았던 듯하다. 우리도 또한 그러하니, 어릴 때 셈을 익히는 처음에는 종종 손가락으로 수를 기록하여 1에서부터 10에 이르고 이것이 쌓여 백・천・만・억까지 이르니, 모두 여기서부터 시작하는 것이다. 성인이 되었을 때도 또한 혹 습관적으로 손가락을 사용하니 황량한 시골에 사는 야인(野人)도 모두 손가락을 사용해서 셈하는 이치는 밝히기 어렵지 않다. 야인들은 말은 있으나 문자가 없어서 숫자를 계산할 때 1・2・3을 제외하고는 문자로서 설명하지 못한다. 그래서 전쟁이 일어나서 한 번에 죽음을 당한 자가 15명인데 혹 그 사상자 수를 물으면 단지 1개의 손가락을 꺾은 것만 보고는 1명으로 계산했다가 나중에 그 손을 3번 들어 보여서 15라는 수를 표시하면 그제야 알아채지 않을 수 없게 되는 것이다.[18] (미완)

아동고사(我東古事)

삼성사(三聖祠)

회원 박은식(朴殷植)

삼성사는 문화군(文化郡) 구월산(九月山)에 있으니 환인씨(桓因氏)와

16 마서구(瑪西歐) : 미상이다.

17 아배서객(阿倍西喀) : 미상이다.

18 1개의 손가락을……되는 것이다 : 손가락 1개가 5를 나타낸 것이기에 3번 그 손을 들어보여 15를 표시했다는 뜻인 듯하다.

신시씨(神市氏)와 단군(檀君)의 사당이다. 우리 동방 고대사의 시초에 환인씨는 첫머리에 나오신 신인(神人)이요, 신시씨의 이름은 환웅(桓雄)이니 환인씨의 세자(世子)이다. 천부인(天符印) 세 개를 받아서 무리 3천 명을 이끌고 태백산(太白山)에 내려오셨으니, 이는 환웅천왕(桓雄天王)이다. 그리고 단군의 이름은 왕검(王儉)이니 태백산 박달나무 아래로 내리시어 지나(支那) 당요(唐堯) 무진년에 즉위하여 임금이 되셨으니 신령스럽고 지혜가 있으시며 국호를 조선(朝鮮)이라 하였다. 처음에는 평양(平壤)에 도읍하였다가 뒤에 백악(白岳)으로 옮겼으니 나라 안의 산천을 다스려 백성의 거처를 정하고 풀로 옷을 지어 입고 나무 열매를 먹으며 여름에는 둥지를 틀어 살고 겨울에는 굴에 사는 백성을 처음으로 가르쳐 머리를 땋고 모자로 머리를 덮게 하였다. 의복과 음식의 제도를 만들고 세 아들을 시켜 성(城) 세 개를 쌓아서 삼랑성(三郎城)이라 이름 짓고-지금의 강화(江華)에 있다- 아사달산(阿斯達山)에 들어가서 신(神)이 되셨으니, 향년 1,048세였다. 강화의 참성단(塹星壇)은 단군이 하늘에 제사 지낸 곳이니 돌들로 쌓아 높이 10척이요, 위는 모나고 아래는 둥글다. 권근(權近)의 시에 "전해 온 세대는 얼마인지 알지 못하겠으나, 지낸 햇수는 일찍이 천 년이 넘었구나."[19]라고 하였다. 송양(松壤) 서쪽에-지금의 강동(江東)- 단군의 묘가 있고, 태백과 아사달에 모두 사당이 있다. 당장경(唐藏京)은 일명 '장장평(藏藏坪)'이라고도 하니, 문화군 구월산 아래에 있다.

19 전해……넘었구나 : 권근의 시 「명제(命題)」의 일부이다.

인물고

팽오(彭吳)는 단군이 등용해 재상으로 임명하고 그에게 명하여 나라 안의 산천을 다스려 백성의 거처를 정하게 하셨다.

왕수긍(王受兢)은 기자(箕子)가 동쪽으로 오신 처음에 팔조(八條)를 펴서 인민을 가르치실 때 국인(國人)이 높이 받드는 자를 얻어야 행할 수 있었기에, 국인이 왕수긍을 천거하니 명하여 사사(士師)를 제수하셨다.

대부례(大夫禮)는 기자조선 사람이다. 지나 전국시대에 조선후(朝鮮侯)가 주왕실(周王室)이 쇠하고 연(燕)나라가 왕을 참칭하는 것을 보고 의로움에 기대어 병사를 일으켜서 연나라를 정벌하고 주나라를 높이려고 하였는데 대부례가 간하여 멈추게 하였다. 이 사건으로 인하여 양국간에 불화가 생겼다. 뒷날 대부례를 보내어 연나라를 달래니 연나라 또한 멈추어 침략하지 않았다.

아난불(阿蘭弗)은 부여왕 해부루(解扶婁)가 등용하여 재상으로 임명하였으니, 왕에게 권하여 동부여로 도읍을 옮기게 하였다.

성기(成己)는 조선왕 우거(右渠) 때의 대신이다. 한(漢)나라가 군대를 보내 조선을 멸망시키고 왕 우거가 살해되니, 성기가 나라를 부흥하고 원수를 갚고자 하여 군대를 일으켜 한나라를 공격하였다가 이기지 못하고 죽었다.

협보(陜父)는 고구려 유리왕(琉璃王)이 우보(右輔)로 삼았다. 왕이 질산(質山)에서 사냥하여 닷새를 돌아오지 않으니, 협보가 간언하기를 "새로 도읍을 옮겨 백성이 거처를 편안히 여기지 않으니 덕정(德政)을 닦아야만 하거늘, 말 달리며 사냥하느라 오랫동안 돌아오지 않으시니 만약 잘못을 고치지 않으면 신은 정치가 황폐해지고 백성이 흩어져 선왕의 공적이 땅에 떨어질까 걱정됩니다." 하였다. 왕이 노하여 그 직위를 파면하자 협보가 두려워 마침내 남한(南韓)으로 망명하였다.

부분노(扶芬奴)는 고구려 유리왕 때 사람이다. 왕이 선비(鮮卑)를 우환으로 여기거늘 분노가 "사람을 시켜 이간하여 나라가 작고 군대가 약하다고 속이면 저들이 반드시 우리를 쉽게 여겨 방비하지 않을 것입니다. 신이 그 틈을 기다려 샛길을 따라 그들을 공격하면 이길 수 있습니다."라고 하였다. 왕이 그 말을 따르니 선비가 과연 문을 열고 추격하거늘, 분노가 말을 달려 돌진하여 그 성에 들어가 점거하니 선비가 놀라 달아나서는 항복하여 속국이 되었다. 왕이 분노의 공을 가상히 여겨 식읍(食邑)을 상으로 주었는데, 분노가 사양하며 "이것은 임금님의 덕이니 신이 무슨 공이겠습니까." 하고 굳이 사양하고 받지 않았다.

송옥구(松屋句)는 고구려 대무신왕(大武神王) 때에 우보(右輔)였다. 한나라 요동 태수가 와서 정벌하거늘 왕이 싸우고 지키는 계책을 물었는데, 옥구가 대답하기를 "신은 덕을 믿는 자는 창성하고 힘을 믿는 자는 망한다고 들었습니다. 지금 중국이 황검(荒儉)[20]하여 도적이 봉기하거늘 군대가 명분 없이 나와 하늘을 거스르고 사람을 어기니, 군사가 반드시 공적이 없을 것입니다. 대왕은 두려워하지 마소서." 하였더니 한나라 군대가 과연 물러갔다.

왕산악(王山岳)은 고구려 사람이다. 진(晉)나라 사람이 칠현금(七絃琴)을 보내었는데 국인 중 아무도 연주하는 법을 알지 못하였다. 산악이 본래 모양을 말미암아 그 체제를 조금 고치고 백여 곡조를 제작하여 연주하니 검은 학이 와서 춤추었다. 마침내 현학금(玄鶴琴)이라 이름을 지었고 뒤에 현금(玄琴)이라고 불렀다.

밀우(密友)는 고구려 동천왕(東川王) 때 사람이다. 위(魏)나라 장수 관

20 황검(荒儉) : 흉년으로 농작물의 수확이 적은 것을 이른다.

구검(毌丘儉)이 환도성(丸都城)을 공격하여 함락하자 왕이 성에서 달아나 죽령(竹嶺)에 이르니 밀우만이 홀로 왕의 곁에 있었다. 추격하는 병사가 매우 빠르거늘 밀우가 왕에게 말하기를, "신이 죽기를 결심하여 적병을 막을 터이니 대왕은 여기를 피하소서." 하고 마침내 결사대를 모집하여 힘껏 싸웠다. 왕이 벗어나 흩어진 군사를 수합하여 하부(下部)의 유옥구(劉屋句)로 하여금 싸움터에 가게 하였다. 유옥구가 가서 밀우가 중상을 입어 땅에 엎어져 있는 것을 보고는 그를 업어서 왕의 처소에 이르니 왕이 넓적다리를 베게 하였는데 한참 뒤에야 소생하였다. 뒤에 그 공으로 식읍을 하사하셨다.

유유(紐由)는 고구려 동부(東部) 사람이다. 동천왕 때에 위나라 장수 왕기(王頎)가 와서 침략하자 왕이 도망을 나섰는데, 위나라 군대가 추격을 매우 빨리 하니 왕은 계책이 궁하여 벗어날 바를 알지 못하였다. 유유가 이에 위나라 군대를 찾아가 거짓 항복을 하다가 위나라 장수를 찔러서 그와 함께 죽자 위나라 군대가 물러갔다. 이에 왕이 어려움에서 벗어날 수 있었다.

사조(詞藻)

스스로 힘쓰다 2수 漢

음빙실주인(飮氷室主人)

평생토록 넋두리를 가장 싫어하니	平生最惡牢騷語
괴로운 듯 신음해도 누구를 원망하리	作態呻吟苦恨誰
세상만사는 화(禍)가 복(福) 되는 경우도 있으니	萬事禍爲福所倚
평생토록 이내 몸 운명에 맞서네	百年身與命相持
입신(立身)함에 어찌 여지없을까 걱정하랴	立身豈患無餘地

보국(報國)함에 때 늦을까 걱정해야지 報國惟憂或後時
영웅의 길은 배우지 못해도 올바른 도부터 배웠으니 未學英雄先學道
어찌 나의 흥망성쇠를 어리석은 자들과 견주리 肯將榮瘁較羣兒

*

헌신으로 만인의 표적이 되고 싶고 獻身甘作萬矢的
저술로 백세의 스승이 되고 싶네 著論求爲百世師
민권(民權)을 각성시켜 구습을 개량하고 誓起民權移舊俗
철리(哲理)를 궁구하여 신지식 계명하리 更摩哲理牖新知
10년 지나면 날 그리워할 텐데 十年以後當思我
온 나라가 다 미쳐서 누구와 논하나 擧國皆狂欲語誰
이 세계도 무궁무진 내 바람도 무궁무진 世界無窮願無盡
드넓은 하늘과 바다 마주하듯 한참 서 있네 海天寥廓立多時

문원(文苑)

대동지학회(大同志學會) 서(序) 漢

일본 요코하마에 있는 청나라 학도가 대동지학회(大同志學會)를 설립함에 회장 량치차오(梁啓超) 씨가 서문을 쓰다.

때는 2월, 요코하마에 있는 대동학교(大同學校)[21]의 생도가 일지학회(一志學會)를 창립하고 장차 견문을 존숭하고 뜻한 바를 배우며 세계의

21 대동학교(大同學校) : 1897년 쑨원이 요코하마에 설립한 학교로 일본에 가장 먼저 세워진 화교 학교이다. 학교 이름을 중서학교(中西學校)로 정했다가, 정세를 반영해 대동학교(大同學校)로 바꾸었다.

지식을 모으고 종주국의 위기를 구제하고자 하니, 매우 훌륭하도다. 이에 내가 조금 나이가 많다는 이유로 그 학회의 회장을 맡게 되어 이에 서문을 쓴다.

서문에 이른다. 선현들 중에 말이 있고 뜻이 있으면서 이루지 못한 자는 있지 않았다. 뜻을 세우지 못해 이루지 못한 것이니, 뜻[志]이라는 것은 모든 학문의 시작점이고 만사의 원동력이다. 예전에 내가 육자정(陸子靜)[22]의 말을 들은 적이 있었는데, "지금 사람들은 유지(有志)를 어떻게 이해하는가? 모름지기 먼저 지식을 얻어야 비로소 얻을 수 있는 것이다."라고 했고, 또 말하기를 "공자께서는 나이 15세에 학문에 뜻을 두셨다고 했는데, 지금까지 천여 년 동안 한 사람도 뜻을 세운 자가 없었다는 것이 이상하다. 그들로 하여금 다른 데에 뜻을 두게 한 것은 어째서인가? 반드시 먼저 지식을 깨달은 이후에 뜻을 가져야 하기 때문이다."라고 하였다–모두 『전습록(傳習錄)』에 보인다–. 내가 일찍이 그의 말을 마음에 새겨서 적이 뜻이라는 것은 학문의 기초이고, 지혜라는 것은 또 뜻의 기초라고 생각하였다. 저 한 가정의 부녀자들은 종일토록 현실적인 이익만을 얻기 위해 매우 바쁘게 지내므로 뜻한 바가 옷을 담는 작은 상자 정도에서 벗어나지 않는다. 마른밥 한 덩이 때문에 소송을 일으키거나 목숨을 잃을 수도 있으니, 어째서인가? 그가 아는 것이 자신의 몸에 한정되어 있기 때문이다. 시정의 범부(凡夫)들은 아는 것이 한 집안에 한정되어 있기 때문에, 뜻이 치수(錙銖)[23]에서 벗어나지 못하는 것이다. 향낭을 차는 어린 자제들은 아는 것이 한 마을에 한정되어 있다. 그러므로 뜻이 금자(金紫)[24]를 벗어나지 못하는 것이다. 이와 같은 자들은 하지

---

22 육자정(陸子靜) : 남송 시대의 성리학자 육구연(陸九淵, 1139-1192)의 호이다.

23 치수(錙銖) : 옛날 저울 이름인데, 6수(銖)를 치(錙)라 하므로 경미한 것에 비유하는 말이다.

24 금자(金紫) : 금인(金印)과 자수(紫綬)라는 뜻으로, 존귀한 사람을 비유적으로 이르

못하는 것에는 뜻을 두지 않는다고 하겠다. 무릇 사람들 중에 뜻한 바가 없는 사람은 없다. 그러나 뜻의 크고 작음은 항상 그의 지식의 크고 작음에서 연유하니, "앎이 있어도 뜻을 세우지 못하는 경우는 있지만, 알지 못하면서 능히 뜻을 세우는 경우는 아직 없다."는 한마디 말을 따라 내가 전진한다는 것에서 차이가 난다고 하겠다.

그러므로 반드시 배부름을 알고 난 이후에 먹을 것을 구할 뜻이 생기고, 배움의 귀함을 알고 난 이후에 배움을 구할 뜻이 생겨나는 것이다. 필시 서울이 있음을 안 연후에 서울에 갈 뜻이 서고, 천하가 있음을 안 연후에 천하를 구할 뜻이 서게 되는 것이다. 아는 바가 더욱 넓어질수록 뜻도 더욱 광범위해지고, 아는 바가 확실할수록 뜻한 바도 더욱 견고해지는 것이다. 도수(度數)의 대소고하(大小高下)는 마치 춥고 더운 것의 차이처럼 뚜렷하고, 수은(水銀)이 상승하고 하강하는 원인은 저 공기가 늘어나고 수축하는 것 때문이니, 털끝만큼도 임의로 되는 일은 없는 것이다. 비록 억지로 꾸며서 하고자 할지라도 또한 반드시 오래도록 할 수 없게 될 것이다.

지금 여러분들이 현명한 부형(父兄)의 가르침을 받아 사리에 깊이 통달하여 스승이 될 수도 있다. 그러므로 재능이 뛰어나거나 뜻이 커서 일반 세속인들과 차이가 있을 수도 있다. 내가 그 뜻한 바를 물으면, 모두들 "옛사람들은 스스로 천하를 자기의 임무로 삼았으니, 어찌 공자가 말한 '광자진취(狂者進取)'[25]가 아니겠는가."라고 한다. 나는 굳이 여러분이 이런 말만 하고 이 뜻을 가지지 못한 것은 아닌지 감히 묻지 않겠다. 비록 그렇다 해도 만일 지식이 확실하지 않고 지조가 충분하지

는 말이다.

25 광자진취(狂者進取) : '광자(狂者)는 진전을 이룬다'는 뜻으로 『논어(論語)』「자로(子路)」 편에 나온다. 여기서 광자는 비록 뜻이 높고 큰 것만 좋아하여 중용의 도에 못 미치기는 하지만 진취심이 있어 큰 것을 능히 할 수 있는 자를 이른다.

않고 연마한 것이 열정적이지 않으면 진실로 오늘의 뛰어난 재능이나 큰 뜻도 신뢰하기 부족함이 있을까 걱정이다. 번쩍 날아서 눈을 놀라게 하는 저 번개를 보지 않았으며, 엉겨 튀어서 이마를 지날 수 있는 저 물을 보지 않았는가. 비록 그러하나 시간이 지나면서 그 형상이 완전히 변하지 않는가. 그러므로 지금은 뜻을 세우는 것 외에 이 두 마디 말만 하고자 한다. 하나는 '그 뜻을 확충하기를 구하라.' 그리고 하나는 '그 뜻에 부합할 수 있기를 구하라.' 그 방법은 어떻게 하면 될까? 단지 배울 뿐이다. 배우지 않으면 지혜를 늘릴 수 없고, 지혜가 없다면 뜻을 확정할 수 없다.

비유컨대, 뜻이 병을 고치는 데 있다면 방술(方術)로 치료하고 약통을 준비하지 않을 수 없고, 뜻이 불을 끄는 데 있다면 대중을 모으고 수구(水具)를 고치지 않을 수 없는 것이다. 만일 이러한 일에 힘을 쏟지 않으면서 말로만 "나는 병을 치료하고자 한다." "나는 화재를 진압하고자 한다."라고 세상에 외치며 그것을 성취한 경우를 보지 못했다. 지금 국가의 병은 거의 손을 쓸 수 없을 만큼 악화되었고, 내우외환(內憂外患)의 긴급함은 그 맹렬함이 들판에 번지는 불보다 심하다. 장차 그 병을 고치고 그 불을 진압하려고 해도 천신만고 고생만 하고, 지식을 두루 열람해도 넓히지 못해 한번 시도해보고 어찌할 바를 모를까 걱정되고, 지극한 성의로도 실행하지 못해 중도에 그만두고 돌아올까 두려우니, 여러분들은 이를 유념해야 할 것이다.

왕문성(王文成)[26]의 『전습록(傳習錄)』 「학지(學旨)」에 "지행합일(知行合一)을 진실로 안다면 실행하지 못할 것이 없다. 만약 실행하지 못한다면 이는 아직 알지 못해서일 뿐이다."라 하였다. 그러므로 여러분들 또한 그 지식을 확충하고 그 지식을 진실하게 할 것을 구하면 될 것이다.

---

26 왕문성(王文成) : 문성은 왕양명의 시호이다.

맹자가 말하기를 "먼저 큰 부분을 든든하게 세우면 작은 부분들이 달려들어 빼앗을 수가 없다."고 했고, 공자가 말하기를 "필부일지라도 그 뜻은 빼앗을 수 없다."고 했으니, 빼앗을 수 없다는 것은 뜻을 이르는 것이다. 먼저 큰 것을 세우라는 것은 앎을 이르는 것이다. 여러분들은 이를 유념해야 할 것이다.

오랑캐에 대한 논의[蠻辨] 漢

회원 김달하(金達河)

내 본심의 인(仁)을 보존하여 서로를 살리고 서로를 기르는 도리를 다하는 자를 사람이라 한다. 이 사람이 천하를 보면 한 사람과 같고, 사해를 보면 한 집안과 같아서, 홀아비와 과부를 업신여기지 않고 호소할 곳 없는 이를 괄시하지 않으니, 여기에 또 사람다움이 있는 것이다. 자신에게 있는 것만 알고 동류에게 있는 것을 알지 못하며, 이익이 있는 것만 알고 공의(公義)가 있음을 알지 못한다면, 사람의 형상을 하고 짐승의 마음을 가진 것이니, '오랑캐〔蠻〕'라 이름하지 않을 수 없다. 지금 천하에 지혜로운 자와 어리석은 자는 서로를 용납하지 않고, 강한 자와 약한 자는 양립하지 않는다. 지혜로운 자는 어리석은 자를 가리켜 오랑캐라 하고, 강한 자는 약한 자를 가리켜 오랑캐라 하니, 정말로 그러한 것인가? 아니다. 저 어리석고도 약한 자가 진실로 오랑캐가 됨을 면치 못하는 것이다. 비록 지혜로운 자와 강한 자라 할지라도 또한 어찌 모조리 오랑캐가 아니라고 할 수 있겠는가? 무릇 말은 탈 수 있고 소는 밭을 갈 수 있으니, 사람을 속박시키고 사람을 부려먹는 것은 그것이 어리석음과 약함에서 비롯되지 않음이 없다. 지금 승냥이와 호랑이가 소와 말을 잡아먹을 수 있음을 보고, 승냥이와 호랑이가 지혜롭고도 강하다 하고 호랑이와 승냥이가 짐승이 아니라고 한다면 옳겠는가? 나는 정말로 진인(眞人)이 나타난다면, 반드시 호랑이와 승냥이를 우리에 가두고 소와 말을 보존할 땅을 만들리라는 것을 안다. 대개 승냥이와 호랑이가 소와 말에 비해 지혜롭고 강하겠지만, 또한 금수가 됨을 면치 못하는 것은 그들이 동류를 잡아먹기 때문이다. 그러므로 그 지혜는 진인보다 지혜롭지 못하고 그 강함은 진인보다 강하지 못하니, 이는 무엇을 말하는가? 사람은 동서고금을 막론하고 균등하게 하늘이 낳아서 만물의 영장(靈長)이 되니, 무릇 지구상에 임림총총(林林葱葱)하고[27] -많은 모양[芸芸]- 북적이는 것이 어찌 우리 동포가 아니었던 적이 있었겠는가.

오직 진인만이 그들이 동포임을 안다. 그러므로 동포를 사랑하기를 골육처럼 한다. 지혜로운 자는 어리석은 자를 비루한 오랑캐로 여기지 않고 그들을 인도하여 지혜롭게 만들고, 강한 자는 약한 자를 억압하지 않고 그들을 부축하여 강하게 만든다. 만약 소나 말처럼 어리석거나 승냥이나 호랑이처럼 사납지 않다면 인도하여 단체를 조직하지 않을 수 없으니, 위엄이 없으면 복종하지 않고 실행이 없으면 성과도 없을 것이다. 그 지혜로움과 강함은 과연 어떠해야 하는가? 소가 되고 말이 되어 사람에게 굴레나 고삐에 매어서 부려지는 것은 진실로 슬퍼할 만하다. 만약 승냥이와 호랑이가 진인을 만나면 반드시 그 포효하는 기세를 보존할 수 없을 것이니 슬퍼할 만하다. 도리어 소와 말이 우리와 같지 않다는 까닭으로 오랑캐라고 한다 해도 역시 매한가지이다. 소와 말 같은 자도 있고, 승냥이와 호랑이와 같은 자도 있으니, 어찌 유독 오랑캐라는 이름이 온전히 소나 말에게만 돌아가고, 승냥이와 호랑이에게는 돌아가지 않겠는가?

▲ 양손이 하나의 자본이다.

---

27 임림총총(林林葱葱) : 임림(林林)은 번성한 모양이고 총총(林林)은 기가(氣佳)의 모양으로, 대개 숲이 성한 것을 '임림', 풀이 성한 것을 '총총'이라 한다.

시보

11월 1일

○ 지방 참서(叅書) 임명 : 13도 관찰부(觀察府) 참서관(叅書官)이 임명되었다.

○ 관세관(管稅官) 복장 규칙 : 본일(本日) 관보(官報)에 칙령 제60호로 관세관 복장 규칙이 발표되었는데 반포일부터 시행한다.

○ 토지 가옥 증명 규칙 : 본일 법부령(法部令)으로 토지 가옥 증명 규칙 전문(全文) 10개조가 발표되었다.

○ 일본 무관 북진(北進)의 재차 저지 : 다롄(大連) 발 전보에 이르길, 러시아 관헌은 일본 무관이 만주로 나아감을 재차 거절하여 펑톈(奉天)에 주재하는 일본 총영사 하기와라 모리이치(萩原守一) 씨가 항의를 거듭 제기하였다 한다.

동(同) 2일

○ 수세(收稅) 규정 시행세칙 : 본일 탁지부령(度支部令) 제26호로 조세 징수 시행세칙 전문 26개조가 발포되었다.

○ 법관 초빙 교섭 : 이번에 재판 제도를 확장하기 위하여 법부와 각 재판소에 참여관(叅與官) 및 보좌관보(補佐官補) 등을 일본에서 초빙하기로 법부대신이 이토(伊藤) 통감에게 공문을 보냈다. 그 내용의 대략은 법부에 법무사무관 2명-보좌관보와 동격-과 법무보좌관-판사 혹은 검사- 12명을 시급히 초빙하는 것이요, 각 재판소에 둘 법무보좌관보는 경무고문부(警務顧問部)와 협의한 후 각지 경무보좌관보로서 겸무(兼務)하게 하는 것이다.

○ 러시아 혁명당 : 로이터 통신에 이르길, 러시아 혁명당은 최근 10년

간에 흉기를 소지하고 강도짓을 한 건이 무릇 103차례인데 약탈한 금전이 7만 파운드에 달하였다 한다.

○ 프랑스 사형 폐지 : 베를린 전보에 이르길, 프랑스 내각은 사형 폐지의 법률을 제의하여 가결되었다 한다.

동 3일

○ 1일 2절 : 본일-음력 9월 17일-은 계천기원절(繼天紀元節)이어서 문무백관이 입궐하여 축하를 올렸고 또 일본 황제의 탄생일이어서 우리나라에 주재하는 일본 각 관청 및 거류민들이 축하회를 크게 열었다.

○ 청나라 관제 개정 : 베이징 전보에 이르길, 중앙정부 관제는 어제 황제의 조칙으로 반포하였다 한다.

동 4일

○ 민사소송 수수료 규칙 : 탁지부에서 민사소송 수수료 규칙 전문 10개조를 편제하였다.

동 5일

○ 관세관(管稅官) 배치 : 탁지부에서 세무관 35명과 세무주사 168명을 각 도・부・군에 배치하였다.

동 6일

○ 지방정치 시찰 : 내부(內部)에서 지방정치를 시찰하기 위하여 해당부의 참여관 시오가와(鹽川) 씨를 삼남 지방으로 파견하는데 참서관 송지헌(宋之憲) 씨가 수행(隨行)한다.

○ 만주철도 경계 협정위원 : 펑톈(奉天) 전보에 이르길, 만주철도 경계 협정위원 하기와라(萩原) 총영사 및 나카무라(中村) 소장(少將)은 펑톈에서 출발하여 창춘(長春)으로 향하였다 한다.

동 7일

○ 탁지부에서 각 도에 보낸 훈령 : 탁지부에서 삼남 지방의 엽전 통용은 재정 정리상에 하나의 문제가 되므로 이에 관한 훈령을 각 도 관찰

사에게 보냈다.

○ 토지 가옥 증명 규칙 시행세칙 : 본일 관보에 법부령 제4호로 토지 가옥 증명 규칙 시행세칙 16조를 발포하였다.

○ 미국 대(大)전투함 : 로이터 통신에 이르길, 미국 해군성(海軍省)에서는 2만 5백 톤의 대전투함을 건조(建造)할 계획 중이라 하였다.

동 8일

○ 염세(鹽稅) 규정 : 탁지부에서 염세 규정을 의정하여 정부에 청의(請議)하였다.

○ 세무관리 복장 : 관보 부록으로 세무감(稅務監) 이하 세무관 및 세무주사의 복장 도식(圖式)을 반포하였다.

○ 청나라 신내각 : 베이징 전보에 이르길, 지난 6일에 발표된 신관제를 따라 대신(大臣)을 임명함에 정무대신(政務大臣)은 경친왕(慶親王), 육군대신(陸軍大臣)은 톄량(鐵良), 이부대신(吏部大臣)은 루촨린(鹿傳霖), 민부대신(民部大臣)은 쉬스창(徐世昌) 등이라 하였다.

○ 정계(定界) 위원 회견 : 다롄 발 전보에 이르길, 만주철도 경계 정거장 협정위원 나카무라 소장 일행은 지난 7일 멍자툰(孟家屯)에 도착하여 즉시 창춘에서 러시아 위원과 회견하였다 한다.

동 9일

○ 영국 황제 탄생일 : 본일은 영국 황제 에드워드 제7세의 탄생일이므로 정부 각 대신과 통감부 외 열국 총영사 등이 영국 영사관에 나아가서 하례(賀禮)를 행하였다.

○ 포로 환송비 교섭 : 현재 러시아에 있는 우리나라 사람 포로 11명의 귀국 여비 3천 루블을 시급히 송부하라는 뜻을 일본 공사가 일본 외무성에 비추어, 외무성은 통감부에 알아보고 통감부는 의정부와 교섭하여 탁지부로 하여금 해당 금액을 송부케 하였다.

○ 삼문 개방 : 창의문(彰義門), 혜화문(惠化門), 광희문(光熙門)은 야간

에 폐쇄하는 구법(舊法)이 여태 있어 일반 여행객의 불편이 심하므로 경무(警務) 각 서장이 회의・가결하고 상주(上奏)・재가하여 개방하기로 결정하였다.

○ 각기 유배지로 향함 : 유배 죄인 김상덕(金商德), 최상하(崔相夏)-고군산(古羣山)-, 김하규(金河圭), 황청일(黃淸一), 정운경(鄭雲景)-황주(黃州) 철도(鐵島)-, 이재규(李載規), 한홍석(韓弘錫)-장연(長淵) 백령도(白翎島)-, 이세직(李世稙)-제주도-은 각기 유배지로 향해 갔다.

동 10일

○ 애국부인 대회 : 남산 밑 일본인 구락부에서 본일 오후 2시에 애국부인회 대회를 열었는데 한일 각 대관(大官) 및 유지자(有志者)의 부인들이 다수 모였고 이토 통감도 참석하여 연설하였다.

○ 내년도 예산 결정 : 각부 대신이 의정부에 회동하여 광무 11년도에 관한 예산안을 결정하였다.

○ 러시아 대강도 : 로이터 통신에 이르길, 러시아 혁명당원은 우편 열차에 폭발탄을 던지고 1백만 루블을 약탈하였다 한다.

동 11일

○ 이탈리아 황제 탄생일 : 본일은 이탈리아 황제의 탄생일이므로 정부 각 대신이 해당 영사관에 가서 명함을 보이고 축하의 뜻을 표하였다.

○ 재판소 구역 : 법부에서 부령 제3호로 각 항(港)・시장 재판소와 각 지방 재판소 위치 및 관할구역 개정 건을 발표하였다.

○ 궁내대신(宮內大臣) 체임(遞任) : 궁내대신 이근상(李根湘) 씨가 체임되고 정2품 윤용구(尹用求) 씨가 임명되었다.

○ 청나라 개혁 대좌절 : 베이징 전보에 이르길, 이번 관제 개정은 수구파의 승리로 돌아가 예정되었던 개혁은 절망이 되었다 하였다.

○ 일・러 위원 회견 : 만주 전보에 이르길, 어제 일・러 철도 경계 협정 위원은 두 차례 회견을 하였는데 러시아 위원이 쿠안청쯔(寬城子) 정

거장을 결단코 양도할 수 없다 하여 결국에 스리푸(十里堡)로 경계를 협정할 모양이라 하였다.

동 12일

○ 법부에서 각 도·부·군에 보낸 훈령 : 법부에서 부동산에 관한 훈령을 평양·한성 양 재판소와 각 관찰부 및 각 항(港) 부윤(府尹)에게 보내었다.

○ 군사 교관 초빙 : 군부대신 이근택(李根澤) 씨가 일본 육군성에 군사 교관 초빙 일을 교섭한 결과로 특무조장(特務曹長) 이하 보병 6명과 포공(砲工), 기병(騎兵) 각 1명이 초빙에 응하여 도착하여 본일 군부에 출동하였다.

○ 해적 수색대 : 군산(羣山) 전보에 이르길, 헌병과 순사로 편성된 해적 수색대가 어제 고군산(古羣山)으로 향하였다 하였다.

동 13일

○ 황궁(皇宮) 경위(警衛) 관리 : 주전원(主殿院)에서 조사한 바를 따르면, 현재 황궁 경위 관리의 총수가 457명인데 한국 경찰관이 404명이요 일본 보좌관원이 53명이다.

동 14일

○ 재판소 위치 관할 : 법부령 제3호로 각 항 및 시장 재판소와 각 지방 재판소의 위치 및 관할구역 개정 건을 발포하였다.

○ 법관 전고(詮考) 규칙 발표 : 법부령 제5호로 법관 전고 규칙을 발표하였다.

○ 관세관 위치 구역 : 탁지부령 제23호로 관세관 위치 및 관할구역에 관한 건을 발포하였다.

○ 참서관 복무 규칙 : 이번에 내부에서 각 관찰도 참서관의 처무(處務) 규칙 6개조를 제정하여 각 관찰도에 훈령을 내렸다.

동 15일

○ 법부 참여관 내정 : 통감부 법무원 검찰관 마츠데라 다케오(松寺竹雄) 씨는 법부 참여관으로 내정되었다.

○ 보좌관 및 보좌관보 연봉 : 평리원(平理院) 법무보좌관 연봉은 3천 원이요, 한성재판소 보좌관 연봉은 2천 5백 원이요, 지방 재판소 보좌관 연봉은 2천 원이요, 각 부 보좌관보 연봉은 천 원이다.

○ 내년도 예산 : 광무 11년도 세입·세출의 총예산을 계산하면 세입 총액이 1,318만 9,336원이요 세출 총액은 1,396만 3,035원이니, 세출이 세입을 초과함이 77만 3,699원이다.

동 16일

○ 은행 조례(條例) 개정 : 관보에 칙령 제67호로 은행 조례의 일부를 개정하였다.

○ 관등(官等) 개정 : 관보에 칙령 제68호로 관등 개정령을 발포하였다.

○ 염세(鹽稅) 규칙 발포 : 관보에 칙령 제69호로 염세 규칙 전문 12조를 발포하였는데 내년 1월 1일부터 시행한다.

○ 민사소송 수수료 규칙 : 관보에 칙령 제70호로 민사소송 수수료 규칙 전문 10개조를 발포하였는데 시행기는 내년 1월 1일이다.

○ 통감이 각 대신에게 훈유(訓諭)함 : 오전 10시경에 이토 통감은 박참정(朴參政), 이내상(李內相), 이군상(李軍相), 이법상(李法相), 민탁상(閔度相), 권농상(權農相)을 자기 관저로 소집하고 정무 쇄신에 더더욱 힘쓰라는 뜻으로 일장 훈유를 하였다.

○ 경계 협정 원만 : 다롄 발 전보에 이르길, 지난 14일 철도 경계 협정 위원이 회견할 때에 러시아는 일본의 항변에 굴복하여 현재 정거장 이북의 지역에 설립하기로 동의하였기에 현재 협정의 내용이 원만할 듯하다 하였다.

광무 10년 10월 26일 임시회록

광무 10년 10월 26일 오전 11시에 승동(承洞) 김달하(金達河) 씨 집에서 개회하니 출석원이 108인이었다. 강화석(姜華錫) 씨 공천으로 임시회장은 김명준(金明濬) 씨가 피선되고 임시서기는 김유탁(金有鐸) 씨로 회장이 임명하였다. 서기가 본회 취지서를 낭독하고 회장이 본회 조직의 취지를 설명한 후 정운복(鄭雲復), 류동작(柳東作) 두 명이 축사를 연술(演述)하였다. 최재학(崔在學) 씨가 제의하기를 "원임(原任) 회장 3인을 이름을 불러 천거하고 표로 정하자." 함에 안병찬(安秉瓚) 씨의 재청으로 가결되었다. 회장은 정운복 씨가 선출되었다. 원래의 규칙을 따라 가부로 첨삭한 후 바로 수용하였다. 김명준 씨가 제의하기를 "오늘은 시간이 많지 않고 처리할 일이 번거롭고 많으니 임원 중에서 부회장 1인과 평의원 5인만 우선 선정하고 기타 임원은 다음 회의에서 선정하자." 함에 최재학 씨 재청으로 가결되었다. 김명준 씨가 제의하기를 "부회장 및 평의원은 공천하고 표로 정하자." 함에 안병찬 씨 재청으로 가결되었다. 부회장은 김명준 씨가 선출되고 평의원은 김달하, 이갑(李甲), 류동작, 류동열(柳東說), 안병찬 씨가 선출되었다.

광무 10년 11월 2일 제1회 통상회록

광무 10년 11월 2일 오후 6시에 본 회관에서 개회하였다. 회장 정운복 씨가 자리에 오르고 임시서기가 이름을 점검하니 출석원이 50인이었다. 서기가 전회 회록을 낭독함에 약간의 착오 부분이 있어 개정한 후 바로 받아들였다. 회장과 부회장이 개회 취지를 설명하고 평의원회의 각 임원을 추천한 보고를 회중에 공포해 가결된 결과가 다음과 같다.

총무원 김명준(金明濬)

교무원 박은식(朴殷植) 노백린(盧伯麟) 최재학(崔在學)

이유정(李裕楨) 옥동규(玉東奎)

교제원 류동작(柳東作) 김석태(金錫泰)

회계원 김달하(金達河) 김윤오(金允五)

서무원 정재화(鄭在和) 박경선(朴景善)

서기원 이달원(李達元) 김유탁(金有鐸)

사찰원 최재학(崔在學) 안병찬(安秉瓚) 제씨이다.

최재학 씨가 제의하기를 "평의원 10인을 공개적으로 추천하고 표로 정하자." 함에 안병찬 씨의 재청으로 가결되니 강화석(姜華錫), 박은식, 신석하(申錫厦), 김석환(金錫桓), 김윤오(金允五), 노백린, 김희선(金羲善), 김형섭(金亨燮)[28], 최재학, 김기주(金基柱) 제씨가 선출되었다. 김명준 씨가 제의하기를 "내일은 즉 계천기원절이니 경축준비위원을 5인만 공천하고 선정하자." 함에 강화석 씨 재청으로 가결되었다. 해당 준비위원은 김석환, 김달하, 김명준, 류동작, 신석하 제씨가 선정되었다. 김명준 씨가 제의하기를 "회중 각종 물품 구입의 일은 평의원회에 위임하자." 함에 강화석 씨 재청으로 가결되었다. 김명준 씨가 제의하기를 "본 규칙 제9조 제1항에 '통상회는 매월 제1'이하 10글자를 삭제하고 '토요일 시간은 수시로 논의해 정하기로 함'으로 개정하자." 함에 최재학 씨 재청으로 가결되었다.

28 김형섭(金亨燮) : 원문에는 김형변(金亨變)으로 표기되어 있는데 오기이므로 수정하였다.

광무 10년 11월 8일 특별 통상회록

광무 10년 11월 8일 오후 6시에 특별통상회를 열고 회장 정운복 씨가 자리에 올랐다. 서기가 이름을 점검하니 출석원이 37인이었다. 최재학 씨가 특청하기를 "서기 김유탁 씨가 이유가 있어 환향하였기에 임시서기원을 회장이 임명하자." 함에 이론이 없어 김홍연(金興淵) 씨가 선정되었다. 류동작 씨가 제의하기를 "지방에 있는 회원이 경성으로 오는 때가 상시적이지 않아 매회 출석을 반드시 기약할 수 없으니 지금 이후로 경성에 항상 주재하는 회원만 이름을 점검하자." 함에 김명준 씨 재청으로 가결되었다. 김명준 씨가 제의하기를 "개회순서 규칙 기초위원 3인과 월보 규정 기초위원 5인을 이름을 불러 추천・선정하자." 함에 김달하 씨 재청으로 가결되니 개회순서 기초위원은 류동작, 류동열, 안병찬 3명이 선정되었고 월보 규정 기초위원은 박은식, 최재학, 김명준, 김달하, 류동작 5명이 선정되었다. 평의회의 보고를 회중에 공포해 가결된 결과가 다음과 같다.

첫째, 총무원의 월료(月料)는 40원, 서무원과 서기원은 각 15원, 월보 주필은 40원, 편집원은 35원으로 정하되 단 총무원이 편집원을 겸임하는 경우에는 총무원의 월료만 지급하기로 한다.

둘째, 회중의 모든 재정은 세칙 제6조에 의거해 20원 이상에 이르면 은행에 임치하기로 한다. 이에 대해 김달하 씨가 제의하기를 "회금은 한성은행에 임치하자." 함에 류동작 씨의 재청으로 가결되었다.

셋째, 본회 취지를 각 지방 유지자에게 광포할 방편이니 이에 대해 최재학 씨가 특청하기를 "일반회원이 각기 서로 아는 지인에게 분전하게 하자." 하여 이론이 없으므로 가결되었다.

넷째, 월보 간행 사무원으로 주필은 박은식, 편집은 김명준, 협찬원은 김달하, 박성흠(朴聖欽), 김석환, 류동작, 안병찬, 최재학, 이유정, 노백린, 주시경(周時經), 이규영(李奎濼), 김봉관(金鳳觀), 장응량(張應亮), 옥동규, 전용규(田龍圭), 곽윤기(郭允基), 정운복, 선우예(鮮于叡), 김유탁, 이달원 제씨이다. 최재학 씨가 제의하기를 "원 규칙 제6조 4항 아래 15인 아래에 '단 수시 증감함' 여섯 자를 첨가해 개정하자." 함에 류동작 씨 재청으로 가결되었다. 김명준 씨가 특청하기를 "평의원 2인을 더 선정하자." 함에 이론이 없으므로 가결되었다. 2인의 이름을 불러 추천하고 공개적으로 선정하니 김순민(金舜敏), 안익(安瀷) 두 명이 선정되었다. 장응량 씨가 월보 잡조(雜俎) 협찬위원 사면청원서를 제출하니 최재학 씨가 특청하여 "수리하지 않고 돌려보내자." 함에 이론이 없으므로 가결되었다. 월보 목차 선정위원 김명준 씨의 보고를 공포하고 이론이 없으므로 가결되었다.

회원 명부

회　장 : 정운복(鄭雲復)
부회장 : 김명준(金明濬)
총무원 : 김명준
평의장 : 강화석(姜華錫)
평의원 : 박은식(朴殷植) 신석하(申錫厦) 김달하(金達河) 김석환(金錫桓)
김윤오(金允五) 노백린(盧伯麟) 이　갑(李　甲) 류동작(柳東作)
김희선(金羲善) 김형섭(金亨燮) 류동열(柳東說) 최재학(崔在學)
안　익(安　瀷) 안병찬(安秉瓚) 김순민(金舜敏) 김기주(金基柱)
교무원 : 박은식(朴殷植) 노백린(盧伯麟) 최재학(崔在學) 이유정(李裕楨)
옥동규(玉東奎)
교제원 : 류동작(柳東作) 김석태(金錫泰)

회계원 : 김달하(金達河) 김윤오(金允五)

서무원 : 정재화(鄭在和) 박경선(朴景善)

서기원 : 이달원(李達元) 김유탁(金有鐸)

사찰원 : 최재학(崔在學) 안병찬(安秉瓚)

회　원 : 김병도(金秉燾) 김병일(金秉一) 장응량(張應亮) 박성흠(朴聖欽)
한용증(韓龍曾) 오규은(吳奎殷) 곽윤기(郭允基) 김희경(金羲庚)
김기옥(金基玉) 안재화(宋在燁) 황이연(黃履淵) 김응선(金應善)
서병호(徐丙浩) 정우범(鄭禹範) 김봉관(金鳳觀) 황　익(黃　益)
이은규(李誾珪) 오희원(吳熙源) 박병돈(安炳敦) 오치은(吳致殷)
이정위(李政秀) 안창일(安昌一) 최재환(崔益煥) 조지한(趙志瀚)
한경열(韓景烈) 강익진(康翊晋) 이순찬(李淳璨) 문봉의(文鳳儀)
김제홍(金濟弘) 김상오(金尙五) 노덕언(盧悳彦) 조병균(趙柄均)
정관조(鄭觀朝) 양기탁(梁基鐸) 이종백(李鍾伯) 최준성(崔浚晟)
김관선(金寬善) 신태용(申台容) 이익삼(金益三) 차의환(車義煥)
김경화(金庚和) 문학시(文學詩) 백학증(白學曾) 전봉훈(全鳳勳)
장천려(張千麗) 장염근(張廉根) 한진국(韓鎭國) 백인원(白仁源)
이택원(李宅源) 장보형(張輔衡) 엄효명(嚴孝明) 김익원(金益元)
장종식(張宗植) 김태순(金泰淳) 김재성(金載成) 이규영(李奎濚)
이국순(李國順) 계학서(桂鶴瑞) 조기승(曹箕承) 이승훈(李承薰)
전석원(田錫元) 김희작(金熙綽) 박치헌(朴治憲) 전석필(田錫泌)
탁　근(卓　瑾) 식석준(申錫俊) 임원석(林元錫) 박창진(朴昌鎭)
박제택(朴齊澤) 김기정(金基鼎) 주시경(周時經) 강달준(姜達俊)
장용구(張容龜) 박태영(朴台永) 최진숙(崔晋淑) 한광호(韓光鎬)
윤병규(尹炳奎) 김윤영(金潤□) 김관제(金寬濟) 권오익(權五翊)
박영두(朴永斗) 김홍연(金興淵) 김준섭(金駿涉) 이택규(李澤奎)
김석관(金錫權) 김호인(金鎬仁) 김봉구(金鳳九) 김병희(金秉禧)

김설현(金禼鉉) 한대모(韓大謨) 김준영(金俊榮) 표석화(表錫華)
김도준(金道濬) 강문경(康文璟) 박인옥(朴麟玉) 이병규(李炳珪)
김규진(金圭鎭) 길희우(吉喜宙) 모정풍(牟正豊) 최정헌(崔鼎獻)
양기훈(楊基薰) 조종식(趙宗植) 노계희(盧啓熙) 이형봉(李瀅鋒)
이윤서(李允瑞) 오석문(吳錫文) 김인식(金仁植) 한국영(韓國英)
윤규선(尹珪善) 한이은(韓利殷) 전면조(全冕朝) 안구호(安龜鎬)
신 춘(申 椿) 양재규(梁在奎) 임창재(任彰宰) 윤기선(尹琦善)
우병정(禹炳正) 이두현(李斗鉉) 장재식(張在植) 전용규(田龍圭)
조형균(趙衡均) 송우영(宋禹榮) 노승용(盧承龍) 선우예(鮮于叡)
윤기준(尹夔璿) 주시준(周時駿) 박기흡(朴基潝) 이건호(李建鎬)
오윤선(吳潤善) 박찬서(朴贊瑞) 민치갑(閔致甲) 신상민(申尙敏)
김기동(金基東) 유윤민(劉允珉) 오원일(吳元一)

▲ 나태(懶怠)의 반려로는 항상 불행이 있다.

회계원 보고

○ 제1회 입회금 수납 보고

김익원(金益元) 최준성(崔浚晟) 김석환(金錫桓) 김규진(金圭鎭)
엄효명(嚴孝明) 류동열(柳東說) 김달하(金達河) 김순민(金舜敏)
최진숙(崔晋淑) 김익삼(金益三) 박경선(朴景善) 윤규선(尹珪善)
안병돈(安炳敦) 장천려(張千麗) 강화석(姜華錫) 차의환(車義煥)
조병균(趙柄均) 한용증(韓龍曾) 한국영(韓國英) 김강화(金康和)
김석관(金錫權) 박성흠(朴聖欽) 김명준(金明濬) 장종식(張宗植)
김홍연(金興淵) 김도준(金道濬) 오규은(吳奎殷) 박은식(朴殷植)
조형균(趙衡均) 이 갑(李 甲) 김병도(金秉燾) 정운복(鄭雲復)

이태규(李澤奎) 김기옥(金基玉) 김기주(金基柱) 창재식(張在植)
김태석(金錫泰) 신태용(申台容) 오윤선(吳潤善)
각 1환씩
합계 39원

○ 제1회 월연금 수납 보고

엄효명(嚴孝明)	1원	10월부터 2월까지 5개월 조(條)
김강화(金庚和)	20전	10월 조
장천익(張千麗)	60전	10월부터 12월까지 3개월 조
김석관(金錫權)	20전	10월 조
정운복(鄭雲復)	40전	10・11월 2개월 조
장종식(張宗植)	20전	10월 조

합계 2원 60전

○ 제1회 기부금 수납 보고

류동설(柳東說)	35칸 반(半) 회관	
이달원(李達元)	4원	
이 갑(李 甲)	300원	10월 조
김강화(金庚和)	10원	
이 갑(李 甲)	300원	11월 조
김석관(金錫權)	10원	
김관선(金寬善)	10원	
김규진(金圭鎭)	20원	
김형섭(金亨燮)	10원	
김순민(金舜敏)	10원	
김석태(金錫泰)	20원	

윤규선(尹珪善) 4원

강화석(姜華錫) 20원

장종식(張宗植) 10원

장천려(張千麗) 10원

금액 합계 738원

이상 3건 수납금 779원 60전

○ **제1회 비용 보고** : 발기일-10월 1일-부터 지금 11월 20일 사용 조

5원 90전	국기 한 쌍, 도구 포함
22원	회표(會票) 3,000장
5원	팔선상(八仙床)
5원 50전	영수증 3,000매
2원 30전	태극등(太極燈), 소등(小燈) 포함
3원 50전	공함(公函) 300매
1원 39전 5리	묵필연구(筆墨硯具)
2원 20전	궤 1좌(坐)
1원 60전	『황성신문』 광고비
10원	취지서 3,000매
12원	교의(交椅) 7좌
7원 50전	용전(用箋) 5,000매
6원 26전	장명등(長明燈), 좌등(坐燈), 석유, 도구 포함
4원 50전	장작, 백탄 포함
2원 10전	다관(茶鑵) 2개
2원 36전	창호지, 양지(洋紙)
3원 75전	다반(茶盤) 1개, 차 33종
4원 50전	시계 1개

3원 58전 계천기원(繼天紀元) 경축 시 다비(茶費)
5원 40전 인장과 인주, 통 포함
8원 85전 5리 요(褥), 방석 등의 품목
16원 회관 수리비
7원 14전 5리 회관 일용 제구(諸具)
3원 우표 100매
3원 9전 사방연상(四方硯床), 도구 포함
45원 규칙 3,000부 인쇄비
4원 41전 5리 문부(文簿) 각 책, 두루마리, 봉투
5원 35전 하인 월급
합계 204원 20전.
잔액 575원 4전 이내.
560원 한성은행 저축.
잔액 15원 40전 회계원 임치.

공함(公函) : 각 군(郡)의 유림에게 漢

삼가 아뢰옵니다. 굽혀서는 펴기를 바라고 잠기어서는 도약을 꾀하는 것은 사물의 본성입니다. 생각건대 우리 양서(兩西)는 산천이 모인 바이니 인물의 산출이 어찌 동남 지역만 못하겠는가마는, 침몰되고 가로막힌 지가 오백 하고도 몇 년이니 극도로 굽혔고 오랫동안 잠기었습니다. 현재 시대가 변천하고 풍화(風化)가 갱신되니, 곧 우리 양서 인사가 펴기를 바라고 도약을 꾀할 기회입니다. 그러므로 본 학회가 한성의 한가운데에서 굴기하였고, 그 강령은 세 가지가 있으니 '각 사립학교의 업무를 도와서 이룸', '해외유학을 이끌고 장려함', '매월 회보를 발행함'입니

다. 이 세 가지 사업은 실로 인재를 배양하고 인문을 개발하기 위한 요점입니다. 그리고 회보의 한 부문은 지금 당장 사업에 착수한 것으로, 모든 동서고금의 학문의 경위, 사람이 일용하는 실업의 이익과 각국의 정형(情形), 현시대의 급선무, 세계 명인이 남긴 자취를 장차 없는 것 없이 수집하고 연술(演述)하여 우리 동포에게 알려, 그 지식을 열고 인도하여 극렬한 경쟁의 시대에 생존하게 하려는 것입니다.

적이 생각건대, 우리 양서 지역은 단군과 기자 이래 유서 깊고, 고구려 이하에서 본조까지 1천 5백 년 동안 영호(英豪)하고 준걸(俊傑)한 선비, 학자와 문장가, 무략(武略)으로 공훈을 이룬 무리, 충신・효자・열부・의협의 흔적, 현재 사림 및 여항 사이의 필부필부(匹夫匹婦)의 의행(懿行)과 숙덕(淑德), 그밖에 기이하고 이름난 기예를 가진 부류 등 자취가 없어지지 않을 만한 자들도 실로 얼마나 많았습니까! 그렇지만 잠기고 막히어 드러나지 않아 세상에 알아줄 이가 없었으니, 이것이 우리 양서의 부끄러움이 아니겠습니까! 마침 이 회보가 발행되니 앞으로 널리 모으고 넓게 골라 바로 기록하여 이 책 중의 일부분을 갖추어 사람들에게 내놓고 후세에 전한다면, 또한 인심을 감발(感發)하고 세기(世紀)를 부축하여 세우는 데 일조할 것입니다.

여러분들께서는 이 고심을 헤아려 옛날과 현재를 막론하고 유지(遺誌) 및 여론을 상고하여 그 확실하여 증명할 수 있으며 세상에 모범이 될 것들을 뽑아서 기록하여 본관(本館)에 투고하여 저술할 재료로 제공하신다면 기자의 깊은 다행일 뿐만 아니라 실로 사림 여러분의 영광일 터이니, 즉각 특별히 그 실상을 구하고 기록하여 우편으로 보내주십시오. 붓을 들고 기다리겠습니다. 모두들 헤아려주기 바랍니다.

<table>
<tr><td colspan="3">광무 10년 12월 1일 창간</td></tr>
<tr><td colspan="3">회원 주의</td></tr>
<tr><td rowspan="2">회비 송부</td><td>회계원</td><td>한성 남서(南署) 하교(河橋) 48통 10호 서우학회관 내 김달하(金達河) 김윤오(金允五)</td></tr>
<tr><td>수취인</td><td>서우학회</td></tr>
<tr><td rowspan="2">원고 송부</td><td>편집인</td><td>한성 남서 하교 48통 10호 서우학회관 내 김명준(金明濬)</td></tr>
<tr><td>조건</td><td>용지 : 편의에 따라
기한 : 매월 10일 내</td></tr>
<tr><td>주필</td><td colspan="2">박은식(朴殷植)</td></tr>
<tr><td>편집 겸 발행인</td><td colspan="2">김명준(金明濬)</td></tr>
<tr><td>인쇄소</td><td colspan="2">보성사(普成社)</td></tr>
<tr><td>발행소</td><td colspan="2">한성 남서 하교 48통 10호 서우학회관</td></tr>
<tr><td>발매소</td><td colspan="2">한성 북서(北署) 안동(安洞) 4가 동화서관(東華書舘)
평안남도 평양성 내 종로(鐘路) 대동서관(大同書觀)
평안북도 의주(義州) 남문 밖 한서대약방(韓西大藥房)
황해도 재령읍 제중원(濟衆院)</td></tr>
<tr><td>정가</td><td colspan="2">1책 : 금 10전(우편비용 1전)
6책 : 금 55전(우편비용 6전)
12책 : 금 1환(우편비용 12전)</td></tr>
<tr><td>광고료</td><td colspan="2">반 페이지 : 금 5환
한 페이지 : 금 10환</td></tr>
<tr><td colspan="3">첨원(僉員) 주의</td></tr>
<tr><td colspan="3">1. 본회의 월보를 구독하거나 본보에 광고를 게재하고자 하시는 분들은 서우학회 서무실로 신청하십시오.
1. 본보 대금과 광고료는 서우학회 회계실로 송부하십시오.
1. 선금이 다할 때에는 봉투 겉면 위에 날인으로 증명함.
1. 본보를 구독하고자 하시는 여러분은 주소와 통호(統戶)를 소상히 기재하여 서우학회 서무실로 보내주십시오.
1. 논설, 사조 등을 본보에 기재하고자 하시는 여러분은 서우학회 회관 내 월보 편집실로 보내주십시오.</td></tr>
</table>

○ 광고

본 서관에서 내외국 신서적을 널리 구매하고 수입하여 학계 인사들의 구독과 각 학교의 교과용으로 염가에 제공하오니 원근(遠近)의 여러분께서는 계속 왕림하여 주십시오.

경성 안동(安洞) 동화서관(東華書館)

광무 10년 12월 1일 | 메이지 39년 12월 1일 | 제3종 우편물 인가

광무 11년 1월 1일 발행
(매월 1일 1회 발행)

서우

제2호

서우학회

서우학회월보 제2호

서

서(序) 漢

심재(心齋) 이도재(李道宰)

나는 서우학회 취지서를 읽고서 서우학회가 진취에 유념하여 그 사업의 통쾌한 실효를 기약함을 알았다. 역사를 상고컨대, 서북 지역이 기풍이 강개하고 의리를 선호하며 국가에 충성함은 진실로 그 천성이다. 지금 청년의 서양 유학과 신민의 재물 기부와 학교 설립은 전국 최고 수준이니, 장래의 진보를 어찌 헤아리지 않을 수 있겠는가. 더구나 이 학회가 그 인도하고 권면함에 있어서랴. 더구나 월보의 간행을 살펴봐도 충분히 대중의 의지를 계발시키고 나태한 기습을 제거할 만하다. 서우는 부디 힘쓸지어다. 나는 이로 인하여 느낀 바 있다. 아아! 서북의 인사가 수백 년 동안 몰락한 불우의 한을 안고는 하루아침에 격앙하니, 이제라도 문화를 개진하고 국보를 발전시킬 책임이 진실로 적지 않다. 이 어찌 하늘이 옥으로 이루려 함이 아닌가! 서우는 부디 힘쓸지어다.

축사

축사

킨료(金陵) 오오가키 다케오(大垣丈夫)[1]

우리나라 왕정(王政) 유신(維新)의 대업은 서쪽 지방 조슈(長州)와 삿

1 오오가키 다케오(大垣丈夫) : 1862-1929. 일본 메이지 시대의 기자이자 아시아주의

슈(薩州)의 인사가 수창(首唱)하여 앞장서 힘쓴 효과요,[2] 민권을 확립하고 국회를 개설한 제2의 유신은 남쪽 지방 토슈(土州)의 인사가 전국 지사를 규합하여 번벌정부(藩閥政府)를 반성시킨 효과이다. 지방 인사가 분기하고 단결하여 전국을 제성(提醒)하는 효과가 매우 위대함을 보인 것이다. 이즈음 한국 황해・평안 양도(兩道) 인사가 단결하여 교육을 장려하고 지기(志氣)를 고무하고자 한 것은 시국의 어려움을 깊이 고려하고 앞날의 효과를 스스로 도모하는 참뜻에서 나온 것임이 분명하다. 무릇 선비가 세상에 나섬에 옳은 것을 옳다 하고 그른 것을 그르다 하여 타인의 불법무리(不法無理)를 보면 이의(理義)를 지니고 과감히 다투는 것은 공도(公道)의 정의(正義)를 따르는 것이다. 반면에 타인의 감정을 고려하여 말할 것을 말하지 않고 주장할 것을 주장하지 않고서 아유굴종(阿諛屈從)으로 대사를 호도하고자 하는 것은 한때 그 환심을 사기에는 충분한 것처럼 보이지만 영원히 인정될 까닭이 없어서 반드시 모멸이 갑자기 이르고 능욕이 연이어 더해질 것이니 서로 친교를 유지하고자 한들 어찌 그럴 수 있는가! 나라와 나라의 관계 역시 그렇지 않음이 없으니, 견실한 국교는 서로 이(理)를 바르게 하고 의(義)를 무겁게 여김에서 시작되어 성사되고 서로 추중(推重)하고 경외함에서 시작되어 깊어진다. 이러한 이의(理義)를 알지 못하는 자들이 온 천하에 넘쳐나니 어찌 탄식하지 않을 수 있는가! 그러니 서우학회의 발기가 어찌 우연이겠는가! 내 일찍이 들으니 한국 서쪽 지방 인사는 예로부터 의기(義氣)를 존중하고 절의(節義)를 중시한다고 하더니, 참으로 그러하다. 이번에

자이다. 1905년 한국으로 들어와 한국통감부 경무국 정보위원으로 취임한 뒤 대한협회(大韓協會)와 대한자강회(大韓自强會) 등의 조직과 『대한민보(大韓民報)』 창간을 도왔고, 아시아 연대론인 '한・일・중 삼국동맹'을 주장하였다.

2 우리나라……효과요 : 1866년 사쓰마번(薩摩藩)과 조슈번(長州藩)이 동맹을 맺어 바쿠후(幕府)를 토벌하고 왕정으로 복고하여 메이지유신을 이루었던 일을 이른다. 사쓰마는 삿슈라고도 한다.

각 도(道)의 수창으로 지방단체를 결합하여 시국의 구제에 나선 훌륭한 거사가 있다! 또 추요(樞要)의 지위에 있는 학회의 인사들은 다 나와 친하고 잘 지내는 인물이라, 이 학회의 성공과 발달을 바라는 마음이 더욱 깊어진다. 이에 거친 말을 삼가 드려 축사를 대신하노라.

축사

지산(芝山) 이장훈(李章薰)

옛 성인께서 가르치기를 "군자는 글로써 벗을 모으고 벗으로써 자신의 인(仁)을 돕는다."라고 하였으니, 지금 서우학회의 조성이 어찌 아름답지 않은가! 오대양이 서로 통하고 육대주가 서로 접하는 이 날에 처하여, 어찌 유독 서북 지방에만 우회(友會)가 있겠는가. 전국에 다 우회가 있어야 하니, 이 서우학회로 인하여 전국의 우회를 차례대로 기약할 수 있겠다. 대개 관서(關西)는 기성(箕聖)이 가르침을 세운 지방이요 문명이 가장 먼저 창도된 지역이니, 아름다운 강산에 굳센 풍기(風氣)가 있어서 뛰어나고 기이하며 충신(忠信) · 강개(慷慨)의 인사들이 그 사이에서 많이 태어났지만, 문벌과 지역에 국한된 나머지 오랫동안 답답하게 뜻을 펼치지 못하고 있었다. 그런데 이 유신(維新)의 시대를 맞이하여 지사들의 외국 유학을 통한 문명의 체득과 사림들의 의연금 출연과 학교의 설립을 통한 인재의 교육과 양성이 전국의 으뜸이 되었다. 아! 경기와 호서 두 지역이 비록 '사대부의 기북(冀北)'[3]이라 불리나, 전래된 관습이 한갓 부화함만 숭상하는 까닭에 출사에 대한 욕망이 마음속에

3 사대부의 기북(冀北) : 뛰어난 사대부가 많이 나는 곳이라는 뜻이다. 기북은 중국에서 명마의 생산지로 유명한데, 당나라 한유(韓愈)가 동도(東都)에는 뛰어난 인물이 많이 난다고 하여 '사대부의 기북'이라고 일컬은 바 있다.

가득하니, 어느 겨를에 문명의 발달에 생각이 미치겠는가! 서우의 걸음에 뒤쳐진 것도 진실로 괴이할 것 없으니, 역시 부끄러워할 일이다. 나는 호서의 유종(流踪)으로서 한성에 기거한 지 무려 8・9년이나 지났지만 학문이 얕고 식견이 적다. 우물 안 개구리 같은 소견으로 여름벌레에게 얼음을 논해야 하는 어려움이 있으니, 이 서우의 아름다운 거사를 실로 만분의 일이나마 찬양하기에도 부족하다. 부디 서우의 여러 공(公)들이 두 지역으로 한계짓지 말고 전국 학회의 단합을 빨리 도모하여 국권 회복의 기초로 삼기를 바라니, 이 어찌 서우의 능사가 아니겠는가! 원컨대 이를 축사로 삼노라.

축사 漢

금화산인(金華散人) 윤태선(尹泰善)

무엇 때문에 모였는가? 배우기 위함이다. 무슨 학문을 배우는가? 신학문을 배운다. 신학문을 배우는 까닭은 무엇인가? 현재 열강이 빽빽이 들어서서 큰 나라가 이리처럼 탐욕하고 작은 나라가 벌떼처럼 쏘아대며 기교를 자랑하고 속임수에 의지하며 역량을 과시하여 경쟁을 인의(仁義)로 삼고 양탈(攘奪)을 도덕으로 삼아 소리 지르며 펄쩍 뛰고 세력을 펼치며 기회를 엿보기 때문이다. 서양인이 말하기를 "생존경쟁은 천연(天演)이요 우승열패는 공례(公例)이다."라 하니, 그 주장이 이 같은 까닭에 그 학문이 이 같고, 그 학문이 이 같은 까닭에 온 세계에 횡행하는 나라가 다 강자가 약자를 잡아먹고 부자가 가난뱅이를 삼키는 것이다. 우리나라는 어찌하여 구습에 구애되고 신학을 싫어하며 자포자기에 안주하는가! 그러하니 본받아야 할 학문은 무엇인가? 공업과 상업은 부유의 근원이요 무기와 군사는 강성의 도구이다. 우리가 부유한가? 아니다. 우리가 강성한가? 아니다. 그렇다면 생존할 수 있는가? 아니다. 사망해도 되는가? 아니다. 부유하지도 않고 강성하지도 않고 살지도 못하고 죽지도 못하면서 그 학문을 배우지 않고 지금 같은 세상에 처하고자 한다. 이는 비유하자면 길에 가로누운 채로 다투는 범 앞에서 코 골며 자는 격이니, 그러고도 맞거나 물리지 않는 경우는 거의 드물다. 이것이 서우학회가 발족한 이유다. 아! 학회여, 학회여. "두 사람이 한마음이면 그 예리함이 쇠도 끊을 만하다."고 하지 않던가! 또 "지성을 다하면 쇠나 돌도 뚫을 수 있다."고 하지 않던가! 나는 우리나라 부강의 기초가 서우학회에서 비롯된다고 보기에, 보잘것없는 금화 4환이나마 부쳐 삼가 축원하노라.

사설

신년 축사

겸곡산인(謙谷散人)

오늘은 대한제국 광무 11년 1월 1일이다. 옛 책력을 없애고 새 책력을 맞이하는 이 무렵에 바라나니, 첫 번째로 우리 대황제 폐하께서 오랜 나라에 새로운 천명이 하늘로부터 내려와서 국세(國勢)가 반석보다 공고해지고 성수(聖壽)가 기성(箕星)·익성(翼星)과 나란해지기를 백 번 절하며 세 번 부르짖고, 두 번째로 우리 2천만 동포들이 다 구습을 제거하고 신덕(新德)을 배양하여 문명의 경지에 도달하여 자유의 권리를 회복하기를 성실히 삼가 축원하며, 우리 일반 사우(社友)에게 권면의 의사와 송축의 정회를 표하노라. 옛사람이 말하기를 "성인께서 촌음(寸陰)을 아끼시니 보통사람은 마땅히 분음(分陰)을 아껴야 한다."고 하였고, 또 서양의 학자가 말하기를 "한 시간을 천금보다 아껴야 한다."고 하였으니, 대개 천금은 잃어도 다시 찾을 수 있지만 시간은 가면 다시 오지 않는 까닭이다. 그러므로 인생의 만사가 다 시간을 다투는 것이다. 더욱이 어릴 적에 배우는 것은 장성하여 실행하고자 함이라 어릴 적에 노력하지 않으면 노년기에 헛되이 자신의 처지를 슬퍼하게 된다. 생각건대 우리 청년이 학문에 종사하되 반드시 아침에 더 배우고 저녁에 더 익히며 일취월장하여 한결같이 태만하지 않고 자강불식한다면, 상천(上天)이 부여한 본분을 잃지 않고 우리가 기대할 사업을 이룰 수 있을 것이다. 그러나 만약 유유자적하고 지체하면서 세월만 허비하여 오늘도 어제와 차이가 없고 올해도 작년과 차이가 없다면 부지불식간에 머리가 희어지고 정력이 시들 것이니, 궁벽한 집에서 비탄한들 또한 무슨 소용이겠는가.

우리가 새로움을 맞이하는 이 날을 맞이하여 일체로 분발하고 백배로 권면하여 그 학식을 더하고 그 재기를 키워서 국민의 법도가 되고 황실의 정간(楨幹)이 되어서 본회의 기초가 더욱 견고해지고 그 광채가 날로 새로워지기를 천만토록 우러러 축원하노라.

사우(社友)에게 삼가 알리다

회원 박은식(朴殷植)

우리 양서(兩西)의 일반 사우는 본 기자의 말 한마디 들으시오. 이 3도(道) 67군(郡)에서 선조 이래로 대대손손 나고 자란 자가 그 누군들 벼슬아치의 일족이 아니겠소. 하지만 일찍이 이전 수백 년 동안 겪은 지경을 미루어 상상컨대 그 자격이 수치스럽고 생활이 가련한 자는 유독 우리 양서 인사뿐이라오. 비록 상투를 매달 정도로 독서하고 키에 닿을 정도로 저술하더라도[4] 홍패(紅牌)·백패(白牌)[5]와 미관말직에 불과

4 비록……저술하더라도 : 천장에 상투를 매달 만큼 독서를 열심히 하고 책을 쌓으면 신장과 대등할 만큼 저술을 많이 하였다는 뜻이다.

하였으니 비록 영호준걸(英豪俊傑)의 자질과 충신강개(忠信慷慨)의 인륜이 있더라도 이전 시대에는 우리 서북 인사들이 한 구석에 치우친 까닭에 재능과 포부를 펼칠 기회가 없었으니 메마른 목덜미와 누런 얼굴로 초목과 더불어 썩어간 것이 참으로 그 형세였소.

지금의 시대는 예전과 다르오. 나라가 나라로 되려면, 정계와 사회의 사업이 아울러 진보해야 나라가 융성한다오. 그런데 정계의 사업은 통치에 있을 따름이겠으나 사회의 사업은 전일하여 그 성과를 쉽게 이룬다오. 그러므로 지금의 나라 됨은 사회의 역량에 특히 의지하니, 사회란 일반 인민이 서로 결합하여 국가와 민족의 공익사업에 협력하여 진취시키는 바로 그것이오. 그러므로 지금 시기를 맞이하여 무릇 국민 된 자는 설령 미천한 필부라도 다 그 국사를 담당할 의무가 있고 국사를 주도할 권한이 있는 것이오. 오늘에 이르러 우리가 교육을 권면하여 청년자제로 하여금 학문을 고명하게 하고 지식을 굉달(宏達)하게 하고 지기(志氣)를 탁락(卓犖)하게 한다면, 천하의 대사가 다 그 분수 내에 있을 것이니, 그 발달과 진보의 효력을 누가 저지할 수 있겠으며 누가 막을 수 있겠소. 이미 실추된 국권도 이로 인하여 회복될 수 있을 것이고, 이미 상실된 인권도 이로 인하여 신장될 수 있을 것이오.

그렇게 된다면 우리 양서 지역이 수백 년 동안 몰락한 불우의 한을 통쾌히 다 설욕할 수 있을 뿐 아니라, 세계 역사에서 대한 중흥의 사업을 논하는 자가 반드시 "우리 양서가 교육을 발달시킨 공로이다." 할 것이니, 우리 자손 만대토록 복록과 영광이 과연 어떠하겠소. 그리고 이 3도 67군의 구역에서 산천초목의 광채가 더 새로워지고 가치가 더 높아질 것이니 어찌 통쾌하지 않겠으며 어찌 성대하지 않겠소! 하지만 이러

---

5 홍패(紅牌)・백패(白牌) : 조선 시대 과거 급제자에게 준 합격증서이다. 붉은 종이에 써서 대과 급제자에게 준 것이 홍패, 흰 종이에 써서 생원・진사시 합격자에게 준 것이 백패이다.

한 시기를 맞이하여 우리 일반 사우가 여전히 무지몽매한 와중에 세월을 허송하고 자제 교육을 도외시했다가는 우리 동포 형제들이 대대로 영원히 타인의 노예나 희생을 면하지 못할 것이니 어찌 한심하지 않겠으며, 4천 년 대대로 지킨 땅과 선산이 있는 고향의 수참(愁慘)한 광경을 어찌 차마 볼 수 있겠소!

그렇다면 무궁한 영욕과 무량한 화복이 우리가 꿈 깨는 여부와 근면한 여부에 달렸거늘, 이러한 시기를 맞이하여 우리가 정신을 진작시켜 심력을 성실히 하지 않는다면 수많은 동포 자손이 가련해지지 않겠으며 대대로 전하고 지키던 강토의 광경이 참혹해지지 않겠는가. 바라건대 우리 사우가 이 조언을 경청하여 척연(惕然)하게 맹렬히 반성하고 분연하게 용감히 진보하기 바라오. 이때라오! 이때라오! 우리 사우여.

▲ 구법은 신법의 지도자다.

논설

구습개량론(舊習改良論)

회원 박은식(朴殷植)

현재 20세기는 세계 각국의 성명문물(聲明文物)이 전 지구를 통틀어 신세계를 조성하는 시대이다. 이러한 시대 풍조에 점점 물드는 정도가 날마다 증가하고 닿는 곳마다 넘쳐나니, 우리 한국도 이와 같이 개벽(改闢)하는 시대를 만나 개방하지 않을 이유가 없고, 이와 같이 극렬한 풍조를 접촉해서 변하지 않을 이유가 없다. 그러므로 끝내는 개방하고 변화하는 날이 있겠지만, 지금 소견에 의거한다면 대단히 불만스럽고 답답하다.

가령 우리나라 사람으로 예부터 지켜오던 규칙을 굳건히 지켜서, 동요하지 않고 변화하지 않고도 국가를 유지할 수 있으며 국민의 생활을 보장할 수 있다면, 구습에 빠져 있는 일군의 친구들은 털끝만큼도 안타까워할 필요가 없을 것이다. 우리도 또한 전과 같이 고서(古書)만 읽고 고사(古事)만을 이야기하고 꼼짝 않고 가만히 앉아서 한가한 생활을 취하는 것이 자기 신상에 지극히 편리한 방법일 것이니, 무슨 까닭으로 학회를 조직하고 월보를 간행하며 학교의 직무를 찬성해서 몸과 마음을 다해 지극정성으로 소리 높여 외치기를 낙으로 삼겠는가? 결코 전과 같이 평안한 방편을 취하여 옛것만을 지키는 규모(規模)를 고집하다가는 끝내 대한국(大韓國) 대한민(大韓民)이라는 이름을 부지할 도리가 없을 것이니, 우리들이 어찌 동포 형제에게 수없이 진정을 말하고 심혈을 토해내지 않을 수 있겠는가?

지금 우리 한국의 상황을 보건대, 여전히 동틀 무렵의 새벽과 같은 시대이다. 한쪽에는 해 뜨기 전에 발분해서 앞으로 나아가는 자도 있고, 한쪽에는 도화춘몽(桃源春夢)에 취해 잠꼬대하듯 웅얼웅얼하는 자도 있으니, 어느 쪽이 많고 어느 쪽이 적은지를 세어보면 봄잠에 취해 몽롱해 있는 자가 아직도 십중팔구이다.

그중 하나는 유림가(儒林家)이다. 대저 유림은 멀리는 공자, 맹자, 정자, 주자가 계왕성개래학(繼往聖開來學)하신 연원을 접하며, 가까이는 조선의 여러 철인(哲人)들이 입으로 전하고 마음으로 전수하신 전통을 이어서, 강상(綱常)이 이들에 힘입어 유지되고 의리가 이들에 의하여 육성되니 참으로 국가의 원기(元氣)요 국민의 사표(師表)였다. 그러나 근래의 유림들은 쇠퇴함이 이미 심하고 분열됨이 많아서 호(湖)라는 둥 락(洛)이라는 둥 이(理)라는 둥 기(氣)라는 둥 하면서 일언반구라도 일치하지 않으면 같은 길에도 갈림길을 만들고 같은 방에서도 무기를 드는 일이 자주 일어나니, 이것은 도덕상 본지(本旨)를 크게 잃은 것이고 또한 인민에게도 보통의 가르침을 주지 못할 것이 매우 분명하다.

그럼에도 불구하고 잘못된 옛 관습만을 굳건히 지키는 데 빠져, 구신(求新)의 시의(時宜)를 궁구하지 못하고 예의만을 헛되이 논하며 경제를 강론하지 않는다. 옛날에 공자는 노담(老聃)에게 예를 물었고 염자(剡子)에게 관직을 물었으며, 나라를 다스리는 일을 논하시면서 우(虞)·하(夏)·은(殷)·주(周) 4대 왕조의 정치를 짐작하여 덜어낼 것은 덜어내고 더할 것은 더하셨으니, 만약 공자가 오늘날에 태어나셨다면 서양인들의 이용후생(利用厚生)하는 제조품과 새 법률의 두루 쓰임과 신학문의 잘 갖춰진 것들을 온전히 거절하시겠는가? 아니면 시대의 변화에 맞게 그 장점들을 취하시겠는가? 이는 두 말을 기다릴 것도 없이 분명한 것이다.

『상서』에 "새로운 백성을 만들라〔作新民〕"라 했고, 『맹자』에 "또한 군주의 나라를 새롭게 만들다."라 했는데, 어째서 지금의 유자들은 옛것만을 묵수하고 새로운 것을 딱 잘라 거절하는가. 『주역』에 "궁하면 변하고, 변하면 통한다."라 했고, 『중용』에 "밝아지면 남을 감동시키고, 남을 감동시키면 따라 변한다."라 했거늘, 어째서 지금의 유자들은 변화를 나쁘게 여기고 통함을 꺼려서 겨울에 베옷을 입고 여름에 갖옷을 입으며 육지에서 배를 타고 냇가에서 수레를 몰고자 하는가.

게다가 그 규모가 독선(獨善)만을 소중하게 여기고 겸선(兼善)의 의리를 생각지 못하여 국가의 존망과 인민의 기쁨 걱정에 대하여 신경 쓰지 않고 머리를 풀어헤쳐 그것을 구하지 않으니, 현시대는 국가가 존재하지 않으면 민족이 반드시 멸망할 것이다. 만일 불행히 국가와 민족이 보존되지 못하는 경우라도 홀로 유자는 단정히 꿇어앉아 심성을 말하며 심의대대(深衣大帶)[6]하고 향음향사(鄕飮鄕射)[7]를 할 장소가 있겠는가?

---

6 심의대대(深衣大帶) : 심의(深衣)는 유학자들이 입던 겉옷이고, 대대(大帶)는 그 둘

이것은 성현이 진심으로 세상을 구원하시는 인의심(仁義心)에 배치되는 것일 뿐 아니라 자가(自家)와 자신을 보전할 방책도 온전히 생각지 못한 것이니, 어찌 가련하지 않겠는가. 이것이 구습을 변통시키지 않을 수 없는 까닭이다.

또 하나는 행세가(行世家)이다. 이른바 행세자 부류는 남을 여위게 하고 자기를 살찌우는 사욕(私慾)이 심지(心知)에 고질적으로 박혀 남에게 비굴하게 알랑거리는 상태가 그의 습성을 만든다. 서울에 머무는 자는 주사(主事)니 참봉(參奉)이니 군수(郡守)니 비서승(秘書丞)이니 하는 썩어빠진 영예를 얻고자 권문세가에게 몰래 뇌물을 바치며 달려가기를 오직 정성스럽게 하는 것이 일생의 기량이다. 가정의 규모가 파괴되는 것에 대해서는 묻지 않고, 자제의 품행이 방탕해도 살피지 않는데, 하물며 국가의 안위와 인민의 화복을 어찌 꿈에서라도 생각하리오. 세도(世道)를 더럽히고 풍속을 상하게 하는 것이 이보다 심할 수 없을 것이다.

지방에 있는 자들은 이른바 부군(府郡)에 출입하면서 평생의 행색이 관찰사나 군수에게 아부하며 호향(豪鄉)과 간리(奸吏)와 결탁하여 명주 비단과 질 좋은 잎담배로 이익을 창출할 자본을 만들어 일없이 놀고먹기를 도모하고, 서로 붕당(朋黨)을 만들며 서로 모함도 하여 행정을 문란하게 하고 백성들의 재산을 침탈하는 폐해가 있다. 이들이 바로 국가의 잡초요 인민의 버러지이니, 그 피해를 이루 다 말할 수 없을 정도이다.

이들 행세가는 결코 국민 자격으로 대우해 줄 수 없는 자들이다. 그러나 어찌 그 본성이 선하지 않겠는가. 다만 세교(世教)가 타락하고 풍화

레에 두르던 넓은 띠이다.

7 향음향사(鄉飮鄉射) : 향음주례(鄉飮酒禮)와 향사례(鄉射禮)를 함께 이르는 말이다. 향음주례는 향촌의 유생들이 향교, 서원 등에 모여 학덕과 연륜이 높은 이를 주빈으로 모시고 술을 마시며 잔치를 하는 향촌의례이고, 향사례는 향대부가 3년마다 어질고 재능 있는 사람을 왕에게 천거할 때 그 선택을 위해 행하는 활 쏘는 의식이다.

(風化)가 무너져서, 이른바 백성들 중에 뛰어난 자들이 앞다투어 남을 속이는 것을 능사로 여기고 당연한 행위로 인식하여 국민의 의무 여하와 자격 여하를 온전히 알지 못하니, 어찌 가련하지 않겠는가. 이것이 구습을 개량하지 않을 수 없는 까닭이다.

또 하나는 잡술가(雜術家)이다. 잡술가는 사농공상(士農工商) 이외에 일종의 직업을 가지지 않고 잡술을 익혀 혹세무민(惑世誣民)으로 생활을 영위하니, 이른바 감여가(堪輿家)[8]의 비결과 마의(麻衣)의 상서(相書)[9], 야학(野鶴)의 복서(卜書)[10], 자미(紫微)의 산명(算命), 이전(二傳)・사과(四課)・육임(六壬) 등 점치는 무리들이 어지럽게 뒤섞여 있어 그 종류가 하나만 있는 것이 아니다. 풍수에 미혹된 자는 무덤 속 백골에게 복을 구하여 종종 파산하는 경우가 많고, 관상과 산명에게 미혹된 자는 평생 궁달(窮達)을 신수와 팔자에 맡기고, 육효(六爻)와 사과(四課)를 맹신하는 자는 일의 성패를 점쟁이의 요사스런 말에 따라 결정하니, 그 처신의 선악과 작업의 근태(勤怠)는 내버려두고 묻지 않는다.

미신에 빠져서 그 본성을 잃고 그 심지를 무너뜨리는 폐해가 국가에 해를 끼치고 가정을 몰락하게 하여 앞서간 수레바퀴의 엎어진 자국을 보는 듯하는데도 깨닫지 못하는구나. 더불어 잡술에 능한 자는 또한 모두들 기량이 상당한 자들인데, 허황하고 불경스런 말에 부질없이 정력을 허비하여 그 평생을 그르치니 또한 애석하지 않은가! 이것은 세교(世教)가 밝지 못하기 때문이다. 만약 이런 공부를 하던 힘을 옮겨 실지학문(實地學問)과 실지사업(實地事業)에 힘을 쓴다면 자신에게 복이 생기

---

8 감여가(堪輿家) : 풍수지리를 공부하여 묘지나 집터의 길흉을 가리는 사람을 말한다.

9 마의(麻衣)의 상서(相書) : 사람의 얼굴을 보고 그 사람의 운명을 판단하는 책이 상서(相書)이다. 관상(觀相)을 보는 책으로 두 가지가 있는데, 달마(達磨) 상서와 마의(麻衣) 상서가 그것이다.

10 야학(野鶴)의 복서(卜書) : '야학'은 속세를 떠난 은사(隱士)를 가리키고, '복서'는 점괘의 내용을 쓴 문서를 뜻한다.

고 백성들에게 유익한 것이 많지 않겠는가. 이것이 구습을 개량하지 않을 수 없는 까닭이다.

또 하나는 학구가(學究家)이다. 대저 어릴 때에 올바름을 기르는 것은 성인의 공덕이니, 초학자가 처음 배우는 것이 그 기초가 된다. 우리나라는 좋은 교과서가 없고 훌륭한 교사도 없어서 도시나 시골에서는 일반 숙사(塾師)에서 아동교육의 책임을 전담하고 있고, 그 일과의 학업이란 '천황씨(天皇氏)가 목덕(木德)으로 왕이 된다'[11] 하고 '무인년(戊寅年) 23년에 비로소 진(晉) 대부(大夫)에게 명하여'[12] 하는 책자이니, 이것이 과연 어린이를 깨우치는 비결인가. 게다가 과거제도가 이미 폐지된 이후에도 시골의 학구가들이 생계를 위한 방편으로 유년 자제들에게 소고풍(小古風) 대고풍(大古風) 시왈(詩曰) 부왈(賦曰)로 교과목을 삼아 헛되이 세월만 보내니, 이것이 과연 후일 세상에 쓸 만한 인재를 위한 일인가. 덕육(德育)과 지육(智育)과 체육(體育) 등의 교과의 경우에는 그 스승 된 자도 애초에 잘 알지 못하는데 어찌 수업받는 아동을 책망하겠는가. 이것이 구습을 개량하지 않을 수 없는 까닭이다.

우리나라 구습의 폐해가 이루 다 헤아릴 수 없지만 이 네 부류의 폐습이 가장 특별히 두드러지는 것이다. 그러나 유림가의 구습은 그 근본이 원래 아름다우므로 오직 그 고루한 식견을 고치고 시대에 필요한 학문으로 그 지식을 열고 넓혀간다면 체용(體用)이 완전하고 문질(文質)이

---

11 천황씨가……된다 : 송(宋) 증선지(曾先之)의 역사서 『십팔사략(十八史略)』 권1 서두에 보인다. 다음과 같다. "천황씨(天皇氏)는 목덕(木德)으로 왕이 되고, 인월(寅月)로 정월(正月)을 삼으니 다스림을 베풀지 않고도 저절로 감화되었다. 형제 12인이 각각 18,000세를 다스렸다〔天皇氏, 以木德王. 歲起攝提. 無爲而化. 兄弟十二人, 各一万八千歲〕."

12 무인년……명하여 : 주자(朱子)의 역사서 『자치통감강목(資治通鑑綱目)』 편수에 보인다. 다음과 같다. "무인년 주 위열왕 23년에 비로소 진 대부인 위사, 조적, 한건에게 명하여 제후로 삼았다〔戊寅周威列王二十三年, 初命晉大夫魏斯趙籍韓虔爲諸侯〕."

모두 갖추어져서 국가와 인민의 행복을 성취하게 할 수 있을 것이다. 행세가의 경우는 원래 하등의 사회인이 아니다. 그 지위와 위력이 참으로 인민이 우러러보고 두려워하는 사람들이다. 잡술가는 인생의 경로가 잘못된 사람들일지언정 그 재질이 아름답지 못한 것은 아니다. 학구가는 또한 모두 문자를 대략이나마 이해하는 사람들이니, 사람들을 해치는 것이 어찌 그들의 본심이겠는가. 다만 유래한 습관이 풍속을 이룬지가 오래되어 자못 세간에 전염병처럼 만연되어 끊임없이 온 나라가 함께 미쳐감에 이른 것이다.

지금 우리가 밟아오는 앞길에 계속 굳세게 전진하기를 희망하는 것은 긴 밤에 깜빡이는 불빛뿐 아니라 하늘을 밝혀줄 서광을 바라는 것이기도 하다. 하지만 이러한 구습의 뿌리를 먼저 말끔히 개혁하지 못하면 청구강산(青邱江山) 앞날이 암흑 속에 있어서 우리 동포들의 새로운 지식 발달은 결코 가망이 없게 될 것이다. 오호라, 지금이 어느 시대인가. 동방의 밝은 해가 이미 3장 높이이다. 혼몽을 각성하고 정신을 수습하여 어서 빨리 옛것을 버리고 새것을 도모할지어다.

▲ 모교(母敎)는 아동의 첫 번째 학교이다.

교육부

여자교육

회원 류동작(柳東作)

제목으로 여자교육이라 하면 범박히 여자교육의 필요 및 그 방법이 어떠한가를 논구하는 것일 듯하나, 나의 학문적 바탕이 교육계의 학문을 전문으로 한 것이 아니라 능히 이러한 어려운 문제에 붓을 듦은 주제넘은

짓이라는 책임을 면하지 못할 것이다. 그러나 본회 편집위원〔纂務員〕의 의무를 다하기 위하여 약간 여자교육의 필요를 먼저 논해보려 한다.

유통성(流通性)이 있는 문명의 새 공기가 청구 반도에도 역시 흘러들어 수년 이래로 일부 뜻있는 인사들이 여자교육의 필요를 절감하고 학교를 설립하며 교육회를 조직하여 그 융흥(隆興)과 확장을 열심으로 희망하고 있다. 이에 반대하는 선입견을 집요히 주장하는 자는 말하길 "여자는 발길을 문밖에 두지 않고 바느질하고 밥과 빨래를 하고 아이 낳는 등의 일을 하는 것이 일생의 직무다. 학교를 설립하여 가르친다는 것은 일찍이 들어보지 못한 것이며 또한 사회에 어떠한 이익이 있으리오."라고 한다. 또한 혹 시무(時務)를 깨달았다고 자부하는 자가 말하길 "현재 우리 한국의 남자교육도 하나의 훌륭한 업적을 내었다고 증언하기 어려운데 하물며 여자교육을 창도함은 시기상조를 면하지 못할 뿐 아니라 그저 터무니없는 이야기일 뿐이다."라 한다. 설령 제1설을 따라 여자의 직무를 두세 가지 일의 범위 내에 제한할지라도 이 직무를 완전히 하려하면 미술적 기능과 위생법과 생리학을 요구하지 않을 수 없으니, 배워서 이를 알지 않고 어떻게 습득할 방법이 있겠는가. 학교를 설립하여 가르친다는 것은 일찍이 들어보지 못한 것이라 하니, 이런 논자는 기차, 기선 및 전신이라도 역시 일찍이 있지 않았던 것이라 하여 여행의 안전과 통신의 긴급에 응하는 편리가 있음에도 불구하고 문명의 이기(利器)를 배척함에 이를 것인가. 여자는 발길을 문밖에 두지 않는다 함은 흡사 미개국이 쇄국주의를 고수하고자 하여 국제 공법상 교통권에 대항하려 함과 같다. 오늘날 사회의 풍조에 이런 사상은 용인하기 어려운 것이다. 제2설은 여자의 인격을 무시한 것이다. 원래 한 개 인격으로 말하면 여자와 남자가 동등한 것으로 결코 현우(賢愚)・우열(優劣)의 차별이 있는 것이 아니다. 다만 강대한 완력을 요하는 경우에 병기를 지니고 출전함과 같은 것은 여자가 남자에게 미치지 못하는 바이거니와 사회를 구성하는 인족(人族)을 생산함은 남자는 불가능하고 여자는 가능하니, 어떤 까닭으로 남자의 교육이 전진하지 못했다 해서 여자의 교육이 불필요하다고 하는 것인가. 요컨대 이 설로는 여자의 인격을 무시할 뿐 아니라 교육의 훌륭한 업적을 얻기 어려우니, 차라리 완전히 폐지하는 것이 마땅한 극단의 설에 귀착한다고 할 것이다.

고금동서 어떤 나라의 통계에 의해 보더라도 여자가 사회의 절반을 구성하는 것이니 그 교육의 유무는 작게는 한 가정, 크게는 한 나라, 더 크게는 사회의 성쇠에 큰 관계가 있다. 집안일을 처리하며 세상 수많은 일용의 사무를 맡아보며 그 지아비를 도우며 자녀를 교육하는 천직이 있는지라, 그렇기에 여자에게 적당한 교육을 시행하여 그윽하고 정숙한 품행과 공검(恭儉)하고 근면한 미덕을 기르게 하여 이로써 세상사를 처리하게 하면, 여자는 일가의 여왕이라 가율(家律)이 엄정하고도 유쾌한 가정 내에 일세 환락이 들 것이다. 그러나 만약 나태하고 배움이 없을 때에는 그 지조가 늘상 변동하기 쉬워 호기심을 발동시키고 허례허식을 고질이 되게 하여, 마침내 세상 물정에 어둡고 교제는 졸렬하여 처세의 도를 오인하게 된다. 뿐만 아니라 여자가 안에서 일가를 완전히 처리할 능력이 없으면 설령 남자가 아무리 집안을 잘 다스릴 인물이라도 일가의 유지와 행복을 향유하기 어려울 것이다. 특히 여자는 미가 권화(權化)한 것으로 전신이 아예 미의 표현이며 또한 음성이 미묘하여 제비와 꾀꼬리가 꽃 사이에서 완연히 지저귀는 것과 같다. 하늘이 부여한 이러한 용의(容儀)와 청음(淸音)을 교육사업에 이용하면 도덕적으로 사람을 다스리는 데에 효과를 얻기 용이할 것이다. 법률적으로 사람을 다스림은 남자의 사업에 속하고 도덕적으로 사람을 다스림은 여자의 직무에 속하니, 도덕은 법률과 같은 명령·제재가 없고 오로지 감화를 주된 취지로 삼는다. 이 감화의 가장 큰 효력은 자녀의 초보교육에 있으니, 어린나무를 얽어 안장을 만든다 함은 어릴 때의 교육을 말하는 것이다. 유아는 장래 국민의 기초이니 그 기초를 공고케 하려 하면 어릴 때의 교육에 주의해야 한다. 요컨대 우리 중에 어린 시절을 겪지 않고 성년에 도달한 자는 없다. 유(幼)・성(成)・노(老) 3기 중 가장 유력한 고착성이 있는 초기에 감화를 여자에게 받으니, 여자에게 교육을 시행할 필요는 즉 여자에게 교육을 받게 할 필요에서 말미암는 것이라 하겠다.

▲ 은혜도 정리(正理)를 가히 동요치 못하고 강력(強力)도 정리를 가히 파괴치 못하고 금전도 가히 정리를 교란치 못할 것이다.

학교 총론

지나(支那) 음빙실주인(飮氷室主人) 저
박은식(朴殷植) 역술

내가 듣기로 춘추 삼세(三世)[13]의 의리에, 거난세(據亂世)에는 힘으로 이기고, 승평세(升平世)에는 지혜와 힘이 서로 팽팽하고, 태평세(太平世)에는 지혜로 이긴다고 했다. 천지가 시작된 초기에 금수의 발자취가 중국을 짓밟아 조수(鳥獸)의 피해가 사라지지 않으니 영굴(營窟)과 현소(懸巢)[14]라야 서로 보호할 수 있었던 것은 짐승의 힘이 강했기 때문이다. 사람이 비록 문약하여 깃털의 장식이나 발톱・이빨의 위용은 없지만 외뿔소와 호랑이를 우리에 잡아 가두고 낙타와 코끼리를 타고 부린 것은 지혜가 강했기 때문이다. 수천 년 사이에 몽골의 종족과 회흘(回紇)족의 후예가 노략질로 공을 삼고 도살로 즐거움을 삼아 각 나라를 자주

---

13 삼세(三世) : 거난세(據亂世), 승평세(升平世), 태평세(太平世)로 일반적으로 태평의 시대를 말한다.

14 영굴(營窟)과 현소(懸巢) : 상고시대에 땅을 파서 사는 것을 영굴(營窟)이라 하고, 나무 위에 지었던 집을 현소(懸巢)라고 한다.

침략하여 거의 하나의 나라가 된 것은 힘이 강했기 때문이다. 근 백 년 사이에 유럽의 민중과 코카서스의 종족이 기기 제조를 바탕으로 나라를 멸망시키며 통상(通商)을 핑계로 땅을 넓히니 이에 전 지구의 90%를 관장하게 된 것은 지혜가 강했기 때문이다. 세계의 운명은 어지러움으로부터 태평함으로 나아가고, 승패의 근원은 힘으로부터 지혜로 옮겨간다. 그러므로 오늘날 자강(自强)을 말하는 자는 백성의 지혜를 여는 것을 첫 번째 의리로 삼아야 할 것이다.

지혜는 어떻게 열 것인가? 배움으로 열어야 한다. 배움은 어떻게 세울 것인가? 가르침으로 세워야 한다. 학교의 제도는 오직 우리 삼대(三代)[15] 시대가 가장 잘 갖추어져 있었다. 가(家)에 숙(塾)이 있고 당(黨)에 상(庠)이 있으며 주(州)에 서(序)가 있고, 국(國)에 학(學)이 있는 것은 입학(立學)의 등급이다. 8세에 소학(小學)에 들어가고 15세에 대학(大學)에 들어가는 것은 입학(入學)의 연령이다. 6세에 숫자와 방위의 명칭을 가르치고, 9세에 날짜를 세는 법을 가르치며, 10세에 글과 셈을 배우고, 13세에 악(樂)을 배우고 시(詩)를 외운다. 성동(成童)이 되면 활쏘기와 말타기를 배우고, 20세에 예(禮)를 배우는 것은 수학(受學)의 순서이다. 나이에 맞게 입학하고 2년마다 학업 성과를 평가해서 경서의 구절을 끊어 읽고 글의 뜻을 이해하는지를 첫 과제로 삼고, 사물을 분류할 줄 알고 다시 일반화시켜 통달할 줄 아는 것을 큰 성과로 삼는 것이 과학(課學)의 과정이다.『대학(大學)』한 편은 대학교의 일을 말한 것이고,「제자직(弟子職)」한 편은 소학교의 일을 말한 것이고,「내칙(內則)」편은 여학교의 일을 말한 것이고,「학기(學記)」편은 사범학교의 일을 말한 것이다. 관자(管子)가 말하기를 "농인·공인·상인 등을 모여 살게 하여 서로 일에 대해 말하게 하고 서로 이룬 결과를 보여주게 했기에,

---

15 삼대(三代) : 중국의 하(夏)·상(商)·주(周) 삼대를 가리킨다.

그 부형의 교육이 엄격하지 않아도 성공하게 되고 자제의 학습이 부지런하지 않아도 능하게 된다."[16] 하였다. 이는 농학(農學)·공학(工學)·상학(商學)이 전부 학교에서 이뤄졌다는 것이다. 공자(孔子)가 말하기를 "가르치지 않은 백성을 싸우게 하는 것을 일러 백성을 버린다고 하는 것이다."[17] 하였고, 진(晉)나라 문공(文公)이 처음 들어가서 그 백성을 가르쳐 3년이 지난 뒤에 그를 기용하였고, 월왕(越王) 구천(句踐)이 회계산(會稽山)에 살면서 10년 동안 백성을 가르쳤다.[18] 이는 무예(武藝)가 학교에서 이뤄졌다는 것이다. 그 가운데 다른 일에 전념한 나머지 학문을 성취하지 못한 자가 있어도 10개월 기한으로 일을 마치고 부로(父老)로 하여금 교당에서 가르치게 하였고, 가르침을 따르지 않는 자가 있으면 향관(鄕官)이 가려서 고하였으니 그 감시의 엄중함이 이와 같았다.

그러므로 국내에 교육을 받지 못한 자가 한 사람도 없었고 학문을 모르는 이가 한 사람도 없었다. 그래서 토끼그물 치는 야인(野人)도 나라를 지키는 군인이 될 수 있었고, 소융(小戎)의 부녀자도 적개심을 가질 수 있었으며, 소를 먹이는 정(鄭)나라 상인도 적군을 물리칠 수 있었고, 수레바퀴를 깎는 제(齊)나라 장인도 치도(治道)를 논할 수 있었으며, 백성들의 노래를 듣고서 패업을 안정시켰고 향교의 논의를 채택해 정사를 들을 수 있었다. 온 나라 사람이 나라와 한 몸이 되어 성과 들에 가득히 인재가 아닌 자가 없었다. 이른바 천하의 눈으로 보며 천하의 귀로

---

16 농인……능하게 된다 : 『관자(管子)』「소광(小匡)」에 보인다.

17 가르치지……것이다 : 『논어』「자로(子路)」에 보인다.

18 월왕……가르쳤다 : 『춘추좌씨전(春秋左氏傳)』「애공(哀公)」에 보인다. 오(吳)나라 왕 부차(夫差)가 선왕의 굴욕을 씻기 위해 월나라를 공격하여 회계산에서 크게 승리하였다. 이때 월나라 왕 구천(句踐)이 치욕을 참으며 화의를 청하자 부차가 이것을 받아들이려 하였다. 이때 오자서(伍子胥)가 이번 기회에 월나라를 완전히 없애야 한다고 간했으나 오왕이 듣지 않았다. 이에 오자서가 말하기를 "월나라가 10년 동안 백성을 모으고 10년을 교육하면 20년 내에 오나라를 멸망시켜 소(沼)로 만들 것이다." 하였다. 뒤에 구천이 쓸개를 맛보며 각오를 다진 끝에 오나라를 멸망시켰다.

들으며 천하의 생각으로 생각하니, 삼대가 강성했던 것은 대개 이것 때문이었다.

마귀여(馬貴與)[19]가 말하기를, "옛날엔 호구(戶口)가 적었어도 재주와 지혜 있는 백성이 많았는데, 지금은 호구가 많은데도 재주와 지혜 있는 백성이 적다."라고 했다. 내가 그 말을 슬프게 여기지만 대개 유래가 있다. 선왕(先王)은 백성들을 지혜롭게 하고자 했으나 후대 왕들은 백성을 어리석게 하고자 했으니, 천하가 이미 정해지고 적국과 외환(外患)이 그치면 그 염려하는 바가 바뀌어, 초야의 호걸이 때를 타고 일어나 의론을 지닌 선비와 함께 옛 뜻을 취하여 당시의 정치가 잘못되었다고 하는 것이다. 그리하여 도를 행한다며 마음대로 바꾸어 나라에 태학(太學)이 있으며 성(省)에 학원(學院)이 있으며 군현에 학관(學官)이 있게 되니, 그 이름들을 곰곰이 생각하면 여전히 옛사람의 것이요, 그 법을 보면 여전히 옛사람의 것이다. 그 가르침에 대해 물으면 제의(制義)며 시부(詩賦)며 해법(楷法)이라 하니 반드시 책을 읽고 고금에 통하지 않아도 가능한 것이라, 즉 재주가 중간 이하인 자는 책을 읽으려 하고 고금에 통달하려 하는 경우가 드물다. 여기 하나의 길이 아니면 스스로 나아갈 수 없기에 기이한 재주와 남다른 능력을 가진 선비가 부득불 그 배운 것을 모아 힘써 종사하려 하나, 그것을 취함은 정해짐이 없고 그것을 얻음은 매우 어렵다. 높은 기상을 가진 재주라도 10년 낙제로 하염없는 근심과 한탄 속에서 그 재주와 기상을 전부 갈아 넣고 다시 남은 힘이 없어야 그 배움이 성취되니, 이러하다면 호걸이나 의론을 지닌 선비가 반드시 적어서 천하를 다스리기 매우 쉬울 것이다.

그러므로 진시황이 『시경』과 『서경』을 불태우고 명나라 태조가 과거

19 마귀여(馬貴與) : 중국 남송 말 원초 유학자인 마단림(馬端臨, 1254-1323)의 자로, 『문헌통고』를 편찬했다.

시험에 제예(制藝)[20]를 설치한 것은 두 마음이 아득히 천 년을 사이에 두고도 같은 법칙을 따른 것이다. 모두 백성들을 어리석게 하며 군주를 중시하여 천하를 통일로 몰았으니, 내란의 도가 그친 것은 여기에 선(善)이 있었기 때문이 아니다. 비유하자면 방에 있으면서 동복(僮僕)이 보물을 훔쳐 갈까 염려해서 그를 묶고 결박하여 깊은 방에 두고 자물쇠를 채운 셈인데, 그렇게 하여 베개를 높이 베고 눕는다고 추호의 손실이 없겠는가. 오히려 강한 도적이 갑자기 이르러 문으로 들어오는데 문을 지킬 문지기가 없고, 규방에 들어오는데 규방을 지킬 문지기가 없어, 전 재산을 모두 찾아 몽땅 가지고 가는데도 결박된 사람은 단지 그 무리를 상대하고도 말을 못하고 그 주인의 어려움을 보고도 구원할 수가 없는 것과 같다. (미완)

위생부

회원 김봉관(金鳳觀)

일반적으로 우리가 섭취하는 음식물은 신체 발육에 필요한 물질이니, 소화의 신진대사로 인하여 물질이 소비된 바를 보상 공급하는 것이다. 대부분 음식물은 각종의 자양소(滋養素)로 구성된 것이니, 화학적 성질에 의거하여 물과 2・3종의 염류(鹽類) 외에 자양소를 구별하면 1종의 질소를 함유한 물질류-단백질-와 2종의 무질소 물질류-탄수화물과 지방-가 있다.

20 제예(制藝) : 팔고문(八股文)을 이른다. 팔고문은 중국 명・청 시대에 관리 등용 시험 과목으로 채택된 문체이다.

단백질은 계란의 흰자위에서 나오는 농축 용액인데 열을 가하면 응결되는 성질이 있다. 기타 단백질로는 고기의 주요한 자양소로 형성된 건락소(乾酪素)가 유즙 속에 존재하니, 유즙에 산(酸)을 가하면 응결되어 고체가 분리된다. 식물계에 속하는 콩류와 곡류도 단백질을 함유한 것으로 빵류의 중요한 성분이다.

탄수화물은 탄소와 물로 구성된 것으로 식물계의 식품 중에 존재한다. 우리들이 가장 많이 볼 수 있는 것은 전분이며, 기타 탄수화물류에는 설탕과 목재질(木材質) 등이 있다. 설탕류는 또한 식물성 식품-포도당, 자당(蔗糖), 감채당(甘菜糖), 과당(果糖)-에 존재하고, 다른 유즙에는 유당이 존재하며, 인체와 수체(獸體) 두세 조직에도 함유되어 있으니 예컨대 근조직, 간장(肝臟)과 선조직(腺組織)이 이에 속한다. 목재질은 식물세포의 주성분으로 목재에 견고한 성질을 부여하는데, 이러한 성질은 인간의 위장 속에서 거의 용해되어 인체 영양에 효용이 된다. 지방은 동물과 식물 식품 속에 함유된 것으로, 돼지비계, 버터와 기름 등에 들어 있다.

물은 각종 물질의 용해물을 음료로 사용하여 기타 고형 음식물을 모두 체내로 섭취할 수 있도록 하며, 여러 가지의 식품을 구성하는 데 다소간 없어서는 안 된다. 채소와 과일 같은 것은 그 무게의 100분의 90 이상이 물로 구성되어 있다. 염류는 염소, 인(燐), 유황(硫黃)의 일부 등 신체 구성의 필수 요소인 금속을 공급하며, 다수의 식품 중에 함유된 염화나트륨의 식염은 대부분이 음식물의 조미료로 사용한다. 자양소 중에 단백질 조직 형성의 중요한 성분은 질소이니, 무질소 물질은 오로지 세포의 소모 요소를 공급하고 기타 과잉 흡수되면 체내에서 지방의 부착을 증가시킨다.

그런즉 식료는 인간의 건강을 위해 적당하게 해야 할 것이니, 항상 음식물 섭취의 적당한 조제법에 유의하지 않으면 안 된다. 늘상 변하지 않는 식료는 싫증으로 식욕 결핍을 초래하기 쉽다. 게다가 대부분 식품을 미리 조제하지 않으면 안 되니, 대개 우리의 소화기는 다수의 식품을 굽고 튀기고 익히는 등의 적당한 조제를 하여야 쉽게 소화시킬 수 있으며 또 자극적인 효과를 주는 향신료를 가해야 소화되는 것도 있다.

또한 단백질의 응고는 동시에 종종 육류 내에 존재하는 낭충, 선모충 및 기생물의 병독에서 발생할 수도 있다. 끓여서 박멸하면 무해하나, 단 병독의 발생은 공기로부터 오지만 혹 도축할 때에 불결하였거나 혹 저장 판매할 때에 고기에 혼입될 수도 있으니, 병균의 박멸은 불에 익혀 먹는 것이 가장 정확한 방법이다. 음식물 섭취의 방법 또한 건강한 신체를 영위함과 큰 연관이 있으니, 과도하게 탄 식품과 음료는 입안 인두(咽頭)와 식도의 점막에 침입하여 위장 장애를 초래한다. 또 너무 차가운 음료를 마신 후에 오심(惡心), 구토, 위병(胃病) 및 위중한 장 질병을 일으킬 수 있으며, 특히 급하게 음식을 삼켜서는 안 된다. 음식은 항상 잘 씹어 먹고 또 타액을 혼합하여 소화를 충분히 준비하는 것이 좋다. (미완)

잡조

애국론 1

지나 애시객(哀時客)[21] 원고
회원 박은식(朴殷植) 역술

중국을 논하는 서양인이 걸핏하면 "그 나라 사람은 애국의 성질이 없다. 고로 그 형세가 흩어지고 그 마음이 나약해 어떤 나라와 어떤 인종의 사람이든 말할 것 없이 모두 그 땅을 약탈할 수 있고 그 백성을 노예

---

21 애시객(哀時客) : 량치차오(梁啓超, 1873-1929)의 호이다.

로 삼을 수 있다. 세력을 가지고 군림하면 순종하여 서로 따르며 사소한 이득으로 속이면 쟁취하려고 달려든다."고 말한다. 대체로 저들은 우리 4억인 중 한 사람도 없는 것처럼 본다. 오직 그러한 까닭으로 매일 영토 분할〔瓜分〕을 논하며 뒤이어 골라 먹을 부위〔擇肉〕를 생각하여 우리 인민을 감옥의 노예로 여기며 우리의 재산을 자신의 주머니 속 물건으로 여긴다. 또 우리 토지를 자신의 판도 안의 것으로 여겨 의원(議院)에서 공공연하게 말하고 신문에서 떠들썩하게 말한다. 보는 것이 실제로 그래서 꺼리는 바가 전혀 없으니 그 이유를 물으면 "지나인이 애국을 모르는 까닭이다."라 하니, 애시객은 말한다. 슬프다! 우리 4억의 동포 백성은 이 말을 거듭 생각해야 한다!

애시객은 또 말한다. 슬프다! 이상하구나. 우리 동포 백성이여! 애국을 안다고 말하는데, 왜 한 번 패하고 또 패하며 한 번 나뉘고 다시 나뉘어 요해처(要害處)를 다 잃고 권리를 다 상실해 전국의 명맥이 아침에 장담하던 것을 저녁에 장담할 수 없는데도 우리 백성은 어찌 놀고 즐기며 노래 부르고 춤추며 코 골고 취하여 자신에게는 함께 하는 것이 아무것도 없다고 생각하는가. 애국을 알지 못한다고 말하는데, 일찍이 내가 해외를 유람한 바를 돌이켜보면 해외의 백성은 천만 정도인데 모두 격앙하고 분발하여 충성스런 마음과 뜨거운 피로 국치를 말하면 얼굴빛이 변해 애탄해 하고 변법을 들으면 경의를 표하고 좋아하며 정변을 보면 주먹을 불끈 쥐고 눈물을 흘리며 "누가 그렇게 시킨 것이냐, 누가 그렇게 시켰느냐." 한다. 이것이 나라요 이것이 백성이거늘, 그 실정은 이처럼 상반된다.

애시객은 전 지구의 사람들에게 엄숙히 알리려 한다. 우리 지나인은 애국의 성질이 없는 것이 아니다. 애국을 모르는 사람은 그 나라 됨을 스스로 알지 못함에서 연유한 것이다. 중국은 자고이래로 하나의 전체였다. 수천 년 동안 항상 독립의 형세에 처해 '천하'라 이르고 '나라〔國〕'

라 이르지 않으니 이미 나라가 없었다. 어찌 이를 '사랑〔愛〕'한다고 할 수 있겠는가. 무릇 '나라'라 하는 것은 평등으로 만들어지고 '사랑'이라는 것은 상황에 따라 생겨난다. 『시경』에서 이르기를 "형제가 담장 안에서는 서로 싸워도 밖에서 모욕당할 때는 함께 막는다."고 하니, 진실로 밖에서의 모욕이 없다면 비록 형제가 사랑하더라도 역시 이를 거의 잊을 것이다. 고로 다른 집을 대한 연후에야 우리 집을 사랑하는 것을 알게 되고 다른 종족을 대한 연후에야 우리 종족을 사랑하는 것을 알 것이니, 다른 성(省)을 유람한 자가 그 본성(本省) 사람을 만나면 교분이 돈독해서 저절로 사랑하는 마음이 생긴다. 그런데 만약 본성에만 있으면 눈을 뜨면 모두 동향인이기에 대수롭지 않게 길을 지나가는 행인으로 본다.

나라도 역시 그러하니 반드시 다른 나라를 대한 연후에야 우리나라를 사랑하는 것을 알게 된다. 유럽인의 경우 애국심이 유독 홍성한 까닭은, 그리스 이래로 즉 여러 나라들이 나란히 건국되고 그 후에 비록 작은 변천이 있었으나 국가들의 본체는 크게 달라진 것이 없어 서로 잡거하며 서로 왕래하여 서로 비교하고 서로 아래에 있으려 하지 않고 상호 경쟁하여 각기 자존을 구했기 때문이다. 그러므로 애국의 성정이 여기저기에서 발현해 가르치지 않아도 스스로 할 수 있으며 기약하지 않아도 스스로 할 수 있었다. 그러나 우리 중국은 즉 그렇지 않아 4억 동포가 수천 년 이래로 하나의 작은 천하 속에 모두 처해 일찍이 평등한 나라로 서로 만나지 못했으니 우리나라의 밖을 보아도 다른 나라가 없었다. 고로 애국을 알지 못함은 나라 됨을 스스로 알지 못함에서 유래한 것이니 애국의 성질이 은폐되고 발현되지 않았다고 하는 것은 옳지만 애국의 성질이 없다고 말하는 것은 옳지 않다 하겠다.

증거는 어디에 있는가. 갑오(甲午) 이전에는 우리나라의 사대부 중 국난을 근심하고 국사를 말하는 사람이 거의 끊어져 있었다. 그런데 중

일전쟁부터 우리 군대가 연패하여 할양하고 배상하는 것으로 상처가 크고 아픔이 깊었다. 이에 강개하고 우국하는 선비가 점차 일어나 보국(保國)의 계책을 도모하는 자가 많아졌으니, 이는 지금이 예전보다 뛰어나서가 아니다. 옛날엔 나라를 위한다는 것을 스스로 알지 못하더니 오늘날 다른 나라에게 패배하는 것을 보고서는 마침내 나라를 위한다는 것을 스스로 알기 시작했기 때문이다. 애시객은 월나라 지역 사람이다. 월나라 일을 말해보겠다. 우리 오(奧) 지역이 동서교통의 제일 요로인데 마카오(澳門)의 일부는 명나라 시대부터 이미 개항해 외국과 문물을 교역했으며 홍콩은 영국 판도가 닿은 후에 백인들의 족적이 점점 더 늘어나고 있다. 오나라 지역 사람들이 이 사이에서 익혀서 외국의 일들에 대해 많은 말을 할 수 있게 되었으며 국사에 유념하는 것이 상당 정도 서양풍인데 해외에 물건을 사고파는 사람은 애국심이 더 강하다. 해외에 있는 사람이 내지(內地) 사람보다 더 뛰어나서가 아니다. 내지에 칩거하는 사람은 나라를 위하는 바를 스스로 알지 못하기 때문이다. 그리하여 나는 진실로 나라를 위할 바를 스스로 알게 되면 애국하지 않는 사람이 없을 것이라고 생각한다.

슬프다! 우리 내지 동포 백성은 죽어 장사지내거나 이사해도 고향을 벗어나지 않으니[22] 능욕과 학대의 상황을 눈으로 아직 보지 못했으며 권리를 상실한 일을 아직 귀로 듣지 못했다. 고로 습속을 편안히 여겨 나라의 강약이 자기의 영욕에 무관하다고 생각해 국사를 보는 것을 절실한 의무로 여기지 않는다. 외국을 다녀보아 갑국(甲國)의 백성으로서

---

22 죽어……벗어나지 않으니 : 『맹자』 「등문공장구(滕文公章句)」의 "백성들이 죽어 장사지내거나 이사해도 향을 벗어남이 없으니 향전에서 정(井)을 함께 하는 사람들이 나가고 들어올 때 서로 벗하며, 지키고 망볼 때 서로 도우며, 앓을 때 서로 붙들어주고 잡아준다면 백성들이 친목하게 될 것이다〔死徙無出鄕 鄕田同井 出入相友 守望相助 疾病相扶持 則百姓親睦〕."에서 유래한 구절이다.

을국(乙國)에 있는 사람이 누리는 권리가 어떠하며 을국의 백성으로서 병국(丙國)에 있는 사람이 받는 보호가 어떠하며 우리나라 백성으로서 저 나라에 있는 그 권리와 보호가 어떠한가 비교해보면, 마음이 괴롭고 머리가 아파 분발하고 힘써서 한번 설욕하기를 생각하지 않는 이가 없을 것이다. 저 영국의 정체(政體)가 가장 공정하다고 하는데 홍콩에서 우리 중화 인민을 대함에 있어 속박하고 질책하는 단서가 한둘이 아니다. 그 본국과 타국에서 체류하는 백성을 보면 그 대우가 아득해 천양의 차가 난다.

일본은 순치(脣齒)의 나라로 중국을 도와준다고 말한다. 그러나 그 내지에 잡거하는 사례를 보면 중국인이 다른 나라들과 더불어 이익을 균점(均霑)하는 것을 허용하지 않고, 심한 경우는 샌프란시스코와 호놀룰루에서 중국 노동자를 가혹하게 대우하고 엄격히 제한하며 구박하고 핍박하는 데도 어찌할 도리가 없다. 또 쿠바 및 남양(南洋)의 네덜란드에 속하는 섬들에서는 새끼돼지를 판매하는 풍습이 지금도 끊어지지 않았는데, 그 땅으로 간 사람은 능욕과 학대당함이 흑인 노예보다 심하고 우마만큼 위태로워 참혹한 형상은 귀로 듣지 못할 정도요 눈으로 보지 못할 정도다. 둥근 얼굴에 네모난 발을 지닌 인류이자 관대(冠帶)를 쓰는 족속으로 어떻게 이와 같은 수모를 받는가. 어찌 나라가 강하지 않은 이유에서 말미암은 것이 아닌가. 맹자께서 "사람은 스스로 모욕한 뒤에 남이 그를 모욕한다."고 하셨으니 우리가 남을 원망할 수 있겠는가. 단지 자기에게서 구할 뿐이다. 진실로 나라가 강할 수 있으면 이미 잃어버린 권력도 정말로 회복할 수 있고 공공의 이익을 진실로 다시 누릴 수 있으니, 저 일본이 그렇다. 일본은 옛날에 치외(治外) 지역에 대한 권리가 없다가 변법자강(變法自强)으로 조약을 개정해 국권이 바로 완전무결하게 되었다. 그러므로 우리 백성도 진실로 이런 상황을 몸소 보고 그 유래를 살피면 애국의 열혈이 당연히 가슴 속에 가득 차서 아무도 막을 수 없을 정도로 성해질 것이다.

무릇 애국이라는 것은 그 나라가 강하기를 바라는 것이다. 그러나 나라는 저절로 강해질 수 없는 것으로, 반드시 민지(民智)를 개발한 연후에 강해질 수 있고 반드시 민력(民力)을 모은 연후에 강해질 수 있다. 고로 애국의 마음으로 말미암아 나오는 조리(條理)는 그 실마리가 한둘이 아니나 요컨대 반드시 연합과 교육, 두 가지 일을 기점으로 삼아야 할 것이다. 한 사람의 애국심은 그 힘이 매우 미세하지만 여러 사람의 애국심을 합하면 그 힘이 매우 커질 것이니, 이것이 연합이 요긴한 바이다. 빈말로 하는 애국은 나라를 구할 수 없다. 만약 나라를 구하고 싶으면 반드시 인재에 의지해야 할 것이니, 이것이 교육이 긴요한 바이다. 오늘날 해외에 있는 이들이 애국을 가장 잘 아는 사람이니 먼저 해외에 말을 청할 것이다.

각 부두에 회관이 있음은 연합의 뜻이요, 요코하마에 대동학교(大同學校)[23]가 있어 각 부두가 떠들썩하게 이를 본떠 학교를 일으킴은 교육의 뜻이다. 이는 모두 우리 해외 동포의 애국과 진성(眞誠)에서 나온 일이다. 싱가포르의 한 부두는 정변 이전에 학당을 의설할 때 모은 자본이 20여 만금에 이르렀고, 호놀룰루의 한 부두는 서양문자를 배우고 계산을 익히는 남녀 학생이 6·7백 명에 이른다 하였으니, 군자들이 시대를 염려하는 원식(遠識)과 일을 다스리는 고심(苦心)에 진실로 미칠 수는 없다. 그러나 내가 오히려 말하고자 하는 바가 있으니, 연합 속에서 다시 대연합을 이루고 교육 속에서 다시 대교육을 이루어야 한다는 것이다.

소위 대연합이라는 것은 무엇인가. 상회(商會)가 그것이다. 우리 중국인이 작은 상업에 능숙함은 비록 서양인이라도 역시 깊게 감복하는 바

23 대동학교(大同學校) : 1897년 쑨원이 요코하마에 설립한 학교로 일본에 가장 먼저 세워진 화교 학교이다. 학교 이름을 중서학교(中西學校)로 정했다가, 정세를 반영해 대동학교(大同學校)로 바꾸었다.

이다. 그러나 이권이 타인보다 못한 것은 국가로부터의 보호 정책이 없기 때문이고 우리 상민으로부터의 기운이 흩어지고 모이지 않아 서로 도와주며 서로 보조하고 구제할 수 없기 때문이다. 고로 큰 국면의 상무에 미치면 매번 서양인과 더불어 다툴 수 없다. 해외의 각 부두에 우리 백성이 모여 이룬 구역이 1백여 개로되 일찍이 하나로 총괄해 서로 소리와 기운을 통하는 데가 없었다. 심지어 또 샌프란시스코의 한 부두는 세 읍과 네 읍 사람이 서로 송사로 집안끼리 싸움을 벌여 타인의 비웃음을 받으니, 이와 같아서야 상업을 크게 열고 이권을 회수하기를 바란다고 한들 어찌 이룰 수 있겠는가. 특히 전체 국면의 이해(利害)와 한 사람의 이해가 상관되는 점이 절실하고 가까워 상호 제휴하면 서로 그 이익을 향유하고 서로 시기하고 다투면 그 해를 서로 받게 된다는 것을 알지 못하기 때문이다. 멀리 보는 식견과 뛰어난 지략을 가진 사람은 전체 국면의 일을 경영하는 것이 바로 그 자신과 집안의 일을 경영하는 것인 줄 안다. 옛날 영국인이 인도를 획득하고 광둥(廣東)을 개항시킨 것은 전적으로 상회의 힘이지만 그 업적의 성취에 이르러서는 전국의 중소상인 중 그 이익을 누리지 않은 자가 없었으니, 이것이 그 증명이다. 고로 오늘날 해외 상민을 위해 생각건대 하나의 대상회를 만들어 각 항구의 사람들을 합하여 하나의 기(氣)로 통하게 하여, 함께 상무를 도우며 함께 국체를 공고하게 해야 한다. 매 한 항구에 분회가 있고 이 항구들을 합해 총회가 있어 그 해당 모임의 일을 공평하게 바로잡으며 서로를 보호하는 법을 상호 간에 모색하게 되면 안으로 국권을 장대하게 할 수 있고 밖으로 상리(商利)를 확충할 수 있을 것이니, 이는 가장 큰 업적일 것이다. 그 조리(條理)・설시(設施)의 법은 다른 편에서 상세하게 말하겠기에 지금은 다루지 않겠다.

소위 대교육이라는 것은 무엇인가. 정학(政學)이 그것이다. 홍콩에 영국인이 설립한 학당이 있으니, 우리의 해외 백성 중 서학(西學)을 다루는 사람이 이곳에서 많이 나온다. 이외에 각 부두에 계속 설립되는 학당이 역시 다수 그 체재를 본뜨고 있다. 비록 그렇지만 영국인이 설립한 학당은 그 뜻이 인재를 양성하는 것이라도 상업 업무에 이용할 것을 생각할 뿐이요 인재를 양성해 국가를 위해 등용하는 것을 바라지 않는다. 고로 그 가르치는 바가 언어와 문자에 치우쳐 있고 정학(政學)의 큰일에 이르러서는 대체로 개략적이다. 그러므로 홍콩학당 출신자가 비록 기특한 재능을 지니지 않은 바가 아니나, 역시 그 사람의 타고난 품성과 학력으로 남달리 이룬 바요 학당을 통해 성취한 바는 아니다. 우리 동포 백성이 배우는 것은 어떤 학문이든 우리 중국을 구하려는 것이다. 대개 각 나라에 그 국체의 연혁은 필히 역사 속에 존재하고 그 국속(國俗)의 관습은 필히 사람들 사이에 있으니, 경국(經國)의 직무를 익히려는 자는 이를 깊게 살피지 않을 수 없다. 오늘날 홍콩의 학당은 절대 중국의 학문을 가르치지 않아 심지어 학당의 생도가 한문에 능통하지 못하니 이로는 경국지재(經國之才)를 반드시 얻을 수 없다. 또한 서양 학교에서 가르치는 치용(致用)의 학문은 군학(群學)과 국가학, 행정학과 자생학(資生學), 재정학, 철학으로 이는 정치에 뜻이 있는 사람은 모두 종사하지 않을 수 없는데 홍콩학당에는 이것이 모두 없는 까닭에 뛰어난 인재를 얻을 수 없다. 오늘날 호놀룰루의 생도 중에는 서양말에 능통하고 산수를 푸는 인재가 수백 명이나 된다. 그들 모든 소년이 매진하여 열혈로 애국하는데 한학으로 더 깊어지고 정치로써 나가면 훗날 중국의 선건전곤(旋乾轉坤)[24]의 업은 이들을 믿지 않고서는 시작할 수 없을 것이다. 오늘날 이를 생각건대 마땅히 각 항구에 모두 학교를 설립하고 교과서를 널리 확충하여 중국과 서양을 함께 익히게 하고 정학(政學)으로

24 선건전곤(旋乾轉坤) : 하늘을 휘몰고 땅을 굴린다는 뜻으로, 나라의 폐풍을 크게 고치는 것을 이른다.

함께 나아가게 하면 수년 후에 중국 유신(維新)의 운에 이르게 되어 우리 해외의 충민(忠民)이 모두 국가에서 효력을 낼 것이요 국가 역시 인재 없음의 근심이 사라지게 될 것이다.

애시객이 말한다. 아! 국가의 존망과 종족의 성쇠가 비록 천명이라고 하나 어찌 인간의 일이 아니겠는가. 동서의 나라들은 어찌 왕성하게 날로 흥하며 우리 지나는 어찌 힘들게 날로 위태로워지는가. 저 국민은 나라를 자신의 나라로 여기어 국사를 자신의 일로 여기며 국권을 자신의 권리로 여기고 국치를 자신의 치욕으로 여기며 나라의 영광을 자신의 영광으로 여기거늘, 우리 국민은 나라를 임금과 재상의 나라로 여기어 그 일과 그 권리와 그 영광과 그 치욕을 모두 시지도외(視之度外)의 일로 여긴다. 아아! 백성이 없으면 어찌 나라가 있으며 나라가 없으면 어찌 백성이 있으리오. 백성과 나라는 하나이자 둘이요, 둘이자 하나다. 오늘날 우리 백성은 나라를 자신의 나라로 여기지 않으니, 사람들이 스스로 나라를 지니지 않으면 이 나라는 망할 것이다. 나라가 망하면 인권이 망해 인도(人道)의 고통을 물을 수 없다. 서양인이 "지나인은 애국의 성질이 없다."고 하니, 아아! 우리 4억 동포 백성은 이 말을 거듭 유념하며 이 말에 한번 설욕할지어다.

▲ 국민 보호가 즉 국가 보호이다.

애국론 2

애국심은 어디에 기인하는가. 맹자께서 "나의 동생이면 사랑하고 진(秦)나라 사람의 동생이면 사랑하지 않는다."고 하였으니, 생각건대 나라도 역시 그러하여 우리나라인즉 이를 사랑하고 타인의 나라인즉 사랑하지 않는다. 그러므로 사람이 진실로 나라를 타인의 나라로 여기면 이를 사랑하는 마음이 반드시 없어져 비록 강제로 꾸미도록 하려 해도 할 수 없으며, 사람이 진실로 나라를 나의 나라라고 여기면 이를 사랑하는 마음이 반드시 생겨 강제하고자 해도 역시 할 수 없다. 점차 사이가 뜨면 그 사랑이 점차 사라지고 점차 가깝고 절실하면 그 사랑이 점차 증가하니 이는 실로 천하의 공례(公例)이다. 한 집안에 비유하면 자제는 그 집안을 사랑하지 않음이 없으니 대개 집을 나의 집이요 가사를 나의 일로 여기기 때문이다. 무릇 노예 중 그 집을 진정으로 사랑하는 사람은 드무니 집은 주인의 집이요 가사는 주인의 가사로 여기기 때문이다. 고로 그 국민의 애국심 여부를 보고자 하면 그 국민이 자제로서 지내는가 노예로서 지내는가를 시험해보면 된다.

무릇 국가의 흥기는 가족에서 흥기하지 않은 것이 없다. 고로 서양 정치가가 "나라라는 말은 가족 두 글자의 큰 글씨이다."라고 했으니-그 뜻이 나라라는 것은 즉 가족이요 가족은 즉 작은 나라- 임금은 가장과 족장이오, 백성은 가족의 자제이다. 그런즉 인군(人君)이 처음 설 때 백성이 자제로 자처하지 않은 이가 없었던 것이니, 백성이 노예를 자처하게 된 것은, 아아, 어디에서 기인하는가.

후세에 폭군과 민적이 천하를 사사롭게 취하여 자신의 산업으로 삼은 이후로 그 백성을 노예화하니 백성은 그 위협을 두려워해 감히 노예로서 스스로를 굽히지 않을 수 없었다. 이것이 오랫동안 쌓임에 점차 그 근원이 망각된 것이다. 후세의 치국(治國)이라는 것은 그 임금 및 그 임금과 가까운 한두 명의 사인(私人)이 은밀히 논의하고 마음대로 결정하여 행하되 백성은 참여할 수 없었다. 조정에 대해 논의하는 사람이 있으면 나쁜 자라 지목하고 나라를 걱정하는 사람이 있으면 직분을 넘어선다고 주시하고 그렇지 않으면 그 어리석음을 비웃으니, 이는 당연한 것이었다. 비유컨대 노예가 주인의 집안일에 간섭하면 주인이 반드시 이에 분노하고 곁에서 지켜보는 사람은 이를 비웃는 것이다. 그러므로 비록 이를 사랑하고자 하나 감히 그러지 못하고 그럴 수 없다. 이미 감히 사랑할 수 없고, 사랑할 수 없으니 오직 무관심하게 보고 수수방관한다. 집안이 창성하는 것은 주인의 영광이다. 방탕하게 즐기고 취하도록 마시며 배부르게 먹고 집안을 망치는 것은 주인의 중도 몰락이다. 그리되면 치마를 걷어 올리는 여종도 떠나니, 이는 노예의 항상적인 성품이다. 고로 서양 사람들은 나라를 임금과 백성이 공유하는 나라로 여겨 부형과 자제가 힘을 합하여 일하며 집안의 일을 다스리는 것처럼 하니, 한 백성이 있으면 나라를 사랑하는 한 사람이 있는 것이다. 중국은 그렇지 않아 나라가 있는 사람은 다만 한 가문의 사람이요 그 나머지는 즉 모두 노예이다. 그러므로 나라 안에 비록 4억 인이 있으나 실제로 이는 몇 사람에 불과하다. 이 몇 사람만 있는 나라가 수억의 사람이 있는 나라와 만나니 어찌 가는 곳마다 패하지 않겠는가.

서양사에서 말하는 애국하는 일은 다음과 같다. 옛날에 그리스가 수천의 농민으로 백만의 유목민 야만 병사를 물리쳤고 프랑스는 지금으로부터 4백 년 전에 양치는 부녀자가 혼자 힘과 한마디 말로 강적을 제어해 프랑스로 하여금 외국의 멍에와 굴레를 벗어나게 했으니 이것 모두는 미담으로 크게 칭해지는 것이다. 그렇지만 우리 중국도 옛날에 그 사례가 없지 않았다. 『좌씨춘추』에 실린바 제(齊)나라와 노(魯)나라의 장작(長勺) 전투에서 조귀(曹劌)가 나라를 걱정해 계획을 세웠는데 옆 사람이 이를 비웃으며 "정권을 잡고 있는 사람들이 생각할 것인데 당신이 뭐하러 끼어들려는 것이오?" 하되 조귀가 비웃음을 돌아보지 않고 돌연 그 임금에게 청해 그 공을 이루었다. 또 진(秦)나라와 진(晉)나라가 정(鄭)나라를 엄습했을 때, 정나라의 현고(弦高)가 소 12마리로 진(秦)나라 군대를 위로하고 본국에 그 계략을 보고해 빠르게 준비하게 하고 강적을 물리치게 하였으니, 저 조귀는 한 사람의 평범한 백성이요 현고는 한 사람의 상인일 따름이었다. 국가에 대한 책임을 갖고 임금과 재상의 명령을 받는 사람이 아니니 수수방관해도 누가 그를 원망하리오. 그러나 모두 애국지성(愛國之誠)을 내어 필부(匹夫)로서 큰 국면에 관계하니 아아! 이는 옛사람이 지금 사람보다 유독 더 뛰어난 것이 아닌가. 이렇게 이르게 된 바에는 모두 이유가 있다. 옛날에는 그 국민을 한 집안의 사람처럼 보았다. 『좌씨춘추』에서 증거를 찾아보면, 진(晉)나라의 한기(韓起)가 정나라에서 옥환(玉環)을 찾았는데 정나라의 자산(子產)은 본국에 보고하고 상인과 약속하며 "그대는 나를 속이지 말라. 나는 강제로 값을 매기지 않겠다."라 하였고, 진문공(晉文公)이 남양(南陽)을 에워쌈에 남양의 백성이 "이곳의 주민 중에 왕의 친척이 아닌 자가 누가 있기에 우리를 포로로 잡으려 하는가."라 하였으니 이런 사례들이 하나가 아니라 매우 많다. 삼대(三代)[25] 이전에는 임금과 백성이 서로 어우러진 바가 실제 한 집의 부자(父子)와 같았다. 나라와 집안에 대해 각자 지닌 권리가 있었던 까닭에 나라와 집안에 대해 각자 다할 의무가 있으니 사람들이 이러한 이치를 다 알고 사람들이 이러한 실정에 동의한 것이다. 이것이 바로 애국심이 단단하게 뭉쳐 흩어지지 않은 이유이다.

애시객은 말한다. 내가 해외를 유람해 보니 해외의 나라는 그 백성이 머리를 묶고 입학할 때부터 즉 애국의 시가를 노래하며 애국의 고사를 서로 말한다. 점점 자라면서 애국의 진리를 강독하며 아버지는 그 아들을 가르치고 형은 그 동생을 격려해 애국의 실제 업적을 서로 알린다. 의금(衣衿)에 차는 것은 애국훈장이라 불리고, 놀려고 모이는 곳은 애국사회라고 칭해지며, 마시는 술은 애국으로 명명하고, 갖고 노는 물건은 애국을 기념으로 삼는다. 병사는 아침저녁으로 반드시 그 국왕에게 예를 올리며 심상히 아침밥 저녁밥을 먹을 때 반드시 국운을 위해 기도한다. 심지어 프랑스의 노래하는 기생이 프로이센인의 희롱을 용납하지 않은

---

25 삼대(三代) : 중국의 하(夏)・상(商)・주(周) 삼대를 가리킨다.

것은 그들을 대대로 나라의 원수로 여겼기 때문이고, 일본의 어린아이가 러시아 손님이 준 과일을 받지 않은 것은 장차 그들이 나라의 근심이 된다고 여겼기 때문이다. 그 애국의 성정은 양지(良知)에서 나오는 것이라 가르침을 기다리지 않아도 할 수 있으며, 지극한 정을 근본으로 하는 것이라 도모하지 않아도 합해지니, 아아! 그 성대함이 어떠한가.

애시객이 또한 말한다. 내가 어려서 향리에 살고 커서는 경사(京師) 및 각 성(省)의 큰 도회를 유람해 어느 정도 조야(朝野) 간의 인물을 알고 있다. 그 자제에게 "국가가 어떤 것인지 아는 바가 있는가?"라고 물으면 "있지 않다."라고 한다. 말을 나누어보면 "어떻게 입학할 수 있으며 어떻게 과거에 합격할 수 있는가?"라 한다. 상민에게 "국가의 위기에 대해 아는 바가 있는가?"라고 물으면 "있지 않다."라고 한다. 말을 나누어보면 "어떻게 이익을 도모할 수 있으며 어떻게 남을 제치고 뜻을 이룰 수 있는가?"라 한다. 사대부에게 "국가에 대해 염려하는 것이 있는가?"라고 물으면 "있지 않다."라고 한다. 말을 나누어보면 "어떻게 하면 관직을 얻고 차출될 수 있고 부임될 수 있을까."라 한다. 관리에게 "국사(國事)에서 일로 삼는 것이 있는가?"라고 물으면 "있지 않다."라고 한다. 말을 나누어보면 "어느 빈자리는 요직이고 어느 빈자리는 한직이다."라 하고, "어떻게 하면 장관을 잘 맞이할 수 있으며 어떻게 하면 요직에 웅크리고 있을 수 있을까?"라 한다. 대신(大臣)에게 "국치를 알아 국난을 근심하며 나라를 위해 폐악를 제거하고 이익을 흥하게 할 것으로 생각하는 바가 있는가?"라고 물으면 "있지 않다."라고 한다. 그저 입직하면 정당(政堂)에 앉고 퇴근하면 수레 앞 여덟 추졸(騶卒)의 소리로 사람들이 알아서 눈치채게 하며 사치와 탐욕을 극도로 부릴 따름이다. 아버지가 아들에게 알리며 형이 동생에게 권하며 처가 그 지아비에게 애쓰며 친구가 그 벗에게 권하며 관리가 그 소속 부하에게 말하며 스승이 그 제자들에게 가르쳐 종일 부지런히 왔다 갔다 하는 일이 자신과 집안, 이익과 명성뿐이다. 많은 사람들이 모인 가운데 만약 국사를 말하는 사람이 있으면 손가락질하며 "미친놈이다." "어리석은 놈이다." 하니, 그 사람도 익숙해지고 이에 오래되면 역시 스스로 아연해 자신을 비웃고 망연자실해 부끄러움을 스스로 느끼고 입을 닫을 뿐이다. 이익을 말하는 것을 부끄러워하지 않고 경쟁에 분주한 것을 부끄러워하지 않으며 더럽게 되는 것을 수치스럽게 여기지 않고 우매하고 비루함을 부끄러워하지 않으면서 오직 국사를 말하는 것을 부끄럽게 여긴다. 이런 습관이 풍속이 되어 이를 예사로 보아 전혀 괴이하게 여기지 않으니, 4억 인의 나라로 하여금 한 사람도 없는 것처럼 만들었다. 오직 우리 성군자부(聖君慈父)께서만 탄식하고 애를 쓰시어 깊은 궁중에서 홀로 근심하고 분개하시니 그것은 어떤 마음이겠는가. 그것은 어떤 마음이겠는가.

이제 시험 삼아 한 사람을 잡고 "너의 성질이 노예의 성질이요, 너의 행위가 노예의 행위이다."라고 하면 성내지 않는 이가 없을 것이다. 그러나 오늘날 우리 국민의 이런 인심과 이런 습속, 이런 언론, 이런 거동이 노예성(奴隷性)과 노예행(奴隷行)이 아니라 말하지 못할 것이다. 서양인이 "지나인은 애국의 성질이 없다."고 하니 우리 4억 동포 백성은 이 말을 거듭 유념하며 이 말에 한번 설욕할지어다.

▲ 상등인은 법률을 사랑하고 중등인은 두려워하며 하등인은 싫어한다.

권농가(勸農歌)로 학업을 권면하다

회원 전병현(全秉鉉)

석양이 산에 있을 때 농가(農歌) 들으니 우리 학업도 힘써야겠다. 이때로다, 이때로다, 농사 때를 어겨서는 안 된다. 봄에 논 갈고 여름에 김매며 가을에 추수하고 겨울에 저장함은 변통할 시기가 없나니, 간혹 무심하여 봄갈이가 늦어지면 비옥한 토지라도 수확할 가망이 사라지고, 끝내 태만하여 가을걷이를 하지 않으면 향 좋고 맛난 쌀과 기장도 타작마당에 올리기 어렵도다. 아! 우리 농부여 제때에 작업해야 곡식을 쌓고 창고에 들이며 밥 먹고 배 두드릴 것이다. 우리 농부야, 농부야, 묻나니 지금이 어떤 때인가. 이웃이 우리에게 봄이 왔음을 알리는 그때를 맞았다. 깊고 깊은 초가집에 낮잠에서 별안간 깨어나 사방 이웃의 농사나 한번 보라. 앞산에 콩 심고 뒤 두렁에 기장을 파종한 지 벌써 언제인가. 우거진 그 이삭과 반들반들한 그 싹이 우쩍 일어났다. 비록 그러하나 시기가 지났다고 상심하지 말고, 이제라도 농학의 비료 사용법과 토양의 생리를 본회의 훈도에 따라 시험하여 일체 협력으로 부지런히 수고롭게 밭 갈고 김매어라. 천만 다행히도 천은(天恩)이 크게 내려 가을 서리가 늦게 내린다면 우리 곡식도 저들처럼 영글어 우리 한국 동포도 따뜻함과 배부름을 아울러 누릴 것이니, 행여 낙심하지 말지어다.

인민 자유의 한계

회원 옥동규(玉東奎)

어떤 이는 말하길 “사람은 천부의 권리가 각자 있어 출생 시부터 자유로운지라 인류가 아직 국가를 형성하지 아니하고 소위 자연의 상태로 서식할 때에 사람마다 절대적으로 이 자유를 향유하였다. 고로 개개인의 자유는 평등하다.” 운운하였다. 그러나 만약 이러하다면 국가의 질서를 유지하기 어려울 것이다. 어째서인가. 무릇 사람과 사람이 교통함에는 완력과 지력에서 우열의 차등이 있기 때문이다.

만약 이를 개개인의 자유와 천자(擅恣)에 방임한다면 필연 개개인은 평등한 분자로서 사회적 단결을 완전케 하지 못하고 빈자는 부자에 압도되며 약자는 강자에 먹히는 결과가 생길 것이다. 그러므로 보통사람

위에 하나의 최고 권력이 있어 개개인을 평등하게 복종하도록 명하여 질서를 유지함이 단체 생활의 필요조건이다. 그러므로 인민에게는 절대적으로 국권에 복종할 의무가 있다. 이는 압제의 사상일 듯하나 결코 그렇지 않으니, 이에 복종하는 목적 정신은 다른 데 있는 것이 아니라 대저 인민이 국권에 의하여 자기의 안녕과 행복을 보호하고자 함에 있다. 또 개인이 각자 완력으로 자기의 신체와 재산을 보호하기보다 국가의 권력에 의하여 보호함이 나은 까닭이다. 국가에 대해 논하자면, 무슨 까닭으로 권력을 행사하는가. 그것은 결국 국민을 보호하고자 함에서 벗어나지 않는다.

이로써 권력과 복종이 있고 난 연후에 국가적 단체가 비로소 성립되어 국민의 자유가 보장된다. 그렇다면 국민의 자유 한계는 어디까지 미치는가 할진대, 국권은 각 개인에게 자립・독립의 목적이 있는지를 인식하여 이들이 공공의 질서를 문란하게 하지 않으며 선량한 풍속을 위반하지 아니하는 한에서 인민 자유의 활동을 부여한다.

이렇게 국가가 인민을 보호하는 권력이 즉 법률의 힘이다. 그런즉 인민의 자유는 법률 범위 내에서 완전히 보유된다 할 것이다. 그러나 우리는 자유권을 법률이 사람에게 허여함을 알지 못하고 다만 자유권은 천부인권이라 각자 이를 지닌다 하니 그렇다면 누가 감히 제한하리오. 이를 주장하여 덕의(德義)를 등지고 사회에 손해를 끼치면 형법의 구속을 면하기 어려울 것이요, 타인의 물권(物權)을 악의로 취득하든지 타인의 채권(債權)을 불이행하면 민법의 제재를 면하지 못할 것이다. 또한 타국 영내에 토지권과 광산권을 소유하면 국제사법의 적용을 받을 것이다.

그런즉 우리가 자유권을 신장하고자 한다면 먼저 법률을 연구해야 한다. 국가가 인민을 보호하는 목적에서 나온 법률 범위 내에서 자유권에 따라 활동하면 타국의 압제도 가히 배척할 수 있고 개인 간에 침해도 받지 않을 것이다. 그러므로 자유의 한계는 법률 범위 내에 있다 하겠다.

청년들에게 삼가 고하다

회원 김익삼(金益三)

오호라! 우리 당(黨)의 청년들이여. 시국이 이 지경에 이르렀으니 어찌 한심하지 않으리오. 우리 한국이 적습(積習)과 부패(腐敗)를 계승함으로 말미암아 이와 같이 막판에 이르렀음에 국가의 운명이 날로 어렵고 위태로워지고 민심이 날로 분산되어 장차 모두 어수선한 상황에 빠져 허우적댐을 면치 못하고 있는데, 무릇 우리 동족이 동물적인 성질을 가지고 있음을 아직도 깨닫지 못하는가. 그러나 이른바 정치가라는 사람들은 오히려 사권(私權)을 탐하고 사리(私利)를 도모할 뿐이고, 유림에서 독서하는 선비의 경우도 다만 독선(獨善)을 칭하여 나라와 백성을 잊고 다만 구습에 빠져 시의(時宜)를 배척하여 2천만 동포 민족을 마치 없는 사람처럼 여기니, 비록 지금의 비참한 지경을 면하고자 해도 어찌 그럴 수가 있겠는가. 아! 다들 지혜로우나 나만 홀로 어리석고 다들 강한데 나만 홀로 약하고 다들 부지런하나 나만 홀로 나태하면 비록 이전과 같은 폐쇄된 시대라 해도 그 보존을 바라기 어려운데 하물며 지금의 우승열패하고 약육강식하는 시대에 있어서랴. 그러므로 우리가 이 같은 경우에 이르러 부패된 것을 변화시켜 새로운 것으로 만들고 죽은 것을 일으켜 산 것으로 회생시킬 방침을 강구하여 민지(民智)를 개발하고 인재를 양성해서 일심단체로 공익에 주의하며 충의에 열심히 하면, 어리석은 자를 밝게 깨칠 수 있고 약한 자를 강하게 할 수 있어 국권을 회복할 수 있을 것이고 인권을 신장시킬 수 있을 것이다. 만일 그렇게 하지 못한다면 우리 2천만 동포의 비참한 신세를 진실로 물을 것도 없을 것이다. 맹자가 말하기를 "지금 천하를 다스리고자 하는 자는 3년 앓은 병에 7년 묵은 쑥을 구하는 것과 같으니, 만일 7년 묵은 쑥을 비축해두지 않았다면 종신토록 천하를 다스리지 못할 것이다."[26]라 하였으니, 오직 우리 당의 청년자제들은 눈앞 생사의 길을 일찍이 스스로 확인하여 반드시 크게 책임지고 크게 분발하여 날로 새롭고 또 새로워져 남이 열 번을 하면 나는 천 번을 하는 노력으로 삼가 힘쓸 것을 십분 바라노니, 힘써 생각할지어다.

산학(筭學)을 논하다 (전호 속)

회원 이유정(李裕楨)

그렇다면 후세에 사용하는 허다한 숫자는 모두 손가락 발가락으로부터 수를 셈했다고 보는 편이 옳다. 남주(南洲) 사람은 1에서 5까지를 반드시 왼손부터 들어서 왼손의 다섯 손가락을 다 쓰고 나면 특별히 오른손 엄지를 들어서 6이라는 수를 표시한다.

이것은 실제로 교화되지 않은 사람이 수를 세는 일반적인 사례로 거의 각 지역마다 서로 동일한 것이다. 그러므로 5를 셀 때는 왼쪽 한 손만, 6을 셀 때는 오른손 엄지 하나만, 10을 셀 때는 두 손 혹은 반(半) 사람을, 11을 셀 때는 왼발 한 개의 발가락을, 15를 셀 때는 두 손과 왼발 하나, 16을 셀 때는 오른발 한 개의 발가락만 든다. 20을 셀 때는 두 손과 두 발 혹은 한 사람을, 21을 셀 때는 두 번째 사람의 손가락 하나를 더하고, 40을 셀 때는 두 사람으로 셀 수 있다. 여기서 세상 사람들의 교화가 본래 긴 진보를 통해 이루어졌으며 그렇지 않으면 야인(野人)과 군자의 구분이 없었을 것임을 알 수 있다. (미완)

---

26 지금 천하를……다스리지 못할 것이다 : 『맹자』 「이루상(離婁上)」 원문에는 "지금 왕노릇 하고자 하는 자는 7년 앓은 병에 3년 묵은 쑥을 구하는 것과 같으니, 만일 3년 묵은 쑥은 비축해두지 않았다면 종신토록 왕 노릇 할 수 없다."라 되어 있다. 병을 앓으면서도 약을 준비해 두지 않고 뒤늦게나마 사방에 약 구하러 다니느라 시간만 보내면 그냥 죽게 되는 것처럼, 무언가를 하고자 하는 자는 평소에 준비해 두지 않으면 성과를 거둘 수 없다는 뜻이다.

국어와 국문의 필요 [한]

회원 주시경

대저 글은 두 가지가 있으니, 하나는 형상을 표하는 글이요 하나는 말을 표하는 글이다. 대개로만 말하면 형상을 표하는 글은 옛적 덜 열린 시대에 쓰던 글이요, 말을 표하는 글은 근래 열린 시대에 쓰는 글이다. 그러나 형상을 표하는 글을 지금까지 쓰는 나라도 적지 아니하니 지나(支那) 한문 같은 글들이요, 그 외에는 다 말을 기록하는 글들인데 이탈리아, 프랑스, 독일, 영국 글과 일본 가나(假名)와 우리나라 정음(正音) 같은 글들이다. 대개 글이라 하는 것은 일을 기록하여 내 뜻을 남에게 통하도록 하고 남의 뜻을 내가 알고자 하는 것뿐이라 물건의 형상이나 형상 없는 뜻을 구별하여 표하는 글은 말 외에 따로 배우는 것이요, 말을 표하는 글은 이왕 아는 말의 음을 표하는 것이다.

이러하므로 형상을 표하는 글은 일 한 가지가 더하여 그 글을 배우는 것이 타국 말을 배우는 것과 같이 세월과 힘이 허비될 뿐 아니요, 천하 각종 물건의 무수한 이름과 각색 사건의 무수한 뜻을 다 각각 표로 구별하여 그림을 만들기에 글자가 많고 자획이 번다하여 배우고 익히기가 지극히 어렵다. 그러나 말을 표하는 글은 음의 십여 가지 분별만 표하여 돌려쓰므로 자획이 적어 배우기와 익히기가 지극히 쉬울 뿐 아니라 읽으면 곧 말인즉 그 뜻을 알기도 말 듣는 것과 같고 지어 쓰기도 말하는 것과 같으니 그 편리함이 형상을 표하는 글보다 몇 배가 쉬운 것은 말하지 않아도 알 수 있다.

또 이 지구상 육지가 천연으로 구획되어 그 구역 안에 사는 한 떨기 인종이 그 풍토에 품부(稟賦)된 토종 소리에 적당한 말을 지어 쓰고 또 그 말의 음에 적당한 글을 지어 쓰는 것이니, 이러하므로 한 나라에 특별한 말과 글이 있는 것은 곧 그 나라가 이 세상에 천연으로 한몫 자주국

되는 표식이요 그 말과 그 글을 쓰는 인민이 곧 그 나라에 속하여 한 단체가 되는 표식이다. 그러므로 남의 나라를 빼앗고자 하는 자가 그 말과 글을 없애고 제 말과 제 글을 가르치려 하며, 그 나라를 지키고자 하는 자가 제 말과 제 글을 유지하여 발달시키고자 하는 것은 고금 천하 사기(史記)에 많이 나타나는 바이다. 그런즉 내 나라 글이 다른 나라만 못하다 할지라도 내 나라 글을 숭상하고 잘 고쳐 좋은 글이 되게 해야 한다.

우리 반도에 태곳적부터 우리 반도 인종이 따로 있고 말이 따로 있으나 글은 없더니, 지나와 교통한 후로 한문을 일삼다가 우리 조선의 세종대왕께서 지극히 밝으시어 각국이 다 그 나랏글이 있어 그 말을 기록하여 쓰되 홀로 우리나라는 글이 완전치 못함을 개탄하시고 국문을 바로잡아 나라 안팎에 반포하셨으니 참 거룩하신 일이로다. 그러나 후생들이 그 뜻을 본받지 못하고 오히려 한문만 숭상하여 어릴 때부터 이삼십까지 아무 일도 아니하고 한문만 공부로 삼되 능히 글을 알아보고 능히 글로 그 뜻을 짓는 자는 백에 하나가 못 되었다. 이는 다름 아니라 한문은 형상을 표하는 글일뿐더러 본래 타국 글이므로 참으로 어려웠기 때문이다.

사람의 일평생에 두 번 오지 아니하는 때를 다 한문 한 가지 배우기에 허비하니 어찌 개탄치 아니하리오. 지금 유지(有志)하신 이들이 교육, 교육, 하니 이왕 한문을 배운 사람만 교육하고자 함이 아니겠고 또 20년 30년을 다 한문을 가르친 후에야 여러 가지 학문을 가르치고자 함도 아닐 것이다. 그러면 영어나 일어로 가르치고자 하는 것인가. 영어나 일어를 누가 알리오. 영어 일어는 한문보다 더 어려울 것이다. 지금 같은 세상을 당하여 특별히 영・일・불・독 등 여러 외국말을 배우는 이도 반드시 있어야 할 것이다. 그러나 전국 인민의 사상을 돌리며 지식을 다 넓혀주려면 불가불 국문으로 각색 학문을 저술하며 번역하여 남녀 막론하고 다 쉽게 알도록 가르쳐 주어야 될 것이다. 영·미·불·독 같은 나라들은 한문을 구경도 못하였으되 저렇듯 부강함을 보시오. 우리 동반(同伴)도 4천여 년 전부터 개국한 2천만의 사회에 날로 때로 통용하는 말을 입으로만 서로 전하던 것도 큰 흠절이거늘 국문 난 후 기백 년에 자전(字典) 한 책도 만들지 않고 한문만 숭상한 것이 어찌 부끄럽지 아니하리오. 지금 이후로 우리 국어와 국문을 업신여기지 말고 힘써 그 규범과 이치를 궁구하며 자전과 문법과 독본들을 잘 만들어 더 좋고 더 편리한 말과 글이 되게 할 뿐 아니라 우리 온 나라 사람이 다 국어와 국문을 우리나라 근본의 주된 글로 숭상하고 사랑하여 쓰기를 바라노라.

▲ 의뢰(依賴)는 자치(自治)의 대방해(大妨害)다.

아동고사

(국명의 유래)[27]

『동사보감(東史寶鑑)』에 "조선(朝鮮)의 음은 조산(潮汕)이니 물을 말미암아 이름을 지었다." 하고, 또 "선(鮮)은 '분명하다[明]'이니, 동쪽 가장 자리는 해가 나와 선명한 까닭으로 조선(朝鮮)이라 이름을 지었다." 하고, 『산해경(山海經)』에 "조선은 열양(列陽)에 있다." 하고, 양웅(揚雄)의 『방언(方言)』에 "조선과 열수(洌水)의 사이라" 하고, 장화(張華)는 "조선에 천수(泉水), 열수(洌水), 산수(汕水)의 세 줄기 물이 있어 합하여 열수가 되니, 낙랑조선(樂浪朝鮮)이 여기에서 이름을 가져왔다."고 하였다.

27 이 기사의 원문에는 제목이 없다. 아래 기사들과의 구분 및 목차의 일관성, 본문의 내용을 고려하여 제목을 붙였다.

기자(箕子)의 41대손 무강왕(武康王) 기준(箕準)이 위만(衛滿)을 피하여 남쪽으로 가서 금마군(金馬郡)에 이르러 나라를 세우고 국호를 마한(馬韓)이라 하니, 한(韓)이라는 국명이 여기서 시작하였다. 『방언』에 "'한'이라는 것은 크다는 뜻이니 그 음을 가져다가 한(韓)이라 이름하였다."라고 하였다.

기자(箕子)의 금조(琴操)

하늘이여! 하늘이여! 돌을 지고 강물에 뛰어들고 싶구나. 아아, 사직을 어찌하랴!

원나라 말에 중서 검교(中書檢校) 곽영석(郭永錫)이 와서 보빙(報聘)하고 돌아가다 평양에 이르러 기자묘(箕子墓)[28]에 시를 다음과 같이 지었다.

어찌하여 머리 풀고 미친 척을 하였소	何事佯狂被髮爲
혼자서 은(殷) 왕업을 떠받들려 한 것이오?	欲將殷祚獨扶持
떠남은 그저 내 몸 정결 오래 지키려 함이니	去之只爲身長潔
간언하다 죽으면 나라 위기 누가 근심할까	諫死誰嗟國已危
노(魯)나라 땅 한 언덕에 송백(松柏) 남아 있으니	魯土一丘松栢在
만고의 충혼(忠魂)을 귀신이라도 알아주리	忠魂萬古鬼神知
해질무렵 조선의 길에 말을 세운 것은	晩來立馬朝鮮道
마치 「맥수가(麥秀歌)」가 들리는 것 같아서라	髣髴猶聞麥穗詩

28 기자묘(箕子墓) : 『고려사』 「세가」 권41 '공민왕 15년'에는 '箕子廟'로 되어 있다. 『서우』 원문 표기를 따랐다.

기자묘(箕子廟)

기자묘는 고려 숙종(肅宗) 10년에 임금이 수레를 타고 서경(西京)에 거둥하실 때 정당문학(政堂文學) 정문(鄭文)의 건의로 사당을 세워 중사(中祀)로 제사한 것이다. 그러다가 본조 세종대왕 12년 경술년에 비석을 세우고 유신(儒臣) 변계량(卞季良)에게 비문을 찬술토록 명하시니, 그 비문은 다음과 같다.

> 무신년 여름 4월 갑자일에 국왕 전하께서 다음과 같이 전교하셨습니다. "왕은 이르노라. 옛날 주(周) 무왕(武王)이 은(殷)나라를 정복하고서 은 태사(太師)를 우리나라에 봉하였으니, 신하 노릇 하지 않으려는 그의 뜻을 이루어 준 것이었다. 우리나라의 문물과 예악이 중국과 비슷한지가 지금까지 2천여 년에 이르게 되었으니, 오직 기자의 교화에 힘입은 것이로다. 그런데 그 사당이 좁고 누추하여 우러르는 예법에 맞지 아니하므로 나의 부왕께서 일찍이 중수(重修)할 것을 명하셨고, 내가 그 뜻을 받들어 중수를 독려하여 이제야 낙성(落成)하게 되었도다. 마땅히 비석에 새겨서 영원히 보여야 하겠으니, 사신(史臣)은 비문을 지으라." 신 계량은 명을 받고는 공경스럽고 두려워 함부로 사양하지 못하였습니다.
>
> 신은 적이 생각하건대, 공자(孔子)는 문왕(文王)과 기자(箕子)를 역상(易象)[29]에서 나란히 거론하였고 또 삼인(三仁)[30]이라고 칭찬하였으니, 기자의 덕(德)은 함부로 찬양할 수가 없습니다. 옛날에 우(禹)임금이 물과 땅을 다스리자 하늘이 홍범구주(洪範九疇)를 내려

---

29 역상(易象) : 여기서는 『주역(周易)』 「명이괘(明夷卦)」의 상사(象辭)를 이른다.

30 삼인(三仁) : 은나라의 어진 사람 세 명, 즉 미자(微子)와 기자(箕子)와 비간(比干)을 이른다. 『논어(論語)』 「미자(微子)」에 보인다.

주어 이륜(彝倫)이 시행되었습니다. 그러나 그 설(說)은 일찍이 「우서(虞書)」나 「하서(夏書)」에 한 번도 보이지 않다가 1천여 년이 지나 기자에 이르러서야 비로소 드러났으니, 그때 만일 기자가 무왕을 위하여 이것을 자세히 진술하지 않았다면 낙서(洛書)에 나오는 하늘의 뜻과 인사(人事)와의 관계에 대한 학문을 뒷세상 사람들이 무엇을 통해 알 수 있었겠습니까. 기자가 유학(儒學)에 공이 있는 것이 어찌 우연이겠습니까. 기자는 무왕의 스승입니다. 무왕이 그를 다른 곳에 봉하지 아니하고 우리 조선에 봉하였기에 조선 사람들은 아침저녁으로 그의 가르침을 친히 받아, 군자는 대도(大道)의 요체를 들을 수 있었고 소인들은 지극한 정치의 은택을 입을 수 있었습니다. 그 교화가 길에서는 떨어진 물건을 줍지 않는 지경에 이르니 이것이 어찌 하늘이 우리 동방을 후하게 대하여 어질고 현명한 이를 보내어 이 백성에게 은혜를 베풀도록 함이 아니겠습니까. 사람의 힘으로 능히 할 수 있는 바가 아닌 것입니다. 정전(井田)의 제도와 8조의 법이 해와 별처럼 밝아서, 우리나라 사람들은 대대로 그 가르침에 복종하게 되어 1천 년 뒤에도 마치 그 당시에 사는 것과 같습니다. 낯빛을 엄숙히 바꾸어 우러르니 그칠 수 없는 감동이 저절로 생깁니다. 공손히 생각하옵건대, 우리 공정대왕(恭定大王)[31]께서는 총명하고 옛일을 상고하여 경서(經書)와 사서(史書)를 즐겨 보았으며 우리 전하께서는 하늘이 내리신 지혜롭고 어진 자질로써 성인(聖人)의 학문에 밝으시니, 홍범구주의 도(道)에 대해 정신으로 이해하고 마음으로 융합하는 데가 있으십니다. 그러므로 앞에서 시작하시고 뒤에서 계승하시어 기자의 덕을 높이고 공(功)에 보답하는 의식을 성취한 것은 지성(至誠)에서 나왔으니,

31 공정대왕(恭定大王) : 조선 태종(太宗)의 시호가 공정(恭定)이다.

실로 전대의 군왕(君王)들도 비견될 수 없습니다. 경대부(卿大夫)와 선비들과 백성들이 서로 이끌고 일어나 이것을 본받고 이것을 실행한다면 천자(天子)의 밝은 빛이 가까워져서 펴서 내리는 복에 참여할 수 있을 것임은 의심할 나위 없습니다. 아아! 성대합니다. 무릇 몇 간의 집을 짓고 전지(田地)를 두어 제수(祭需)를 마련하게 하고, 복호(復戶)하여 전심으로 청소를 하도록 하고, 부윤(府尹)에게 명하여 삼가 향사를 받들게 하였으니, 묘궁(廟宮)의 일은 대체로 유감이 없습니다. 신 계량은 감격을 이기지 못하여 삼가 절하고 머리를 조아리며 명문(銘文)을 올립니다. 명문은 다음과 같습니다.

"아아, 기자여! 문왕의 무리로다. 참되구나, 홍범구주여! 상제의 가르침을 펼쳤도다. 오직 은나라의 태사(太師)일 뿐 아니라, 주 무왕의 빈사(賓師)였다. 은나라는 그를 버려 멸망하였고, 주나라는 그에게 물어 창성하였지. 크도다! 천하는. 한 몸에 그 안위가 달려 있었네. 거두어 동방으로 오시니 하늘이 우리 스승으로 삼으셨다. 가르치고 다스리되 여덟 조목을 헌장으로 삼으니, 우매한 자 뉘 아니 밝아지며, 유약한 자 뉘 아니 강해지랴. 길에서는 떨어진 물건을 줍지 않는다고 『한서(漢書)』는 칭찬하였고, 동이(東夷)를 중화(中華)로 만들었다고 당(唐)나라는 비문에 썼다네. 부지런히 힘쓰시는 우리 임금이 끊어졌던 학문을 빛나게 이으시니, 마음은 그 이치에 계합(契合)하고 몸으로는 그 법을 실천하셨지. 앞에서 시작하시고 뒤에서 계승하시니, 사당이 날아갈 듯 장엄하구나. 신위(神位)를 높이 두고 어진(御眞)을 봉안하여 세시(歲時)에 향사(享祀) 올려 지극한 공경과 정성을 바치네. 아아! 소신(小臣)은 남기신 법에 잠심(潛心)했는데 이제 왕명을 받들어 머리 조아려 명문을 쓰노니, 성덕의 광채가 억만년 가득하리라."

을지문덕전(乙支文德傳)

을지문덕은 평양군(平壤郡) 석다산(石多山) 사람이니, 침착하고 굳세며 지략을 가진 고구려 영양왕(嬰陽王) 조정의 대신이었다. 지나 수(隋) 양제(煬帝) 대업(大業) 8년에 고구려를 정벌할 때 24군을 좌도(左道)·우도(右道)로 나누어 내보내니 모두 113만 3천 8백 인인데 부르기를 2백만이라 하였고, 군량 수송하는 이는 그 곱절이었다. 좌익위대장군(左翊衛大將軍) 우문술(宇文述)은 부여도(扶餘道)로 나오고 우익위대장군(右翊衛大將軍) 우중문(于仲文)은 낙랑도(樂浪道)로 나와 구군(九軍)과 더불어 압록강에서 모이기를 기약하였고, 또 대장군(大將軍) 내호아(來護兒)는 강회(江淮)의 수군(水軍)을 거느리고 바다를 건너서 패강(浿江)으로 먼저 들어가 수륙으로 나란히 진격하였다. 이때 공부상서(工部尙書) 우문개(宇文愷)와 소부감(少府監) 하조(何稠) 등이 요수(遼水)에 부교(浮橋)를 세우고 진격하여 요동성(遼東城)을 포위하니 요동이 농성하며 굳게 지켰다. 영양왕이 을지문덕을 보내어 수나라 진영에 찾아가 거짓 항복을 하게 한 것은 그 허실을 보려고 한 것이었다. 이때 우중문이 "만약 찾아온 자가 고구려왕과 을지문덕이면 반드시 포로로 삼으라."는 수 황제의 밀명을 받든 까닭에 우중문이 사로잡고자 하니 위무사(慰撫使)인 상서우승(尙書右丞) 유사룡(劉士龍)이 굳이 말려서 마침내 을지문덕을 돌려보냈다. 우중문이 이윽고 후회하여 사람을 보내 을지문덕을 속이기를 "또 말할 것이 있으니 다시 오시오."라고 하였으나, 을지문덕이 돌아보지 않고 돌아와 압록강을 건너니, 수나라 장수가 마침내 을지문덕을 쫓아왔다.

을지문덕이 수나라 군사가 굶주린 기색이 있는 것을 보고 유인하여 피로하게 만들려고 전투할 때마다 번번이 달아났다. 수나라 장수가 하루 안에 일곱 전투를 모두 승전한지라 그 잦은 승전을 믿고 동쪽으로 와서 살수(薩水)를 건너 평양에서 30리 떨어진 곳에 산을 의지하여 군영을 차렸다. 그러자 을지문덕이 우중문에게 시를 보내기를 "신령한 계책은 천문을 궁구하고, 기묘한 헤아림은 지리를 다 알았다. 전쟁에 승리하여 공적이 드높으니, 만족할 줄 알고 그치기 바라노라."라고 하니, 이것이 우리 동방 오언시의 시초이다.

을지문덕이 다시 사자를 보내 거짓 항복하며 "만약 군대를 돌리시면 우리 임금을 받들어 황제의 행재소(行在所)에서 조회하겠소."라 하니, 수나라 장수가 사졸이 피폐하여 다시 싸울 수 없는 지경임을 보고 또 평양성이 견고하여 시급히 함락시키기 어려울 것이라 여기고는 마침내 군대를 되돌렸다. 그때 방진(方陣)으로 행군하거늘, 을지문덕이 군사를 내보내어 습격하였다. 살수에 이르러 수나라 군병이 반쯤 건널 때 고구려군이 후미를 공격하여 장군 신세웅(辛世雄)이 전사하니 여러 군대가 전멸하였다. 군사를 거느리고 하루 밤낮으로 달아나서 압록강에 이르니 450리나 행군한 것이었다. 내호아도 고구려군의 유인으로 인해 대패하니 겨우 제 몸만 죽음을 면하였다.

처음에 수나라 군대로 요수를 건넌 자가 전부 1백만 5천이더니 살아서 요동으로 돌아간 자가 겨우 2천 7백 인이었고, 손실된 군자금, 군량, 기계 등이 수만으로 집계되었다. 그 후로 나라 사람이 평양에 사당을 건립하여 을지문덕을 제사 지내었으니 사당을 충무사(忠武祠)라 하였고, 지금 평양의 돈씨(頓氏)가 그 후손이다. 석다산 아래에 세연지(洗硯池)가 있으니, 바로 공이 수학하던 곳이라 한다.

요동의 들을 새벽에 지나며 漢

연암(燕岩)

요동의 들판 언제 끝나나	遼野何時盡
열흘이 지나도 산 하나 보이지 않네	一旬不見山
새벽 별 말 위로 날아가더니	曉星飛馬首
아침 해 밭 사이로 나오는구나	朝日出田間

원매(袁枚)를 그리워하며[32] 漢

육국의 왕 쓰러지자 철퇴 하나 날아드니	六王纔畢一椎來
산도깨비 소리 없고 백옥만 구슬프네[33]	山鬼無聲白璧哀
미자(尾蔗)의 한담으로 제일이라 추앙하기를[34]	蔗尾閒談推第一
원매(袁枚) 같은 이 중국에 거의 없다지	幾人中土似袁枚

32 원매(袁枚)를 그리워하며 : 『연암집』 제4권 「영대정잡영(映帶亭雜咏)」에 〈요동의 들을 새벽에 지나며〉라는 제목의 시 4수가 실려 있는데, 김택영의 『중편연암집』에 이 시만을 〈회증원수원(懷贈袁隨園)〉이란 제목을 붙여 수록해 놓았다.

33 육국의……구슬프네 : 원매(袁枚)가 진시황(秦始皇) 때의 역사를 노래한 회고시(懷古詩) 박랑성(博浪城)의 일부를 인용한 것이다. 육국의 왕은 전국 시대 제(齊), 초(楚), 연(燕), 한(韓), 위(魏), 조(趙)의 왕을 가리킨다. "철퇴 하나 날아드니"는 장량(張良)이 박랑사(博浪沙)에서 진시황을 철퇴로 저격하려다 실패한 사건을 말한다. "산도깨비 소리 없고 백옥만 구슬프네."라고 한 것은 진시황 36년에 어떤 신령스런 사람이 진시황의 사자(使者) 앞에 나타나 벽(璧)을 주면서 진시황의 죽음을 암시하는 예언을 하고 사라진 사건을 말한다.

34 미자(尾蔗)의……추앙하기를 : 미자(尾蔗)는 사탕수수〔甘蔗〕를 맛이 쓴 뿌리부터 먹는다는 뜻으로 점입가경(漸入佳境)을 말한다. 청나라 시인 이조원(李調元)은 원매를 당세 제일의 재사(才士)라고 칭송하면서 자신의 『미자헌한담(尾蔗軒閒談)』에서 그에 관한 일을 기록했노라고 하였다.

밤이 되니 [漢]

류양거사(瀏陽居士)[35]

쓴 달 서리 숲 희미한데	苦月霜林微有陰
등잔 식어 눈 내리려니 심야에 종소리 깊네	燈寒欲雪夜鍾深
이때 관영탑(管寗榻)[36]에 바로 앉아	此時危坐管寗榻
무릎 감싸 양보음(梁父吟)[37] 부르네	抱膝乃爲梁父吟
말술로 천하의 대사 종횡하니	斗酒縱橫天下事
명산의 풍우가 인생의 마음이라	名山風雨百年心
독서 끝나도 잠 이루지 못하고	攤書兀兀了無睡
일어나 오경의 깊은 고각(孤角) 소리 듣네	起聽五更孤角沉

문원 [漢]

지나인 임공(支那人任公)[38]

심대하도다! 대장부가 자립을 귀하게 여기는 것이. 고금의 많은 일들을 두루 살펴보건대 영웅호걸은 때를 타고 일어난다. 일찍이 어떤 사람이 있어 어떤 한 가지 일을 하는 데 국한된다면, 어떤 일은 반드시 어떤

---

35 류양거사(瀏陽居士) : 중국 근대 저명 정치가이자 사상가인 담사동(譚嗣同, 1865-1898)이다.

36 관영탑(管寗榻) : 진(晉)나라 황보밀(皇甫謐)의 『고사전(高士傳)』 관영조(管寗條)에 의하면 관영(管寗)이 55년 동안 나무로 만든 탑상에 앉아 있었는데 단정한 자세를 한 번도 잃은 적이 없었으므로 무릎 닿는 곳에 모두 구멍이 뚫렸다고 한다.

37 양보음(梁父吟) : 중국 고대 산동 일대에서 유행하던 민요이다.

38 지나인 임공(支那人任公) : 량치차오(梁啓超)이다.

사람을 기다릴 수도 있을 것이다. 대저 일을 맡는 데 뜻을 둔 자가 있다면, 천하의 일이 모두 장차 그의 손에서 이루어질 것이다. 정말인가? 영웅호걸은 본래 씨가 없다. 서양인이 항상 말하기를 "나라에 자립의 권리가 있는 것은 백성들에게 자립의 권리가 있는 것에서 비롯되고, 백성들에게 자립의 권리가 있는 것은 그들에게 자립의 의지와 자립의 행동이 있는 것에서 비롯된다."라고 한다. 아! 중국은 자립의 권리를 잃은 지 오래되었다. 시국을 근심하는 선비들은 주먹을 불끈 쥐고 머리털을 곤두세우며, 집정자가 그 나라 백성을 비난하는 것에 대해 탄식하고 원통해 한다. 무릇 집정자의 죄는 진실로 용서해서는 안 된다. 그렇다 해도 어찌 그들의 명을 듣지 않을 수 있으랴! 국가는 백성이 모인 것이다. 사람마다 자립을 생각하지 않는데 국가가 자립할 수 있었던 적은 없었고, 또한 사람마다 자립을 생각하는데 국가가 자립할 수 없었던 적도 없었다.

공자가 말하기를 "자기가 서고 싶으면 남도 세워라."[39]라 했다. 그러므로 우리들은 또한 마땅히 자신을 꾸짖어야 할 따름이다. 자기가 진실로 천하의 일을 세울 수 있다면, 그러한 나를 기다리는 자가 많을 것이다. 예전에 어떤 군주가 제창하자 동배(同輩)들이 함께 제창했으니, 이러한 생각들을 모아 경세치용(經世致用)의 학문을 강구하여 애국의 기반으로 삼아야 할 것이다. 지금 여기 아무개 군이 그 뜻을 이어 서술하고 광대함을 더하여 나에게 그 이름을 고치고 또 이어서 서문을 써주기를 청했다. 내가 적이 생각해보건대, 오직 우리 국민들의 폐습은 남은 매우 사치하다고 생각하고 자기는 매우 빈한하다고 생각하며, 남을 꾸짖을 때는 매우 엄하게 하고 자신을 꾸짖을 때는 매우 관대하게 하며, 남에게 도움을 청하려는 마음은 많은데 탁월함으로 꿋꿋이 견디려는 마음은

39 자기가……세워라 : 『논어』 「옹야(雍也)」에 보인다.

적다는 것이다. 이것은 중국이 약하게 된 가장 큰 원인이다. 『예기』에 "굳세게 서서 되돌아가지 않으면 이것을 대성(大成)이라 한다."고 했고, 『주역』에 "군자는 홀로 서도 두려워하지 않는다."라고 하였다. 이에 고의(古義)를 살펴 정령(定令)으로 삼아 우리 동포 가운데 대장부가 되고자 하는 사람에게 알리노라.

시보

11월 17일

○ 옥보(玉寶) 발견 : 별검(別檢) 이희주(李熙周) 등이 내명(內命)을 받들고 창덕궁 영화당(暎花堂) 연지(蓮池)에서 연근을 캐다가 옥보 2과(顆)를 발견하매 주전원경(主殿院卿)이 즉시 이 일을 궁내대신 서리(署理)에게 보고하니 동(同) 대신이 이를 황상 폐하께 봉헌하였다. 그 다음날에 아래와 같은 조칙을 내리셨다.

> 효정왕후(孝定王后) 가상존호(加上尊號)의 옥보 2과를 종묘의 해당 감실 책보장(冊寶欌)에 봉안해야 할 것이다. 궁내부와 장례원(掌禮院)에서 택일하여 거행하라.

○ 군상(軍相) 체임(遞任) : 군부대신 이근택(李根澤) 씨는 중추원 의장으로 전임되고 농상공부대신 권중현(權重顯) 씨가 임시 서리로 군부대신 사무의 명을 받았다.

동 18일

○ 광신상업학교(廣信商業學校) : 경성 남문 안 객주(客主) 도가(都家) 광신사(廣信社)에서 총회의 결의로 상업전문학교를 설립하고 실업가 자제를 교육하려 하는데, 매달 경비는 사원 30여 인이 각기 영업 수

수료에서 얼마씩 달마다 납부하기로 하였다 한다.

동 19일

○ 통감의 하직 인사 : 이토 통감이 귀국할 차로 오후 4시 준명전(濬明殿)에서 하직 인사를 드렸다.

○ 참정(參政)이 베푼 전별연 : 참정대신 박제순(朴齊純) 씨가 오후 7시 정동(貞洞) 손탁호텔〔孫澤孃邸〕에서 전별연(餞別宴)을 열고 이토 통감 이하 고급 관료를 초대하였다.

○ 경계위원 연일 회의 : 다롄(大連) 발 전보에 이르길, 일・러 경계 협정위원은 17・18 양일에도 연이어 회의하였으나 러시아의 제안은 우선은 토의하지 못했고 종료 기한은 미정이나 하기와라(萩原) 총영사는 20일경에 돌아갈 것이라 하였다.

동 20일

○ 전별 선물 하사 : 이토 통감이 귀국하기로 황상 폐하께옵서 오늘 아침 통감 관저로 특사를 파견하시어 은혜로운 전별 선물로 달피(獺皮) 20매와 순금 담뱃갑 1개와 비단누비〔衲紬〕 4필을 통감에게 하사하셨다.

동 21일

○ 통감 출발 : 이토 통감이 오늘 아침 7시 40분 남대문 밖 특별열차로 출발 귀국하니 우리 정부 각 대관과 우리나라 주재 각국 총영사 및 일본 고급 관료와 각 신문기자 등 도합 5백여 명이 남대문정거장까지 전송하였다. 폐하께서는 예식과장(禮式課長) 고희경(高羲敬)을 특별히 파견하시어 전송하시는 성의(聖意)를 보이시고 예식관(禮式官) 엄달환(嚴達煥)은 마산까지 동승케 하시었다.

○ 조서에 이르시길 "영친왕(英親王)에게 강학(講學)하는 절차에 대하여 아직 규례를 정하지 못한 것은 사실 겨를이 없어서이다. 강독관(講讀官)은 친왕부(親王府)의 관리로 하고 제반 절차는 전례(前例)를 참고해서 거행하고 이것을 기록하여 정식(定式)으로 삼으라." 하셨다.

○ 보통학교 신설지 : 학부(學部)에서 내년도에 보통학교 27개소를 신설하기로 결의하고 돌아오는 4월부터 개설할 예정이다. 지금 그 신설지를 들건대 다음과 같다. 경기도에 개성, 인천, 여주, 충청북도에 청주, 충청남도에 강경, 홍주, 경상북도에 경주, 상주, 성주, 경상남도에 부산, 마산, 울산, 전라북도에 남원, 군산, 전라남도에 목포, 나주, 강원도에 철원, 황해도에 황주, 평안남도에 안주, 진남포, 평안북도에 정주, 선천, 의주, 함경남도에 원산, 북청, 함경북도에 길주, 회령.

○ 경계 회의 종료 : 펑텐(奉天) 발 전보에 이르길, 전날부터 열리고 있던 쿠안청쯔(寬城子) 경계 회의는 본일로 종료하기로 예정하였다 한다.

동 22일

○ 헌병 교관 초빙 : 군부(軍部)에서 헌병대 교관을 초빙할 필요가 있어 지난번부터 일본 육군성에 교섭하여, 일본 헌병 대위 오오하라 료(大原亮) 외에 특무조장(特務曹長) 1명과 군조(軍曹) 2명과 오장(伍長) 1명이 그저께 도착하여 본일 군부에 출두하였다.

○ 한성 호구(戶口) : 내부(內部)에서 광무 10년도 한성 오서(五署) 내의 호구 총수를 통계한즉 호(戶)가 4만 3,412호요 구(口)가 19만 6,414인데 이중 남자가 10만 4,250이요 여자가 9만 2,164였다.

○ 모로코의 풍운(風雲) : 로이터 통신에 이르길, 모로코의 형세는 위기가 임박하였는데 스페인 수병(水兵) 5백 명이 상륙을 준비하고 영·불 연합의 시위운동이 곧 있을 것이라 한다.

○ 신관제와 위안 총독(袁摠督) : 베이징 발 전보에 이르길, 위안 총독은 개정 관제에 미비된 건을 열거하여 재개정의 필요를 주청(奏請)하였다 한다.

동 23일

○ 경리원경(經理院卿) 신임 : 중추원 의장 이근택(李根澤) 씨는 임시 서리 경리원경 사무에서 해임되고 제실회계심사국(帝室會計審查局) 국

장 고영희(高永喜) 씨가 임명되었다.

○ 특사 임명 : 내부대신 이지용(李址鎔) 씨는 일본국 특사로 명을 받아, 오는 28일-음력 10월 30일-에 부인을 대동하고 출발할 예정인데 수행원은 한성 판윤(判尹) 박의병(朴義秉) 씨-부인 대동-, 내부 회계국장 김관현(金寬鉉) 씨, 시종원 부경(侍從院副卿) 송태관(宋台觀) 씨, 경무고문부(警務顧問部) 통역관 와타나베 다카지로(渡邊鷹治郎) 씨의 부인, 내부대신 영부인의 어학교사 요코야마(橫山) 여사 등이다.

동 24일

○ 칙지(勅旨) 및 첩지(牒紙) 개량 : 광무 11년 1월 1일부터 문무관의 칙명 및 첩지를 개량하였다. 친임관(親任官)은 '금척(金尺)'이라는 은문(隱紋)과 '비서감(秘書監)'이라는 은자(隱字)가 있고 칙임관(勅任官)은 '이화(李花)'라는 은문과 '의정부(議政府)'라는 은자가 있고 주임관(奏任官)은 '태극(太極)'이라는 은문과 '의정부(議政府)'라는 은자가 있고 판임관(判任官)은 '근화(槿花)'라는 은문과 '각부부(各府部)'라는 은자가 있다.

○ 통감 서리 사령(辭令) : 임시 통감 서리의 사령이 일전에 통감부에 도착하였는데 본일 하세가와(長谷川) 대장에게 송부되었다.

○ 재정고문의 폐하 알현 : 재정고문 메가타 다네타로(目賀田種太郎) 씨가 탁지부대신 민영기(閔泳綺) 씨와 동반으로 폐하를 알현하고 오사카(大阪) 조폐국에서 새로 찍은 금화본위(金貨本位) 및 보조화폐를 폐하가 보실 수 있게 하고자 하나하나 바쳤는데

> 폐하께는 금화 20환·10환 각 10매, 은화 반환(半圜)·20전·10전 각 3매, 백동화 5전 3매, 청동화 1전·5리(厘) 각 3매
> 황태자 전하, 영친왕 전하, 황귀비(皇貴妃) 전하께는 각 화(貨) 각 3매.

○ 모로코의 위기 : 로이터 통신에 이르길, 스페인은 모로코에 출병하기

위하여 수병을 동원하는 중이라 하였다.

○ 경계 협상 종료 : 일·러 철도 경계 협상은 23일에 종료하고 25·6일 경에 조인(調印)할 터인데 그 내용의 대략은 아래와 같다.

- 러시아는 쿠안청쯔(寬城子) 정거장 및 기지(基址) 2만 평과 건축물 3백 좌(座)를 일본에 넘길 것.
- 러시아는 쑤자툰(蘇家屯) 탄갱과 그 소속 경편철도(輕便鐵道)를 일본에 넘길 것.
- 일·러 경계점은 쿠안청쯔 정거장 북방 2리-러시아의 리[露里]-로 정할 것.
- 길장철도(吉長鐵道)의 종점은 정하지 않을 것.
- 연락 지점 및 기타는 추후 협의할 것.
- 연락 공사는 내년 4월에 개시할 것.

동 25일

○ 삼간택(三揀擇) 일자 : 황태자비 삼간택(三揀擇) 일자는 음력 11월 16일로 정하였다.

동 26일

○ 친서 답장 수정 : 이번 봄 이토 통감이 귀임할 때에 일본 황제의 친서를 가져왔다는 것은 일찌감치 흘러나온 바이거니와, 황상 폐하께서 친서 답장을 보내시고자 하시매 본일 그 수정을 마쳤고 특사 이지용 일행은 준명전에 이르러 하직을 위해 폐하를 알현하였다.

○ 양(兩) 대신 임명 : 농상공부대신 권중현 씨는 군부대신으로 임명되고 경기도 관찰사 성기운(成岐運) 씨는 농상공부대신으로 임명되었다.

○ 경계 협상 미타결 : 도쿄 전보에 이르길, 쿠안청쯔 정거장 문제는 24일 일·러 위원의 최후 회견에서도 조정되지 않아 27일 의사록(議事錄)에 조인한 후 즉시 상트페테르부르크 외교 담판에 이송한다 하였다.

동 27일

○ 황실의 선물 : 폐하께서 흡연기구 1좌를 특사 이지용으로 하여금 일본 황제께 보내드리게 하시었다.

동 28일

○ 특사가 동쪽으로 향하다 : 특사 이지용 씨의 일행 8명은 오늘 아침 남대문 발 1번 열차로 출발하였는데, 여비가 8,500여 환이요, 하세가와 통감 대리는 일본 내각 수상 및 궁상(宮相)에게 특사 파견에 대해 전보로 통고하였다 한다.

○ 형법 신정(新定) : 지난번부터 법부에서 현행 형법대전이 미비한 결점이 많다 하여 신형법을 제정하더니, 기초안이 완성되어 각부 부(部)·원(院)·청(廳)에 한 건씩 교부하였다.

동 29일

○ 형법 개정안 : 형법 개정의 기초는 이미 탈고되었는데, 총칙과 죄율(罪律) 2편으로 나누어 전편 15장이 편성되었고 대체적으로 유래(由來)의 형법대전과 일본 형법이 절충되었다.

○ 내상(內相) 서리 : 임시 서리 내부대신 사무는 탁지부대신 민영기 씨가 명을 받았다.

동 30일

○ 은행 조례 세칙 개정 : 본일 관보에 탁지부령 제25호로 동부령(同部令) 제5호 은행 조례 세칙 중 일부분을 개정 발표하였다.

○ 관세관(管稅官) 여비 지급 규정 : 본일 관보에 탁지부령 제26호로 관세관의 여비 지급 규정을 제정·발포하였다.

○ 경부·경인선 수입 : 통감부 철도관리국 최근 조사를 따르면, 경부·경인 2선의 수입이 객차는 1개월간에 4천 5백 원이요 화물차는 1개월간에 2천 5백 원이니 합계 7천 원이다. 최소일 때라도 4천 원을 밑돌지 않으니 평균 계산하면 5천 원 내외이다.

○ 위안스카이(袁世凱) 실권 : 베이징 전보에 이르길, 위안스카이는 현직에서 물러나고 외국에 대한 사건은 모두 경친왕(慶親王)의 손으로 처리되고 위안 씨는 고립되었다 한다.

12월 1일

○ 광산국(鑛山局) 관리 겸임 : 농상공부 소관 광산국 총재는 군부대신 권중현 씨가 맡으라 하시는 조칙을 그저께 내리시었다 한다.

동 2일

○ 가례(嘉禮) 일자 확정 : 황태자비 책립(冊立) 가례 일자는 내년 1월 24일-음력-로 확정하였다.

○ 모로코 문제 회장(回章) : 로이터 통신에 이르길, 프랑스 외무경(外務卿)은 모로코 문제를 간섭하고자 하여 열국에 동일한 내용의 회장(回章)을 보내었다 한다.

동 3일

○ 광명학교(光明學校)의 추도 : 3일 전은 고 충정공 민영환 씨 순절 기념일이었다. 광명학교 총무장 이종태(李鍾泰) 씨와 교사 이시선(李時善) 씨와 사무원 주홍표(朱興杓) 씨가 본교 학생들을 인솔하고 민충정공 영연(靈筵)에 나아가 추도하는 뜻을 표하였다.

동 4일

○ 유생 시험 : 각 도 유생의 경의문대(經義問對)를 고시(考試)한 후에는 의례 성균관 학생 시험을 거행하는데, 학부대신의 시찰 행사로 인하여 지금까지 정지되어 있다가 일간 시험한다고 한다.

동 5일

○ 파견관리〔欽差〕 교체 : 베이징 전보에 이르길, 리징마이(李經邁) 씨는 주영공사(駐英公使)로, 리성둬(李盛鐸) 씨는 주미공사로, 리자쥐(李家駒) 씨는 주일공사로 임명되었다 한다.

동 6일

○ 평남철도 운동 : 평양에서 온 전보에 이르길, 평남철도 부설 운동에 대하여 진남포와 협동하는 것에 대해 평양 민장(民長)이 진남포 민장에게 의견을 알아보았다 한다.

○ 대통령 교서 상세 보도 : 샌프란시스코 발 전보에 이르길, 미국 대통령의 교서는 샌프란시스코 일본인 배척 문제를 평론하되 "적당한 조치를 취하는 외국인을 학대하거나 차별함은 문명의 낮은 정도를 증거하는 것이다. 일본인을 대하는 적의는 미국인의 신용을 훼손함이 매우 크니 그 결과는 심히 중대할 것이다. 일본인이 샌프란시스코 진재(震災) 때에 10만 불의 의연금을 피해자에게 전한 것을 잊지 말라. 일본인을 학교에서 배척함은 악한 일이요 사리에 어긋나니, 만약 아시아에서 상업상 대발전을 희망하는 이상에는 타 국민과 마찬가지로 대우함이 마땅하다." 하였다고 한다.

○ 이특사 소식 : 도쿄 전보에 이르길, 특사 이지용 씨 일행은 본일 오후 2시 50분에 입경(入京)하였는데 마중 나온 자가 아주 많았으며 일행은 즉시 데이고쿠(帝國)호텔-여관-로 들어갔다 한다.

동 7일

○ 영친왕 강학 일자 : 영친왕 전하의 강학 일자는 본일로 결정되었다.

○ 법부에서 평양·한성 양 재판소 및 13도 검사를 임명하였다.

○ 재경(在京) 청인의 발전 : 경성에 체류하는 청나라 고급 상인 여러 명이 총영사 마팅량(馬廷亮) 씨와 협의한 후 1만 5천 원을 내어 화상학당(華商學堂)을 설립하고 본일 개교하였다. 마영사는 수학 교수를 스스로 맡고 번역관 천빙쿤(陳秉琨) 씨는 일어를 교수한다.

동 8일

○ 문무 예복 제정 : 이번에 문무 칙·주·판임관(勅奏判任官)의 예복을 제정·발포하되 연미복 모형에 수식(首飾) 등으로 칙임·주임·판임

을 구별한다.

동 9일

○ 통감 대리 폐하 알현 : 하세가와 통감 대리는 본일 오후 3시 반에 소명(召命)을 받들고 입궐하여 폐하를 알현하고 약 4분간이나 정무에 관한 질문에 답을 올리고 식사를 한 후 퇴궐하였다.

동 10일

○ 한·일인 충돌 : 마산 발 전보에 이르길, 진영역(進永驛)에서 10리가량 떨어진 양산(梁山) 지방에서 일본인 8명이 한인 5백 명에게 포위되어 6명은 포로가 되고 2명은 겹겹의 포위를 겨우 벗어나 도주하였는데 이 급보를 접하고 부산에서 헌병 순사 합하여 25명이 현장에 출장하여 조사한즉, 그 원인은 일본인이 양산시장을 진영으로 이설(移設)하고자 하여 한인을 위협·권유함에서 기인한 것이었다고 하였다.

동 11일

○ 지방세 규칙 제정 : 지방세 조사위원회에서 지방세 규칙 전문 27개조를 제정하였다.

동 12일

○ 법부 보좌관 : 도쿄 전보에 이르길, 전날 마쓰다(松田) 사법대신 이하 여러 명이 통감저(統監邸)에서 회합하여 법부 보좌관 임명 건을 협의하였는데, 동 보좌관 29명을 일본 내지(內地)의 판검사 및 재판소 서기 중에서 임명하기로 결정하고 15일 이내로 한국에 부임케 하기로 하였다 한다.

동 13일

○ 위생사(衛生社) 설치 : 근일 동양용달회사(東洋用達會社) 여러 명이 남서(南署)에 위생사를 설치하였는데 자금 5천 환으로 남서 내 각호(戶)의 오예물(汚穢物)을 제거할 목적이라 한다.

동 14일

○ 기생 역시 개명 : 동래(東萊) 기생 유선(柳仙), 소춘(小春), 비봉(飛鳳) 세 명이 여자를 교육하기로 협의하고 재산을 기부하여 여학교를 설립하고 학도를 모집한다고 한다.

동 15일

○ 법관 증설 : 군부에서 육군법원에 국장 1인을 증가하기로 관제를 개정하였다.

회보

제2회 통상회록

광무 10년 12월 1일 오후 6시에 본 회관에서 개관하고 회장 정운복(鄭雲復) 씨가 자리에 올랐다. 서기가 이름을 점검하니 출석원이 22인이었다. 서기가 전회 회록을 낭독함에 회장이 착오의 유무를 회중에 물어 착오처가 없으므로 바로 받아들였다. 회계원 김달하(金達河) 씨가 회금, 월연금, 기부금의 수입과 실제로 사용한 회비를 보고하였다. 장재식(張在植) 씨가 제의하기를 "회금 수입 조목에 인명을 앞에 쓰고 금액을 그다음에 적자." 함에 김흥연(金興淵) 씨가 재청한 후, 김달하 씨가 개의(改議)하기를 "통상문부규례에 의거해 금액을 먼저 적고 인명을 뒤이어 쓰자." 함에 김명준(金明濬) 씨의 재청으로 가결되었다. 총무원 김명준 씨가 회관 수리와 월보 간행, 광고료 지급한 것을 보고하였다. 평의회가 의결한 안건을 보고하였는데 그 안건은 다음과 같다.

1. 평의원장으로 강석화(姜華錫) 씨를 공개적으로 뽑아 표로 정한 것.
1. 고금 인물 및 사적을 기록하여 보내라는 공함(公函) 등은 회원

들이 각각 그 친한 정도를 따라 사람들에게 분전(分傳)할 것.

1. 회원들이 한성 거류 여부를 서기에게 통지하도록 회중에 공포 할 것.

1. 본회의 경상비 지출안은 매년 통상총회에서 우선 통과시킬 것.

1. 회금 미납한 회원은 총회에서 다시 일깨워주도록 할 것.

서무원 정재화(鄭在和) 씨가 취지서 및 공함의 발송 개수와 남은 개수 및 회중에 보유된 실제 개수를 보고하였다.

서기원 김유탁(金有鐸) 씨가 류동열(柳東說) 씨가 병으로 회에 불참한다는 사실을 알려 온 공함을 보고하였다. 김봉관(金鳳觀) 씨가 제의하기를 "위원 한 사람을 별도로 선정해 문병하자." 함에 김명준 씨가 재청한 후, 김홍연 씨가 개의하기를 "만약 많은 회원이 병이 있을 때 번번이 문병하자면 일일이 실시하기 어려울 것이니 거론하지 말자." 함에 김달하 씨가 재청하였다. 그 후 이갑(李甲) 씨가 다시 개의하기를 "회원 중에 특별한 중병이 있을 때는 별도로 선정한 위원이 문병해 상애상호(相愛相護)의 뜻을 표하자."고 함에 김명준 씨의 재청으로 가결되었다. 서기원 이달원(李達元) 씨가 김상연(金祥演) 씨가 『만국사(萬國史)』 2권을 기부한 사실과 회원 김홍연 씨가 『동국여지승람(東國輿地勝覽)』 1질 및 『애급근세사(埃及近世史)』 3질을 기부한 사실을 보고하였다. 정재화 씨가 제의하기를 "김홍연 씨는 출석하셨으니 회장이 대면하고 인사하고 김상연 씨에게는 총무원에게 위임하여 서신을 보내 감사를 표하자." 함에 박경선(朴景善) 씨의 재청으로 가결되었다. 이갑 씨가 제의하기를 "본규칙 제6조 4항에 의거해 평의원 3인만 더 선출하되 공천을 받아 표로 정하자." 함에 김명준 씨의 재청으로 가결되고 여병현(呂炳鉉), 이달원, 김유탁 3인이 선정되었다. 시간이 이미 다함에 김홍연 씨 제의에 장재식 씨의 재청으로 폐회하였다.

신입회원 씨명 제2회

김석만(金錫萬)	신기원(申元熙)	강인선(姜仁善)
류종덕(柳種悳)	이시훈(李時勳)	김창열(金昌烈)
이봉희(李鳳熙)	여병현(呂炳鉉)	신동규(辛東奎)
김유현(金有鉉)	김승덕(金承德)	양대록(楊大祿)
류세탁(柳世鐸)	정 남(鄭 楠)	장익후(張益厚)
김수희(金壽僖)	김병현(全秉鉉)	임우춘(林遇春)
김구희(金龜禧)	안광헌(安光憲)	이유태(李有泰)
김두섭(金斗燮)	김기동(金基東)	구자승(具滋承)
박영채(朴永采)	김정서(金鼎瑞)	이창욱(李昌彧)
권재익(權在益)	이방협(李邦協)	김영택(金泳澤)
홍순용(洪淳瑢)	김장환(金章煥)	신석충(辛錫忠)
황대순(黃大淳)	노병선(盧炳善)	신석화(申錫華)
강창선(康昌善)	나찬영(羅燦英)	류해운(柳海運)
이종린(李鍾麟)	이종하(李鍾夏)	계명기(桂命夔)
이택남(李澤南)	나상목(羅相穆)	이승현(李承鉉)

회원 소식

11월 8일　장재식(張在植) 씨는 군부 기수(技手)로 임명되었다.

동(同) 26일　안창일(安昌一) 씨는 숙천군(肅川郡) 군주사로, 장종식(張宗植) 씨는 용천부(龍川府) 주사로 임명되었다.

12월 10일　안병찬(安秉瓚) 씨는 평안북도재판소 검사로, 홍순용(洪淳瑢) 씨는 한성재판소 검사로 임명되었다.

동 12일　강문경(康文璟) 씨는 진위(鎭衛) 7대대 부위(副尉)로 임명되었고, 박기흡(朴基潝) 씨는 진위 7대대 정위(正尉)에서 휴직되었다.

회계원 보고 제2호

260원 한성은행 저축금 중 인출 조(條)
15원 40전 회계원 임치 조
9원 20전 월보 대금 수입 조
13전 월보 우편비 조 수입 조
합계 284원 73전

○ 제2회 입회금 수납 보고

유종덕(柳種悳) 김호인(金鎬仁) 이정수(李政秀) 주시경(周時經)
선우준(鮮于叡) 이봉희(李鳳熙) 최재학(崔在學) 신석하(申錫夏)
한광호(韓光鎬) 이달원(李達元) 김석만(金錫萬) 신동작(柳東作)
김관제(金寬濟) 류낙수(柳樂秀) 류세탁(柳世鐸) 주시준(周時駿)
정재화(鄭在和) 김유탁(金有鐸) 송재화(宋在燁) 김희선(金羲善)
한대모(韓大謨) 정 남(鄭 楠) 김수희(金壽僖) 김병현(全秉鉉)
장익후(張益厚) 전용규(田龍圭) 임우춘(林遇春) 이국순(李國順)
김기동(金基東) 유윤민(劉允珉) 김병일(金秉一) 박인옥(朴麟玉)
양재규(梁在奎) 이순찬(李淳燦) 이창욱(李昌彧) 장염근(張廉根)
권재익(權在益) 한경열(韓景烈) 김형섭(金亨燮) 김유현(金有鉉)
여병현(呂炳鉉) 김영택(金泳澤) 이승훈(李承薰)
각 1원씩
합계 43원

○ 제2회 월연금 수납 보고

박성흠(朴聖欽)	20전	10월 조
정재화(鄭在和)	40전	10월부터 11월 2개월
이정수(李政秀)	2원	10월부터 오는 9월 1개년
이달하(李達元)	40전	10월에서 11월 2개월
선우준(鮮于叡)	60전	10월부터 12월까지 3개월
김희선(金義善)	20전	10월 조
최재학(崔在學)	40전	10월부터 11월까지 2개월
임우춘(林遇春)	20전	12월 조
김익삼(金益三)	2원	10월부터 오는 9월 1개년
김기동(金基東)	20전	12월 조
장재식(張在植)	40전	10월부터 11월 2개월
전용규(田龍圭)	20전	12월 조
김달하(金達河)	2원	10월부터 오는 9월 1개년
박인옥(朴麟玉)	40전	10월부터 11월 2개월
신석하(申錫厦)	40전	10월부터 11월 2개월
송재엽(宋在燁)	20전	12월 조
이　갑(李　甲)	2원	10월부터 오는 9월 1개년
한경열(韓景烈)	40전	10월부터 11월 2개월
류동작(柳東作)	40전	10월부터 11월 2개월
차의환(車義煥)	2원	10월부터 오는 9월 1개년
김홍연(金興淵)	40전	10월부터 11월 2개월
오규은(吳奎殷)	2원	10월부터 오는 9월 1개년
윤규선(尹珪善)	40전	10월부터 11월 2개월
김유현(金有鉉)	2원	10월부터 오는 9월 1개년

류세탁(柳世鐸) 40전	10월부터 11월 2개월
김형섭(金亨燮) 60전	10월부터 12월까지 3개월
주시준(周時駿) 1원	10월부터 오는 2월까지 5개월
류동열(柳東說) 2원	10월부터 오는 9월 1개년
박경선(朴景善) 40전	10월부터 11월 2개월

합계 24원 20전

○ 제2회 기부금 수납 보고

김명준(金明濬)	10원
김영택(金泳澤)	4원
김익삼(金益三)	5원
오규은(吳奎殷)	100원
찬성원 김인식(金仁植)	계림옥로(鷄林玉露) 1권, 괴석(怪石) 1좌, 수록(隨錄) 1권, 사성연주(四聲聯珠) 1권
장재식(張在植)	5원
이 갑(李 甲)	300원 12월 조
정재화(鄭在和)	2원
김흥연(金興淵)	『여지승람』 1질 및 『애급근사(埃及近史)』 3책
찬성원 김상연(金祥演)	『만국사』 2권
정운복(鄭雲復)	15원
찬성원 윤덕영(尹德榮)	10원
장익후(張益厚)	10원
찬성원 윤태선(尹泰善)	4원

금액 합계 465원

이상 4건 총합 816원 93전

○ **제2회 사용비 보고** : 11월 21일부터 12월 15일까지 사용 조

2원 80전	『황성신문』 광고비
39전 5리	봉투지 3갑 값
15전	유몽택(劉夢澤) 처소 월보 30부 배송 소포비
10전	왜정(倭釘) 값
25전	『경성일보』 값
20전	양지(洋紙) 10장 값
50전	분합문(分合門) 창호지 값
30전	월보 3,000부 짐삯
10전	등피, 성냥 값
15전	창호 1개 값
20전	일본책 1권 값
1원 89전	석유 1통 값
40전	수입출보장(收入出報章) 2개 값
10원	월보 3종 우편물 인가비
30전	태극학회 월보 10부 배송 소포비
15전	규칙 짐삯
22전 5리	『국민신보』 값
30전	아키타 이치로(秋田一郎) 처소 월보 10부 배송 소포비
3원 50전	『매일신보』 광고비
1원 70전	송침(松針) 1태(駄) 값
106원 10전	1호 월보 인쇄비, 종이 값 포함
5원 50전	다다미〔疊席〕 3립(立) 값
140원	각 임원 11월 월급
5전 5리	삼첩지(三牒紙) 3장 값
1원 5전	소필(小筆) 20자루 값

8원	하인 11월 월급
48전	미국 하와이 각 사회에 월보 15부 배송 소포비
3원	월보 분전(分傳) 인찰비(印札費) 조
1원	규칙 개정비
33전	석유 궤 2개 값
67전 5리	백지 7묶음 값
7전	책의(冊衣) 값
96전	장작 4태 값
2원	'서우' 두 글자 판각 공임 조
5원 5리	우표 1,000장 값
50원	2호 월보 인쇄비 선급 조
75전	우표 값
2원 52전	장작 3태 값
44전	등상(登床) 1좌 값
10전	『만세보』 값
1원 14전	백탄 3석(石) 값

합계 362원 78전을 제외하고

잔액 454원 15전 이내.

450원 한성은행 저축하고

잔액 4원 15전 회계원 임치.

광고

○ 특별광고

본 책사(冊肆)에서 내외국 신서적을 널리 구매하고 수입하여 학계 인사들에게 특별 염가로 판매하오니 구독하실 분들은 계속 왕림하여 주시고 서신으로 청구하시는 경우에는 거주지를 소상히 명시하시면 즉시 우편으로 부쳐드릴 터이니-발송비는 본 책사에서 부담함- 살펴주십시오.

한성 포전 병문(布廛屛門) 책사 주인

김상만(金相萬) 알림

○ 특별광고

민사소송 대리와 형사 변호 및 감정(鑑定) 고문(顧問)과 기타 문안 기초 등 제반 법률 사무를 신속 처리함.

경성 중서(中署) 대립동(大笠洞) 77통 9호 법률사무소

변호사 · 전(前) 검사 홍재기(洪在祺)

○ 학도 모집 광고

현 교육에 관하여 교사 양성이 제일 급무이기에 본 학회에서 우선 사범속성과(師範速成科)를 설립하고 평소 구학(舊學)하신 이를 모집, 교수할 터이오니 배우길 원하는 여러분은 즉각 본 회관에 와서 문의하십시오.

입학원(入學員) 자격 : 연령 25세 이상 40세 이하로 품행이 단정한 자.

과정 : 산술, 지지(地誌), 역사, 법률, 물리학, 교육학, 영어, 일어, 작문

개학 : 11년 1월 15일

시간 : 오후 6시-9시

한성 하교(河橋) 남천변(南川邊) 48통 10호

서우학회 알림

<table>
<tr><td colspan="3">광무 10년 12월 1일 창간</td></tr>
<tr><td colspan="3">회원 주의</td></tr>
<tr><td rowspan="2">회비 송부</td><td>회계원</td><td>한성 남서(南署) 하교(河橋) 48통 10호 서우학회관 내 김달하(金達河) 김윤오(金允五)</td></tr>
<tr><td>수취인</td><td>서우학회</td></tr>
<tr><td rowspan="2">원고 송부</td><td>편집인</td><td>한성 남서 하교 48통 10호 서우학회관 내 김명준(金明濬)</td></tr>
<tr><td>조건</td><td>용지 : 편의에 따라
기한 : 매월 10일 내</td></tr>
<tr><td>주필</td><td colspan="2">박은식(朴殷植)</td></tr>
<tr><td>편집 겸 발행인</td><td colspan="2">김명준(金明濬)</td></tr>
<tr><td>인쇄소</td><td colspan="2">보성사(普成社)</td></tr>
<tr><td>발행소</td><td colspan="2">한성 남서 하교 48통 10호 서우학회관</td></tr>
<tr><td>발매소</td><td colspan="2">한성 북서(北署) 안동(安洞) 4가 동화서관(東華書舘)
평안남도 평양성 내 종로(鐘路) 대동서관(大同書觀)
평안북도 의주(義州) 남문 밖 한서대약방(韓西大藥房)
황해도 재령읍 제중원(濟衆院)</td></tr>
<tr><td>정가</td><td colspan="2">1책 : 금 10전(우편비용 1전)
6책 : 금 55전(우편비용 6전)
12책 : 금 1환(우편비용 12전)</td></tr>
<tr><td>광고료</td><td colspan="2">반 페이지 : 금 5환
한 페이지 : 금 10환</td></tr>
<tr><td colspan="3">첨원(僉員) 주의</td></tr>
<tr><td colspan="3">1. 본회의 월보를 구독하거나 본보에 광고를 게재하고자 하시는 분들은 서우학회 서무실로 신청하십시오.
1. 본보 대금과 광고료는 서우학회 회계실로 송부하십시오.
1. 선금이 다할 때에는 봉투 겉면 위에 날인으로 증명함.
1. 본보를 구독하고자 하시는 여러분은 주소와 통호(統戶)를 소상히 기재하여 서우학회 서무실로 보내주십시오.
1. 논설, 사조 등을 본보에 기재하고자 하시는 여러분은 서우학회 회관 내 월보 편집실로 보내주십시오.</td></tr>
</table>

○ 광고

본 서관에서 내외국 신서적을 널리 구매하고 수입하여 학계 인사들의 구독과 각 학교의 교과용으로 가격 외 염가에 제공하오니 해내(海內)의 여러분께서는 계속 왕림하여 주십시오.

경성 대안동(大安洞) 동화서관(東華書館)

함경북도 성진항(城津港) 내 동화서관 지점 신경균(申景均)

함경남도 단천읍(端川邑) 내 동화서관 지점 김응성(金應聲)

*

본 서관에서 법서(法書)・명화(名畵)를 널리 구매하여 쌓아두고 일체 주련벽서(柱聯壁書)의 재료를 공급하되 인생의 윤리와 사업상에 긴요한 구어(句語)와 진상(眞相)으로 일반 동포의 사상을 감발하고자 하여 염가로 제공할 터이오니 원근(遠近)의 여러분께서는 왕림하여 구독해주시고, 국내의 홍유거장(鴻儒巨匠)은 이를 헤아리시어 노고를 잊고 시(詩)와 문(文)을 지어서 보내주시면 후히 사례하겠습니다.

동화서관 내

수암서화관(守巖書畵舘) 주인 김유탁(金有鐸) 알림

광무 10년 12월 1일 | 메이지 39년 12월 1일 | 제3종 우편물 인가

광무 11년 2월 1일 발행
(매월 1일 1회 발행)

서우

제3호

서우학회

서우학회월보 제3호

별보(別報)

별보

본관(本館) 역등(譯謄)

『만주보(滿洲報)』를 구해 읽어보니 해당 지역 학계에 대한 논설 전문이 있다. 대략 만주의 현상이 그저 미개와 몽매의 상태에 있는 까닭에, 그 교육방침에 대한 평론을 증상에 대한 약재 삼아 우리 한국 학계를 되돌아보면 서로 부합하는 부분이 많다. 또 사범(師範)을 속성(速成)으로 하는 것을 구급 방법으로 삼는 것도, 함께 도모하지 않았음에도 본회의 설교주의(設校主義)와 같다. 흥학(興學)의 길이 세 가지요 보학(輔學)의 길이 세 가지라고 말하는 것은 비록 교육가가 늘 예사로 하는 말이지만, 실제로 이를 행하면 확실히 효력이 있을 것이다. 고로 "이를 본보기 삼아 실행하면 국민 중 진화하지 못한 자가 없게 될 것이요, 국민이 진화하는데 국가가 강하지 못한 경우는 또한 아직 없다."고 하였으니, 이는 정계의 당무요 우리의 희망인 고로 번역 등재해 알린다. 그 글은 다음과 같다.

흥학(興學)의 길은 세 가지가 있다. 학제(學制)를 정하고, 학소(學所)를 넓히고, 학원(學員)을 신중히 하는 것이 그것이다. 학제를 정한다는 것은 무엇인가. 우리나라의 각 성(省)마다 각각의 행정령이 있어 서로 상관하지 않는 까닭에 학성(學省)의 법규가 서로 다르다. 이와 같아서야 흥학이 어찌 진전될 수 있겠는가. 이제 조정에서 관제를 다시 고치고 정해 이미 학부(學部)를 특설하고 또 제학(提學)을 분간하였으니, 마땅히 각 부(府)와 현(縣)에 먼저 광학당(廣學堂)을 추진하고, 사(嗣) 즉 좋은 교수를 선출 파견해 해당 지역의 교육을 모두 이에 속하게 하고 세세한 업무는 지방관에게 헤아리게 하며 중요한 일은 제학에게 상세히 설명해 제학이 학부를 직접 상대하게 했다. 건학(建學)의 경우 성회(省會)의 땅에 마땅히 대학교를 세우고, 각 부(府)·주(州)·현(縣)에 마땅히 중학교를 세우며, 소학교를 각 지역에 부설하고 향리에 분설하되, 가장 좋은 것은 근래 어떤 나라 의원(議院)이 새로 제정한 방법에 비추어 볼 때 3리마다 소학교를 하나 설립하고 촌사람들이 각각 가까운 곳에 입학해 그 학업을 익혀 졸업한 후에 중학교에 가고 다시 중학에서 대학으로 올라가되 매 학업의 기간은 4년을 기준으로 삼는 것이다. 동몽(童蒙)은 7세에 이르면 해당 연령이 되니-즉 소위 학령이라는 것이다- 부형으로 하여금 본향의 학교로 보내어 학문을 익히게 한다. 나이가 되었으나 입학하지 않는 것은 그 부형의 죄이다-즉 소위 강제교육이다-. 여학(女學)도 이와 같아 이를 기준으로 시행한다. 가르치는 것은 전문 요원이 하고 배우는 것은 제도로 정하여, 반드시 학교 없는 곳이 없게 하고 배우지 않은 사람이 한 사람도 없게 하기를 기약한 후에야 문화가 크게 행해질 것이니, 국가 부강의 기초가 여기에 있다.

학소(學所)를 넓힌다는 것은 무엇인가. 근래 내지(內地)에는 학당이 울창한 산과 같되 만주에서는 백 리를 지나도 학교 하나를 보지 못하니, 각 성과 도회는 비록 이미 흥학을 받들고 있으나 향진(鄕鎭)에 속하는 지역은 아직도 모두 결여되어 있다. 봉성(奉省)은 이미 과다하고 길강(吉江)은 더 밑이다[1]. 마땅히 조속히 진흥하여 각 속지에 분할하여 실제로 준행해야 하는데 공금은 유한하고 학교가 많은 것을 귀하게 여긴다. 마땅히 민간에 널리 권하여 간절한 연설로 각 향촌으로 하여금 자본을 모으게 하여 공사립 학교를 건설하게 하되, 위에서 정한 제도에 부합하게 하도록 힘써야 할 것이다. 진(津)·호(滬)의 각 지역은 요즘 사립학교

1 봉성(奉省)은……밑이다 : 봉성(奉省)은 선양(瀋陽)의 옛 이름으로 펑톈(奉天)이라고도 한다. 길강(吉江)은 중국의 동북 지역인 지린성(吉林省), 쑹장성(松江省) 일대를 가리켰다.

가 서로 끊이지 않고 흥기해 이미 관학보다 몇 배가 되었다. 만주는 후미진 지역이고 백성이 완고하나 내지의 반에는 오히려 미칠 수 있으니, 바라건대 제창자는 사람들의 귀를 얻어라.

학원(學員)을 신중히 하는 것은 무엇인가? 우리나라는 사도(師道)가 서지 않은 지 오래다. 일체 외인의 지시와 전수를 모두 우러러보니, 나는 평소 그 해가 세 가지라고 말했다. 우리나라에 와 있는 서양 교원은 태반이 본국 내에서 입에 풀칠을 할 수 없는 자들이라 양 끝에 대해 물어도 머리가 텅 비어 있는데[2] 학생들이 이런 교원에게서 배우니 유익할 리 없는 것이 첫째다. 한 성은 영국 교원을 초청하고 다른 성은 독일 교원을 청하고 또 한 성은 일본 교원을 끌어들이니 동일한 학업이지만 한 나라에서 배우는 바가 일치하지 못하여 훗날의 대책 역시 갈리는 것이 둘째다. 교육권을 타인에게 주면 해됨이 더 큰 것이 셋째다. 이러한 해가 있는 까닭에 학생을 파견해 서양에서 취학하게 할지언정 외인을 끌어들이지는 않아야 우리나라 학생을 가르칠 수 있을 것이니, 그 폐해는 거듭 말할 필요가 없다.

대개 스승이 엄격하지 않으면 학생은 배움을 준수하지 않는다. 오늘날 각지의 교원이 각각 교습자가 된다고 하나, 실제로 이들은 교육의 길에 대해 막막해하며 깨닫지 못하고 있다. 태반은 한두 달 새로운 명사를 습득하고 한두 달 서양 문자를 연습하면 즉 의기양양하게 거만을 떨며 교만하게 교육을 말하며, 또 결코 어떤 감정도 없으면서 곧잘 충돌을 일으킨다. 교습자는 학당을 보길 여관과 같이하고 학생은 교습자를 보길 고용인과 같이 하니, 이로써 사람들이 말하되 거국적으로 일을 판

2 양 끝에……있는데 : 『논어(論語)』 「자한(子罕)」 7장에서 공자가 "내가 아는 것이 있는가? 나는 아는 것이 없지만 비루한 사람이 나에게 물으면 그가 아무리 무식하다 하더라도 나는 그 양 끝을 들어서 다 말해주노라[吾有知乎哉, 無知也, 有鄙夫問於我, 空空如也, 我叩其兩端而竭焉]." 하였다.

별해 처리하는 것이 학문과 비슷하지만 학문이 아니요 각 학소(學所)에서 성취되는 바는 인물과 비슷하지만 인물이 아니라 함이 괴이하지 않다. 만주에서의 부패한 형상은 더욱더 언어로 형용할 수 없다. 간혹 사숙이 있지만 날마다 제자백가와 청운집(青雲集) 등의 책을 가지고 가르치고 앞날을 점치니 즉 더 말할 필요가 없다.

오늘날 흥학은 이미 늦출 수 없는데, 교육은 갑자기 얻기 어렵지만 오직 급구하는 한 가지 방법을 잠시 도모할 수는 있다. 마땅히 각지에 속성 사범학당을 널리 설립하고, 근래 해외에서 졸업한 학생을 파견해 교습자로 삼고, 해당 지역의 신학을 조금 알고 있는 자를 선택해 학생으로 삼아 교수에 힘을 써 그 졸업을 기다려 각지 소학의 교습자로 삼고, 다른 한편으로는 많은 학생을 외국에 유학하게 함을 매년 거듭하면 자연히 국내의 인재가 점차 풍요해지고 각지의 풍기가 점차 열릴 것이다.

보학(輔學)의 길은 세 가지가 있다. 신문〔報紙〕, 연설회, 강습소가 그것이다. 서양 각국을 상고해보면, 신문의 많고 적은가로 문화의 정도를 엿볼 수 있으니 신문의 관련성이 이렇게 매우 중요하다. 가정과 상점에서 신문을 들지 않은 사람이 없고 부인과 아이들이라도 매월 역시 반드시 구독하는 까닭에 서양의 속담에 "신문은 빵과 같아 매일 필수적이다."라 하니, 신문의 흡인력이 이처럼 크다. 정부가 각종 사무를 실행함에 있어 종종 신문의 언론을 보아야 민심의 향배를 엿볼 수 있으며 그 다수의 공론을 취해야 일을 하는 지표로 삼을 수 있으니 신문의 동력이 또 이와 같이 매우 영험하다. 어떤 나라는 입헌 시 신문의 힘을 으뜸으로 두니 이를 통해 보면 교육을 흥기하는 데 어찌 신문의 운동이 없겠는가. 다만 만주 각지는 민지(民智)가 원래 얕고 신문이 많지 않으니 널리 확대하는 방법을 스스로 더 늦출 수 없다. 그러니 마땅히 백화(白話)-국어-신문을 많이 베풀어 이로써 집집마다 깨우치고 알리기를 기약해야 한다. 그러면 흘러나오는 힘이 더욱 빨라질 것이다.

멀게는 어떤 나라의 혁신을 짚어보고 가깝게는 어떤 나라의 입헌을 살펴보면, 정당이 국민을 운동하게 함은 모두 연설에서 힘을 빌리고 있다. 오직 반드시 그 사람의 의론이어야 국중(國衆)의 감동을 격동시킬 수 있다. 그렇지 않으면 말은 가려운 곳을 긁지 않아 노학구(老學究)의 서책 강독과 같아서 모두가 졸음이 쏟아질 것이다. 마땅히 내지의 유신 지사가 애국 열성을 널리 펼쳐 만주의 각 도회와 큰 군에서 민중이 항상 모이는 지역–극원(劇園)과 주점, 화원과 회소(會所) 등–을 택하여 정기적으로 연설하면, 이윽고 백성의 사상을 개발하고 무리의 뜨거운 생각을 흥기시킬 것이다. 향(鄕)・촌(村)・진(鎭) 가운데 그런 사람이 있다면 일률적으로 같은 연설을 하게 하고, 그런 사람이 없다면 인근에 모임에 참석해 들어서 얻은 바가 있는 사람이 돌아가서 그 본 마을에서 비슷하게 행하면 민인(民人)의 진화 시기가 신속해지는 효과를 거둘 수 있을 것이다.

근래 각지에 설치한 강습소를 마땅히 힘을 다해 확장하고 아울러 전문강습소–농예와 공예, 상무(商務)와 군경 등의 종류–를 설치해 어떤 업(業)을 가진 사람은 즉 어떤 장소에서 청강하게 해야 한다. 시일이 오래 지나 개명되면 사람들이 각각 다해야 할 의무를 알게 될 것이다. 이 세 가지를 본보기 삼아 실력으로 행하기만 하면 국민 중 진화하지 못한 자가 없게 될 것이요, 국민이 진화하는데 국가가 강하지 못한 경우는 또한 아직 없다. 나 같이 식견이 얕은 자의 공언(空言)은 실효를 보기에는 무력하다. 하지만 부가막가(斧柯莫假)[3]의 탄식은 지금 같은 세상에서 할 말이 아니며 각자 그 의무를 다해야 한다. 당국자가 진실로 이 의견을 채택해서 입안을 실행할 수 있으면 그 거두어들이는 효과가 당연히 들인 노력의 곱절 이상일 것이다.

---

3 부가막가(斧柯莫假) : 호모부가(毫毛斧柯)와 같다. 어릴 때 꺾어 버리지 않은 나뭇가지는 나중에 도끼를 써야 제거할 수 있다는 뜻이다. 화근은 미연에 없애버려야 함을 의미한다.

논설

단체 성립 여부에 대한 문답

회원 박은식(朴殷植)

객이 기자에게 물었다. "그대가 학회의 자리에 초청되어 보관(報館)의 글을 진술한 지 여러 해가 지났다. 그 언론으로 활동한 글의 취지의 대략을 보건대, 현재 우리 동포가 이러한 경쟁의 시대를 맞이하여 생존할 수 있는 관건은 오직 단체의 결합에 달렸다고 하면서 간절한 희망과 절실한 권고를 표하기를 거의 혀가 닳고 붓털이 다 빠질 지경이 되도록 스스로 그만두지 못하고 있다. 하지만 나의 소견으로는 이러한 담론이 한갓 몽상일 따름이지 필경 단체가 성립되는 실상이 아득하여 볼 수 없을 것이라 생각한다. 그러니 그대는 생각해보라."

기자가 정색하고 답하였다. "아! 이 무슨 말씀인가. 오늘 우리들이 단합하면 문명한 우등이 되고 흩어지면 야만적 열종(劣種)이 되며, 단합하면 생존을 보장할 수 있고 흩어지면 멸망에서 구원하기 어렵다. 만약 그대의 말과 같다면 우리 한국 동포는 끝내 야만의 열종으로 추락할 것이며 멸망을 구원하기 어려운 지경에 빠질 것이라 하는 것인가. 나는 이 말을 들으니 부지불식간에 마음이 추워지고 기운이 약해진다. 나는 우리의 생존을 바라고 문명을 바라면서 오로지 단체가 성립되는 결과를 볼 수 있겠는가 하는 한 가지 생각만으로 밤을 새워가며 새벽에 이를 지경인데, 지금 그대가 이를 헛소리 망상으로 돌리니 또한 슬프지 아니한가!"

객이 말했다. "우리 화복(禍福)의 관건으로 말하자면 단합의 목적에 주의하지 않을 수 없다. 하지만 인심이 다름은 얼굴이 다름과 같다. 지금 동일한 부모가 낳아 기른 두세 형제와 너덧 형제도 그 용모와 성질이 각기 다르고, 우리나라의 2천만 민족을 아울러 보더라도 그 용모와 성질이 필시 다 닮은 자가 없고, 전 지구상 억조(億兆) 인구를 아울러 보더라도 그 용모와 성질이 다 달라서 닮은 자가 없다. 그 다른 바가 저와 같으니 어찌 능히 결합시켜 하나가 되게 할 수 있는가?"

기자가 말했다. "그대는 세계 인종에 대해 단지 다른 정상(情狀)이 있는 것만 보고 대동(大同)의 정이 있는 것은 살피지 않는가. 이른바 대동의 정은 무엇인가. 좋아하고 싫어하는 정이다. 인생에는 육신에 넋이 있고 지각에 혼이 있어 그 생존을 좋아하고 사망을 싫어하며 영화를 좋아하고 치욕을 싫어하며 안락을 좋아하고 위기를 싫어하며 존귀함을 좋아하고 비천함을 싫어하며 복지를 좋아하고 환란을 싫어하는 것은 드넓은 하늘 아래 생명 있는 무리로써 그 정이 일치하니, 이것이 그 단합의 원인이다. 지금 20세기의 문명 인류는 모두 그 국가의 영욕과 화복을 자기의 영욕과 화복으로 삼으니, 그 대동의 정이 나날이 단합 목적을 따르는 것은 실로 당연한 이치이다. 어째서 우리는 오늘에 처하여 같은 배 안에서 익사하고 같은 방 안에서 불타는 정세인데 어찌 서로 돕고 서로 권면할 생각이 없는가. 그 좋아하고 싫어하는 정으로 말하건대, 생존을 도모하고 사망에서 구원하고자 한다면 단합하지 않을 수 없고, 영화를 취하고 치욕을 씻고자 한다면 단합하지 않을 수 없고, 안락을 얻고 위기를 면하고자 한다면 단합하지 않을 수 없고, 존귀함을 바라고 비천함을 벗어나고자 한다면 단합하지 않을 수 없고, 복지를 누리고 환란을 막고자 한다면 단합하지 않을 수 없다. 가령 수십 명이 거처하는 방에 범이 들어온다면 수십 명이 한소리로 같이 외치고 힘을 합쳐 막는다면 범을 물리칠 수 있지만, 각자 입을 다물고 각자 머리를 움츠려 소리치지 않고 애써 저지하지 않는다면 범은 반드시 방자히 움키고 물어버릴 것이다. 수백 호가 모인 마을에 도적이 겁탈한다면 수백 호가 한소리로 같이 외치고 힘을 합쳐 적을 막는다면 도적이 반드시 달아나지만,

각자 문을 닫고 각자 수수방관하여 소리치지 않고 애써 저지하지 않는다면 도적이 반드시 약탈할 것이다. 이것은 분명한 사실이 아니겠는가. 또한 이르기를 '실 하나는 끊어지기 쉽지만 실 천 가닥 만 가닥을 합쳐 두꺼운 줄이 되면 힘 있는 자도 끊을 수 없고, 화살 하나는 부러지기 쉽지만 화살 열 개 백 개를 합쳐 한 묶음이 되면 간장(干將)[4]의 예리함도 무뎌진다.'고 하니, 지금 우리 동포도 단체의 결합에 능하다면 어찌 자신을 보호하고 자신을 강하게 할 역량이 없겠는가."

객이 말했다. "그야 그렇다. 하지만 우리나라에 전래된 풍습이 이른바 정당 간에 동서남북 사색(四色)이 분파하여 서로 원수로 여겨 혈전한 지 수백 년이나 되었다. 평소 언론이 여기서 벗어나지 않고 평생의 경쟁이 오직 여기에 있으니, 종묘사직의 중대사와 인민·국가의 중대사를 도리어 대수롭지 않은 일로 여기게 되었다. 이로 말미암아 일반 사민(士民) 역시 그 풍화(風化)에 점차 오염되어 각자 문호에 분열이 거듭 생기고 계급이 너무 많다. 담장을 이어 거처하면서도 혼로(婚路)가 통하지 않고, 대청을 공유하며 지내면서도 우의가 가로막혔다. 이러한 습관으로 어찌 장애물을 깨트려 없애고 단체를 결성할 수 있는가!"

기자가 말했다. "습관의 폐해는 진실로 갑자기 변하기 어렵다. 하지만 대개 천지 사이에 혈기의 종류에는 친애의 정도 있고 경쟁심도 있으니, 서로 친애로 인하여 경쟁도 일어나고 경쟁으로 인하여 친애도 일어나는 것이다. 『시경(詩經)』에 이르기를 '형제가 담장 내에서는 다투지만, 밖에서는 그 수모를 함께 막는다.'[5] 하였으니, 대개 형제가 담장 내에서 다투는 것은 천륜의 변고지만 밖에서의 수모가 있을 때 한마음으로 막는 것은 천륜이 근본으로 돌아간 것이다. 예전에 우리나라 내의 수많은

---

4 간장(干將) : 중국 춘추시대의 명검 이름으로, 막야(莫邪)와 함께 병칭되었다.

5 형제가……맞선다 : 『시경』「소아(小雅)·상체(常棣)」의 구절이다.

당파 간의 분쟁은 형제가 담 안에서 싸운 격이라 천륜의 변고라 하겠다. 반면에 지금은 밖에서의 수모를 겪는 시대라 우리 동포 형제들이 마땅히 평소 담장 내에서 다투던 노여움을 풀고 밖에서의 수모를 함께 막는 것이니 그 목적에서 바로 천륜이 근본으로 돌아간 것이다. 그러니 어찌 종전 당파 분쟁의 습관으로 지금 단체의 결합을 이룰 수 없다고 하겠는가. 또한 무릇 천하의 이치란 내정(內情)이 견실하면 외환(外患)이 침입할 수 없다. 한 집안에 형제의 친족이 우애가 돈독하면 누가 이간질할 수 있으며, 누가 감히 업신여길 수 있는가. 오늘날 우리가 이처럼 밖에서의 수모를 당하는 것은 우리 동포 형제가 우애를 완전히 잃어서 스스로 동기를 해치고 천륜을 감히 멸시하여 폐기한 죄이다. 사물은 극에 이르면 반드시 변하고 사람은 궁해지면 근본으로 돌아간다. 지금 우리 동포 형제들은 모두 다 곤경이 극심한 지경에 닥쳤으니, 천륜이 근본으로 돌아가는 것도 그 대동의 정이다. 그러한 까닭에 단체 결합을 단연코 기필할 수 있다고 하는 것이다."

객이 말했다. "그러한 말은 여전히 이론일 뿐이지 실지의 정황은 결코 아니다. 대저 정부는 이른바 상등사회가 아닌가. 현재 정부의 고관은 그저 개인에 지나지 않아서 그 생각과 행동이 단지 그 사적 권리와 사적 이익만 다툴 뿐이며, 인민과 국가의 관계에 이르러서는 동심으로 협력하여 화목을 도모하며 치세를 이루려는 기상을 볼 수 없다. 지방 관리도 일반 인민을 동포로 대우하지 않고 노예와 희생으로 천시하여 거리낌 없이 짓밟으며 침탈을 자행하니 인민의 질시와 원한도 그에게서 나와 그에게 돌아간다. 이러한 정황을 가지고 단체의 결합을 어찌 의의(擬議)할 수 있는가. 더구나 최근 사회에 명목 역시 분분히 일어나나 도리어 자신들의 도당에 의지하여 평민을 멸시하고 혹은 그 문호를 나누어 반대로 공격하는 폐단이 일어나니, 단체의 결성은 결코 가망이 없다 하겠다."

기자가 말했다. "야만적이고 몽매한 국가는 사회가 성립되지 않고 문명한 국가는 사회가 나날이 번성하니, 사회의 성립 여부는 공중의 지식 여하에 달렸다. 우리 한국의 정계와 사회의 정황이 여전히 이처럼 분열된 까닭은 전래된 습관의 묵은 때가 제거되지 않고 문명화된 정도가 미진하기 때문이다. 우리 동포로 하여금 사상을 나날이 진보시키고 지식을 나날이 확장시켜서 공적으로 받는 손익이 어떠하고 공적으로 누리는 이해가 어떠한지 환하게 알도록 하여 국민을 사랑함이 곧 자신을 사랑함이고 공리를 도모함이 곧 사리를 도모함임을 확신시킨다면, 상하・피차간에 서로 아끼며 서로 도와 한마음으로 유의하여 단체의 목적을 달성할 시기가 반드시 있을 것이니, 그대는 기다려보시오."

이에 객이 "네. 네." 하며 물러났다.

이에 그 문답을 서술하여 우리 동포에게 알리노라.

교육부

학교 총론 (전호 속)

회원 박은식(朴殷植)

무릇 나라의 백성은 다섯 등급이 있으니 사(士)・농(農)・공(工)・상(商)・병(兵)이다. 사(士)를 학자로 부른다는 것은 사람들이 모두 알지만 농업에도 농업의 학자가 있으며, 공업에도 공업의 학자가 있으며, 상업에도 상업의 학자가 있으며, 병업에도 병업의 학자가 있다. 그러나 중국에는 농업에 학자가 없다. 그러므로 미국은 매년 농업 생산이 은(銀) 3천 1백조 냥(兩)에 달하고, 러시아는 2천 2백조 냥에 달하며, 프랑스는 1천 8백조 냥에 달하지만, 중국은 단지 3백조 냥에 불과하다. 중국에는 공업에 학자가 없다. 그러므로 미국은 매번 새로운 기계를 스스로 만들어 관청에 보고하여 면허증을 받는 것이 2만 210건이고, 프랑스는

7천 3백 건이고, 영국은 6천 9백 건인데, 중국에 관해서는 들은 바가 없다. 중국에는 상업에 학자가 없다. 그러므로 영국은 상업에 힘쓰는 가치가 2,740조 냥이고, 독일은 1,296조 냥이고, 프랑스는 1,176조 냥인데, 중국은 겨우 217조 냥이다. 중국에는 병업에 학자가 없다. 그러므로 작년 싸움에 해군의 군선이 96척이었지만 한 척도 없는 것과 같았고, 검열하고 막아 지키는 병사가 거의 3백 병영이었지만 한 명의 병사도 없는 것과 같았다. 지금 이 4종의 학자가 유명무실하여 그 피해가 또한 이러함에 이르는데 더욱이 학자라는 자도 학자가 아니다. 거의 천백의 첩괄(帖括)[6]의 권접(卷摺)과 사장(詞章)을 상세히 살피고 증거로 삼던 무리가 역대의 역사도 눈을 부릅뜨고 살핀 바 없고 만국의 형세도 제대로 들은 바 없는 자들과 천하를 함께 하여 여러 벼슬을 맡고 새로운 정치를 행하며 외국으로부터의 모멸을 막고자 한들 막을 수 있겠는가.

지금 치국(治國)에 대해 말하는 자는 반드시 "서양의 법을 본받아 부국강병을 힘써 도모하겠다."라고 하니, 이 말은 맞지만 그에 적합한 사람이 아니면 할 수가 없다. 지금 조약을 맺은 나라가 16개국이다. 저 서양인의 사례는 각 나라에 한 명의 사신을 명하거늘, 지금 두루 아는 네 나라에 사신으로 임명할 재주 있는 자가 몇 사람인가. 유럽과 미국, 오스트레일리아, 일본, 인도, 미얀마, 베트남, 남양군도에 중국 인민의 거주지가 4백 여 곳 이상이거늘, 지금 상업에 힘써야 함을 자세히 알고 그 지방 산물에 대해 명확하게 알아서 영사 일을 맡길 만한 재주 있는 사람이 몇 사람이며, 교안(教案)[7]과 계무(界務)[8]가 분분하게 자주 일어나는데 지금 외국 사정에 통달하고 공법(公法)에 밝으며 약장(約章)에 능

6 첩괄(帖括) : 첩시(帖試). 중국에서 열흘마다 한 번씩 대학의 유생들에게 보이던 시험이다.

7 교안(教案) : 문맥상 갈등을 뜻한다. 기독교 선교사업과 관련된 갈등을 총칭한다.

8 계무(界務) : 영역 경계와 관련된 문제를 뜻한다.

숙하여 총서(總署)[9]의 장정(章程)과 각 성(省)의 양무국(洋務局)을 맡길 만한 사람이 몇 사람인가. 서양 대국은 평상시에 병사가 모두 수십만 명인데, 전시에는 조련된 병사가 수십만 명에 이른다. 중국과 같은 대국은 또한 5천만 명이 천 개의 병영을 이루니 각 병영에 영초관(營哨官) 6명이 필요하다. 지금 지도에 익숙하고 군사 일에 밝아 그 재주로 편비(偏裨)를 맡길 만한 자가 몇 사람이며, 병법에 익숙하며 영제(營制)를 잘 알아 대중을 총괄하며 큰 적을 만났을 때 그 재주로 장수에 임명할 만한 자가 몇 사람인가. 중국이 만약 해군을 정돈하여 외국과 싸운다면 지금 해전을 깊이 알아서 해상 작전을 맡길 만한 사람이 몇 사람이며, 오랜 세월 바다에서 생활하여 항로에 익숙하며 선주의 대부(大副)와 이부(二副)[10]를 견뎌낼 자가 몇 사람이며, 육군의 각 병영과 해군의 각 선박에 의사 두세 사람이 모두 필요한데, 지금 의술에 익숙하고 상과(傷科)에 밝아 그 재주로 군의관을 맡길 수 있는 사람이 몇 사람인가. 각 철로를 만들 때 10마일에 1급 기술자가 2명, 2급 기술자가 6명이 필요한데, 지금 기계에 밝고 공정학(工程學)에 익숙하여 그 재주로 공사 책임자를 맡길 만한 사람이 몇 사람이며, 중국 광산이 닫힌 지가 천 년에 이를 열어서 담당 부서를 설치함이 점점 많은데 지금 광산의 암석을 살피고 광산의 성질을 분석하여 그 재주로 광산 책임자를 맡길 만한 사람이 몇 사람인가. 각 성(省)의 상무국을 논의하여 설치하고 이권을 보호해야 하는데 지금 상업 이치에 밝으며 상업 과정에 익숙하여 그 재주로 상무 총책임자를 맡길 만한 사람이 몇 사람인가. 기계를 제조할 수 있어야 강해질 수 있고 화물을 제조할 수 있어야 부자가 될 수 있거늘, 지금 새로운 법을 만들며 새로운 제도를 내어 저 족속을 바야흐로

9 총서(總署) : 중국 청나라 말기에 외국 교섭을 담당하던 관청이다.

10 대부(大副)와 이부(二副) : 사무장과 차장에 해당한다.

제어하고 천하를 보살필 자 몇 사람인가.

이로 인하여 왕왕 모든 신법의 진선진미함이 있음은 사람들이 모두 알지만 의론만 수십 년일 뿐 거행하지 못한다. 실로 이를 느긋이 시행한답시고 질질 끌다가 마침내 신법을 억누르려는 자에게 매도당하는 바가 되고, 그 조금의 성과 한두 가지는 곧 서양 사람을 임용하여 된 것이다. 윤선초상국(輪船招商局)[11]과 개평광국(開平礦局)[12]과 한양철창(漢陽鐵廠)[13]은 매년 지출 액수에서 서양 사람의 급료가 거의 반이나 되고, 해관(海關)의 물품통과세는 세입이 30만으로 나라를 위한 세금이거늘 저 족속이 점거하고 있다고 들었는데 수십 년간 대금을 받지 못하니 서양인을 임용한 뚜렷한 효과를 대략 볼 수 있다. 그런데도 오히려 다행으로 여기며 이를 바탕으로 하여 한두 가지 일을 성취하였다고 만약 편안히 내버려 두면 아울러 이 한두 가지 일까지 또한 없어질 것이다. 오호라, 같은 인간으로 하늘을 이고 땅을 딛었는데 사사건건 굽실거리며 다른 사람의 명을 기다림이 어찌 길게 한숨 쉴 일이 아닌가.

혹여 중국 넓은 땅의 학자들 중에 한두 명 때를 아는 선비와 뜻있는 인사가 마음을 다잡고 오로지 학문하여 나라 안팎의 사정을 탐구하며 일가의 말을 이루고자 하는 사람이 있을 것이다. 그러나 서양의 문장과 통하지 않음으로 이미 번역된 글이 아니면 읽지 못하니, 이것이 그 이루기 어려움의 첫 번째 이유이다. 격물치지의 여러 학문은 모두 각종 기구를 바탕으로 하니 진실로 큰 부자가 아니면 사들일 수 없으니, 이것이 그 이루기 어려움의 두 번째 이유이다. 학식을 넓히는 것은 여러 곳을

11 윤선초상국(輪船招商局) : 1872년 리훙장(李鴻章)이 중국 상하이에 설립한 중국 최초의 근대적 윤선회사이다.

12 개평광국(開平礦局) : 1874년 중국 상하이에 설립된 광업 및 기타 산업에 종사하던 국유회사이다.

13 한양철창(漢陽鐵廠) : 1900년대 초 동양 최대의 철강기업이다.

직접 다녀보는 것이 바탕이 되는데 평소 가난한 선비가 어찌 멀리 유람할 수 있겠는가. 이것이 그 이루기 어려움의 세 번째 이유이다. 모든 실학은 가령 해군은 반드시 바다에 나가 조련하고 광산학은 반드시 산에 들어가서 현장을 조사해야 하는 것이므로 관청의 힘이 바탕이 되지 않으면 홀로 행할 수 없는 것이니, 이것이 그 이루기 어려움의 네 번째 이유이다. 국가가 이런 방식으로 학자를 취하지 않으면 학문이 이루어지더라도 또한 쓰일 곳이 없어 처자식을 돌보고 굶주림과 추위를 면하기도 부족하여 늘 중도에 이르러 그만두고 돌아오니, 이것이 그 이루기 어려움의 다섯 번째 이유이다. 이런 까닭에 통상(通商) 수십 년에 선비가 기댈 바탕이 없고 탁월하고 남다른 재주를 이루어 국가를 위해 활용할 자가 거의 끊어졌다. 이는 마귀여(馬貴與)[14]가 이른바 "우선 그 유능한 자를 선발하면 무능한 자가 불초하다는 소리를 듣게 되고, 우선 그 유용한 사람을 등용하면 무용한 자가 불우하다는 소리를 듣게 된다."는 것이다. 돼지 발 하나 상에 올리고 풍년을 기원하는 꼴은 곁에서 봐도 우스운데, 하물며 거듭 묶어놓은 채 빨리 달리라 하고 힘써 단련하고자 하면 단속하고 제지하면서 하루아침에 일이 생기면 곧 많은 인재를 가지고 천하를 바라고자 하니, 어찌 될 수 있겠는가. 어찌 될 수 있겠는가.

가정학[15]

회원 김명준(金明濬) 역술(譯述)

소아(小兒) 양육[教養]

육아 방법은 정원사가 꽃과 나무를 심는 것과 같다. 배양(培養)이 마

14 마귀여(馬貴與) : 원문에는 마귀흥(馬貴興)로 표기되어 있는데, 마귀여(馬貴與)의 오자이다. 마귀여는 송말(宋末) 원초(元初)의 학자로, 『문헌통고(文獻通考)』를 저술한 마단림(馬端臨)이다.

땅한가 아닌가를 보아 그 마땅함을 얻으면 평범한 나무, 보통의 화초라도 족히 금병(金甁)에 기려(綺麗)하게 꽂을 수 있고, 그 마땅함을 잃으면 비록 붓꽃과 난초라도 꽃이 떨어지고 시드는 데 이를 것이다. 사람도 역시 마찬가지이니, 사람이 아이를 낳았을 때 아이가 약하고 우둔한 것은 대개 모태 안에서 기원한 것이다. 혹 어릴 때에 위생에 부주의하면 일생 한탄에 이를 것이니 가히 두렵도다. 그러므로 건강한 아이를 키우고자 하는 자는 부득불 강하고 어질고 지혜로운 어머니를 구해야 한다. 그러면 허약한 아이가 될 가능성이 적을 것이다. 서양 철학자가 이르되 "신이 어머니를 만든 것은 신이 없을 때 소아를 맡기고자 함이다.[16] 그러므로 여자의 성정은 필히 인자하고 섬세하며 또한 능히 인내하는 성향이 있다." 하였으니, 알맞구나, 이 말이여. 예로부터 힘으로 산을 뽑고 기개로 세상을 덮을 만한 영웅이라도 만약 박애하고 자혜롭고 세심하며 부드러운 어머니의 보살핌이 없었다면 어찌 세계에 위대한 공적을 세울 수 있었으리오.

무릇 광활한 하늘까지 뻗은 교목(喬木)도 그 껍질을 뚫고 싹이 나올 때에는 비록 소아라도 꺾을 수 있으니 배양을 어찌 신중히 하지 않을 수 있겠는가. 인물도 마찬가지이니 불가불 알아야 할 것이다. 오호라, 모친이 아이를 키우는 공덕이 장부가 세상을 다스리는 공적에 비해 오히려 크다 하니, 이 말이 진실로 그러하다. 세상의 어머니 된 자는 마땅히 지극히 친애하는 자녀로 하여금 앞날에 깃을 떨치고 바람을 무릅쓰는 희망을 지니게 할 것이요, 세상 길에서 비틀거릴 근심을 지니지 않게 해야 할 것이다.

---

15 가정학 : 원문 3호와 4호에는 제목이 '가정학 역술(譯述)'로 되어 있다. 연속 기사인 만큼 이후 기사들과의 일관성을 고려하여 저자명 뒤에 '역술'을 붙였다.

16 신이……함이다 : 원문은 '神之造母者가盖托以無我之小兒'이다. 신이 모든 곳에 있을 수 없기에 어머니를 만들었다는 의미로 판단되어 위와 같이 번역하였다.

1. 태육(胎育)

강건한 소아를 키우고자 하면 먼저 강건한 어머니가 있어야 하고, 현명한 소아를 키우고자 하면 그 어머니가 먼저 정신의 교육이 있어야 한다. 그러므로 임신한 지위에 처한 것이 곧 소아의 장래 성립의 지위가 되니, 보고 듣는 것과 행동거지를 반드시 소홀히 해서는 안 된다. 이런 까닭에 부인이 이미 아이를 임신하면 곧 마땅히 어머니 된 의무를 스스로 짊어져야 한다. 무릇 태아는 어머니의 감동(感動)을 더불어 같이 하고 어머니의 지각(知覺)과 더불어 통하여 실로 어머니의 체질이 유전되는 것이므로 임부는 반드시 먼저 그 정신을 상쾌하게 하며 의복, 주거, 음식 등을 마땅히 늘 주의하여 심신이 안정되도록 힘쓰고 운동을 적당히 하여 서서히 분만을 기다려야 한다.

낳고 기르는 일은 세계의 부인이 응당 다해야 할 직무이니, 다른 질병과 같지 않다. 임신 시기와 산전·산후에 위생에 주의하지 않으면 반드시 수명을 재촉하는 참사가 있으며 혹 다스리지 못할 병에 걸려 여러 위험을 겪는데, 어리석은 자는 이를 모르니 안타깝도다. 만약 평소에 능히 그 신체를 보호하고 임신 후에 능히 그 심신을 조양(調養)하면 곧 앞서 말한 근심 걱정이 결코 없을 것이다.

임부의 의복은 마땅히 가볍고 따뜻하게 하며 마땅히 넉넉하고 느슨하게 하여 띠 같은 것을 몸 위에 단단히 묶어서는 안 되고 피부에 맞닿는 내의를 무엇보다 청결히 하며 기타 의복을 두루 습기가 있지 않게 해야 한다. 겨울철에는 추위를 한층 피하여 소맷부리와 근육에 관계되는 부분을 반드시 무명천으로 감싸며 허리와 배 부분은 여름일지라도 또한 차갑지 않게 해야 한다. 또한 복대(腹帶)는 단단히 묶는 것을 피하고 면포(綿布) 및 부드러운 것을 안쪽에 대는 것이 좋다. 무릇 태아 발육 시에 팽창이 보통을 넘으면 분만할 때 분명 매우 힘들 것이니 비록 복대로 묶는다 해도 무익할 것이요, 만약 충분히 팽창하지 않는다면 분만 시와 일체 동작에서 그 어머니가 비상한 고통을 느낄 일은 분명 없을 것이다.

음식은 마땅히 소화하기 쉬운 것을 택하여 자양분으로 삼을 것이다. 만약 위(胃)에 맞지 않으면 강제로 먹어서는 안 되며 더불어 많이 먹는 것을 피해야 한다. 더욱 피해야 할 것은 공복(空腹)으로 배고픔을 참는 것이니, 이는 적절히 조절해야 한다.

임부가 거처하는 방은 남향이거나 혹 동남향이어야 한다. 마땅히 햇빛이 잘 들고 공기가 유통하며 녹음(綠陰)이 휘장과 같고 온갖 꽃이 향기를 보내는 곳을 택하여 머물 것이요, 만약 그럴 수 없더라도 거처는 어두운 것을 피하며 습한 것을 피하고 창호(窓戶)와 주렴을 반드시 시시때때로 개방하여 공기로 하여금 신진대사가 이루어지게 하고 실내의 여러 물건을 청결히 씻고 닦아 그 정신이 주로 상쾌하도록 힘쓸 것이다.

임부는 운동을 적당히 하도록 힘써서 항상 마땅히 넓은 들판, 바닷가와 혹은 공원 및 논밭, 사람이 적은 곳에서 산보하여 가히 신선한 공기를 들이쉬고, 극히 높거나 낮은 도로에서 달리거나 험준한 산악을 오르는 것을 절대로 피한다. 또한 마차를 타거나 춤추기를 시도하거나 무거운 것을 드는 것은 모두 경계해야 한다. 평소에 운동이 적당하면 혈기가 화창하고 근골(筋骨)이 적절히 펴져 야간에 분명히 숙면할 수 있고 잠잘 때에도 그 심신을 안정되게 하여 이로움이 매우 많을 것이다.

태교를 소홀히 해서는 안 된다는 것은 우리 동양의 선철(先哲)이 일찍이 말하였으니, 서양 철학자가 말한 바와 판에 박은 듯 같다. 이렇게 태내 교육은 태어난 아이의 교육과 같지 않다. 태아에게는 모친의 체질이 유전하기 때문에 그 희비의 감동과 이목(耳目)이 촉발하는 바가 모두 태내와 밀접한 관계가 있으니 임부가 이에 항상 주의하여 아름다운 말을 익숙히 들으며 선행을 점점 몸에 배게 하여 태아의 성질을 형성시키면 필시 훌륭한 아이를 낳으려니와, 그렇지 않으면 어찌 현명한 아이를 얻을 수 있겠는가.

임부가 장차 출산 시기에 이르면 반드시 그 정신을 편안히 하고 그 신체를 청결히 하며 운동을 적당히 여유롭게 하며 수면을 응당 안정케 하며 산실(産室)과 용구와 의복 등도 또한 마땅히 규획(規劃)하고 정제(整齊)하여 조용히 때를 기다릴 것이다. 보통 출산 시기는 대략 280일이니 즉 40주이고 음력으로 10개월이 된다. (미완)

▲ 정부는 인민을 위하여 설립하는 것이다.

신학(新學)을 넓혀 구학(舊學)을 돕는 논설

지나 상하이에 머무는 미국인 리자바이(李佳白)[17] 저(著)
박은식(朴殷植) 역술

중화(中華) 사대부의 지론이 늘 나라 안팎에서 시끌시끌한데, 미국인인 자바이(佳白)가 국가에 권하여 학당을 널리 세우도록 하였다. 시국에 어두운 자는 곧 은밀히 다른 뜻을 품은 것이니 배척하지 않으면 안 된다고 비난하여, 나의 이야기가 끝나기도 전에 읽다가 벌써 책을 덮고 보려고 하지 않는다. 이에 발단이 되어 중국에 널리 학당을 세워야 하는 이유를 설명하여 아뢰려 한다.

삼가 엎드려 생각건대, 중국은 복희(伏羲)가 괘(卦)를 그린 이래로 문(文)·교(敎)가 마침내 열려 지금까지 6천 3백여 년을 헤아리게 되었다. 공자가 『서경』을 정리할 때 당(唐)·우(虞)[18]의 시대부터 끊었고 『주역』

17 리자바이(李佳白) : Gilbert Reid. 1857-1927. 미국 출신의 장로회 선교사로 1882년 중국에 와서 선교 및 언론·교육 활동, 계몽운동 등을 했다.

18 당(唐)·우(虞) : 요순(堯舜) 시대를 말한다.

을 엮을 때는 복희로 거슬러 올라가 시작하였으니, 「계사(繫辭)」 하편 제2장을 보면 복희가 괘를 그려 덕과 상통하고 만물의 정을 나누어 놓으신 것을 서술하고 이어서 옛 성인이 상(象)을 본떠 기물을 만든 여러 사건을 열거하시니, 그물을 짜고 쟁기와 보습을 만들어 교역하는 것으로부터 절구, 배, 수레, 활과 화살, 집, 문자〔書契〕에 이르기까지 이로 인하여 점차 갖추어졌다. 「요전(堯典)」[19]은 절기를 알리는 규칙을 서술하여 전 지구에서 하늘을 논하는 학자에게 최고(最古)의 책이며, 「우공(禹貢)」은 산을 따라 나무를 벤 자취[20]를 기록하여 전 지구에서 땅을 논하는 학자에게 최고의 책이고, 『주비산경(周髀算經)』[21]은 주공(周公)과 상고(商高)의 문답의 말을 기록하여 또한 전 지구에서 산수·측량을 논하는 자에게 최고의 책이다. 또한 여타 관자(管子), 묵자(墨子), 장자(莊子), 여상(呂尙), 관윤자(關尹子), 항창자(亢倉子) 등 제자백가가 정치 예술을 말함이 왕왕 오늘날 서양식의 정묘한 뜻을 얻으니, 분명 당시에는 이들 학업이 실로 스승으로부터의 전수와 무리 지은 학습과 가가호호 깨우침과 가르침이 있고 난 이후에 능히 그 뜻이 널리 펼쳐진 것이지 결코 우연히 맞아떨어진 것은 아닐 것이다. 또한 노동하는 사람과 근심어린 부인이 감회에 젖어 음영할 때 별을 보며 능히 그 이름을 낱낱이 들고 사물을 대며 능히 그 이치에 이르고 즉흥적으로 읊어 능히 그 뜻에 다다르니, 격물치지의 배움이 정묘하면 어찌 시가의 아름다움이 갖추어

19 요전(堯典) : 『서경』의 편명(篇名)이다. 중국에서 가장 오래된 천문과 역산, 이른바 관상수시(觀象授時)가 기록된 문헌이다.

20 산을 따라 나무를 벤 자취 : 원문은 '隨刊之蹟'이다. 『서경』 「우공(禹貢)」에 "우(禹)가 토지를 분별하여 다스리고 산을 따라 나무를 베어 표지로 삼고〔隨山栞木〕 고산대천을 정하였다." 하였다. 이에 안사고(顔師古)는 '隨山栞木'의 '栞'자가 옛 '刊'자라고 해설하였다. 「우공」은 『서경』 「하서(夏書)」의 편명으로, 중국 구주(九州)의 지리와 산물에 대하여 기술한 고대의 지리서이다.

21 『주비산경(周髀算經)』 : 고대 중국에서 만들어진 천문산술서(天文算術書)다.

지지 않으리오. 대개 복희로부터 성주(成周) 시대에 이르기까지 중국 땅의 문명이 나날이 성하매 학술이 또한 나날이 넓어져 실속 있는 정치가 많아지고 지혜로운 백성이 많아졌으니, 아아, 성대하였도다.

진(秦)나라에 이르러 『시경』 『서경』과 제자백가의 책을 불태워 백성들을 어리석게 하니 당시 밝게 갖추어졌던 학문이 점점 타락했다.[22] 한(漢)나라 때에 타다 남은 것을 거두어 엮었으나 존속하는 것이 얼마였겠는가. 무제(武帝)가 육예(六藝)를 널리 드러내고 제자백가는 물리쳤으니, 무릇 육예를 널리 드러냄은 믿음직하고 훌륭한 일이나 제자백가를 물리침은 예로부터 유용한 여러 학술을 다 같이 아울러 폐지한 것이니 어찌 심히 애석하지 않겠는가. 문・무왕의 도(道)는 현명한 자가 큰 것을 깨닫고 현명하지 않은 자는 작은 것을 깨닫게 하는 법으로 육예는 그 큰 것을 깨닫게 하고 제자백가는 그 작은 것을 깨닫게 하겠거늘, 무제(武帝)가 하나만 두고 백 가지를 폐하였으므로 한나라 이후 저술가는 다시는 스스로 일가를 이룰 수 없었다. 학인들이 학업에만 종사하면 허무에 빠지는 경우가 많고, 오로지 경술(經術)만 익힌 자는 왕왕 제 의견만 고집하며, 피로하게 성리학만 하는 자는 거듭 더더욱 까다로운 이론을 좋아하고, 시문(詩文) 전집은 골짜기를 막고 바다를 메우며, 서간이나 문예는 기교와 화려함만 다투니, 실로 교양의 실학이 결여되고 갖추어지지 않아 해놓은 것이 없었다. 그런 까닭에 앞다투어 이런 일들에만 힘쓰고 성명(星命)과 풍수(風水)와 점험(占驗)과 신선(神仙)과 부도(浮屠) 등 일체 혹세무민의 이야기가 기회를 타고 틈을 엿보아 그 사이로 곁눈질을 하고 뻗어 나가 위에서는 이것이 정치가 되고 아래에서는 이것이 습속이 되어 그릇됨이 쌓이고 이루어져 누천년에 끝내 깨닫지 못하니,

22 점점 타락했다 : 원문은 '寖以放失'이다. '寖'을 '浸'의 오자로 판단하여 위와 같이 번역하였다.

오호라, 슬프도다.

무릇 유가(儒家)의 종주(宗主)는 주공과 공자가 창시자로 기록된다. 주공은 재주와 기예가 많은 것으로 고금에 이름을 떨치시고 공자는 비루한 일에 재능이 많아서 그것을 알려 겸허히 당시의 벼슬을 구하셨으니, 공허한 말과 고상한 이치로 뭇사람의 기예를 품지 않고 성철(聖哲)로 칭해진 자는 없었다. 한나라 이후의 여러 유학자를 들어 주공・공자와 비교해 보면, 주공과 공자의 학문적 심오함은 탁 트여 유용하고 이후 유학자의 학풍은 점점 번다해져서 꽉 막힌 듯하였다. 사물을 직접 접하여 사리를 살피면 말과 논리가 실질적이어서 정수를 보고, 서책을 빙자하여 사리를 깨달으면 말과 논리가 비록 그럴듯하나 폐단이 많으니, 우열로 나뉜 것은 본디 하늘로부터 받은 것이나 인간사 또한 그런 것이다. 서양은 실학을 숭상하여 그 도학(道學) 한 과가 신・구약 전서를 연구하는 것 외에 기예를 다시 겸하여 다루니, 명나라 말에 서광계(徐光啓), 이지조(李之藻) 등이 번역한 신법(新法), 역산(曆算) 각 책을 보면 대개 모두 서양에서 온 교사(敎士) 리마두(利瑪竇, Matteo Ricci), 방적아(龐迪我, Pantoja), 등옥함(鄧玉函, Terrenz), 웅삼발(熊三撥, Ursis) 등이 말로 전한 것이다. 유럽의 정교한 계산을 융합하여 대통력법(大統曆法)의 모형에 넣으니 당시에는 비록 쓸모없었으나 청조(淸朝)가 중국에 들어와 특허(特許)하고 시행하니 탕약망(湯若望, Adam Schall), 남회인(南懷仁, Ferdinand Verbiest), 기리안(紀利安, Kilian Stumpf), 대진현(戴進賢, Ignatius Koegler) 등이 차례로 흠천대(欽天監)의 일원이 되었다. 중국 지학(地學)의 전승이 끊어져 지도의 정교한 표본이 없었는데 강희(康熙) 45년간에 교사 뇌리(雷李, Jean-Baptiste Régis), 두덕미(杜德美, Pierre Jartoux), 맥대성(麥大成, Jean-Francois Cardoso), 비은(費隱, Xavier Ehrenbert Fridelli) 등에게 특명하여 만주와 몽골과 십팔행성(十八行省)에 나아가 도로를 나누어 실측하여 지리를 여러 천도(天度)에 합하니 길과 마을의 원근(遠近)을 헤아릴 수 있게 되었다. 즉 세상에서 내부본(內府本) 지도라 부르는 것이 이것이다. 그 후 양호(陽湖)의 이(李) 씨와 익양(益陽)의 호(胡) 씨[23]가 판각한 지도가 정밀하고 좋다고 칭해지나 실은 뇌리, 두덕미 등의 여러 교사가 만든 비례(比例)에서 연원한 것이다. 기독교를 전하는 자는 이미 대개 도(道)와 예(藝)를 겸비했던 것이거늘, 주공・공자의 책을 읽는 자도 풍문을 듣고 떨쳐 일어나 실사구시하여 요령 없는 박식함의 수치를 단번에 씻어내고 노력하여 공적이 적은 데 대한 안타까움을 다시 해소해야 하지 않겠는가.

중국에서 격물치지와 기예의 학이 본디 연원이 있는데, 사나운 진나라의 분서갱유로 한 번 액을 당하고 한 무제의 제자백가 퇴출로 다시 액을 당하여 도도한 물줄기는 뻗어 나가지 못하고 중도에 문득 멈추었다. 이로 말미암아 그 사물을 쓰면서 그 성질을 분별하지 못하고 그 일에 익숙하되 그 이치는 거의 알지 못한다. 문인・학사는 고상하나 간절하지 않고, 서툰 직공이나 뛰어난 장인이나 그저 생계유지를 위해 일을 하니, 대략 전승이 끊어진 것이 2천 년이 되었다. 서양 학사가 동쪽에 와서 모두 각각 아낌없이 능력을 보여주거늘 중국인은 눈과 귀가 아직 열리지 않아 낯선 물건을 보고 괴이하게 여길 뿐, 이것이 즉 우리 성인(聖人)이 물건을 구비하여 이용케 하고 도구를 만들어 천하를 이롭게 한[24] 학문과 같은 원류에서 나온 다른 줄기이고 사업을 계승하여 정교함을 더한 것인 줄을 모른다.

유럽의 격물치지와 기예를 곰곰 생각건대, 그리스에서 기원하고 로마에서 잇달아 번성하였지만 실은 고대 이집트에서 시작된 것이다. 대개

---

23 양호(陽湖)……호(胡) 씨 : 양호의 이씨는 이조락(李兆洛, 1769-1841), 익양의 호씨는 호임익(胡林翼, 1812-1861)을 말한다.

24 물건을……이롭게 한 : 『주역』 「계사전(繫辭傳) 상」에 나오는 구절로 원문은 '備物致用立成器以爲天下利'이다.

고대의 유럽 지역이 미개하여 변하지 못하더니, 아시아인이 그리스에 이르러 사람의 도리를 가르쳤으나 혼몽함을 미처 다 씻어내지는 못했다. 상(商)나라 때에 여가락(灑哥洛)[25]이 이집트에서 와서 아테네에 나라를 세우고 예의와 문자로 백성을 가르쳤으니 이것이 유럽 문학의 시조가 되었다. 시대를 따라 살펴보면 점점 환히 갖추어지게 되어, 로마의 쇠퇴기에 이르러 북적(北狄)이 앞에서 점거하고 돌궐(突厥)이 뒤에서 공격하니 진나라 때의 잿더미와 한나라 때의 위협과 꼭 비슷하였다. 그러나 실학이 다행히도 무너지지 않은 것은 박아(博雅)한 이름난 선비들이 사방에 산재하여 뒤이어져 단절되지 않았기 때문이다. 어찌 단절되지만 않았으리오. 또한 나아가 그것을 확장하며 정밀히 연구하여, 때로는 쪽풀에서 나왔으나 쪽풀보다 더 푸르고 때로는 뗏목을 버리고 기슭에 오르듯 하였다. 전 왕조인 명나라 중엽으로 내려와서는, 네덜란드인의 망원경이 나와 천문 관측과 항해술이 정교해지고 이탈리아 선비들이 각처의 지맥・광물과 그것들이 매장된 흔적을 고찰하여 지구에 인간이 살았던 내력이 뚜렷해졌다. 이로 말미암아 광・전기화(光電氣化)의 학문이 서로 함께 발생하니 날로 달로 뻗어나가고 앞에서 이어져 뒤로 계승되어 이것으로 저것을 견주고 이 일로 저 일을 경험하며 이 이치로 저 이치를 증명하여 확고히 흔들림 없는 경지로 나아가게끔 힘쓴 후에야 그쳤다. 오늘날에 이르러 백성이 부유하고 나라가 강해지고 화륜선・화륜차가 대지에 보편화되어 산모퉁이나 바닷가에도 두루 그 소리의 영험함이 미치니, 이는 다름 아니라 신학(新學)이 이룬 것이다. 만약 서양 여러 나라가 그리스・로마의 옛 자취를 묵수하고 신이(新異)한 것을 구하지 않았더라도 미상불 족히 자립하였겠으나, 역량의 심천(深淺)과 경계의 활협(闊狹)과 인류의 지우(智愚)와 국세의 흥체(興替)는 동일하게

25 여가락(灑哥洛) : 미상이다.

두고 논할 수 없는 점이 있을 것이다.

중국의 격물치지와 기예의 학은 전승이 끊어진 지 이미 오래니, 만일 부흥을 구하고자 한다면 어찌 적막을 두드리고 폐허를 공부하여 벽에 대고 꾸며내리오. 다행히 서양인이 그 앞길을 인도하니 혹여 마음을 비우고 받아들이면 앉아서 얻는 것이 어렵지 않으려니와, 만약 그저 듣고 잃어버리면 오늘날 서양 여러 나라가 길게 멀리 내달려 모색한 것을 법도 없이 배척하는 것임은 말할 것도 없다. 주공・공자의 학술로 돌아가 증명해보고자 해도, 이미 치우치고 불완전한 것임을 깨달았기에 지난 성인들에게 질문하기도 어렵다. 무릇 둥근 머리로 하늘을 이고 네모난 발로 땅을 밟는 것은 중국인과 서양인이 같고, 만물을 구비하여 자신을 돌보며 여러 도구를 모아 유용하게 하는 것도 중국인이 또한 서양인과 같되, 그 배운 바에 대해 물어보면 서양인은 매사에 새로 뒤집고 중국인은 매사에 옛것을 답습한다. 서양인은 매사에 실제를 확인하여 앉아서 한 말을 일어서서 실행한다 할 만하거늘, 중국인은 매사에 허공을 밟아 입으로는 고상한 이치를 말하나 몸소 행하면 일이 어그러진다. 이런 안타까움을 끝맺고자 할진대 서양 학문을 겸비하지 않으면 결코 불가능할 것이다.

무릇 중국과 서양이 병립하고 새것과 옛것이 갈마드는데 오직 서양 학문만을 향하고 중국 학문을 버리는 것은 옳지 않다. 그러나 중국 학문만 고수하고 서양 학문을 경시하는 것은 크게 편협한 실수를 저지르는 것이다. 만일 확연히 방향을 바꿔 어디로든 넓게 공부하여 견문이 이미 트이면 자연스레 서양 책을 즐거이 보고 서양 선비를 기꺼이 맞아 배움의 이익을 더하리니, 재식(才識)을 개척하여 문예에 얽매이지 않고 심원(心源)이 이미 깊으매 지혜가 흘러나와 그 안에 있는 아름다움이 팔다리로 뻗고 사업이 발달할 것이다. 다시 능히 교화를 확장하여 어디나 학당이 있어 철부지들을 가르치며 여학교가 있어 부녀자를 배우게 하면 남녀에게 교화의 이로움이 고루 분배되니 어찌 다시 목불식정(目不識丁)의 걱정이 있겠는가.

중국은 땅이 크고 산물이 많아 부유함이 천하 제일인데, 가까이서 보니 관민이 궁지에 몰리는 것은 땅에서 재료를 취하는 것을 모르기 때문이다. 신학을 시도하여 강구하면, 농업엔 기구를 사용하여 지력(地力)을 끌어낼 수 있고, 관(官)에서는 광산물을 얻어서 나라를 이롭게 할 수 있으며, 상업을 원활하게 하고 공업에 혜택을 줌으로써 있는 것과 없는 것을 교역하리니, 당당한 중국이 어찌 가난을 근심하겠는가. 그러나 맹자가 이르시길 "정사(政事)가 제대로 되지 않으면 재물 씀씀이가 부족해진다."라 하셨으니, 재물 씀씀이를 넉넉히 하고자 한다면 반드시 먼저 정치가 잘 이루어져야 할 것이다. 중국인이 서양의 학문을 깨치게 되어 서양의 역사를 고찰하면 가히 귀감의 자산으로 삼을 수 있을 것이요 각국 신문을 보면 다시 시국을 깨달을 수 있으리니, 저들의 장점을 취하여 나의 단점을 보완하고 이로움이 있을 경우 반드시 일으키고 해로움이 있을 경우 반드시 제거한다면 유독 정치만 환히 일신할 따름이 아닐 것이다. 선유(先儒)들의 가르침이 더욱 밝게 강구되어 실제를 힘써 구하고 허탄(虛誕)을 물리쳐 잡스런 거짓과 난삽한 진리의 사설(邪說)에 미혹되지 않고 천륜과 인륜을 하나로 꿰뚫을 수 있을 것이다.

대개 실학은 본래 양쪽의 공리(公理)요 만국의 공학(共學)이니, 한 나라에만 전해질 수 있는 바가 아니다. 그러므로 공자는 중국의 지극한 성인이시되 궁벽진 곳의 염자(剡子)에게 벼슬에 대해 물으셨고, 모세는 유태인의 교조로되 이집트의 제사(祭司)에게 배웠다. 빈 골짜기처럼 허심탄회하고 바다처럼 받아들일수록 커지는 것이 고금의 아름다움이라 칭하는 것인데 어찌 달콤한 것만 논하고 매운 것은 꺼릴 수 있겠으며 붉은 것은 옳고 흰 것은 그르다고 하리오. 공자가 이르길 "황제(黃帝)와 요순(堯舜)은 변화의 이치에 통달하여 백성들이 권태롭지 않게 하시고 신묘함으로 변화를 이끌어 백성들로 하여금 이를 마땅히 여기게 하셨다."라 하시고, 맹자는 이르길 "위대한 순임금은 무엇보다 위대한 것이 있었으니, 남과 쉽게 하나가 되고 자기를 버리고 남을 따르며 남에게 취해서 선을 행하는 걸 좋아하셨다."라 하셨다. 대개 천지는 바깥이 없고 제왕은 바깥이 없고 성인 역시 바깥이 없거늘, 오직 낡고 깨진 것을 부둥켜안은 채 자기를 중시하고 남을 가벼이 여기며 가까운 옛것은 알고 먼 옛것은 모르는 장부가 중국 내의 언론을 진창으로 만들어 남에게서 멀어지는 경우가 많으니, 실로 천지의 생성과 성인의 교화와 제왕의 낙육(樂育)에서 스스로 멀어지는 것일 따름이다. 이들은 오히려 부끄러움 없이 큰 소리로 이르길 "우리 중국은 외국과 같지 않다."라 하니, 오호라, 중국인의 지력(智力)을 다한들 어찌 능히 지구 밖으로 뛰쳐나가 한 세계를 스스로 이루리오. 내 말을 그릇되게 여기지 않는다면 청컨대 성주(成周) 이전에 도학과 기술이 두루 갖추어져 있었다는 것과 진・한(秦漢) 이후 도학과 기술이 쇠퇴했음을 살피며, 또 청컨대 중국인의 지능은 매사에 아득한 옛사람에 미치지 못하고 서양인의 지능은 매사에 곧바로 옛사람을 넘어서는 것을 살필지어다. 그 이유를 심사숙고하고 그 근원을 성찰하여 반신불수가 된 헛공론을 그만두고 박통(博通)한 실학을 익히며, 책을 다 불태워 백성을 어리석게 하던 악한 짓에 빠지지 말지어다. 이에 학당이 나라 안에 크게 일어 인재가 해외에서 능력을 겨루면 중국 땅〔赤懸神州〕이 넉넉히 번성〔鳩〕하리라-'구(鳩)'는 성(成)을 뜻한다-.

▲ 국가에 가장 유용한 사람은 누구인가. 불굴의 용감한 자이다.

위생부 (전호 속)

회원 김봉관(金鳳觀)

수많은 식품 중에 영양이 적절한 것을 선택하는 것이 필요하니, 예컨대 단백질이 풍부한 음식을 취할 때는 지방 및 전분이 필요한지를 생각하며 소화가 잘 되는지 아닌지를 주의해야 한다. 과일은 기호품과의 중간에 위치하나 자양분으로 먹는 경우는 드물다. 또한 상쾌한 맛과 좋은 향기를 취하나 식물성 산성을 포함하기 때문에 마침내 산미(酸味)로 돌아간다.

육류는 영양에 상당히 긴요한 것이니, 그 안에 함유된 단백질이 비교적 많고 또 소화시키기 쉽다. 병든 수육 및 고기 안의 기생물은 여러 질병을 유발하여 변화를 일으키니, 예컨대 출혈성, 수종성(水腫性) 및 농성(膿性), 혹은 동식물성, 기생물성(寄生物性)을 포함한다.

어류는 육지에 서식하는 동물의 살과는 다른 어육(魚肉)이니, 우리의 음식 재료로 바꿔 사용하기에 적당한 것이다. 그 영양가는 조수(鳥獸)의 살과 거의 비슷하고, 소화 및 흡수는 일반 우육(牛肉)과 같이 양호하다. 그런데 이 어류에서 소화가 양호한 것은 지방이 적고, 소화가 다소 좋지 않은 것은 지방이 풍부한 까닭이다. 또한 늪에서 나는 물고기는 그 맛이 양호하니 수일간 맑은 물에 풀어둔 후 식용으로 공급하면 좋다.

주정(酒精)은 음료로 적당히 사용하면 어른에게 있어서는 귀중한 자극물이니, 소화를 촉진하며 강장보력제(强壯補力劑)로 질병에 효과가 있으나 반대로 과도히 마시면 주벽(酒癖)에 빠질 뿐 아니라 위장의 움직임을 느리게 하고 오랫동안 과도하게 주정 음용을 계속하면 소화기, 신장 및 신경계에 중증 질환을 초래한다. 습관적 애주가는 천수(天壽)를 앞당

기기 쉽고 또한 섭생가에 비하면 중증 열병 등에 대하여 저항력이 적으므로 이런 병에 걸리면 대개 위험하다.

연초(煙草)도 또한 기호품 중에 셈하여 들어가니, 원래 이 물품은 아메리카에서 많이 났는데 점점 세월이 지남에 따라 지구상에서 재배하지 않는 곳이 거의 없게 되었다. 이 연초는 3종으로 나눌 수 있으니, 끽연 연초, 후연(嗅烟) 연초, 저작(咀嚼) 연초가 그것이다. 연초의 주성분은 니코틴이니 그 함량은 연초 종류에 따라 차이가 있다. 순수한 니코틴을 극심히 마시면 중독을 야기하나, 연초의 연기나 혹은 후연 연초 또는 저작 연초는 모두 우리 신체에 들어가는 양이 매우 소량이다. 이 독은 건강한 신체에 있어서 끽연이 습관이 되면 어른은 가볍게 신경을 흥분하고 혹 진정하는 효과가 있으며, 끽연할 때에 증기로 상쾌한 향을 맡으며 또한 내뿜는 연기의 구름 같은 형상을 볼 때 다소 눈을 위로하는 데에 보조한다. 그러나 유아에게 있어서는 연초를 마신 후에 구토, 피부 창백, 두통, 혼절 및 기타 신경성 여러 장해를 야기하고 과도히 마시면 다시 위험한 중독 증세를 유발한다. 습관성 끽연자는 다량을 마셔도 건강 장해를 초래하지 않으나, 끽연에 대한 기호가 과도하고 오래 계속되면 왕왕 신경계의 여러 질병을 유발하고 또한 시력 감소가 오기 쉽다. 특히 유해한 것은 니코틴이 풍부한 연초로 만든 지권련〔紙卷烟草〕이다.

무릇 음식물은 일반 순수한 것으로 변질되지 않은 것을 쓰는 것이 긴요하니, 특히 그 맛을 좋게 하는 것은 신체 건강에 큰 관계가 있기 때문이다. 만약 부주의하여 혹 부적당한 방법에 의해 음식물을 선택 조리하거나 만약 저장하는 데에 사람을 속이거나 위조한 것은 필요한 성질을 결하게 된다. 기타 음식물의 재료를 좋은 것으로 조리하고 차려놓더라도 부적당한 그릇을 사용하거나 혹 수요자의 저장법이 불완전하면 변질되기 쉽다.

음식 및 조리 기구 중에 유독한 광물이 존재하면 건강 장해의 원인이 되니, 대개 이 유독물은 산미와 지방성의 음식물이 용해함으로 생긴 것이다. 음식품의 저장 장소는 건조하고 또 환기가 잘 되고 온도는 균일하게 하는 것이 좋고 특히 결빙(結氷)하는 곳도 필요로 한다. 육류 및 육류로 만든 제품은 각 부분이 상호 접촉하므로 공중에 매달아 놓는 것이 가장 좋고, 근류(根類)는 짚을 채운 구덩이나 혹은 모래를 담은 상자 안에 둔다. 오래 두면 전부를 손상하기에 이르니, 곤충이 달라붙는 것을 피하며 광주리를 씌워 파리를 피하게 하고, 혹은 종 모양의 철사줄로 만든 망을 이용하여 큰 육편이나 훈돈육 등을 삼베주머니에 거두어 보호하며, 쌀광주리는 자주 소다나 끓는 물로 닦아주는 것이 필요하다.

음식품의 좋은 맛은 식욕을 돋우고 또 소화를 촉진하는 효과가 있으니 위생상에 자못 유익하다.

상전설(商戰說)

회원 이달원(李達元)

지구 각국이 혹 학진(學戰), 혹 병전(兵戰), 혹 공전(工戰)을 하지만 상전(商戰)을 훨씬 더 중시하니, 대개 상전에서 우승한 나라는 반드시 부강해지고 부강한즉 반드시 강해진다. 상전의 세력은 상회 결합에 있으니 반드시 큰 믿음을 서로 지켜 단체를 완전하고 튼튼하게 하되 단 개인의 이익을 이익으로 삼지 말고 통국(通國)의 이익을 이익으로 삼아 외인과 함께 이익을 다퉈야 할 것이다.

본회 앞길의 성쇠 관계에 대해 주의를 맹세한 바를 상호 경고하라

회원 이규영(李奎濚)

아! 우리 서우여! 이때는 어떤 때이며 우리는 어떤 사람인가. 우승열패와 약육강식은 목하 세계의 현상인데 지금 우리나라의 형세는 어떤 지경인가. 당당한 인권이 귀하거나 천하게 될 수 있는 것은 천부의 원리에 있는데 일찍이 우리 양서(兩西)는 어떤 대우를 받았던가. 국세의 위약(萎弱)으로 열강에게 치욕을 당한 것과 고유하고 귀중한 인권이 동족의 천대・모멸을 받은 것은 진실로 궁구해보면 모두 스스로 취한 것이다. 『맹자』에서 말하지 않았던가. "사람은 반드시 스스로 업신여긴 후에 남에게 업신여김을 당하고, 집안은 반드시 스스로 훼손한 뒤에 남에게 훼손당하며, 나라는 반드시 스스로를 공격한 뒤에 남에게 공격당한다". 라 하였으니, 진실하도다! 이 말이여. 만약 전날에 단체의 실력을 함께 길러서 미리 대비를 도모하였으면 그 치욕과 천대・모멸이 어디에서 왔겠는가. 지나간 일은 고칠 수 있다고 말할 수 없지만 오는 일은 오히려 할 수 있다. 또 오늘날 만국이 서로 연결되어 지식을 교환하니 우리 전국 인사는 당연히 즐겁게 구습관을 도려 없애 버리고 함께 신정신을 분연히 일으켜 가득 차 있는 열혈을 일관되게 유통케 하여 상호 연락해야 한다. 그래야 서리가 사라지고 눈이 녹는 따뜻한 봄을 볼 수 있으니 우리 양서인은 마땅히 더욱 마음을 다듬고 성의를 다해야 한다. 5백 년 동안 울분이 쌓이고 쌓인 선사(先士)들의 유지를 펼쳐 새로운 방편을 취하도록 기약하고 도모하여 새로운 효과를 전달하면 그때가 국내의 여덟 지역에서 민지(民志)가 단합되는 시기, 즉 국권 회복의 날일 것이다.

그런즉 민지 단합을 장차 어떻게 양성할까 하면 불가불 교육이 시급하다고 하겠는데, 지사 이갑(李甲) 씨가 3천 6백 환을 출연해 1개년 경비의 총액을 전담하고, 류동열(柳東說) 씨가 30여 칸 가옥을 출의해 많은 선비의 집회 장소를 설비하였으며, 또 군자들이 다소간의 연조(捐助)로 나라의 수도 중앙에 양서 인사의 기관학회를 세우고 이름을 서우학회라 했다. 먼저 애국정신을 그 기본으로 삼아 서로를 고무하되 학문을 연구하고 환난을 서로 구제하며 내지를 오고 감과 해외로 들고 남을 모두 주선하고 극력 보살펴 비록 우리 동포가 각처에 산재하더라도 단단(斷斷)한 적심(赤心)으로 일맥 관통하게 함이 그 취지이니, 진실로 매우 기쁘도다. 신지(新智)를 계발하고 자국(自國)을 소중히 여김은 우리가 지금 행해야 할 의무이니, 우리 일반 회원은 시국의 변천을 주찰(周察)하고 우리 국가의 존망을 돌아보아 충분히 마음을 쏟고 백배의 힘을 써 개명의 영역으로 날로 나아가 원만한 효과를 거둘 수 있어야 목하 국민의 치욕을 씻을 것이요, 옛 선비들의 울분을 펼 수 있을 것이다.

이갑, 류동열 두 사람의 의거와 여러 회원들이 원조하신 후의를 저버리지 않아야 한다. 인문(人文)이 날로 증가하고 국보(國步)가 점점 나아가야만 사람은 동등한 권리를 향유하고 나라는 열강과 나란한 자리에 오를 것이다. 만약 혹 시작만 있고 끝이 없어 헛되이 사람들의 조소를 받게 되면, 이갑과 류동열 두 사람 및 열심을 다하는 군자들의 죄인이 되는 것에 그치지 않고 실제로 양서인 일반의 치욕이 되고, 양서인 일반의 치욕에 그치는 것만이 아니라 실제로 자기 집안의 죄인이 되며, 자기 집안의 죄인에 그치는 것만이 아니라 역시 선대 선비들의 죄인이 되는 것이고, 선대 선비들의 죄인에 그치는 것만이 아니라 역시 우리 일반 국민의 죄인이 되는 것이며, 국민의 죄인에 그치는 것만이 아니라 역시 지구상 전 세계의 최하등 인물이 되어 종래에는 타인의 노예를 벗어나지 못하여 사람이 사람 노릇을 못 하고, 집안이 집안 노릇을 못 하며, 나라가 나라 노릇을 못 하여 심지어 쇠망의 지경에 이르고서야 그칠 것이다. 청컨대 제군은 장차 부쩍 흥기할 날을 보고자 하는가, 장차 쇠망의 지경을 보고자 하는가. 각자 힘쓰고 경계할지어다.

국민의 성질과 책임

회원 박성흠(朴聖欽)

일찍이 논해졌듯 천지간 육대주 사대양이 광막한 가운데 북적북적 번성한 여러 무리가 각 장소에 따라 생존해 구역을 나누고 정해 그 각각이 나라를 만들었는데, 기후의 한열(寒熱)에 차이가 있고 지리(地利)의 험한 정도와 비옥함의 정도에 구별이 있는 까닭에 국민의 성질과 생리가 각각 같지 않다. 혹 굳세고 사나워 전쟁을 좋아하고 혹 유순하고 나약하여 복종을 달게 여기며, 혹 생계의 어려움으로 밤낮으로 모두 노역하느라 그 지식을 연마할 시간이 전혀 없으며, 혹 의식(衣食)이 풍족해 안일에 빠져 그 기골을 보호할 능력이 싹트지 않으니, 이런 것들이 국가에 미치는 영향이 적지 않다. 오직 한열이 적절한 온대와 인력이 필히 갖추어진 옥토에서 생존하는 사람이라야 그 성질이 능력을 발휘할 수 있고 그 생리가 재료를 활용할 수 있어 진화의 높은 지점을 차지할 수 있다. 이는 동서고금에 위세를 떨치고 구역을 점한 나라를 통해 분명히 알 수 있으니, 베이징, 베를린, 워싱턴, 런던 등과 같은 곳이 그렇다. 그러므로 국가에서 기후와 지리(地利)는 국가에서 중요한 점이 되고 문명과 야만의 성쇠에 관계되는 바가 크다.

또 인간사로 말해보면 무릇 한 나라 안에 군주〔君人〕가 있고 신하〔臣人〕가 있으며 백성〔民人〕이 있으니 똑같이 사람이며 각자의 일이 있다. 하루의 온갖 정무에서 요강(要綱)을 총람하고 현자를 존중하고 유능한 자를 임명함에 백성의 호오를 따르는 것은 군주의 일이다. 혹 묘당(廟堂)에서 계획하여 내정을 닦으며 혹 강역에서 치고 달려 외부로부터의 모욕을 막고 종일 직언하여 몸소 책임을 다하는 것은 신하의 일이다. 애국 한 마음으로 동동촉촉(洞洞燭燭)[26]하여 학문에 노력하고 농상(農商)에 힘쓰며 공예에 근면하고 싸움에 용맹하여 오직 나라 위함만을 알 뿐 다른 것을 알지 못하는 것은 백성의 일이다. 각자 그 직분을 닦아서 하지 않음이 없다면 즉 그 나라는 부쩍 흥해진다. 고로 인사(人事)를 얻으면 그 나라가 흥하고 인사를 잃으면 그 나라가 쇠하는 것은 천하 고금의 통례이다. 기후가 동일하고 지리(地理)도 동일하되 혹 문명의 높은 영역으로 나가며 혹 야만의 낮은 영역으로 떨어짐은 또 어찌 인사의 득실이 아니겠는가.

우리 한국으로 보면 나라는 온대로 한열의 가운데 있고 바다와 접하고 육지에 이어지며 땅이 비옥하지 않은 것이 아니나, 천하에서 가장 가난하고 가장 약한 나라를 가리키면 우리 한국이 첫 손에 꼽힐 것이다. 이는 인사를 잃었기 때문이다. 우리 한국의 기후와 지리에 인사가 합해져 득이 있고 실이 없었다면 지방이 비록 작으나 역시 충분히 부강해져 아무도 제어할 수 없었을 것이다. 그러나 위 즉 정부가 흐리멍덩하여 치군택민(致君澤民)의 방책이 없는 거나 마찬가지인 상태로 돌아가고, 아래 즉 민심이 부패하여 탁한 물을 내보내고 맑은 물을 끌어들이는 기풍이 자취 없이 사라졌다. 그런즉 우리 한국이 오늘날의 비참한 지경에 떨어진 것을 또 누구를 더 원망하겠는가. 그러나 그 인사의 상실이 정부 탓임은 사람들이 모두 알지만, 그 상실이 국민 탓이라는 것은 알지 못한다. 무릇 정부의 윗사람도 즉 역시 국민 중의 사람으로 국민을 대표하는 자라 국민의 지식이 모두 발달하면 정부 사람도 역시 그 속에서

26 동동촉촉(洞洞燭燭) : 매우 공경하고 삼가 조심스러워하는 모양을 가리킨다.

나오는 것이니, 어찌 이토록 게으르고 안일한데 하늘이 무너뜨리려 하지 않겠는가.[27] 그러므로 정부가 실로 국가의 책임을 지는데 국민 된 자가 책임이 없다고 말하는 것이 가능하겠는가. 책임이 없다고 할 뿐만 아니라 그 책임이 도리어 정부에 크다고 하니, 백성이 그저 몽매하고 약한데 그 나라가 홀로 흥한 경우는 아직 없다. 또한 어찌 백성이 이미 발달했는데 나라만 그저 진흥하지 못하겠는가. 우리 2천만 동포는 혹시라도 주저하고 움츠려서는 안 된다. 마땅히 눈을 밝히고 담력을 키워 큰 소리로 부르짖으며 그 기력을 다해 천 길 구덩이를 뛰쳐나와 고명(高明)한 영역으로 나아가야 한다. 우리는 오늘날 생사의 위태로운 고비에 있지 않은가. 이와 같이 하면 살 것이요 이와 같이 하지 않으면 죽을 것이거늘, 그저 머뭇거리며 고민할 것인가. 민충정공의 유서에 "살고자 하는 자는 반드시 죽을 것이요, 죽음을 각오한 자는 살 것이다."라 하였고 또 "바라건대 우리 동포 형제여, 더 분투하고 노력하여 뜻과 기개를 굳게 가져 학문에 힘쓰며 한마음으로 힘을 다해 우리의 자유와 독립을 회복하면 죽어도 마땅히 저 세상에서 기뻐 웃으리라."라 하였으니, 아아! 이때가 어느 때인가. 항우(項羽)가 배를 가라앉히고 솥을 깨뜨리던 의지로 결단하고,[28] 한신(韓信)이 자신을 사지로 몰아넣은 기지로 독려하여,[29] 죽을 고비에서 살기를 구할 책략을 수립하여 우리 민충정공의 지하에서의 미소에 이바지하는 것이 우리가 오늘날 마땅히 실시해야

27 어찌……않겠는가 : 『시경(詩經)』「대아(大雅) 판(板)」의 "하늘이 바야흐로 주(周)나라 왕실을 쓰러뜨리려고 하니 그렇게 게으르고 안일하지 말라〔天之方蹶 無然泄泄〕."을 활용한 구절이다.

28 항우(項羽)가……결단하고 : 항우는 군사를 이끌고 강을 건넌 뒤에 배를 모두 가라앉히고 솥과 시루를 깨뜨리고 여사(廬舍)를 불태운 뒤 사흘치의 식량만 가지고 사졸들에게 필사의 의지를 보여주었다. 이를 침주파부(沈舟破釜)라고 한다.

29 한신(韓信)이……독려하여 : 한신은 한(漢)의 대원수로 항우와 맞선 인물이다. 그는 배수진(背水陣)을 구사하여 조(趙)에 대승을 거두었다.

할 책임이 아니겠는가! 힘쓸지어다, 힘쓸지어다!

▲ 자유는 빈자와 함께하지 아니하고 또 부자와 함께하지 아니하니라.

설지빙천(雪地氷天)

회원 김달하(金達河)

빙설(氷雪)이란 모두 한기가 응결되어 이루어진 것이다. 얼음이란 물이 응결되어 이루어진 것이다. 얼음이 물보다 가벼우니, 대략 물의 무게가 1천 푼이면 얼음의 무게는 930푼에 불과하다. 전 지구 각국 가운데 러시아 서울 상트페테르부르크 지방의 결빙이 가장 두껍다. 이는 얼음 위의 적설로 인하여 눈이 변하여 물이 되고 물이 다시 얼음이 되는 까닭에 러시아에 빙하가 많은 것이다. 썰매와 얼음 용 신발로 왕래하는 이가 많고, 또 얼음덩이를 이용해 집을 만들고 안에 등불을 걸면 유리세계(琉璃世界)에서 노니는 것과 같고, 병정이 훈련하면 얼음 위에서 춤추는 것 같다. 그리고 봄철이 되어 빙하가 풀리면 우레처럼 소리가 울려서 때로는 배를 난파시키거나 다리를 무너뜨리기도 하니 그 거대한 힘이 비할 데 없다. 북빙양 일대의 경우 얼음의 형상이 더욱 기괴하니, 혹은 산봉우리처럼 높기도 하고 혹은 섬처럼 크기도 하다.

눈이란 본래 한습(旱濕)의 증기가 상승하여 변화한 것이다. 높은 산을 만나면 저항력이 곧 발생하여 쉽게 하강하니, 그러한 까닭에 높은 산봉우리 위에는 반드시 적설이 많아서 60년 동안 눈이 쌓인 것이 변하지 않기도 한다. 이는 산 위에 공기가 희박하고 추운 정도가 점차 높아짐으로 인하여 적설이 변하지 않는 것이다. 그러나 이러한 높은 산 위에도 동식물이 있으니, 동물의 경우 산양, 식물의 경우 소나무 같은 부류가 그것이다. 이 두 생물은 다 추위를 잘 견딘다.

산봉우리가 이미 높음에 일광이 비록 수시로 잘 투사하나 밤이 되면 다시 결빙되니, 러시아 북부의 어떤 산의 경우 매년 한 층씩 반드시 결빙되어 현재 겹겹이 높아진 5・60층의 얼음이 있어서 5・60년이 지났음을 알 수 있다. 얼음 색은 청색 혹은 남색이 됨을 볼 수 있다. 수시로 쌓이는 얼음이 너무 무거운데 상부가 무겁고 하부가 가벼운 나머지 산 정상에서 아래로 떨어지기도 하는데 그때 산 아래에 있는 사람과 모든 가옥을 모조리 다 깔아뭉개기도 하니 스위스의 경우 이러한 우환이 항상 있다. 이제 세계의 적설 지방을 도표로 나열하면 다음과 같다.

(갑) 대개 북극의 82도 이내에는 고지대나 평지를 막론하고 다 적설이 있다.

(을) 아메리카 대륙 그린란드는 북위 71도에 있으니 산 높이가 8・9백 미터 지점에 이르면 적설이 많다.

(병) 비자비이(比玆卑爾) 섬[30]은 북위 77도에 있으니 산 높이가 3・4백 미터 지점에 이르면 적설이 많다.

(정) 노르웨이 동북부 일대는 산 높이가 9백 미터에 이르고, 동남부 일대는 산 높이가 1천 3백 미터에 이르고, 서북부 일대는 산 높이가 1천 미터에 이르고, 서남부 일대는 산 높이가 1천 7백 미터에 이르면 적설이 모두 있다.

(무) 유럽 대륙 중간 지역은 북위 47도에 있으니 고지대는 2천 8백 미터에 이르면 적설이 많다.

(기) 아시아 대륙 히말라야 산은 북위 28도에 있으니 고도 4천 9백 미터에 이르면 적설이 많다.

---

30 비자비이(比玆卑爾) 섬 : 미상이다.

(경) 아프리카 대륙 킬리만자로 산은 고도가 5천 미터에 이르면 적설이 많다.

(신) 그리스는 북위 30도에 있으니 고도가 4천 5백 미터에 이르면 적설이 많다.

(임) 맥절륜(麥折倫)[31]은 고도가 1천 1백 미터에 이르면 적설이 많다.

(계) 파미르 고원은 적도 남쪽 16도에 있으니 고도가 5천 미터에 쌓인 눈이 많다.

이 도표를 통해 보건대 적도의 더운 지역에 있는 산의 경우 해발 5·6천 미터가 되어야 적설이 있다. 남북극 추운 지역인 경우 평지에도 적설이 있으니 고지대야 더 말할 필요가 없다.

산학(筭學)을 논하다 (전호 속)

이유정(李裕楨)

혹자가 말하기를 "야인(野人)은 스스로 긴 진보를 이루지 못한다."라고 했는데, 이 설은 진리에 부합되지 않는다. 시험 삼아 야인의 선조를 살펴보면, 단지 15와 16을 세지 못할 뿐 아니라 심지어 5와 6과 같은 단수도 또한 다른 방법으로 표시하지 못했으니, 그 당시에는 손과 발, 사람 등을 기호로 사용하여 수 이름을 대신했기에 또한 부득이했을 따름이다. 참으로 어찌 기꺼이 이런 어리석고 졸렬한 방법을 사용했겠는가?

---

31 맥절륜(麥折倫) : '마젤란(Magellan)'을 음차한 것으로 보이나 어느 지역을 가리키는 것인지는 정확하지 않다.

대개 상고시대의 교화되지 않은 사람들은 손짓 발짓하는 방법 외에는 따로 수를 표기하는 방법이 없었다. 처음에는 언어가 없었기 때문에 손발의 움직임을 사용했는데, 계속하다 보니 손발의 움직임을 사용하는 것이 언어를 대신하게 되었고, 이에 양손은 10이 되고 한 사람은 20이 되는 등의 언어가 마침내 수의 이름으로 변하게 되었다.

수의 자릿수에 대해 논하자면, 오진법은 흑인들이 흔히 사용했는데, 예컨대 1, 2, 3, 4, 5, 6이면 5 그리고 1이라 하고, 7이면 5 그리고 2라 하는 것이다. 이에 미루어 볼 때 우리는 이런 종류의 언어가 없고 로마자 기호를 옮겨 사용할 뿐이다.

또 십진법을 사용하는 경우도 있는데, 우리 또한 이 방법을 사용한다. 예컨대 83을 세려고 하면 8을 10자리에 두고 또 3을 1자리에 두면 된다. 이십진법의 경우는 유럽의 문명국에서 사용하는데, 보통 십진법을 사용하는 자들도 모두 이를 겸용한다. 예컨대, 83을 영어문화권에서는 4개의 20과 3이라고도 하고, 프랑스에서는 항상 4개의 20과 3이라고 한다.

이것은 전 세계 사람들의 손과 발이 실제로 타고난 자연의 계산기임을 알 수 있게 한다. 옛날 사람들이 그것을 만들었고, 지금 사람들이 이것을 그대로 사용하고 있다. 야인은 그것만을 오로지 사용하고, 문명인들도 또한 우연히 사용한다는 것은 털끝만큼도 의심할 것이 없다. 지금 사람들이 사용하는 십진법이 또한 옛날 사람들이 만든 법이라는 것도 알 수 있다. 만약 이 세 가지 방법을 없앤다면 그 불편함이 매우 심할 것이다. 만약 상고시대부터 전래되지 않았다면 누가 이 방법을 기꺼이 사용하겠는가. (미완)

동명성왕(東明聖王)의 유적

고구려 시조 동명성왕은 부여왕 금와(金蛙)의 아들이다. 생후 일곱 살에 스스로 활과 화살을 만들어 쏘면 맞히지 못한 적이 없으니 아마도 하늘이 내신 신무(神武)일 것이다. 그에 앞서 위씨조선(衛氏朝鮮)이 한(漢)나라 무제(武帝)에 의해 멸망하여 낙랑(樂浪), 임둔(臨屯), 현도(玄菟), 진번(眞番) 사군(四郡)이 설치되었고, 소제(昭帝)가 다시 이도위부(二都尉府)를 설치하였다. 그런데 동명성왕께서 부여에서 일어나 졸본(卒本)에 나라를 세우시니 위덕(威德)이 널리 미치고 강토가 나날이 열려서 드디어 한나라의 관속(官屬)을 모두 축출하고 단군과 기자의 옛 강토를 수복하여 엄연히 해좌(海左)의 한 강국을 이루었고, 자손이 그 기업(基業)을 계승하여 8백여 년 긴 국운을 누렸다. 차자(次子) 온조(溫祚)는 백제의 시조가 되어 그 방록(邦籙)이 또한 고구려와 함께 장구하였다. 아마도 황천(皇天)이 우리 동방을 돌아보시어 동명성왕을 독생(篤生)하시어 강토와 인민이 다른 나라의 분할 통치에서 벗어나 독립한 형세가 대국에 대항할 지경이 된 것이다. 오호라! 동명성왕의 공덕은 단군·기자 두 성인과 아울러 만대에 이르도록 제사 지내야 마땅하다.

전의록(傳疑錄)

『수서(隋書)』「배구전(裴矩傳)」에 "고려(高麗)는 본래 고죽국(孤竹國)이다."라 하고, 이첨(李詹)이 "지금의 해주(海州)다."라 하였다. 『대명일통지(大明一統志)』에 의하면 "영평부(永平府) 서쪽 15리에 고죽국의 군(君)을 봉한 땅이 있다."라 하고, 또 "영평부 성 서북쪽에 고죽국의 세

임금의 무덤이 있다." 하고, 또 "백이(伯夷)와 숙제(叔齊)의 무덤이 있다."라 하였다. 배구와 이첨이 해주를 고죽국이라 한 것은 아마도 수양산(首陽山)이 해주에 있는 까닭에 그런 것인가.

「금강산보덕암기(金剛山普德庵記)」에 "금불상 53구(軀)가 서역으로부터 바다에 떠서 한나라 평제(平帝) 원시(元始) 4년 갑자에 금강산에 이르렀기에 이윽고 절을 세웠다."라 하였다. 대저 불법(佛法)이 지나(支那)에 들어간 것은 한나라 명제(明帝) 영평(永平) 8년 을축이다. 만약 보덕암의 기록대로라면 지나에 불법이 있기 61년 전에 우리 동방에 먼저 불법이 있었다는 것이다.

인물고

양만춘전(梁萬春傳)

양만춘은 고구려 보장왕(寶藏王) 때 사람이다. 재주와 용맹을 겸비하여 안시 성주(安市城主)가 되었다가 합소문(盍蘇文)[32]의 난을 당하여 성을 지키고 복종하지 않았더니, 소문(蘇文)이 공격하여도 함락시키지 못하여 이윽고 그를 인정하였다. 지나 당나라 정관(貞觀) 19년에 태종(太宗)이 고구려를 친정(親征)할 때 총관(摠管) 이세적(李世勣)과 부총관(副摠管) 이도종(李道宗)과 장군 설인귀(薛仁貴)와 장손무기(長孫無忌) 등으로 하여금 장좌(將佐) 9인을 거느리고 개모(盖牟)와 이사(里沙)와 백암(白巖)과 요동(遼東) 등 여러 성을 공격하여 빼앗고 안시성으로 진격하게 하니, 고구려 북부누살(北部耨薩)-관직명- 고연수(高延壽)와 남부누살 고혜진(高惠眞) 등이 그 무리와 말갈 병사 15만을 거느리고 와서 안시성

32 합소문(盍蘇文) : 연개소문을 달리 부르는 이름이다.

을 구원하다가 전투에 패해 마침내 항복하였다. 당 황제가 이세적에게 말하기를 "안시는 성이 험하고 병사가 정예이고 그 성주가 재주 있고 용맹하여 합소문의 난에 성을 지켜 복종하지 않은 자이다. 건안성(建安城)이 안시성 남쪽에 있어 병사가 약하고 군량이 적으니 만약 그들이 생각지 못한 틈에 공격하면 반드시 이길 것이다. 건안성을 먼저 취하면 안시성이 우리 뱃속에 있게 되리라." 하니, 이세적이 대답하기를 "우리 군량이 모두 요동에 있는지라 지금 안시성을 넘어 건안성을 공격하다가 만약 고구려 사람이 우리 양도(糧道)를 끊으면 장차 어찌하겠습니까. 안시성을 먼저 공격하는 것만 못하니 안시성이 함락되면 건안성은 북을 두드리며 행군하여도 취할 수 있을 것입니다."라고 하였다. 당 황제가 "공(公)을 장수로 삼았으니 어찌 공의 계책을 사용하지 않을 수 있으랴. 우리 일을 그르치지 말라."라 하고 마침내 안시성을 공격하였다. 그러자 안시성 사람들이 당 황제의 대장기와 일산(日傘)을 멀리서 바라보고는 성에 올라가 북을 시끄럽게 치고 욕하고 꾸짖으니 당 황제가 크게 노하였다. 이세적이 청하기를 "성을 함락하는 날에 남자를 모두 묻어버리겠습니다." 하니, 안시성 사람들이 이 말을 듣고는 수비를 더욱 견고히 하였다. 당 황제가 성안의 닭과 돼지 소리를 듣고 이세적에게 말하기를 "성을 포위한 지 오래됨에 성안의 불 때는 연기가 날로 희미해지더니 지금 닭과 돼지가 매우 시끄럽다. 이것은 필시 군사를 먹여서 밤에 성을 나와 우리를 습격하려 하는 것이니, 병사에게 엄히 명하여 방비하게 해야만 한다."라 하였다. 이날 밤에 고구려군이 과연 성에 매달려 내려오는지라 당 황제가 직접 성 아래에 이르러 공격하니 고구려군이 퇴각하였다. 이도종이 여러 군을 독려하여 성 모퉁이에 흙산을 쌓아 그 성을 핍박하면 성안에서도 그 성을 점차 높여 막으니, 사졸이 당번을 나누어 교전하여 날마다 6・7합에 이르렀다. 또한 충차(衝車)와 포석(礮石)으로 성첩(城堞)을 파괴하면 성안에서 목책을 세워 막았다. 이도종이 다리를 다치니 당 황제가 친히 침을 놓았다. 밤낮으로 산을 쌓음에 60일 동안 쉬지 않으니 힘쓴 사람이 50만이요, 산꼭대기가 성에서 몇 길 떨어져 있는데 성안이 내려다보였다. 이도종이 과의(果毅) 부복애(傅伏愛)로 하여금 병사를 거느리고 산꼭대기에 진을 쳐서 대비하게 하였더니 산이 갑자기 무너져 눌러 성이 무너졌다. 마침 부복애가 부대를 사사로이 떠나 있었는데 아군 수백 명이 무너진 성 틈으로 나와 용맹을 떨치고 힘써 싸워 당나라 군대를 격퇴하고 흙산을 빼앗아 차지하여 참호를 파서 지키니 당 황제가 노하여 부복애를 참수하여 순시(徇示)하고 여러 장수에게 명하여 공격하였으나 사흘이 되어도 이기지 못하였다. 때는 늦가을이 되어 변풍(邊風)이 어지럽게 부는지라 풀은 마르고 물은 얼어 당나라 병사 중 전사하거나 병으로 쓰러진 이가 열에 일고여덟이었다. 당 황제가 오래 머무르기 어려우므로 마침내 군대를 돌리거늘 성주 양만춘이 당 황제를 향하여 성에 올라 절하니 황제가 그의 굳센 수비를 훌륭히 여겨 비단 백 필을 내려 임금 섬김을 격려하였다.

성주가 처음에는 합소문의 난에 굽히지 않았고 끝에는 당나라 병사 수십만을 능히 꺾어 요동을 끝내 안전하게 하였으니 그 충절의 뛰어남과 재략의 겸비가 어찌 광세(曠世)의 호걸이 아니겠는가! 청나라 건륭(乾隆) 연간에 우리 사신 홍양호(洪良浩) 씨가 연경(燕京)에 가다가 낭자점(娘子店)을 지나갔는데, 이곳은 안시성에서 백여 리 떨어진 곳이었다. 그때 야인(野人)이 전하기를 "당 태종이 안시성을 공격하다가 패하여 해질녘에 길을 잃어버려 산 위의 닭 소리를 듣고 소리를 찾아가니 어떤 부인이 문을 열고 나와 맞이하여 밥을 차려 굶주림을 구제하였답니다. 황제가 매우 피곤하여 잠들었다가 날이 밝은 뒤에 보니 빈산에 아무도 없고 면전에는 닭의 형상을 한 바위가 있는데 그 볏과 며느리발톱이 천연으로 이루어진 것 같았는지라, 깜짝 놀라 기이하게 여기며 '신명의 도움이 있었구나.' 하고 도읍으로 돌아간 뒤에 명하여 그 땅에 절을 세우고 그 영험을 표하여 계명사(鷄鳴寺)라고 이름지었답니다."고 하였다. 이 이야기를 듣고 속으로 진실로 괴이하게 여기고는 시험 삼아 말에 채찍질하여 가서 찾아보았다. 그랬더니 낭자점에서 10여 리 떨어진 곳에 옛 절이 있어 나무 닭 하나를 봉안해 두었는데, 산 것처럼 새겨져 있었다. 당(堂) 아래에 명나라 사람이 지은 비문(碑文)이 있어 그 이름 붙인 의미가 서술되어 있었다.

사조

삼전가(三典歌) 漢

지난해 뤼순(旅順)전쟁 때 일본 총사령장관 노기 마레스케(乃本希典) 장군의 큰아들 노기 가쓰스케(乃本勝典)가 진저우(金州)전투에서 전사하였다. 얼마 지나지 않아 장군이 군대를 거느리고 진저우(金州)에 당도하여 시를 짓기를 "군마 앞서려 하지 않고 장병들 숨죽이니, 저녁노을 지는 진저우성 밖에 아득히 서 있네〔征馬不前人不語, 金州城外立斜陽〕."라 하니, 일본 사람들이 서로 구전으로 읊었다. 장군이 제 큰아들의 비보를 접할 때 그 집안사람에게 명하기를 "노기 가쓰스케의 장례를 치르지 마라." 하고는 부자(父子) 3명의 초상이 다 당도하기를 기다렸다가 합장하라 하였다. 그러고는 얼마 지나지 않아 뤼순전쟁에서 둘째 아들 노기 야스스케(乃本保典)마저 순절하였다. 그래도 장군의 전승의 명예는 여전히 우뚝한지라 일본인 아무개 씨가 삼전가(三典歌)를 지어 기렸다. 그 노래는 다음과 같다.

형 가쓰스케는 용맹이 뛰어나고	阿兄勝典勇拔羣
동생 야스스케는 문무를 겸하였지	阿弟保典武兼文
아버지는 장군 마레스케이니	乃父將軍名希典
온 집안의 삼전(三典)이 다 종군하였지	一家三典悉從軍

장군이 발인 날 유지(遺志) 전하니 將軍發日告遺志
무인이 명령 버리고 일상을 찾네 武夫捨命尋常事
한 사람 전사에 관 내지 마라 하더니 一人戰死勿出棺
하나 남기고 또 둘 기다렸지 留一且待兩個至

과연 남산의 치열한 전투 때 果然南山激戰時
위험 무릅써 분투하다 큰아들 잃었네 冒險奮鬪失長兄
적군 휩쓴 무정한 뤼순전쟁에 敵殫無情旅順役
나뭇가지 하나 또 꺾였구려 又爲乃木折一枝

비보 접해도 장군의 안색 변치 않으니 接報將軍色不動
장군은 애통하지 않은데 듣는 자만 애통해라 將軍不痛聞者痛
관을 지키는 부인들 감회가 어떤가 棺守夫人感如何
부인은 애통하지 않은데 국민만 애통해라 夫人不慟國民慟

그대는 보지 않았던가 君不見
오호라! 충신 삼남공(三南公)이 嗚呼忠臣三楠公
순절로 보국하니 집안이 다 비었지 殉難報國闔門空
그 장렬함 고금에 비길 만하니 壯烈古今堪相比
삼전의 헌신으로 랴오둥을 취하였지 三典獻身取遼東

신년 축가

회원 송재엽(宋在燁)

신년의 첫날 보배로운 오얏나무에 봄바람 부니
한 심지 향을 피우고 만세(萬世)의 잔을 채워 먼저 우리 황제를 축하하네

남산의 송백(松柏)은 울울창창하고
한강의 유수(流水)는 넘실거리네
상서로운 구름과 온화한 바람 아시아 동쪽 한반도
태극 문양 깃발 빛나는 곳에 집집마다 환호성 들리네
한국이 비록 오래된 나라지만 그 천명이 새로운 것은
하느님이 사랑하시어 우리 동방을 돌보기 때문이네
신년을 당하여 새로운 정신으로
상하가 합심하여 앞으로 나아가보세
막중히 궁궐을 숙청하여
간신배의 출입을 엄금하며
정치를 한번 새롭게 개선해서
조야(朝野)의 인재를 등용한 뒤에
의무와 강제를 실시해서
전국의 교육을 확장할 것이며
법률과 경찰을 개량하여
생명과 재산을 보호할 것이요
충용(忠勇)한 병사를 양성하면
국가를 지킬 울타리와 믿음직한 인재가 될 것이라
사농공상 귀천을 막론하고
각각 그 온 힘으로 직분을 다하면
자유의 권리를 회복한 뒤
독립의 기초를 확립할지니
와신상담을 잊지 마시고
유진무퇴(有進無退)로 나가봅시다
국가가 있은 뒤에 자신과 가족이 있으니
충군애국(忠君愛國) 네 글자를 잊지 마시오

폴란드와 유대인의 사적(事蹟)을 생각하시고
피눈물과 열렬한 마음으로 맹세합시다
삼천리 강토 우리 대한국(大韓國)
세계열강과 나란히 함은 어렵지 않네
당당한 제국의 높은 이름을
육대주에 선양합시다

문원

동물담(動物談) 漢

지나 애시객(哀時客) 원고

애시객이 안석에 기대어 누워 있었다. 그때 옆방에서 갑·을·병·정 네 사람이 서로 떠들면서 동물을 담론하기에 애시객이 귀를 기울여 들었다.

갑이 말하였다. "나는 예전에 일본 홋카이도를 유람할 적에 고래잡이와 동반하였지. 고래 몸통이 몇 리나 되는지 모를 정도였지. 등에 볼록 튀어나온 것이 해수면에 드러났고 면적은 사방 3리였소. 고래잡이가 그 등을 깎아 집으로 삼고서 여기서 밥을 먹고 여기서 잠을 자며 낮에는 그 살을 도려내어 음식을 만들고 밤에는 그 기름을 태워 초를 삼았는데, 이와 같이 한 자가 거의 대여섯 가구였소. 이 밖에도 들러붙어 물어뜯는 물고기, 새우, 자라, 굴, 조개, 대합도 천 마리 이상 되는데도, 저 고래란 놈은 아득히 깨닫지 못한 채 헤엄치고 자맥질하며 거들먹거리며 스스로 바다의 왕이라 여기더군. 내가 고기잡이에게 말하기를 '이놈은 계속 크는 까닭에 아침마다 베어도 줄어드는 바가 없으니, 장차 홋카이도와 수명을 견주겠구려!'라 하니, 고기잡이가 나에게 말하기를 '이놈은 그저 두뇌와 정기와 근력이 없는 까닭에 아침마다 베어도 감각되는 바가 없는 게요. 닷새가 못 되어서 내 가게에 진열될 거요.'라고 하더군."

을이 말하였다. "나는 예전에 이탈리아를 유람했지. 이탈리아 력비다(歷髀多) 산[33]에 거대한 골짜기가 있는데, 그 이름이 '올혈(兀孑)'이라 하더군. 골짜기는 캄캄하여 햇볕이 통하지 않고, 쌓인 물이 사방 수십 리나 되는데 그 가운데 장님 물고기가 있어서 물속 가득히 새끼를 쳤다네. 생물학의 거장인 다윈 씨가 해석하기를 '이 어종은 나면서 눈먼 게 아니다. 골짜기의 지형은 본디 바깥 호수와 연결되어 있었다. 그런데 나중에 화산 폭발로 인하여 분할되어 도랑이 되고 단절되어 통하지 않자 그 호수의 물고기 중에 골짜기에 살던 것이 캄캄한 까닭에 시력이 소용없어지니, 그 성질이 자손에게 전해지고 나날이 누적되고 나날이 멀어져 그 눈이 마침내 폐기된 것이다.'라 하였지. 그런데 수십 년 전부터 광산이 열린 까닭에 호수 골짜기의 경계가 갑자기 개통되어 장님 물고기가 눈뜬 물고기와 다시 섞여 지내게 되니, 생존경쟁의 역량상 대적할 수 없는 터라 장님 어종이 거의 멸종되었지."

병이 말하였다. "나는 예전에 파리 시를 유람했지. 그때 양 도살을 직업으로 삼는 자가 있었다네. 그는 양을 도살할 때 칼과 도마도 쓰지 않고 우리에 가두거나 포박하지도 않고 단지 전기 기계[34]만 가지고 양떼를 빨아들였지. 양이 일일이 스스로 기계의 이쪽 끝에 들어가서 잠시 후에 저쪽 끝으로 나오는데, 그러면 털이 다 깎이고 골수가 다 씻기며 틈새에 따라 깎이고 결대로 쪼개져 머리와 위장과 껍질과 살과 뼈와 뿔이 분리되어 탁자 위에 진열되었지. 옆에서 보던 이들이 다 양떼를 가련히 여겼지만, 저 양이 앞으로 따라가고 뒤로 쫓기면서 평온하고 조

33 력비다(歷髀多) 산 : 미상이다.

34 전기 기계 : 원문에 '電氣'라고 되어 있으나 의미가 애매하다. 『대한협회회보』 제1호(1908)에 실린 「동물담」에 '電機'라 되어 있어 이를 따라 번역하였다.

용하게 한가한 걸음으로 기계에 들어가니, 스스로 몹시 만족한 채로 죽을 때가 이미 닥친 줄 몰랐지."

정이 말하였다. "나는 예전에 런던을 유람했지. 런던의 박물원(博物院)[35]에 사람이 만든 괴물이 있더군. 형상이 마치 사자 같았지만 누워서 생동하는 기운이 없었지. 누가 내게 말하기를 '그대는 이것을 경시하지 마시오. 그 안에 기계가 있어 그것을 한 번 비틀면 어금니를 드러내고 날뛰며 발톱으로 움키고 무는데 사람 천 명의 힘이라도 대적하지 못한다오.' 하기에, 내가 그 이름을 물었더니 그 사람이 '영어로 프랑켄슈타인이라 하오.'라고 하더군. 옛날 지나 공사 쩡지쩌(曾紀澤)가 그 이름을 번역하여 '잠자는 사자〔睡獅〕'라 하였고, 또 '먼저 잠자다가 뒤에 깨는 거물'이라고 하였지. 내가 그 기계를 시험해보니 동력이 아직 작동하지 않았는데 기계가 갑자기 갈라지며 내 손을 쏘았지. 아마도 그 기계가 버려진 지 오래되어 이미 녹슬고 망가졌고 또 그것을 막는 다른 물건이 있으니, 새 기계로 바꾸지 않는다면 이 프랑켄슈타인이란 것이 장차 길이 잠들어 깨지 않을 것 같으니, 참으로 안타깝다!"

애시객이 그 말을 역력히 다 듣고는 묵묵히 생각하고 근심스레 슬퍼하다가 퍼뜩 흥분하여 말하였다. "오호라! 이야말로 우리 4억 명 인민에게 알릴 만하다."

▲ 타인의 사고를 속박하는 자는 하느님의 대죄인이다.

35 박물원(博物院) : 원본에는 '院'으로만 되어 있어 의미가 애매하다. 『대한협회회보』 제1호(1908)에 실린 「동물담」에 '博物院'이라 되어 있어 이를 따라 번역하였다.

시보

12월 16일

○ 남청(南淸) 비적의 난 : 베이징 전보에 이르길, 장시(江西)・후난(湖南)의 폭도는 기세가 심히 창궐하여 관군과 밤낮 접전을 하는데 굴복할 뜻이 더는 없고 장시성(江西省) 의춘현(宜春縣) 관아를 불태우고 리링(醴陵)・핑샹(萍鄕) 간 철도를 점령하였다 한다.

동 18일

○ 미영사(米領事) 자살 : 펑톈(奉天) 전보에 이르길, 펑톈에 근무하는 미국 부영사(副領事)가 자살하였는데 원인은 불명이라 한다.

동 22일

○ 본일 관보에 칙령 제75호로 문관 대례복 개정 건 제15조를 발표하였다.

○ 법무보좌관 내정 : 대구, 전주, 평양, 광주, 진주, 함흥, 공주, 수원, 해주, 충주, 춘천, 영변, 경성(鏡城)에는 보좌관을 두기로 하고, 마산, 부산, 인천, 진남포, 군산, 원산, 성진에는 보좌관보를 두기로 내정되었다.

○ 특사 퇴경(退京) : 도쿄 전보에 이르길, 이특사(李特使) 일행은 본일 오후 2시에 도쿄를 출발하였다 한다.

동 24일

○ 조씨 대배(大拜) : 궁내부 특진관(特進官) 조병호(趙秉鎬) 씨가 의정부 의정(議政)으로 임명되었다.

○ 가례 정・부사(嘉禮正副使) : 의정부 의정대신 조병호 씨는 가례시정사(嘉禮時正使)로 임명되고 궁내부 특진관 김병익(金炳翊) 씨는 동 부

사(同副使)로 임명되었다.

동 25일

○ 농상공부 협판(協辦) 신임(新任) : 중추원 부찬의(副贊議) 황철(黃鐵) 씨는 농상공부 협판으로 임명되었다.

○ 예수 탄생일 : 본일은 예수 그리스도가 세상에 오신 날인 고로 경성 내 장로교회, 감리교회, 천주교회 각파에서 성대한 축하를 행하였다.

동 27일

○ 의장 사직〔疏遞〕 : 전 참정(參政) 한규설(韓圭卨) 씨가 중추원 의장으로 임명되었는데 본일 상소를 아뢰고 물러났다.

○ 특사 영접 : 이특사 일행이 이틀 후 입성(入城)하기에 내부 협판 최석민(崔錫敏) 씨가 영접 차 부산까지 나아갔다.

동 29일

○ 특사 복명(復命) : 특사 이지용(李址鎔) 씨는 본일 오후 5시에 입성하여 즉시 입궐하여 복명하고 약 8시간 동안 상주(上奏)하였다.

1월 4일

○ 의장 신임 : 궁내부 특진관 서정순(徐正淳) 씨는 중추원 의장으로 임명되었다.

6일

○ 내부 협판 체임(遞任) : 내부 협판 최석민 씨가 체임되었다.

7일

○ 궁상(宮相) 경질(更迭) : 궁내부대신 윤용구(尹用求) 씨는 상소를 올려 사직하고 시종무관장(侍從武官長) 심상훈(沈相薰) 씨가 임명되었다.

8일

○ 의정부 직원 분과 규정 : 의정부 소속 직원 분과 규정 제12조가 반포되었다.

○ 가례(嘉禮)와 특사 : 도쿄 전보에 이르길, 한국 황태자 가례에 대하여

궁내대신 다나카 미쓰아키(田中光顯)를 특사로 한국에 파견하라는 내명이 있으셨고 이토(伊藤) 식부장(式部長), 오기(大木) 시종무관, 구리하라(栗原) 궁내서기관이 수행원으로 임명되었다 한다.

○ 페르시아 왕 붕어(崩御) : 로이터 통신에 이르길, 각국 외교관은 본일 페르시아 왕 붕어의 통지를 접하였다 한다.

10일

○ 대사(大使) 행정(行程) : 도쿄 전보에 이르길, 다나카 대사 일행은 17일 도쿄를 출발하여 19일 시모노세키(下關)에서 군함 가사기(笠置)호를 탑승하고 부산에서 내린다 한다.

11일

○ 파블로프 씨 피살 : 로이터 통신에 이르길, 러시아 군법회의 검사장(檢事長) 파블로프 대장이 상트페테르부르크에서 암살을 당하였다 한다.

12일

○ 21인 학생의 단지(斷指) : 일본 유학생감독 한치유(韓致愈) 씨가 학부에 보고하길 "일본 도쿄 유학생 최창조(崔昌祚) 등 30인이 작년부터 일진회에서 파견하여 유학하는데 작년 7월부터 학비를 발송하지 않아 연말에 이르러서는 식비·의료비와 학교 월사금으로 진 빚이 4천여 원이 되어, 지난달 30일에 이들이 여관 주인에게 쫓겨나게 되어 본 감독부로 일제히 왔습니다. 30인 중 21인이 깊은 밤 아무도 모르게 무슨 상의가 있었던지 각기 손가락을 한 마디씩 잘라 그 자른 손가락을 하나씩 감싸고 그 흐르는 피로 한마음으로 바라는 바를 적어서 본 감독부에 보내왔습니다. 그 글을 접수한즉 담긴 내용은 '천도교주 손병희(孫秉熙)와 일진회장 이용구(李容九) 2인이 지금 교(敎)라는 둥 회(會)라는 둥 명목상으로는 비록 분립되어 있으나 그 근본은 하나다. 손·이 2인이 지난 갑진년(甲辰年) 가을에 일진회를 세워 보국안

민(保國安民)을 칭하고 독립의 기초를 공고하게 할 취지를 13도 각 군에 널리 알리니 단발하고 입회한 자가 수백만 명이었다. 회원 중에서 20여 명을 일본 도쿄에 파견하여 유학하게 하니 전후 학생이 도합 50여 인인데, 학비를 작년 7월부터 지금까지 끝내 지불하지 않아 50여 명 중에 먼저 귀국한 자 20인이요 남은 자 30인이다. 손・이 2인이 교육이라는 명목으로 의연금 기백만 원을 거둬들여 사용하고 전연 돌아보지 않으니, 세상에 어찌 이상한 무리가 이리도 많은가. 학생 21인이 이에 혈심(血心)으로 결의하여 졸업 전까지는 어떤 경우라도 죽음을 각오하고 돌아가지 않기로 단지동맹(斷指同盟)을 맺는다.'라 하였습니다. 이에 보고하니 일진회장을 시급히 지휘하여 미지불 학비와 앞으로의 졸업 기간에 들어갈 통계적 비용을 발송케 하십시오."라 하였다.

13일

○ 특사 영접 준비 : 일본 궁내대신 다나카 미쓰아키 씨가 특사로 내한함에 대하여 내부에서 경부선이 지나는 도의 각 관찰부에 훈령하여 특별히 정중한 예로 특사를 영접하라 하였다.

14일

○ 경무사(警務使) 사직 : 경무사 박승조(朴承祖) 씨가 상소를 아뢰고 물러났다.

○ 일식(日蝕) : 일식분(日食分)이 6분 42초인데 초휴(初虧)가 미정(未正) 2각 11분이니 서북이요, 식심(食甚)이 신초(申初) 3각 4분이니 정북(正北)이요, 복원(復圓)이 신정(申正) 3각 5분이니 동북이었다.

15일

○ 경무사 서리(署理) : 중추원 찬의(贊議) 김사묵(金思默) 씨가 임시 서리 경무사 사무의 명을 받았다.

○ 특사 여관 : 일본 다나카 궁내대신 일행의 여관은 황제 폐하의 성의

(聖意)를 받들어 정동(貞洞) 손탁호텔〔孫澤孃邸〕로 확정하였다.

○ 경관 제등(提灯) 규제(規制) : 관보에 칙령 第82호로 경찰 관리 및 감옥 관리의 제등 규제가 반포되었다.

16일

○ 궁상(宮相)이 칙령을 받다 : 일본 궁내대신 다나카 미쓰아키 씨가 특사로 내한함에 폐하께서 궁내부대신 심상훈(沈相熏) 씨를 특사로 정하여 남대문역까지 마중 나가라 하시었다.

○ 장학(奬學)의 너그러운 비답 : 표훈원(表勳院) 총재 민영휘(閔泳徽) 씨가 사직 겸 언사소(言事疏)를 올렸더니 아래와 같은 너그러운 비답을 내리시어 인재 등용의 길을 크게 열어주시었다.

비지(批旨) : 상소를 보고 경(卿)의 간절한 마음을 잘 알았다. 맡고 있는 직무들이 모두 긴요한 것이니 사직해서는 안 된다. 근래 공・사립학교의 설립이 점차 이루어지고 있으니 인재가 많이 배출되는 것을 볼 수 있겠지만, 밤낮으로 급급히 서둘러서 민간의 부녀들과 어린아이들까지도 배우지 않는 사람이 없게 하여 백성들을 크게 새롭게 함으로써 우리의 반석 같은 기초를 공고히 하자면 또 별다른 방략(方略)을 세워 계도하고 깨우쳐서 인재를 양성하는 성과를 이루도록 속히 도모해야 할 것이다. 짐이 밤낮으로 근심하고 부지런히 정사에 힘써 정신을 집중하여 주의를 기울이고 있는 일이 이것이다. 그런데 지금 경의 상소를 보니, 말미에 진술한 내용은 정성이 담겨 있고 현재의 정사에 딱 들어맞는다. 그 연합하는 형세와 교육의 발달에 대한 것은 반드시 논한 바대로 한 뒤에야 나라와 백성이 안전하게 될 수 있을 것이니, 비록 우둔하여 문자를 모르는 사람이라 하더라도 그 말을 들으면 또한 통렬히 반성하여 경계하고 힘써 각자 나라를 위하고 자신과 집안을 위한 일에 분발하여 힘쓰게 될 것이다. 그리고 지금부터 내외의 주・판임관(奏判任官)은 학교를 졸업한 사람이 아니면 뽑지 말고 의망(擬望)하지 않는 것을 정식으로 삼도록 하라. 학부(學部)로 하여금 상소 원본의 내용을 포함하여 말을 만들어 서울과 각 해당 부(府)・군(郡)・방(坊)・곡(曲)에 널리 알리게 하라. 그리하여 백성들로 하여금 방도를 알고 그 방향으로 따라가도록 하라.

회보

제3회 통상회록

광무 11년 2월 5일 오후 6시에 본 회관에서 개회하고 회장 정운복(鄭雲復) 씨가 자리에 올랐다. 서기가 이름을 점검하니 출석원은 38인이었다. 서기가 전회 회록을 낭독함에 착오 부분이 없으므로 바로 받아들였다. 회계원 김달하(金達河) 씨는 12월 회비 수입・사용액을 보고하였고, 사범야학교 설립방법위원과 지방 권유위원(勸諭委員) 추천은 이갑(李甲) 씨 등 5인이 보고하였다. 장재식(張在植) 씨가 제의하기를 "지방 권유위원으로 추천된 이는 불일간 출발케 하자." 하여 이달원(李達元) 씨의 재청으로 가결되었다. 김달하 씨가 제의하기를 "평북 권유의원을 아직 추천・선정하지 않았으니 잠시 안을 유보하자." 함에 장기학(張起學) 씨의 재청으로 가결되었다. 평의원 이달원, 김유탁(金有鐸), 김기주(金基柱) 3인의 사면 청원을 바로 수용하였다. 구성 군수(龜城郡守)와 상원 군수(祥原郡守)의 답신을 공포했다. 함종군(咸從郡)에서 입회 청원한 18인 및 찬성원 2인과 강서군(江西郡) 입회 청원인 18인 및 찬성원 1인과 평양군(平壤郡) 입회 청원인 21인의 입회를 허가하였다. 김희선(金羲善) 씨가 제의하기를 "사면한 평의원 3인을 대신할 이를 공천으로 선정하자." 함에 김명준 씨의 재청으로 가결되니 김동기(金基東), 김병도(金秉燾), 오규은(吳奎殷) 3인이 선출되었다. 교제원 김석태(金錫泰) 씨가 보고하기를 "본 회원 김규진(金圭鎭) 씨가 몇 달째 병에 시달리다 이제 병원 치료 중이기에 본회 총대(總代)로서 가서 문안하였노라." 하였다. 시간이 다하여 김달하 씨 제의에 강화석(姜華錫) 씨의 재청으로 폐회하였다.

제2회 특별총회록

광무 11년 1월 13일 오후 6시에 본 회관에서 개회하고 회장 정운복씨가 자리에 올랐다. 서기가 이름을 점검하니 출석원은 38인이었다. 서기가 전회 회록을 낭독함에 착오처가 없으므로 바로 받아들였다. 김봉관(金鳳觀) 씨가 제의하기를 "지방 권유위원을 보내는 기한은 양력 1월 20일 이내로 정하자."고 함에 김기주 씨의 재청으로 가결되었다. 장재식 씨가 제의하기를 "권유의원 2인의 여비는 우선 실비로 지불하게 하되 각각 60원씩 지급하자." 함에 김명준 씨의 재청으로 가결되었다. 태극학회 회장 장응진(張膺震) 씨의 공함을 낭독하였다. 김명준 씨가 제의하기를 "일본 도쿄에서 유학하는 천도교에서 파견한 학생 21인이 단지동맹(斷指同盟)을 한 일은 매우 참측(慘惻)하고 매우 격렬하다. 그 참측함에 슬픔을 말할 수 없고 그 격렬함에 기쁨이 무궁하거니와, 그 구급 방책을 강구하지 않을 수 없을 것이니 일반회원은 마땅히 방편에 따라 의연해 1주일 내로 송금하자." 함에 김석관 씨(金錫權) 씨의 재청으로 가결되어 당일 의연금이 190여 원에 달하였는데 그 가운데 이정수(李政秀) 씨는 매월 3원씩 연조(捐助)하기로 하였다. 김명준 씨가 특청하기를 "지방사무소 규칙기초위원 3인을 선정하자." 함에 이의가 없었다. 위원은 김명준, 류동작(柳東作), 김유탁 3인이 선정되었다. 이정수(李政秀)

씨가 특청하기를 "사범학교 교장 1인, 교감 1인을 선정하자." 함에 이의가 없었다. 교장은 박은식(朴殷植) 씨, 교감은 김달하 씨가 선정되었다. 평양 김승식(金升植) 씨가 보낸 서신을 공포하였다. 시간이 다해서 최재학(崔在學) 씨의 특청으로 폐회하였다.

회원 소식

12월 20일 김명준, 여병현(呂炳鉉) 두 사람은 중추원 부찬의(副贊議)로 임명되었다.

동 15일 이택규(李澤奎) 씨는 벽동 군수(碧潼郡守)에서 해임되고 박인옥(朴麟玉) 씨가 임명되었다.

▲ 인간에게 있어 병중 최대의 근심은 수치를 알지 못하는 일이다.

신입회원 씨명 제3회

김두형(金斗衡) 박영선(朴泳善) 나인기(羅寅紀) 김동원(金東元)
최광옥(崔光玉) 박주진(朴胄鎭) 전재풍(田在豊) 김봉천(金奉天)
강준빈(康俊彬) 안태국(安泰國) 송종원(宋鍾遠) 전덕용(田德龍)
문정찬(文廷燦) 이찬익(李燦益) 변창혁(邊昌爀) 윤덕삼(尹德三)
장재명(鄭在命) 곽용훈(郭龍勛) 김종섭(金宗燮) 차이석(車利錫)
노경오(盧敬五) 김두화(金斗和) 김윤화(金允和) 백윤식(白潤植)
차능준(車能俊) 배응순(裵膺淳) 이태주(李泰周) 김세봉(金世鳳)
최득평(崔得枰) 심규섭(沈逵燮) 곽병태(郭炳泰) 최익호(崔翼浩)
장병일(張炳一) 장문찬(張文瓚) 황한주(黃漢柱) 곽정찬(郭貞璨)

장종하(張宗河) 곽태건(郭泰鍵) 한용묵(韓用默) 심익표(沈益杓)
김홍서(金弘叙) 정제만(鄭濟萬) 김최건(金最鍵) 정병선(鄭秉善)
백무흠(白舞欽) 김기섭(金基燮) 이면희(李冕熙) 박래희(朴來羲)
김승철(金承哲) 김준민(金俊敏) 한명기(韓命琦) 김병탁(金秉鐸)
김병억(金炳億) 이민두(李珉斗) 민준호(閔俊鎬) 안영학(安榮鶴)
장기학(張起學) 임기반(林基磐) 김승원(金承元) 장의택(張義澤)
류광열(柳光烈) 이상래(李祥來) 조병은(趙炳殷) 계영삼(桂英三)
김지용(金之龍) 홍창제(洪昌杰) 류해영(柳海永) 신해용(申海容)
장덕환(張悳煥) 이정현(李正鉉) 노영식(盧永軾) 조병훈(趙庚薰)
김능준(金能畯) 권시국(權始國) 박희창(朴熙昌) 이석윤(李錫潤)
김진건(金晋健) 김상주(金尚柱)

(회원 김유탁(金有鐸) 씨의 연설)[36]

11년 1월 2일에 서울에 있는 양서(兩西)의 학원(學員)을 요청해 간친회를 열었는데 회원 김유탁(金有鐸) 씨의 연설이 다음과 같다.

본회가 설립한 이유는 취지서와 월보, 수차례의 회의 석상에서 여러 분들이 연설로 설명하였으니 군더더기 말을 할 필요가 없겠습니다.

다만 본 학회가 설립한 이후로 동서양의 뜻있는 군자들이 실심(實心)으로 찬성하시는 성의와 다른 도의 인사(人士)가 경쟁적으로 학회를 연이어 발기하는 것과 본도(本道) 내 동포의 흥기하는 정도에 대하여 얼마나 감사하고 기쁜지 모르겠습니다. 근년 이래로 각 사회의 흥폐(興廢)가

36 원문에는 이 기사에 대한 제목이 붙어 있지 않다. 기사 구분 및 편집상 편의를 위해 임의로 제목을 달았다.

하나가 아니었으나, 본회의 경우는 나아감만 있고 물러섬이 없으리라는 것을 정녕코 예언할 수 있습니다.

어떻게 추측할 수 있는가 하면, 오늘날 우리 한국이 열강에게 노예의 대우를 면하지 못함은 전국 2천만 동포의 동일한 치욕이요, 우리 양서의 경우는 이전 몇백 년간을 본국에서 우등한 지위를 잃은 곳이라, 천도(天道)는 반드시 오고 감이 있고 인사(人事)는 반드시 굽힘과 폄이 있으니 오늘날을 맞아 문화를 개진해 국보(國步)를 발전하게 하는 대사업이 우리 양서의 인사(人士)에 있는 것은 천도의 당연이요 인사의 필연입니다.

우리 양서의 인사가 이때를 그대로 지나치고 시들고 약해져 떨쳐 일어나지 못하면 하늘이 주신 좋은 기회를 앉아서 잃음이니, 단지 국가의 죄인만이 아니요 곧 상천(上天)의 죄인일 것입니다. 대략 생각해보건대 사십 이상의 사람은 총명이 쇠퇴하고 집안 걱정에 가로막혀 학문에 종사하기 어렵지만 청년자제들을 지도하고 권면하는 것은 진실로 그 책임이니, 일반 청년자제가 거의 대부분 학문이 진취하여 지식이 발달하고 재기(材器)가 성립하면 국권 회복하는 실력이 다른 데에 있지 않을 것입니다. 무릇 우리 동포가 이때를 맞아 국가의 존망과 인류의 생멸이 오직 교육에 부지런한지 게으른지에 있다는 것을 명확하게 안다면 어찌 마음을 다하지 않으며 어찌 힘을 다 쓰지 않겠습니까. 그리하여 세상을 염려하고 나라를 걱정하는 선비가 시무의 필요에 대해 말할 때면 반드시 "교육, 교육"이라 하니, 그런 까닭에 청년자제를 교육하기 위해 곳곳에 학교를 설립한다는 잡보와 광고가 어느 날이든 어떤 신문이든 실리지 않는 날이 없으나, 그 학교의 기본금이 얼마인가를 물으면 늘 뜻있는 인사의 기부금으로 성립되었다고 합니다.

기부금이라 하는 것은 일시에 뜻있는 신사가 애국애인(愛國愛人)하는 혈성으로 몇백 환, 몇십 환씩 기부하는 것인데, 오늘날 이 학교에 몇십 환, 내일 저 학교에 몇백 환을 보조할지라도, 각 학교에서 일상적으로 사용하는 비용은 점차 다하고 기부하는 사람도 요구에 응하기 어려워 성심이 점차 엷어지면 결국 학교의 상황이 조잔(凋殘)해져 시작은 있으나 끝이 없는 경우에서 벗어나지 못하니 경향 각처를 물론하고 학교의 적립금이 부족함을 걱정하지 않는 곳이 몇 개 학교나 되겠소.

나는 평양 사람입니다. 평양 각 학교의 정황을 목도하거나 경성 각 학교의 실상을 듣더라도 올해 폐학의 지경에 가까운 곳이 파다하니, 이는 국민의 의무교육이 실시되지 않는 연고입니다. 오늘날 국력이 부패하고 장차 인종이 절멸할 경우에 처하여 어찌 통곡하며 눈물을 흘리지 않으리요. 그 국가를 보전하고 그 인종을 보호하고자 함은 인지상정인데 어떤 사람은 여하한 혈성으로 재산을 아끼지 않아 학교의 기부를 혼자 담당하며 어떤 사람은 팔짱을 끼고 환난을 모른 체하며 흥망성쇠에 관계된 바가 없다 하리오.

국민의 의무는 각각 자기의 어깨 위에 짊어진 책임이 될뿐더러 의무교육을 실시한 후에야 인재를 양성해 국권을 회복할 것이니, 오직 우리 서도(西道)의 동포가 자강회의 헌의(獻議)도 묻지 않고 정부의 실시도 기다리지 않고 자가(自家)의 일을 자기가 실행하는 것은 당연한 의무입니다.

본도 청년교육을 위해 힘을 다해 결실을 맺으면 한 사람의 곤궁함과 고달픔으로 만인이 쾌활할 것이오, 학비를 위해 한 집안이 재산을 탕진하면 백 사람이 성공해 한 나라가 부강하고 동양이 부강하여 세계열강과 나란히 서는 날을 볼 수 있을 것이니, 여러분은 그 이해 여하를 헤아려보시기를 바랍니다.

▲ 선인(先入)의 편견을 위주로 하는 사람은 진리를 관찰할 수 없다.

기함(寄函)

강서(江西) 회원 백순흠(白舜欽)

엎드려 생각건대, 삭풍이 차가운 눈을 몰아오니 수많은 산이 옥으로 만든 화살촉 같고, 흰 달이 장공(長空)에 나오니 온 세계가 금빛 바다로다. 짧은 대지팡이를 가지고 굽은 행랑으로 나와 서성이며 사방을 둘러보니, 느긋한 한 마음은 산음(山陰)의 고사(高士)인지 일엽편주로 섬계(剡溪)로 날아갈 생각도 들고,[37] 처연히 짧은 슬픔은 복상(濮上)에 가는 길손인지 「북풍(北風)」 삼장(三章)으로 좋아하는 이와 손잡고 떠날 생각도 든다.[38] 곧이어 서창(書窓)을 밀치고 다시 청등(靑燈)을 대하여 『월보』 한 편을 읽어보니, 글자마다 정문일침(頂門一針)이요 구절마다 경종(警鍾)이라. 자강(自强)의 취지도 좋거니와 우리 서우(西友)의 애태우는 마음과 피 끓는 정성으로 전성(全省)의 동포를 불러 깨우고자 하니, 흠앙하는 와중에 한층 분발하는 마음이 자연히 활동하여 남쪽 하늘을 멀리 바라보며 한 마디 축원을 전하오며, 윤필(潤筆)의 자금으로 지폐 3원을 보내드리옵니다. 이것이 감히 '세상에 보탬이 되겠다.'고 하는 것이 아니라 그저 말석에 참여하는 작은 정성을 표하는 것이요, 또한 온 세상에 북적북적 번성한 많은 인민을 향해 이로써 격렬히 권면하는 것입니다. 그저 바라건대, 여러분께서 굽어살피신 후 사무를 더욱 확장하시는 것이 구구한 저의 소망입니다.

---

37 산음(山陰)의……들고 : 벗을 만나러 간다는 뜻이다. 중국 남북조 진나라 때 산음에 살던 왕휘지(王徽之)가 눈 오는 날 섬계에 사는 친구 대규(戴逵)를 만나러 배를 타고 갔다가 거의 도착할 무렵 눈이 그쳐 흥이 다하여 만나지 않고 그냥 돌아왔다는 고사를 차용하였다.

38 복상(濮上)에……든다 : 망명할 생각이 든다는 뜻이다. 「북풍」은 『시경』 「패풍(邶風)」에 실린 시로서 위(衛)나라가 혼란하여 백성들이 손잡고 나라를 떠나려 한다는 의미로 읽혔다. 여기에 위(衛) 영공(靈公)이 복수(濮水) 가에서 망한 나라의 노래를 들었다고 하는 고사를 함께 사용하였다.

*

강서 회원 김기섭(金基燮)

양서(兩西) 지역을 이끌어 연합하여 단체를 이루고 붓 하나를 가지고 비평하여 국면을 이루어 당세의 이목을 경계시키고 국민의 의무를 신장시키는 것이 바로 우리 서우학회의 취지입니다. 『월보』를 접수함에 이르러 두 손으로 받아들고서 반복해서 읽어보고는 기뻐 펄쩍 뛰며 저도 모르게 수염을 치키며 손뼉을 쳤습니다. 손 모아 축원하는 지극한 정으로 보잘것없는 작은 정성을 대략 표하여 지폐 2원을 보내드리옵니다. 굽어 받으신 뒤 본보에 기재하여주시기를 애써 바랍니다.

*

강서 회원 정병선(鄭秉善)

천하의 일은 감응[感]에 따라 결합되고 감응이 쌓여 이뤄지는 것이니, 감응이라고 하는 것은 무엇이겠습니까. 대저 사람들은 서로 살아가면서 정과 정이 서로 맞닿고 뜻과 뜻이 서로 부합하며 소리와 소리가 서로 반응하고 기운과 기운이 서로 통하면, 그 사귐이 맑게 되는 것이 마치 가을 달이 시내에 비추어지는 것과 같고 신령스러운 것이 마치 연서(燃犀)[39]가 바다에 비추어지는 것과 같습니다. 그래서 생각을 얽어 놓을 겨를 없이 자연스럽게 의기투합하게 되어 이에 우도(友道)가 세워지고 학회의 의리가 드러나게 되는 것입니다. 만약 무리를 떠나 홀로 쓸쓸히 지내면서 다른 사람들과 더불어 사귀지 않고 서로 손을 잡고 함께 하지

---

39 연서(燃犀) : 무소뿔을 태운다는 뜻으로, 오랫동안 숨어 지낸 괴물을 불로 비추어 보는 것을 말한다. 동진(東晉) 때 온교(溫嶠)가 우저기(牛渚磯)에서 천 년 동안 숨어 지낸 괴물을 무소뿔을 태워서 찾아냈다는 고사가 있다.

않으면 세력이 장차 나의 정과 함께 사라져 아무것도 남는 것이 없을 것입니다. 감응은 어디서 생겨나겠습니까. 여기에 사람이 있으면 무리가 생겨날 것이고 정이 있으면 감응도 생겨날 것입니다. 지금 한 사내가 잔잔한 물처럼 평안히 앉아 문득 책을 보다가, 어떤 고난에도 굽히지 않는 옛사람들의 굳은 절개와 특별한 행실이 백 번 꺾일지언정 휘어지지 않고 만 번 고난을 겪어도 자신을 돌아보지 않는 것을 보고는 뇌와 심장에 자연스레 충동이 일어 마치 눈앞에 닥친 일인 듯 느껴 시대를 뛰어넘어 간격이 없는 듯 생각되거늘, 하물며 같은 시대를 함께 살아가고 같은 공간에서 함께 살면서 마음과 의리를 이렇게 함께하는 자에 있어서랴. 또 하물며 하늘의 노여움을 만나 부진한 시대에 태어나서 모두 함께 침몰하는 지경에 들어선 자에 있어서랴. 쓸데없는 걱정을 하는 것은 사람이면 누군들 그러지 않으리오. 돌아보면 이렇듯 천한 사람이 궁한 집에 틀어박혀 미천한 한 몸으로 실로 이 세계의 경중(輕重)과 손익(損益)을 따지기는 어려울 것입니다. 그러나 이미 국민의 한 분자가 되어 다만 하나의 지위를 충당할 수는 있을 것이요 그 하나의 지위를 양보할 필요는 없을 것입니다. 사방을 둘러보면 멀고 긴 밤에 채찍질하며 나아가도 그 가는 곳을 알지 못하나, 한 줄기 서광이 마음에서부터 일어나 자강(自强)의 광선으로 이미 앞길을 열어주고 『서우』의 행적이 뒤에 일어난 먼지를 다시 깨끗하게 해줄 것입니다. 그대들이여, 치마를 걷고 발을 적시는[40] 마음과 긴 창을 든 님[41]에 대한 정성이 마음에 가득하여 명부(名簿)의 끝에 이리저리 뒤섞입니다. 추운 날씨에 갈 길은 먼데 머

---

40 치마를……적시는 : 원문 '蹇裳'은 '蹇裳濡足'을 줄인 말이다. 무엇을 얻기 위해 치러야 할 최소한의 대가를 뜻한다.

41 긴 창을 든 님 : 『시경(詩經)』 「위풍(衛風)」 편에 나오는 구절이다. 원문은 '伯也執殳'로 '伯兮朅兮, 邦之桀兮, 伯也執殳, 爲王前驅'의 일부이다. 오래도록 정역(征役)에 종사하는 남편을 위해 부인이 이 시를 지었다고 한다.

뭇거리다가 앞으로 나아가지는 못하고 고국으로 돌아가려니[42] 서글픔이 어떠하겠습니까. 속담에 "일편단심으로 서로를 비추면 구름 낀 산에도 막힘이 없다."고 하였으니, 우러러 생각해주십시오.

여러분들은 이미 한 쌍의 대원경(大圓鏡)을 한산(漢山)의 남쪽에 내걸었습니다.[43] 종종 파릉도(披陵島)[44]에서와 같이 추장이 스스로 그 수염과 눈썹을 보며 그 정상(情想)을 궁구할 것이니, 부디 수시로 털고 닦아서 먼지가 일지 않게 하기 바랍니다.[45] 엎드려 고대합니다.

여러분들의 맡은 바 일이 더욱 증가하고 사무가 확장되기를 바라며 지폐 2원을 보내드리오니, 힘든 상황 속에서도 침이나마 묻히는[46] 보탬이 되기를 엎드려 바랍니다.

*

평양 회원 임기반(林基磐)

대체로 소나무가 무성하면 잣나무가 기뻐하는 것은 그 지절(志節)이 서로 합치해서이고, 호박이 겨자씨를 끌어들이고 자석이 바늘을 끌어당

---

42 고국으로 돌아가리니 : 원문은 '班荊'이다. 춘추시대 초(楚)나라 오거(伍擧)가 정(鄭)나라로 도망친 뒤, 친구인 성자(聲子)와 교외 들판에서 형초(荊草)를 깔고 앉아 고국에 돌아갈 것을 의논했던 고사에서 나왔다. 『춘추좌씨전』 「양공(襄公)」 편에 나온다.

43 여러분들은……내걸었습니다 : '대원경(大圓鏡)'은 부처가 가지는 네 가지 지혜의 하나로, 큰 거울에 만물이 비치듯이 모든 진리의 모습을 보여주는 지혜를 이른다. '한산(漢山)'은 북한산의 옛 이름이다.

44 파릉도(披陵島) : 미상이다.

45 부디……바랍니다 : 불교 선종의 제5조 홍인선사(弘忍禪師)의 상좌(上佐)인 신수(神秀)가 게(偈)를 적기를 "몸은 바로 보리수요 마음은 명경대와 같으니, 수시로 부지런히 털고 닦아서 먼지가 일지 않게 하라〔身是菩提樹 心如明鏡臺 時時拂拭勤 勿使惹塵埃〕." 하였다.

46 침이나마 묻히는 : 『장자(莊子)』 「천운(天運)」에 나온다. 원문 '濡沫'은 내에 물이 말라 몸이 드러난 물고기가 서로 침으로 상대를 적셔 준다는 말로, 곤경에 처한 사람이 서로 돕는 것을 이른다.

기는 것은 그 기미(氣味)가 서로 감응해서입니다. 아아, 저 식물도 오히려 서로 합치하고 서로 감응하는 마음이 있는데, 사람이 그러지 못하겠습니까. 최근에 뜻있는 선비와 뛰어난 인물들이 절치부심해서 일어나 문명의 사회를 하나하나 실시하고 있는데, 나같이 재주 없는 자는 비록 그 사이에서 한마디 말로써 기리지 못한다 하더라도, 다만 구차하게 이마를 땅에 대고 비는 일편단심의 마음을 그만둘 수는 없을 것입니다. 특히 서우학회에 대해 한층 좋아하는 마음을 갖는 것은 곧 뜻이 같고 기운이 같기에 그러지 않을 수 없는 것입니다. 그러므로 감히 비천한 말로써나마 동감〔同情〕을 표합니다. 지금 '서우' 두 글자는 다만 이름을 살펴보고 뜻을 생각하면 그 범위가 협소하고 또 행여나 이쪽저쪽 경계가 구분 지어진 듯 보이지만 어찌 꼭 그러하겠습니까. 바다는 반드시 발원지가 있고 가정은 반드시 기초가 있는 것이니, 지금 삼천리 우리 강산에 학회의 시초가 되는 것이 바로 서우입니다. 오늘 한강 이북에서 권면하고, 내일은 호남에서 권면하고, 또 그다음 날에 관동 지역에서 권면해서 마침내 여러 단체들이 합쳐서 하나가 되면, 서우학회는 곧 바다의 발원이요 가정의 기초라 할 것입니다. 오호라! 우리 서우여, 이전 시대의 귀족의 편색(便色)과 당파의 화(禍)를 거울삼아 완전하고 원만한 애국 사상을 더욱더 분발시키고 학회를 세운 취지를 정점에 도달하게 하면, 우리 한국이 중흥할 조짐이 틀림없이 서우에서부터 있게 될 것이니, 어찌 진심으로 축하하지 않겠습니까. 저는 본래 가난한 선비이기에 감히 저의 보잘것없는 정성을 다하여 신화(新貨) 1환을 보내니, 혹시라도 본 학회의 재정에 도움이 되고자 합니다. 엎드려 우러르고 머리 숙이며 다시 한번 엎드려 칭송합니다. 여러분 모두에게 만복이 깃드시길 바랍니다.

*

평양 김승식(金升植) 漢

삼가 아룁니다. 저는 고향에 있을 때 귀 학회가 조직되었음을 듣고는 이루 말할 수 없을 만큼 크게 감동하였습니다. 일전에 서울에 갔을 때 그날 오후 6시에 특별회가 열린다기에, 말하기를 "존경할 뿐 아니라 이루 다 표현할 수 없을 만큼 축하할 일이다. 비록 내가 어리석지만 또한 서우의 한 사람으로 어찌 동참할 뜻이 없으리오." 하고는 즉시 달려가 참석하고자 했는데, 갑자기 감기에 걸려 자리에 누워서 일어나지 못하고 고생하였습니다. 그래서 성의를 표하지 못했기에 지금이라도 지폐 2환을 보내드림을 다행으로 생각합니다. 영광 받으시고 널리 알려지고 아울러 여러분들에게 복이 가득하길 바랍니다.

*

개성 박성호(朴性浩) 한

삼가 아룁니다. 지금의 20세기는 어떠한 시대입니까? 생존경쟁 생존경쟁하는 시대라 우승열패하고 약육강식하는 것은 당연한 사실이라 하겠습니다. 그렇다면 그 우등함과 강함은 무엇을 좇아 생기는 겁니까? 다만 교육이 중요하다는 것은 지혜로운 자의 말을 기다릴 것도 없이 다 아는 바입니다. 그러니 교육에 힘쓰지 않을 사람이 누가 있겠습니까? 하물며 우리나라의 현상을 의논하면 제일 급선무가 어떤 경우라도 교육입니다. 본인은 미천하지만 나라를 걱정하는 마음이 간절하여 밤낮으로 생각이 '어찌하면 교육을 확장할까?' 하던 때에, 들으니 양서(兩西)의 뜻있는 여러분들께서 이 학회를 설립하고 교육을 확장할 방법을 강구하며 동포를 권면한다 하니, 감회를 이기지 못하겠습니다. 제가 신화(新貨) 2환의 구구한 정성을 표하오니 수납하여 주시기 바랍니다. 더불어 모든 분들이 나라를 위해 몸을 아껴 보전하시기를 간절히 바랍니다.

회계원 보고 제3호

4환 15전 회계원 임치 조(條)
14환 3전 월보 대금 수입 조, 우편 비용 포함
합계 18환 18전

○ 제3회 입회금 수납 보고

권오익(權五翊) 오치은(吳致殷) 김두형(金斗衡) 신석준(申錫俊)
나인기(羅寅紀) 김정서(金鼎瑞) 김재성(金載成) 신석화(申錫華)
안영학(安榮鶴) 김봉관(金鳳觀) 김귀희(金龜禧) 장기학(張起學)
김인식(金仁植) 임기반(林基磐) 김승원(金承元) 홍순용(洪淳瑢)
장의택(張義澤) 이상래(李祥來) 계명기(桂命夔) 옥동규(玉東奎)
민치갑(閔致甲) 송우영(宋禹榮) 전면조(全冕朝) 한형진(韓亨鎭)
정관조(鄭觀朝) 양대록(楊大祿) 오희원(吳熙源) 신석충(辛錫忠)
류해운(柳海運) 민준호(閔駿鎬) 김지룡(金之龍) 윤기선(尹琦善)
김장환(金章煥) 장덕환(張悳煥) 이규영(李奎濚) 이승현(李承鉉)
각 1환씩
합계 36환

○ 제3회 월연금 수납 보고

김두형(金斗衡) 1환 10전 10년 12월부터 11년 5월 6일까지
김정서(金鼎瑞) 40전 10년 12월부터 11년 1월 2일 조까지
김구희(金龜禧) 40전 10년 12월부터 11년 1월 2일 조까지
김명준(金明濬) 2환 10년 10월부터 11년 9월까지 1개년
박은식(朴殷植) 1환 10년 10월부터 11년 2월 5일까지
김홍연(金興淵) 40전 10년 12월부터 11년 1월 2일까지

강화석(姜華錫) 60전 10년 10월부터 12월 3일까지
조병균(趙炳均) 60전 10년 10월부터 12월 3일까지
최준성(崔浚晟) 60전 10년 10월부터 12월 3일까지
안병돈(安炳敦) 60전 10년 10월부터 12월 3일까지
김희선(金羲善) 40전 10년 11월부터 12월 2일까지
한광호(韓光鎬) 40전 10년 10월부터 12월 3일까지
신석하(申錫厦) 20전 10년 12월 조
전면조(全冕朝) 40전 10년 11월부터 12월 2일까지
정관조(鄭觀朝) 60전 10년 10월부터 12월 3일까지
오희원(吳熙源) 2환 1월부터 12월까지 1개년
장재식(張在植) 20전 10년 12월 조
김석태(金錫泰) 1환 10년 11월부터 11년 3월 5일까지
장재식(張在植) 2환 1월부터 12월까지 1개년
김형섭(金亨燮) 40전 1월부터 2월 2일까지
선우예(鮮于叡) 20전 1개월 조
김지룡(金之龍) 20전 1개월 조
김인식(金仁植) 60전 10년 10월부터 12월 3일까지
김석권(金錫權) 2환 10년 11월부터 11년 10월까지 1개년
김경화(金庚和) 2환 10년 11월부터 11년까지 1개년
윤규선(尹珪善) 40전 10년 12월부터 11년 1월 2일까지
이택규(李澤奎) 2환 10년 10월부터 11년 9월까지 1개년
안영학(安榮鶴) 1환 1월부터 5월 5일까지
합계 23환 70전

○ 제3회 기부금 수납 보고

김재성(金載成) 10환

김도준(金道濬) 70환

정병선(鄭秉善) 2환

백순흠(白舜欽) 3환

김기섭(金基燮) 2환

이 갑(李 甲) 300환 1월 조

최준성(崔浚晟) 10환

김희선(金羲善) 3환

임기반(林基磐) 1환

찬성원 박성호(朴性浩) 2환

한경렬(韓景烈) 40환

윤기선(尹琦善) 4환

김승식(金升植) 2환

합계 449환

이상 4건 총합 526환 88전 이내

○ **제3회 사용비 보고** : 10년 12월 15일부터 11년 1월 15일까지

2환 50전	월보 영수증 1,000장 값
12전	책의(冊衣) 값
3환 44전	장작 4태(駄) 값, 10년 12월 조
20전	양지(洋紙) 10장 값
1환 10전	화로 2좌, 부삽 1개 값
95전	엽서 55장 값
20환 30전	학교용 책상 20개 값, 짐삯 포함
17전	회원명부책 값
80전	경성, 만세, 국민 3개 신문 값 10년 12월 조
3환 90전	장작 3태 값

75환 50전 2호 월보 인쇄비 완납
35전 월보 배분용 봉투, 제작비 포함
140환 각 임원 10년 12월 월급
8환 하인 월급 10년 12월 조
11환 9전 5리 간친회 시 다과비
20전 당묵(唐墨) 1장 값
24전 구성군(龜城郡) 월보 발송 소포비
57전 5리 양지봉투(洋紙封套) 값
9환 65전 학교 칠판, 석유, 백묵 3종 조
25전 학교 현등(懸燈)값
8환 하인 월급 1월 선급
70환 3호 월보 인쇄, 종이 값 포함 선급
합계 357환 34전 제외하고
잔액 169환 54전 이내.
150환 한성은행 저축 제외하고
잔액 19환 54전은 회계원 임치.
한성은행 저축금 3차 도합 900환.

광고

○ 특별광고

본 책사(冊肆)에서 내외국 신서적을 널리 구매하고 수입하여 학계 인사들에게 특별 염가로 판매하오니 구독하실 분들은 계속 왕림하여 주시고 서신으로 청구하시는 경우에는 거주지를 소상히 명시하시면 즉시 우편으로 부쳐드릴 터이니-발송비는 본 책사에서 부담함- 살펴주십시오.

한성 시전 병문(試廛屛門) 책사 주인
김상만(金相萬) 알림

○ 특별광고

민사소송 대리와 형사 변호 및 감정(鑑定) 고문(顧問)과 기타 문안 기초 등 제반 법률 사무를 신속 처리함.

경성 중서(中暑) 대립동(大笠洞) 77통 법률사무소
변호사 · 전(前) 검사 홍재기(洪在祺)

<table>
<tr><td colspan="3">광무 10년 12월 1일 창간</td></tr>
<tr><td colspan="3">회원 주의</td></tr>
<tr><td rowspan="2">회비 송부</td><td>회계원</td><td>한성 남서(南署) 하교(河橋) 48통 10호 서우학회관 내 김달하(金達河) 김윤오(金允五)</td></tr>
<tr><td>수취인</td><td>서우학회</td></tr>
<tr><td rowspan="2">원고 송부</td><td>편집인</td><td>한성 남서 하교 48통 10호 서우학회관 내 김명준(金明濬)</td></tr>
<tr><td>조건</td><td>용지 : 편의에 따라
기한 : 매월 10일 내</td></tr>
<tr><td>주필</td><td colspan="2">박은식(朴殷植)</td></tr>
<tr><td>편집 겸 발행인</td><td colspan="2">김명준(金明濬)</td></tr>
<tr><td>인쇄소</td><td colspan="2">보성사(普成社)</td></tr>
<tr><td>발행소</td><td colspan="2">한성 남서 하교 48통 10호 서우학회관</td></tr>
<tr><td>발매소</td><td colspan="2">한성 북서(北署) 안동(安洞) 4가 동화서관(東華書舘)
평안남도 평양성 내 종로(鐘路) 대동서관(大同書觀)
평안북도 의주(義州) 남문 밖 한서대약방(韓西大藥房)
황해도 재령읍 제중원(濟衆院)</td></tr>
<tr><td>정가</td><td colspan="2">1책 : 금 10전(우편비용 1전)
6책 : 금 55전(우편비용 6전)
12책 : 금 1환(우편비용 12전)</td></tr>
<tr><td>광고료</td><td colspan="2">반 페이지 : 금 5환
한 페이지 : 금 10환</td></tr>
<tr><td colspan="3">첨원(僉員) 주의</td></tr>
<tr><td colspan="3">1. 본회의 월보를 구독하거나 본보에 광고를 게재하고자 하시는 분들은 서우학회 서무실로 신청하십시오.
1. 본보 대금과 광고료는 서우학회 회계실로 송부하십시오.
1. 선금이 다할 때에는 봉투 겉면 위에 날인으로 증명함.
1. 본보를 구독하고자 하시는 여러분은 주소와 통호(統戶)를 소상히 기재하여 서우학회 서무실로 보내주십시오.
1. 논설, 사조 등을 본보에 기재하고자 하시는 여러분은 서우학회 회관 내 월보 편집실로 보내주십시오.</td></tr>
</table>

○ 광고

본 서관에서 내외국 신서적을 널리 구매하고 수입하여 학계 인사들의 구독과 각 학교의 교과용으로 가격 외 염가에 제공하오니 해내(海內)의 여러분께서는 계속 왕림하여 주십시오.

경성 대안동(大安洞) 동화서관(東華書舘)

함경북도 성진항(城津港) 내 동화서관 지점 신경균(申景均)

함경남도 단천읍(端川邑) 내 동화서관 지점 김응성(金應聲)

*

본 서관에서 법서(法書)·명화(名畵)를 널리 구매하여 쌓아두고 일체 주련벽서(柱聯壁書)의 재료를 공급하되 인생의 윤리와 사업상에 긴요한 구어(句語)와 진상(眞相)으로 일반 동포의 사상을 감발하고자 하여 염가로 제공할 터이오니 원근(遠近)의 여러분께서는 왕림하여 구독해주시고, 국내의 홍유거장(鴻儒巨匠)은 이를 헤아리시어 노고를 잊고 시(詩)와 문(文)을 지어서 보내주시면 후히 사례하겠습니다.

동화서관 내

수암서화관(守巖書畵舘) 주인 김유탁(金有鐸) 알림

광무 10년 12월 1일 | 메이지 39년 12월 1일 | 제3종 우편물 인가

광무 11년 3월 1일 발행
(매월 1일 1회 발행)

서우

제4호

서우학회

서우학회월보 제4호

논설

기회

회원 박은식(朴殷植)

아아, 오늘이 어떤 날인가! 우리 2천만 동포의 존망의 기회이고 생사의 기로이다. 지극히 어질고 밝으신 하늘이 우리에게 복을 내려 살게 하는 것도 오늘이고, 우리를 벌하여 영원히 없애는 것도 오늘이니, 오직 우리 동포는 두 눈을 부릅뜨고 일심으로 두려워하고 경계하여 이 기회를 놓치지 말아야 할 것이오.

본 기자는 재주와 지혜가 부족하고 학식이 고루한 탓에 일반 공중(公衆)의 신뢰를 받을 점이 없으니, 기회에 대한 이런 논설이 혹시라도 조소를 면하지 못할 수도 있으나, 그러나 말하려는 바는 실로 억측과 추정〔懸度〕으로 인한 것이 아니다. 근래의 생활이 한 덩이 먹을 소매에 넣고 세 치 붓을 손에 들고서 보관(報館)에서 일을 한 기간이 어느 정도 되어 내외 각국의 기사와 서신을 손으로 만지고 눈으로 보지 않은 날이 없기에 과거와 현재와 장래의 기회 여하에 대한 감각과 추상을 지니므로 이 논설을 감행한 것이다. 우리 동포들이 이 논설을 소홀히 듣고 넘긴다면 스스로 만든 기회를 스스로 버리는 것이니 부디 십분 삼가 유념해야 한다.

근래 우리 한국의 상황을 세계의 관점에서 조명한 평론이 각국에 있었다. 한국은 정치의 혼란과 인심의 부패가 극에 달하여 국가의 지위는 야만과 같고 인민의 자격은 동물과 같아서 상호 지탄하고 상호 멸시한다 하였고 심한 경우 "한국은 마땅히 다른 나라의 보호를 받아야 도리어 인민이 행복하리라." 하였으니, 이것이 바로 오늘날 참담한 지경에 빠진 이유이다. 우리 동포들은 이러한 위기에 처하여 경계와 반성이 반푼이라도 있는가. 집의 마룻대와 처마가 불에 타는데도 제비와 참새가 자락(自樂)하고 표범과 호랑이가 몰래 들어오는데도 술꾼이 취하여 깊이 잠든 격이니 어찌 예사롭지 않은 재앙을 면할 수 있겠는가. 가만히 생각건대 자초하지 않은 바가 없으니, 다시 누구를 원망하리오. 그런즉 우리의 종전 죄악이 비록 만겁 지옥에 떨어져도 상천(上天)의 음덕이 다시 임하시며 세상 사람의 동정을 혹시라도 얻어 한 줄기 생존의 기회를 다시 맞을 희망은 없을 듯하였다.

그러나 본 기자가 작년과 금년 2년 사이에 빈번히 해외에 거주하는 동포의 소식을 접함에 기쁨을 주체하지 못할 일이 늘 있었다. 샌프란시스코에서 온 소식에 의하면, 해당 지역에 거주하는 동포가 1천 3백여 명인데, 이역만리의 노동자 신세로 조국에 충성하는 사상과 문화에 전진하는 주의를 열심히 분발하여 도처에 협회를 결성하고 사람들이 학업을 권면한다고 한다. 매주 토요일이 되면 교회에 모여 4천 년 조국을 회복하며 2천만 동포를 구제할 방법을 토론하고, 주일이 되면 미국 교당에 찾아가 미국 교우(教友)와 예배를 같이 하며 성심으로 교제한다고 한다. 이러한 까닭에 미국인들이 칭찬하기를 "한인은 성질이 순후하고 충직하여 자기 나라와 자기 동포를 사랑하는 마음이 가장 많은 인민이다." 하고, "모든 공동사회를 위해 매우 많이 애쓴다." 하여 도처의 미국인들이 한인을 지극히 자애(慈愛)하고 지원한다고 하니, 이것은 우리 동포들이 종전의 비루한 사상과 우매한 행위를 버리고 문명국 사람으로서의 행동거지를 보였기 때문이다.

또 하와이에서 온 소식에 의하면, 해당 섬에 거주하는 동포가 6천 명인데, 학교의 건립과 회당의 배치, 신앙의 정성, 집무의 근실(勤實), 예절의 공손함, 정신의 활발함이 예상을 넘어 명성이 자자하다고 한다. 이러한 까닭에 미국의 박사 스톤 씨가 극구 찬미하기를 "한인 노동자가 백인 노동자보다 탁월하다." 하고, "한인 단체는 미국인의 선조가 영국을 떠나 미주로 건너와 단합하던 정황과 흡사하다." 하며 또 "각국 인종 중에 한인이 제일 고등하다." 하고 "지식이 있는 백성이다." 하였다.

저 백인의 풍습상 원래 황인종을 대하면 비록 거대한 청나라나 강성한 일본이라 하더라도 그 인민이 구미(歐美) 지방에서 멸시와 천대를 받은 단서가 한둘이 아니다. 그럼에도 지금 세계에 있는 듯 없는 듯한 한국에서 온 인민이 저 지방에서 이러한 칭찬을 늘 들으니, 그 이유를 깊이 생각해보아야 한다. 화복이란 들어오는 문이 따로 있는 게 아니라 단지 사람이 일으키는 것이고, 영욕이란 일정한 운수가 있는 게 아니라 전부 스스로 초래하는 것이다.

그렇다면 우리 한민족의 천부적인 자질은 다른 나라 사람보다 실로 우미(優美)한 것이다. 다만 정치와 교육이 쇠퇴하고 풍속과 문화가 혼탁해져 지혜롭고 선량한 인민이 반대로 우매하고 비루한 천품(賤品)이 되어 거의 정신도 없고 혈기도 없는 동물과 같아지게 되어 결국 타인의의 노예가 되는 치욕을 당한 것이니, 풍속과 문화가 사람의 심성을 변화시킴이 이와 같다. 천하의 이치란 극에 달하면 반드시 돌아오고 궁하면 통하기를 생각한다. 오늘날 우리가 완전히 막다른 끝에 도달하여 곤궁한 외길밖에는 다른 길이 없으니, 오직 예전의 보통 죄과를 모조리 회개하여 하늘이 연민을 내리기를 바랄 따름이다. 선한 일념에 상서로운 바람과 경사스런 구름이 감응하는 법이니, 저 해외동포의 명성과 칭찬을 보라.

생각건대 내지(內地)의 이 2천만 동포가 종전의 부패한 습관을 통렬히 버리고 문명의 새 변화를 받아들여 진보의 용맹과 단체의 단결이 해외동포와 일치가 되면, 우리 대한국의 명예가 세계에 자자해져 독립의 권리를 스스로 회복할 수 있을 것이고 자유의 복을 스스로 획득할 수 있을 것이니, 이는 천재일우의 큰 기회다. 만약 이 기회를 놓친다면 어찌 하늘의 보살핌과 사람의 도움을 바랄 수 있겠는가. 우리의 무량한 화와 복이 오늘날에 판가름되니, 우리 동포는 가려 취할지어다.

희비(喜悲)

일전에 우리 형제 21명이 일본 도쿄에서 단지동맹(斷指同盟)한 실황은 각 신문에 그 사건이 이미 거듭 기재되었고 사회에서 뜻있는 인사들의 의연금도 있었으니 이는 일반 동포들이 다 알고 있을 것으로 생각되거니와, 본 기자가 특별히 이 사건을 거론하여 거듭 전하니 다시 유념해주기 바란다. 원래 우리 한국 민족〔人種〕이 전 세계의 인물평〔月朝評〕에서 어떠한 평가를 받았던가. 우매하다 하거나 나태하다 하거나 유약하다 하는 데에 불과할 뿐이었으니, 이러한 인류가 어떻게 자립할 수 있겠는가. 아아, 우리 한국 동포도 성령(性靈)과 지각이 갖추어져 있고 골격과 지체가 완전하거늘, 저들이 무슨 까닭에 이처럼 가장 열등한 평가를 우리에게 가했던가. 내 일찍이 우리를 관찰하여 그 원인을 궁구해보건대, 이러한 평가가 부적절하다고 할 수는 없을 듯하다. 무엇 때문인가. 우리 한국이 구역이 3천 리라 하고 인구가 2천만이라 하는데, 동서 각국과 통상을 체결한 지 30여 년이 되어 화륜선, 군함, 전신, 철도와 그 밖의 각종 신문물을 매일 귀와 눈으로 접한다. 그런데도 목도하는 바가 없고 듣는 바가 없는 것과 같아서 세계 형편의 여하와 시기 완급의 여하를 아득히 살피지 못하니, 공경(公卿)의 귀인은 화려한 저택에서 태연하게 유희하여 엄연히 자신의 품위나 지키고, 독서하는 선비는 단정히 앉아 눈을 감고 상고시대를 좌담하느라 신법(新法)을 배척하고 오대양 육대주의 지명과 국명도 알지 못하고, 일반 평민은 혼돈 상태에 빠져서 전부 무릉도원에 살면서 초한(楚漢)의 흥망을 알지 못한다.

더구나 수십 년 이래로 예사롭지 않은 국가의 변고가 거듭 일어났고 갑오(甲午)년과 갑진(甲辰)년 사이에 인근 강대국의 불화가 있어 대포 소리가 천지를 뒤흔들고 사람들의 피가 강과 바다를 이루었으되, 우리 한국 사민(士民)은 안색을 바꾸지 않고 흔연히 담소를 나누면서 태평 시대로 알고 있을 뿐이었다. 아침저녁으로 분주한 일은 그저 낮은 벼슬의 획득을 도모하는 것뿐이며 사소한 이득을 사력을 다해 다툴 능력뿐이고, 국가의 앞날이 어떠한 지경에 빠지게 될지는 도외시하였다.

급기야 그 국권을 잃던 날에 충신과 의사(義士)로서 몸을 바쳐 나라에 보답하는 이도 있었고 구속되어도 굴하지 않는 이도 있었다. 당시 광경은 전국 인심이 거의 두렵고 분개하는 마음이 있는 듯하더니, 얼마 지나지 않아 이러한 상태가 전부 없던 일로 되었고, 평소 공익을 버리고 사사로움을 따르던 온갖 악질들이 날이 갈수록 늘어나 위화(危禍)를 재촉하고 회개하려는 생각과 분발하는 기상은 홀연 사라져버렸다. 아아, 큰 강물을 기울여 쏟으면 그 더러운 심장을 씻을 수 있을지. 벼락을 사용하면 그 혼미한 정신을 타파할 수 있을지. 참으로 분통하고 애처로운 일이도다.

이때 21인의 단지 혈서가 해외에서 오니, 바로 유학하는 형제들이 동맹한 목적이다. 그 정경의 참극은 저도 모르게 코끝이 찡하고 그 용기의 격앙에 너무 놀라 기뻐 주체할 수 없으니, 누가 대한 민족 중에 이처럼 호쾌한 남아들이 일시에 배출될 줄 헤아릴 수 있었겠는가. 대개 그 단지 혈서가 온 유래를 궁구해보자면, 이 형제 21명이 어린 나이에 부모를 떠나 멀리 이국에서 유학하며 고초를 감내한 것은 아무쪼록 문명 학식을 전수받아 조국에 헌신하려는 주의로 부지런히 학업에 매진하기 위한 것이었는데,

저 천도교인지 일진회인지 처음에는 어떠한 마음으로 이 학생들을 파견하였다가, 교(教)라는 둥 회(會)라는 둥 서로 다투느라 겨를이 없었

는지 가옥이 구름처럼 이어지고 마차가 바람처럼 달리는 중에 마음이 취하고 의지가 사라졌는지 예닐곱 달 학비를 끊어버렸다. 가엾은 이 형제들이 누각에 오르자 사다리가 사라진 경우를 당할 줄 어떻게 생각할 수 있었겠는가. 곤란한 사정을 거듭 전하는데도 막연히 불응하여 필경은 여관에서 쫓겨나 감독청(監督廳)에 들어감에 일본 정부가 표류민의 전례대로 본국으로 환송하고자 하니, 이는 고금 학생계에서 여태 없던 곤경이었다. 이때 개연히 탄식하며 말하기를 "우리가 학업을 못 마치고 갑자기 고국으로 돌아가느니 차라리 죽는 편이 더 낫다." 하고,

일제히 모여 앉아 하늘에 맹세하고 작은 칼 하나를 들어 손가락을 자르는데, 윤회(輪回)를 끊음에 칼날이 상하고 돌을 칼에 부딪힘에 돌이 깨어질 듯하니, 당장의 광경이 하늘의 해가 사라질 정도로 처참하였다. 이에 손가락 피로 진정한 소원 1통을 써서 감독에게 바친바, 지면에 가득한 검붉은 빛이 심혈을 토해내니 이러한 정황은 또한 고금 학생계에 초유의 용기였다. 식자(識者)가 말하기를 "이 21인이 단지동맹한 의기가 지난해 뤼순(旅順) 전쟁의 일본인 결사대보다 낫다." 하였으니 참으로 그러하다. 대저 일개 소진(蘇秦)의 고혈로도 능히 합종육국(合從六國)의 사업이 있었거늘,[1] 하물며 이 21인의 단지 혈서로 장래에 경천동지(驚天動地)할 사업이 어찌 없겠는가. 피여! 피여! 이는 대한국의 영광을 세계에 발휘할 열혈(熱血)이로다. 오직 우리 청년들이 각자 이러한 열혈을 두뇌에 주입하여 기필코 학문을 이루지 못하느니 차라리 죽는 편이 더 낫다는 각오를 각자의 목적으로 삼아 21인이 210으로 늘어나고 다시 2천 1백으로 늘어나고 다시 2만 1천과 20만 이상에 달하여도 좋을 것이니, 생각건대 우리 동포들은 기념할지어다. 형제 21인의 원

---

1 소진(蘇秦)……있었거늘 : 소진과 장의(張儀)는 전국 시대에 합종설(合從說)과 연횡설(連橫說)을 주장하였던 유세가이다.

거주지와 연령을 다음에 기록해둔다.

최창조(崔昌祚)	평북 희천인	28세
한문선(韓文善)	평북 의주인	20세
이희철(李熙徹)	평남 성천인	26세
정이태(鄭利泰)	평북 철산인	20세
이윤찬(李允燦)	평북 곽산인	19세
장운룡(張雲龍)	평북 정주인	21세
최충호(崔忠鎬)	평북 의주인	20세
민재현(閔在賢)	경기 파주인	27세
박윤철(朴允철)	평남 은산인	24세
장경락(張景洛)	평북 의주인	22세
김창하(金昌河)	평북 가산인	24세
양대경(梁大卿)	평남 순천인	20세
백종흡(白宗洽)	평북 태천인	21세
김치련(金致鍊)	평북 용천인	20세
안희정(安希貞)	평남 은산인	21세
함준호(咸俊灝)	경성인 나이	27세
김윤영(金潤英)	평북 선천인	25세
한문언(韓文彦)	평북 안주인	23세
서윤경(徐允京)	평북 의주인	20세
유영희(劉永熙)	평북 의주인	22세
이선경(李善卿)	해서 안악인	22세

▲ 국가의 기초는 그 소년을 교육함에 달려 있다.

기함(寄函) 漢

회원 박태영(朴台永)

사물이 오래되면 폐해지고 법도가 오래되면 낡아지며 난세가 극에 달하면 치세를 생각하고 비(否)가 극에 달하면 태(泰)가 되는 것은 이치상 진실로 그러한 것이다. 우리 한국은 동양에 위치하여 평소 예의지국(禮儀之國)으로 불렸으며, 정치와 교화가 찬란하게 모두 갖추어져 있어 당대에 융성하지 않음이 없었다. 그러나 태평한 날이 오래 지속되면서 교화는 느슨해지고 정치는 쇠퇴하였으며, 옛 폐습이 쌓여 스스로 혁신할 수 없게 되었다. 시국이 점차 변하여 오대양 육대주가 서로 통하게 되면서 밖으로는 강한 이웃나라의 능멸과 학대를 당하고 안으로는 자유의 주권을 상실하여, 나라의 경제와 백성의 생업이 알을 쌓아놓은 듯 위태롭게 되었다. 말과 생각이 여기에 미치니 어찌 한심하지 않은가.

대략 우리나라는 영토가 사방 3천 리이고 호구(戶口)가 수백만이다. 토지가 비옥하지 않은 것도 아니고 산천이 험준하지 않은 것도 아니며 재화와 인민이 부족한 것도 아니고 법률과 정치가 훌륭하지 못한 것도 아니되, 이와 같은 토지와 이와 같은 산천, 재화, 인민, 법률, 정치를 가지고 오늘날의 폐단을 초래하게 된 것은 무엇 때문인가. 그저 옛날의 악습만 고수했기 때문이다. 벼슬아치들은 그저 노론(老論)이니 소론(少論)이니 하고, 문학가는 필시 경학(經學)이니 시학(詩學)이니 하며, 인재를 등용할 때 굳이 제한을 두고, 교과를 지도할 때 시의적절하게 조처하지 않아서 이 생존경쟁의 시대를 맞이하여 노예처럼 복역하는 치욕을 면치 못하게 된 것이다. 그러하니 지금이라도 구습을 통렬히 혁파하여 이 쇠락하고 부패한 습속을 일변(一變)하여 문명을 새롭게 연 나라로 만든다면, 진실로 이른바 난세가 극에 달하면 치세가 되고 비(否)가 가면 태(泰)가 오는 기회라 할 것이다.

전국의 동포들에게 한번 물어보자. 적군의 깃발을 빼앗을 책임을 누가 감당할 수 있는가. 오직 우리 양서(兩西) 지역만이 산천의 신령함과 인기(人氣)의 용감함을 지니고서 일세의 근심을 담당할 수 있다. 만약 우리 청년자제들이 교육의 공을 증진시킨다면, 10년 이내에 문학하는 지식층 선비들이 관해(關海)에서 배출되어 능히 백성과 나라의 권리를 회복하고 아울러 열강의 반열에 올라 천하와 더불어 우열을 다투게 될 것이다. 그렇게 되면 천하의 사람들이 장차 동양에 대한이 있다는 것과 대한에 양서가 있다는 것을 알게 될 것이니, 그 공적과 영예가 이보다 더한 것이 어디에 있겠는가.

이것이 바로 하늘이 장차 우리 서인(西人)을 금옥이 되게 하여 수백 년 내내 몰락하고 불우하였던 회한을 통쾌히 풀어주는 것이니, 어찌 힘쓰지 않을 수 있으리오, 어찌 애쓰지 않을 수 있으리오. 『주역』에 이르기를 "두 사람이 마음을 합하면 그 예리함이 쇠도 자를 만하다." 하였다. 오직 우리 일반 사우(士友)들이 마음을 합하여 서로 도와 구습에 오염된 것을 씻어내고 유신(維新)의 공에 힘을 쓴다면, 국권을 회복하지 못하면 어쩌나 문명에 나아가지 못하면 어쩌나 근심할 일이 무엇이 있으랴. 서우학회의 성립은 진실로 이유가 있는 것이다.

봄에 밭 갈지 않으면 가을에 추수할 것 없고	春不畊則秋而無穫
어려서 배우지 않으면 자라서 쓰일 데 없도다	幼不學則壯而無用

가정학 (전호 속)

회원 김명준(金明濬) 역술

2. 포육법(哺育法)

어린아이를 포육(哺育)하는 것으로는 어머니의 젖, 유모의 젖, 짐승의 젖, 유분(乳粉) 등이 있는데, 이 가운데 특히 생모의 젖을 가장 좋은 것으로 여긴다. 하늘이 사람을 낳을 적에 천성이 온순하고 자애로운 부인의 손에 맡기고 또 우수한 식품을 특별히 주었다. 그러므로 어머니가 아이에게 젖을 먹이는 것은 진실로 하늘이 부여한 직분이니, 직분을 다하는 자는 그 신체가 반드시 강건해지고 직분을 다하지 않는 자는 그 신체가 반드시 허약해질 것이다. 또 어머니가 아이에게 젖을 먹이면 산후의 누설(漏洩)이 대략 3~4주 정도면 그치게 되지만, 그렇지 않으면 6~8주 사이가 될지도 모를 일이다. 게다가 식욕이 생기는지의 여부와 혈액의 순환에 있어 아이에게 젖을 먹이지 않으면 반드시 몹시 큰 차이가 날 것이다. 저 어리석은 사람은 속설에 미혹되어 모유를 먹이면 얼굴빛이 일찍 쇠한다고 여겨서, 종종 사랑하는 아이를 다른 사람에게 맡기고 태연하게 돌보지 않으면서 도리어 문명하다고 스스로 과시하는데, 이런 부류의 사람은 구미(歐美)에 가장 많으니 가소롭도다.

게다가 소아를 자기가 포육하지 않으면 애정이 반드시 엷어지게 되어 덕육(德育)하는 데 있어서 결점이 또한 많을 것이니, 자애로운 어머니라면 어찌 유념하지 않겠는가. 하늘이 명한 직책과 의무를 포기하고 내던져두지 말지어다. 어머니의 유질(乳質)은 그 배합의 정도에서 짐승젖, 우락(牛酪), 건락질(乾酪質), 유당수(乳糖水), 분염류(分鹽類)와 더불어 차이가 없도록 해야 한다. 분만 후에 모유 중의 한 성분을 먹으면 체온을 낮추고 설사를 내는 효과가 있으니, 종래에 사용하던 마고리(馬枯李)-해초(海草)로, 류큐(琉球)에서 난다. 일본 풍속에 갓난아기가 막 태어나면 마고리와 감초(甘草)를 끓여 먹여서 태독(胎毒)을 배출시키는 용도로 삼는다-를 갓난아기의 태독을 배출시키는 약제로 삼을 것이다. 종종 큰 설사가 나서 위험에 처하는 데 비하면 그 이해(利害)를 동일하게 논할 수 없다.

어머니의 위생은 앞서 말한 항목과 다르지 않다. 일체 식품을 반드시 자양분이 있고 소화가 쉬운 것으로 골라서 쓰고, 음료도 대충 마시면 안 되며 술은 더욱 마땅히 금해야 한다.

젖을 먹이는 것은 실로 일종의 기술이니, 초산(初産)일 때는 어머니와 아이 모두가 익숙지 않아 그 기술이 변변찮더라도 며칠이 지나면 반드시 점차 기술을 터득한다. 유즙(乳汁)이 처음에는 혹 적다고 걱정할 수 있는데, 젖먹이가 점점 자라나면 유즙도 더욱 많아지니 근심하지 말라. 어린 산모가 야간에 아이에게 유방을 물린 채 잠이 드는데 이따금 깊이 잠들어 깨지 않아서 아이가 압사(壓死)하는 지경에 이르는 경우가 있다. 이는 실로 늘 있는 일이니, 어머니 된 자는 경계하고 마땅히 더욱 경계하여 서제(噬臍)[2]의 뉘우침이 없게 해야 할 것이다.

생모가 만약 직접 그 아이에게 젖을 먹이지 못하여 부득이 유모를 고용하는 경우, 마땅히 유모의 체격과 혈통과 연령 등을 신중하게 가려야 한다. 반드시 신체가 건강하고 성질이 온화하고, 혈통은 유전병이나 각종 혐오점이 없어야 하며, 연령은 20세부터 34·5세까지로 생모의 나이 및 출산 날짜와 크게 차이 나지 않는 사람이라야 한다. 주부가 소아를 유모에게 맡긴 뒤에는 그 직분을 또한 양여(讓與)하지 않을 수 없으니, 마땅히 항상 유모의 거동에 주의하여 너그럽게 대우해주며 음식과

2 서제(噬臍) : 붙잡힌 사향노루가 자신의 배꼽에서 나는 사향 냄새 때문에 붙잡힌 것을 깨닫고 배꼽을 물어뜯는다는 뜻으로, 일을 그르친 후 후회하여도 소용이 없음을 비유하는 말이다. 『춘추좌씨전』 「장공(莊公) 6년 조」에 나온다.

의복 등을 반드시 지극히 정중하게 하여 기필코 위생에 신경 쓰도록 할 것이며, 그로 하여금 나의 가정 법규에 익숙해지게 하여 마침내 골육과 같이 되도록 해야 한다. 오직 이 방법은 점진적으로 쓰는 것이 마땅하니, 만약 갑작스럽고 급하게 그 습관을 바꾸고자 하면 또 유모의 건강을 해칠까 두렵기 때문이다.

생모가 유모를 통해 젖을 먹이는 것 외에 반드시 짐승 젖과 유분(乳粉) 등으로 소아를 사양(飼養)해야 하니, 이는 인공의 포육법이다. 그중에 가장 쉽고 가장 적합한 것으로 우유만 한 것이 없으니, 우유는 구매하기 매우 쉽기 때문이다. 마땅한 선택 조건으로는 먼저 광대한 목장을 찾아서 연한 건초를 쓰되 약간의 소금과 콩과 청초(青草) 등을 함께 사료로 쓰는지를 보고, 아울러 장성한 연령의 암소를 얻는다면 최상이며, 그렇게 할 수 없다면 또 반드시 이러한 자격에 가까운 것을 선택해야 한다.

우유는 새벽에 짠 것은 반드시 묽고 저녁에 짠 것은 반드시 진하니 이것이 정상이다. 소아가 막 태어났을 때의 분량은 묽은 것이 좋으니 복용 시에 반드시 한 번 끓여서 깨끗한 항아리에 담아서 보관한다. 복용법은 생후 1개월부터 3개월까지는 우유 1잔에 물 3잔, 4개월부터 6개월까지는 우유 1잔에 물 2잔, 7개월부터 9개월까지는 우유 1잔에 물 1잔을 섞는데, 물의 양을 점차 줄여나가서 유즙만 쓰는 데 이르면 그치고, 복용할 때 유당이나 최상의 백설탕을 섞는다. 끓일 때는 반드시 일정한 온도가 있으니 약간 식기를 기다려 먹이고, 젖을 먹이는 병과 빨대 등은 모두 마땅히 청결하게 세척하여 약간의 오염물도 남아 있지 않게 해야 한다. 마시고 남은 유즙은 반드시 버려야 하니, 여름철 무더위에는 부패하기가 더욱 쉽기 때문에 주의하지 않을 수 없다.

우유는 사람의 젖에 비해 부패가 더욱 빠른데, 혹서(酷暑) 때에는 새벽에 짜둔 것이 저녁까지 유지되지 못한다. 우유를 보관하는 항아리는 반드시 솜 마개를 이용하여 꽉 닫아 공기가 유입되지 않도록 해야 하고,

혹은 끓였다가 냉수에 담가두어야만 앞서 말한 폐해를 면할 수 있다.

소아에게 먹이는 우유의 양은 반드시 그 신체의 강약을 살펴서 기준으로 삼으며, 우유병을 소아에게 주어 마시게 할 때 15분 간격을 표준으로 삼는다.

생우유를 얻지 못하면 연유(煉乳)를 사용해도 된다. 연유의 종류가 너무 많아서 아주 좋지 못한 것도 있지만, 일본에서 만든 것으로 상표에 매나 소가 찍힌 연유 등은 모두 복용할 만하다. 연유를 먹일 때의 기준은 대략 생후 3개월에는 물 5작(勺)에 연유 1찻숟가락을 섞고, 8개월 이후부터는 물 5작에 연유 1찻숟가락 반을 섞으면 된다.

성인이 된 뒤에 정확한 규칙을 준수할 수 있는 것은 반드시 포대기에 있을 때 먼저 습관을 들였기 때문이니, 소아가 갓 태어난 지 1주일 이내에 마땅히 젖 먹일 시각과 순서 및 갖가지 일을 정해야 한다. 유즙이 영아의 위(胃)에 들어가 1시간 45분이 경과하면 소화가 다 된다. 따라서 가장 처음 먹일 때는 대략 2시간에 한 번 젖을 먹이고 그 뒤로는 차례대로 횟수를 줄여나간다. 야간에는 잠자리에 든 밤중과 새벽 3시에 먹이고, 잠자리에 들 때와 이른 아침에 두 차례 먹이며, 그외에는 소아가 울더라도 마땅히 가볍게 등을 두드리며 몸을 만지며 주물러줄 뿐 함부로 젖을 먹여서는 안 된다.

소아가 젖을 떼는 것은 가장 중요한 시기가 되니, 몸조리를 제대로 하지 못하면 평생 병에 많이 걸리거나 심지어 요절하기도 한다. 그러므로 소아가 젖을 떼는 것은 이른 것이 좋다. 젖을 떼는 기준은 대체로 이가 난 다음이다. 점점 적절한 음식을 주면서 그 시기 젖은 아침저녁으로 두 번만 주고 그때부터 점차 줄여나가다가 두 살 즈음이 되면 완전히 젖을 떼어도 된다. (미완)

학교 총론 (전호 속)

회원 박은식(朴殷植) 역술

내외의 각 관원은 천자가 천하를 공유하는 방도이니 오늘의 선비는 훗날의 관원이다. 국(國)의 태학(太學), 성(省)의 학원(學院), 군현(郡縣)의 학관(學官), 도처의 서원(書院)에 묻건대 역대 정책을 가르침으로 삼은 자가 있는가. 없다. 천하 군국(郡國)의 장단점을 가르침으로 삼은 자가 있는가. 없다. 배울 적에는 관직에 종사하는 지위를 위하지 않으므로, 관직을 얻고 나서는 예전에 배운 내용을 모조리 다 버리고 배우지 않은 일에 종사한다.

『춘추좌씨전(春秋左氏傳)』에 이르기를 "나는 학문을 한 뒤에 정치에 들어간다는 것은 들었지만, 정치를 통해 학문을 한다는 것은 듣지 못했다."라고 하였다. 정치와 학문도 그럴 수 없거늘, 하물며 지금 관직을 얻은 뒤에도 여전히 독서를 하는 자가 몇이나 되는가. 이러한 까닭에 일체의 공사(公事)를 서리(胥吏)의 손에 일임하여 육부(六部)의 서판(書辦)・독무(督撫)・막객(幕客)과 주현(州縣)의 방과(房科)가 법을 농간하면서 평가를 주관하는데도 장관(長官)이 어찌하지를 못하니, 어째서인가? 서리는 배웠고 관원은 배우지 못하여 마침내 온 나라의 국면을 서리 하나가 전례대로 이익을 추구하는 천하가 되게 하였으니, 재앙이 복심(腹心)에 들어맞아 병통을 치료하지 못하는 지경이 되었다.

이러한 까닭에 서학(西學)의 학교가 흥하지 않는 것은 그 폐해가 적지만 중학(中學)의 학교가 흥하지 않는 것은 그 폐해가 큰 것이다. 서학이 흥하지 못하면 그 한두 가지 지엽적인 신법(新法)은 서양 관원에게 맡겨 시행할 수 있지만, 중학이 흥하지 못하면 어찌 능히 각 부의 당사(堂司)와 각 성의 장속(長屬)을 아울러 그 부족함을 감당하겠는가. 이는 눈물을 흘릴 만한 일이다.

이뿐만이 아니다. 중국은 공자의 가르침이 수천 년 동안 이어져 가르침을 받은 인물이 4억 명이라고 알려져 있으니 적은 수가 아니다. 그러나 부녀자가 독서를 하지 않으니 절반은 제하고, 농민 · 공인 · 상인 · 군병이 학문을 모르니 거기서 열에 여덟아홉을 제해야 하며, 나머지 한둘은 문장의 뜻도 모르면서 입으로 외기만 한다. 사서오경에 종사하는 자들이 마음 쓰는 것은 시험의 제목이나 팔고문(八股文)의 재료를 취하는 데 있으니, 경서에도 관여하는 바가 없고 교육에도 관여하는 바가 없다. 학문에 통달한 인물과 뜻있는 선비가 있으면 혹 전주(箋注)나 교감(校勘)에 힘써 허신(許愼)과 정현(鄭玄)에 충성을 바치고, 혹 몸을 단속하고 자중하는 데 힘써 정자(程子)와 주자(朱子)에 목숨을 바치기도 한다. 그러나 옛사람들의 세심한 말과 큰 의리에 이른바 "『시경』 3백 편을 외면 정사를 맡길 수 있다."라는 것과 "『춘추』는 선왕(先王)이 세상을 다스렸던 기록이다."라는 것에 능히 뜻을 두는 자는 드물어 그 배운 것은 그저 배운 데 불과하니, 또한 경서에 관여하지 않고 교육에 관여하지 않는 것이다. 그러므로 가르침을 받은 자가 4억 명이라고 해도 그 실체를 궁구한 이가 몇이나 되겠는가. 그러므로 내 일찍이 말하기를, "오늘의 천하가 경의(經義)로 선비를 등용하는 것이 다행인지도 모르겠다. 그렇지 않으면 우리 유교의 경전을 읽을 자가 거의 끊어질 것이다."라고 한 것이다. 이 말이 지나친 듯하나 확실한 증거가 있다. 저 『예경(禮經)』 17편은 공자의 아언(雅言)인데, 지금 한번 물어보건대 옛 말글을 익히는 자제들 중에 능히 그 글을 외고 그 뜻을 말할 수 있는 자가 몇이나 되겠는가. 어째서인가. 과거(科擧)에 쓰이지 않기 때문이다. 그런즉 당당한 큰 가르침이 거꾸로 저 피폐한 과거를 빙자하여 생존을 도모하고 있으니, 과거를 빙자하여 생존하는 것이 망해버리는 것과 얼마큼의 차이가 나는가. 게다가 오늘날의 과거는 그 형세상 반드시 오래 유지될 수 없을 것이다. 그러므로 내가 예전에 말하기를, "변해도 변하고 변하지 않아도 변하니 다른 사람이 변하기를 기다려 전부 멸하여 끝나기보다는 차라리 내가 스스로 변하여 그 한둘이라도 생존시킬 수 있는 것이 어떠한가."라고 한 것이다. 내가 통상(通商)하는 각 안(岸)의 상인과 서문학당(西文學堂)의 인사(人士)를 만나보면, 팔을 걷어붙이고 혀를 놀리면서 걸핏하면 말하기를 "사서육경은 무용지물이다."라 하고, 교사의 저술의 발론(發論)을 보면 당당하게 말하기를 "중국이 쇠약해진 것은 교육이 다 선하지 못한 데서 기인한 것이다."라고 한다. 오늘날 과거 수험서의 이른바 경전과 훈고・교감가들의 이른바 경전이라면, 성인이 다시 세상에 나와도 그것은 무용지물이 아니라고 말하지 못할 것이니, 어찌 다른 사람이 경시하며 내다 버리는 것을 막을 수 있겠는가. 그러므로 반드시 여기서 변하지 않는다면 20년 후에 공자의 가르침이 이 세상에서 거의 다 멸절될까 나는 두려우니, 이는 통곡할 일이다.

망한 것을 생존케 하며, 폐지된 것을 시행케 하며, 우매한 것을 지혜롭게 하며, 약한 것을 강하게 하는 조리의 온갖 단서가 모두 학교에 근본을 두고 있다. 서양인 학교의 등차(等差)와 각호(各號)와 장정(章程)의 공과(功課)는 저 서양인이 저술한 『덕국학교(德國學校)』『칠국신학비요(七國新學備要)』『문학흥국책(文學興國策)』 등의 책에 대략 잘 써놓았으니, 내 말은 취할 것이 없다. 내가 말하고자 하는 것은 서양인의 뜻을 선별하여 중국의 법을 시행하며 서양의 법을 선별하여 중국의 법을 시행하라는 것이다. 그 총령(總領)은 세 가지니, 첫째는 교(敎)요 둘째는 정(政)이요 셋째는 예(藝)이다. 그 분목(分目)은 열여덟 가지니, 첫째는 학당(學堂)이요 둘째는 과거(科擧)요 셋째는 사범(師範)이요 넷째는 전문(專門)이요 다섯째는 유학(幼學)이요 여섯째는 여학(女學)이요 일곱째는 장서(藏書)요 여덟째는 찬서(纂書)요 아홉째는 역서(譯書)요 열째는 문자(文字)요 열한째는 장기(藏器)요 열두째는 보관(報館)이요 열셋째는 학회(學會)요 열넷째는 교회(敎會)요 열다섯째는 유력(遊歷)이요 열여섯째는

의숙(義塾)이요 열일곱째는 훈폐질(訓廢疾)이요 열여덟째는 훈죄인(訓罪人)이다. (미완)

▲ 한 정부도 한 개인처럼 참으로 존경하는 자가 없으면 영원히 존경을 받을 수 없다.

체육의 필요

회원 김희선(金羲善)

국민의 교육은 두 가지가 있으니, 체육(體育)과 학육(學育)이 그것이다. 학육이란 학문적 교육으로 덕의(德義)와 지식을 개발하는 것이요 체육이란 신체의 건강과 인내력을 기르는 것이니, 그 국민의 원기(元氣)도 학육에만 있지 않고 온전히 체육이 발달함에 있다고 할 것이다. 오늘날의 세계 평화는 위력(威力)의 평화이다. 일반 국민이 학육만 전적으로 수양하고 체육에 힘쓰지 않았다가 위력의 시기를 맞으면 어찌 학문상의 지식만으로 좌담(座談)할 수 있겠는가. 그러니 체육과 학육을 병행해야 한다는 것은 굳이 말하지 않아도 확실한 것이다. 그러므로 국가의 성쇠는 국민의 원기가 사라지고 자라나는 데 있으며, 원기가 사라지고 자라나는 것은 체육을 잘하는가 못하는가에 있는 것이다. 사람이 능히 학문을 연구하려는 마음이 있더라도 체력이 완전하지 못하다면 이로 인하여 심력(心力)이 약해질 것이고, 심력이 약하면 학문의 앞길에도 큰 장애와 손실이 생길 것이다. 그러니 학육이 사라지고 자라나는 것은 체육에서 기인하며, 지식의 활동 역시 체육에서 기인한다고 할 수 있다. 체육에는 유연체조와 기계체조가 있으니, 유연체조는 신체의 골절(骨節)을 유연하게 하여 무기의 사용에 도움이 되도록 하는 것이요, 기계체조는 겁과 나약함을 없애고 힘과 인내력을 양성하도록 하는 것이다. 그 밖에도 검술(劍術) 등이 체육에 포함되어 있으니, 이러한 교육은 국민의 원기와 정신을 발흥하게 하는 교육이라 하겠다.

오호라, 우리나라 국민은 원기가 전무하다 하겠다. 이는 다름이 아니라 근고(近古) 이래로부터 일반 인사들이 문약(文弱)에만 매몰되어 원기를 고무시키는 체육에 대해서는 전혀 무지한 까닭으로, 간혹 충군애국의 마음이 있더라도 용감하고 분발하는 마음은 전무하였다. 오호라, 우리 동포 형제여, 세계 열국의 독립사(獨立史)와 중흥사(中興史)를 열람해보시오. 학육도 학육이거니와 최후의 수단은 결국 무예에서 나왔으니, 무예에서 나오는 경우에 근본적으로 체육이 없으면 애국 혈성(血誠)이 있다고 한들 무엇으로 몸을 일으켜 활동하겠는가. 이로써 보자면 학식상의 활동도 체육에서 비롯되고 국민의 원기도 체육에서 비롯되는 것이다.

자녀 양육[教養]에 대하여

오카다 아사타로(岡田朝太郎) 담화(談話)
회원 류동작(柳東作) 역술

> 본보 제1호 '학교 위생'[3]의 제목에 미완이라고 달아놓았으나, 이하에서 서술할 내용이 생리학과 물리학 등 과학에 관련된 것들이라 애독하시는 제군들이 도리어 그 번잡하고 긴 글을 꺼릴까 하여 여기서 중단한다. 그리고 내가 우러러 존경하는 일본 법학박사 오카다 아사타로(岡田朝太郎) 씨의 가정 담화를 번역 수록하여 한번 읽을거리로 제공하고자 한다.

○ 유즙(乳汁)은 친모의 것이든지 유모의 것이든지 우유든지 시간을 정하여 공급해야 하고, 쉽게 규칙을 깨거나 어기지 말아야 한다. 안기거나 업히려는 버릇을 소아(小兒)가 갖게 해서는 안 된다. 이러한 버

---

3 학교 위생 : 제1호에 수록된 기사 「학교 위생의 필요」를 가리킨다.

릇은 우선 성인으로 하여금 행동을 자유롭게 하지 못하게 하고, 또한 아이가 그 희망하는 바를 채우지 못하면 비명을 내질러 번민 등 온갖 불편을 발생시킨다. 안거나 업어주지 않더라도 아이의 발육에는 전혀 지장이 없다.

○ 삼사 세 무렵은 지극한 사랑을 받는가에 따라 그 아이 일생의 행복과 불행의 기로가 되는 때이다. 지나치게 말을 따라주고 소원을 들어주면 온갖 요구를 자신의 권리로 생각하는 심리 작용이 점차 일어나니 그 후에 개선하기 극히 곤란해진다. 칠팔 세 무렵에 극도의 증오심을 드러내는 것은 전부 삼사 세 무렵에 그 부모가 양산한 안일한 기운의 반동에 불과하다. 소아에게 간식을 주어도 무방하나, 시간을 엄격히 정하고 소화되기 쉬운 종류를 선택해야 한다.

○ 다른 사람이 방문하였을 때 그 소아에게 과도하게 음식을 주는 것은 애정으로 대하는 것이 아니요 도리어 일종의 죄악이 될 것이다.

○ 학교에서 귀가한 때 그 아이의 신발과 휴대품 등을 다시 아이가 처리하게 하며, 그 부모나 하인이 돕거나 대신하는 편의를 주어서는 안 된다.

○ 매일 시간을 정하여 복습시키되, 학교 성적을 검사하여 그 가운데 부진한 과목을 특별히 복습시켜야 한다. 이는 다만 학력을 증진케 하려는 것뿐 아니라 아이가 장성한 후에도 스스로 복습하는 습관을 양성케 하기 위함이다.

○ 소아로 하여금 함부로 하인을 부리게 해서는 안 된다. 하인은 주인에게 순종하여 가급적 그 명령을 따르는 법이니, 사소한 일처럼 보여도 실제로 큰 관련이 있다.

○ 은밀히 나쁜 짓을 했을 때는 사소한 일도 감추지 말고 이실직고하는 습관을 양성해주어야 한다. 사실대로 고할 경우 대단히 나쁜 짓이 아니면 가급적 질책하지 말고 조용히 장래를 위해 훈계하면, 마침내

질책이 있을까 겁내지 않고 실상을 이실직고하게 된다.

위생부

회원 김봉관(金鳳觀)

무릇 공중위생에서 가장 필요한 것은 가옥이니, 곧 비바람 및 추위와 더위를 피하는 곳일 뿐만 아니라 일가족 생활에 있어 적당하지 않아서는 안 될 중요한 부분이기 때문이다. 가족생활의 융성한 발달은 진실로 국민의 건강과 강성을 나타내고, 또 그 질서는 국가의 공고한 초석을 이루게 된다.

먼저 튼실하고 탁 트인 가옥을 짓기 위해 주의할 것은, 될 수 있는 대로 넓고 밝게 할 것이며 온난하고 지대가 높으며 건조한 곳을 찾아야 한다는 것이다. 결코 저 부패한 오물과 병독 등이 잠시라도 잠복하지 않도록 청결법에 유의해야 하고, 그 건축에 적당한 땅의 위치・재료와 집의 환기・일광・사조(射照)와 배설물 청소 장치를 완전케 해야 한다. 예컨대 옥벽(屋壁)의 기공(氣孔)은 가옥의 공기를 바깥 공기와 일정 정도 교환하는 작용을 하는데, 이를 자연적 환기라고 부른다. 대개 이 자연적 환기는 창문을 열 때마다 인공적으로 보조 작용이 일어난다. 거주자에게 필요한 것은 공기의 일부를 출입시키는 것이므로 건축 재료는 기공이 많은 석재(石材)를 골라서 쓰도록 한다. 저 건축 재료의 경우 건조 여부와 기공 함량의 다소에서 조건을 갖추는 것이 또한 가옥의 위생에 지대한 영향을 미치는 것이니, 이 점에 십분 유의해야 한다.

습기가 있는 건축 재료는 기공을 막아 장벽 자체가 함축한 공기를 감소시켜 그 보온력을 어느 정도 박약하게 함과 동시에, 끊임없는 수분의 증발로 인하여 한층 온도가 낮아진다. 그러므로 습기가 있는 벽에 손을 갖다 대면 항상 차가운 느낌을 받는 것이다. 또한 완전히 건조되지 않은 자재로 신축된 가옥은 한랭한 공기를 발산하고, 더하여 습기가 각종 세균의 번식을 촉진케 하고 목재부의 내구성을 떨어뜨리며 실내에 일종의 불쾌한 공기를 조성하여 이른바 부식취(腐蝕臭)가 나는 지경에 이르기도 한다. 그러므로 가옥은 확실한 건조에 바탕을 두어야 할 것이요, 또한 건축 자재 성질의 여하를 중요시해야 한다.

대저 중대형 시가(市街)의 가옥은 그 장벽을 축조할 때 회반죽을 한 진흙으로 만들되 수분을 절반 이상 증발시킨 후에 건축한다고 하는데, 이는 건조한 공기의 유동성이 강하기 때문이다. 그러므로 한랭한 시기 또는 습기가 많은 날씨를 즈음하여 난방 장치를 설치하고 창문을 개방하여 건조를 촉진시킨 후 건축물에 도식(塗飾)을 더하여 공사를 진행하고 가옥을 완공하다. 이처럼 공기를 유통시켜 건조시키는 것은 비, 이슬, 서리, 눈 등이 내려서 다시 습윤해짐을 방지하고자 함이니, 미리 장벽 사이에 공기가 출입할 수 있도록 공간을 남겨두는 것이 가장 좋다.

거주지의 성질과 상태 및 장치는 거주자의 건강에 큰 영향을 미치는 것이다. 협소한 실내에 수많은 인원이 함께 있을 때 공기가 불결한 탓에 온갖 해를 입고 먼지와 오물의 축척을 재촉하여 전염병 요소의 전파를 촉진시킨다. 그러므로 위생상 요구 조건에 부응하기 위해서는 각기 거주하는 방을 일정한 간격으로 넓게 띄우는 것이 좋다. 옛날에는 누구든지 이 요구 조건을 중요하게 여겼으나, 근래에 이르러서는 그 거주하는 방을 일정 정도로 하는 것의 필요성을 느끼게 되었다. 서양의 시가에서 사람들이 밀집하여 거주하는 가옥을 축조하는 경우 주거공간의 높낮이를 주거자의 공기 수용에 충분하게 하고, 민가의 경우 주거공간을 공용으로 하여 종종 검소히 절약하기 때문에 위생상 간주되는 한계를 초과하지 않도록 항상 실내에 공기를 유통시켜야 한다. 또 청결한 상태를 유지하고 신선한 공기를 호흡하도록 하는 것은 인체의 건강에 지대한 영향을 주는 명백한 점이다. 이 설은 전적으로 서양식 가옥에서 주의할 요점이다. 우리나라에 있어서는 그 건축법이 서양식에 비해 위생상 나은 점이 아주 적은데, 그 환기법의 경우 창호, 장지, 그 밖의 벽상(壁床) 온돌에 간극이 생기기 때문에 일장일단을 면하기 어렵다. 여름이 되면 공기의 유통이 뛰어난 덕에 자못 상쾌한 느낌을 주지만, 겨울에 이르러서는 외부로부터의 한랭함이 극심하여 인체를 보호하지 못하는 것이 역시 결점 중의 하나이다. (미완)

우리 한국의 광산(鑛産) 개요

회원 박성흠(朴聖欽)

광산물(鑛産物)은 우리 한국의 큰 부원(富源)인데, 지금 그 각종 광산물의 현황을 전체적으로 살펴보면 겨우 금(金), 동(銅), 철(鐵) 두셋에 불과하다. 그 가운데 금은 국내 전체 광산(鑛山) 가격의 약 100분의 97에 이르고, 동은 그 나머지의 2분의 1을 차지하고, 철과 수정(水晶) 등을 합하여 기타 일반을 이룬다. 그렇다면 우리나라 광물의 부원은 오로지 금광과 사금(砂金)에 있다고 하겠다.

우리 한국의 면적이 대략 1만 3십 방리(方里)인데, 이 지역 전반에 걸쳐 수백 군데 다수의 각종 광맥이 산재되어 있다. 그러므로 지역마다 광물의 종류에 다소 차이가 있고, 각종 광물에도 그 품질의 우열과 수량의 정도 등 여러 가지 차이가 있으니, 지금 그 주요 광물의 분포 개황(概況)을 설명하겠다.

(1) 금광(金鑛)

우리 한국은 원래 황금이 풍부하여 지금 전국의 금광과 사금지(砂金地) 가운데 일반인에게 알려진 것만 해도 그 수가 대략 136개에 이른다. 그 1개년 산출액은 무려 6천 2백여 근(斤)이고 이것의 가격이 대략 4백만 원에서 450만 원까지의 거액에 달하며, 그 외에 아직 채굴되지 않은 곳과 알려지지 않은 곳이 또 얼마나 되는지 가히 알 수 없다. 요컨대 금은 우리나라 광산의 으뜸이고 장래 유망한 광업 역시 금에 있다.

우리 한국에서 생산되는 금 가운데는 암금(岩金)과 사금 두 종류가 있다. 암금은 평안도 지역에서 가장 풍부한데, 그 가운데 운산(雲山)은 나라를 부유하게 만들어주는 제일의 금광으로, 광맥이 극히 드넓어서 그 1개년 산출액이 약 1백만 원이다. 그다음은 은산(殷山)인데 그 산출액이 역시 1개년에 약 5십만 원 이상이다. 그 밖에 창성(昌城)이나 태천(泰川)이 모두 손에 꼽을 만한 광산인데, 특히 창성은 근래 국내외 사람들이 자못 주목하고 있는 지역이다.

평안도 다음은 함경도 일원(一圓) 지방인데, 특히 영흥(永興)과 정평(定平)은 남북 두 도 안의 광지(鑛地)이다. 다만 광맥이 넓고 큰 것은 평안도의 운산과 은산 등에 비하면 다소 미치지 못하지만, 그 품질이 우수하여 금 함량이 풍부하기로는 이곳의 돌이 아주 뛰어나다. 이 도 북부의 부령(富寧)과 회령(會寧) 등이 모두 유망한 광지이다.

함경도 다음은 충청남북도 두 도인데, 그중에 직산(稷山)이 가장 유명하고 그 밖에 충주(忠州), 공주(公州) 등에도 다소 광맥이 있다.

충청도 다음은 황해도인데 수안(遂安), 송화(松禾), 장연(長淵), 풍천(豊川) 등이 제법 유망한 광지이다. 특히 수안은 근래에 국내외 사람들이 주목하는 곳인데, 그 산출액이 영흥과 정평의 좋은 품질의 것보다 뒤떨어지지 않는다고 한다.

황해도 다음은 경상도 전역과 전라도 북부 및 강원도 일원이라 하니, 곧 강원도의 금성(金城)이 첫 번째이고, 경상도의 청송(靑松), 창원(昌原), 칠원(漆原), 안동(安東)과 전라도의 금구(金溝) 등의 군(郡)이 모두 풍부한 광지이다. 경기도는 전라남도를 제외한 다른 도에 비하면 금 생산이 가장 적은 지방이지만, 그래도 광주(廣州)와 안성(安城) 두 광지가 있다.

이로써 보건대 우리 한국의 금광맥은 북부가 풍부한 반면 남부는 빈약하다. 곧 평안·함경 일원이 으뜸이고, 남쪽으로 갈수록 점차 줄어들어 전라도 남부에 이르면 거의 전무한 상황을 보인다.

(2) 사금(砂金)

우리 한국 광물 중에 산출액이 많기로 가장 오래되었고, 그 산출되는 장소도 금광보다 훨씬 많다. 우리 한국에서 해마다 산출되는 황금이 대략 450만 원 내외인데, 그 가운데 사금이 대략 3백만 원을 차지한다.

사금의 산지(產地) 역시 평안남북도 두 도가 풍부하기로는 제일이라 한다. 현재 전국 산출액이 3백만 원 내외인데 평안도 일원에서 산출되는 사금이 약 2천 5백 근, 150만 원에 달하니, 국내 금 생산 전량 가운데서 대략 3분의 1을 차지한다. 특히 순안(順安)·선천(宣川) 두 군은 국내에서는 비길 데 없는 사금지인데, 그 산출액이 선천은 5·6백 근, 순안은 1천 근가량에 달한다. 그 밖에 영변(寧邊), 태천(泰川), 삭주(朔州), 창성(昌城), 강계(江界), 자산(慈山), 안주(安州), 숙천(肅川), 성천(成川) 등의 군도 모두 40여 근에서 5·60근 내외를 생산한다. 이외에도 다소 산출되는 곳도 제법 많다.

평안도의 다음으로 손에 꼽을 만한 지방은 역시 함경도 일원이다. 영흥(永興), 정평(定平)이나 단천(端川) 등의 군에 모두 풍부한 사금지가 있고, 그 산출액은 대략 각각 1만 원 이상에서 2·30만 원의 액수에 달하지 않음이 없다. 이 외에도 장진(長津), 갑산(甲山), 삼수(三水) 및 부령(富寧), 회령(會寧), 무산(茂山) 등의 군이 역시 모두 상당한 산지라 한다.

함경도 다음은 충청도와 황해도인데, 충청도의 직산(稷山), 천안(天安) 부근이 가장 풍부한 곳으로 이 지방의 매년 산출액은 대략 3・40만 원에 달한다. 또 연기(燕岐), 정산(定山), 보은(報恩), 청산(青山), 황간(黃澗) 및 황해도의 송화(松禾), 장연(長淵), 풍천(豐川), 곡산(谷山), 수안(遂安) 등의 군이 모두 손에 꼽히는 좋은 광지이다.

충청도・황해도의 다음에 해당되는 지방은 경상도와 강원도 일대인데, 경상도의 청송(青松), 의성(義城)이 품질이 가장 우수하고 산출량 또한 제법 많다. 그 밖에 창원(昌原), 칠원(漆原), 함안(咸安), 합천(陝川), 성주(星州) 및 강원도의 금성(金城), 양구(楊口), 화천(華川), 홍천(洪川), 정선(旌善) 등의 군이 모두 상당한 산출이 있는 곳이다.

전라도와 경기도는 사금지로는 끝자리를 차지하는데, 경기도의 안성(安城), 죽산(竹山) 두 곳과 전라도의 금구(金溝), 남원(南原), 보성(寶城) 등의 군에 다소 광지가 있다.

종합하자면 사금과 금광은 그 존재하는 곳과 분포의 상황이 서로 짝을 이룬다. 즉 북부에 가장 많고 풍부하며 남쪽으로 점차 내려갈수록 감소되는데, 그 중간인 충청 지방에서 특히 두각을 나타낸다.

(3) 은광(銀鑛)

우리 한국은 은에 대한 수용(需用)은 있지만 공급은 거의 없으니, 이는 그 토지에 은 광물이 없어서가 아니다. 현재 두세 곳 개굴(開掘)을 이미 거친 광지도 있으니, 그 광맥의 존재에 대해서는 의심할 것이 없다. 그러나 은광은 채굴에 요구되는 비용과 노력의 어려움이 금광 채굴에 비해 결코 적지 않고, 사금 채집에 비하면 그 어려움이 훨씬 크다.

은광은 금광과 동일한 비용과 노력을 필요로 하지만 거기서 얻어지는 보수가 금에 훨씬 미치지 못한다. 그러므로 금광과 사금 중에 자연적으로 부착·함유된 은 성분을 쪼개어 채취하는 일 같은 것은 말할 것이 없으나, 은산(銀山)의 단독 경영은 대체로 광맥이 금광보다 얼마간 넓고 크며 함유량이 풍부하지 않으면 계산이 성립되지 않으니, 채굴한다고 해도 이익이 없기 때문이다. 사정이 이러하니 지금까지 은의 채굴이 거의 이루어지지 않았고, 은광맥이 있다고 사람들에게 알려진 곳도 극히 드물어서 이 광물에 주목하는 사람이 적었던 것이다. 그러므로 이전에 십분 정밀한 탐사를 거치지 않아 어느 지역에 어떤 좋은 광맥이 있는지를 알 수가 없었다. 현재 대략적으로 살펴본 산지는 먼저 충청도부터 전라도까지로, 보령(保寧), 진산(珍山) 부근에서 다소 양질의 광맥을 볼 수 있다. 또 경상남도 창원(昌原)에 제법 우수한 은·동광(銅鑛) 및 연광(鉛鑛)이 있고, 경상북도 봉화(奉化)에 다소 우수한 것들이 있다. 또 강원도 당현(堂峴)에 금년에 독일인이 발견한 것이 있다.

(4) 동광(銅鑛)

우리 한국의 북부와 남부에 많고 중부에는 적다. 우리나라에서 으뜸가는 동산(銅山)은 함경도의 갑산(甲山)인데, 광맥이 가장 넓고 커서 1개년 산출액이 제동(製銅) 대략 20만 근으로 가격은 5만 원 이상에 달한다. 그다음 경상남도 창원(昌原)이 또한 동으로 유명하고, 그 밖에 경상북도 봉화(奉化)에도 다소 우수한 은·동광이 있다. 또 전라도와 충청도 및 평안도 지방에도 다소 존재하는데 대체로 빈약한 광맥일 뿐이고 유명한 것은 아직까지 없다.

(5) 철광(鐵鑛) 및 사철(砂鐵)

우리 한국의 철광과 사철은 황해도 지방에서 가장 많이 산출된다. 그

다음은 평안도, 강원도, 충청도, 전라도, 경상도 곳곳에서 산출되나, 철광은 원래 채굴과 정제(精製)에 많은 노력과 큰 비용이 요구된다. 황해도의 재령(載寧), 송화(松禾), 문화(文化), 은율(殷栗), 평안도의 개천(价川), 강원도의 철원(鐵原), 평해(平海), 충청도의 노성(魯城), 은진(恩津), 연산(連山), 전라도의 광주(光州), 순창(淳昌), 경상도의 성주(星州) 등지에 다 상당한 광맥이 있으나, 현재 개굴하는 사람이 극히 적고, 또 개굴하는 사람이 종종 있어도 모두 극히 작은 규모로 채굴하고 정련(精鍊)하거나, 혹 사철만 채집하고 정련하여 솥 따위를 제조하는 것에 그칠 뿐이다. 그 밖에 한두 외국인이 경영하는 곳이 없진 않으나 다 시험적으로 채굴하여 소량의 수출을 통해 손익이 어떠한가를 시험하는 데 불과하다. 요컨대 가격이 저렴하고 수량이 많은 철광 개굴과 같은 것은 지금처럼 교통이 충분치 못하고 제련소가 없는 상황에서는 도저히 충분한 이익을 보기 어렵다. 그러나 장래에 교통사업이 발달하고 운반력이 진보되며 또한 제철소가 설치된다면 철원, 개천, 평해, 송화, 재령, 은율 등의 군이 유망한 광지가 될 것이다.

(6) 석탄(石炭)

석탄은 우리나라에 크게 유망한 것은 아니지만 광맥의 존재는 몇 곳 확인된 것이 이미 있다. 함경북도 경성(鏡城) 부근에서 시작되어 길주(吉州) 방면에 걸쳐 있고, 여기로부터 영흥(永興)에서 보이고 강원도 일대에서 중단되었다가 경상도 동남쪽 모퉁이 울산(蔚山)에서 보인다. 그 밖에 평안도에는 대동강 연안 평양(平壤) 부근에 크게 드러나 있고, 또 은산(殷山) 북방에도 미세한 맥이 보인다. 이중 평양에 있는 것은 무연탄(無煙炭)이고 다른 곳은 다 연탄(煙炭)이다. 광맥이 제법 큰 것은 있지만 그 질은 대체로 좋지 못하다.

(7) 수정(水晶), 마노(瑪瑙), 납석(蠟石), 운모(雲母)

수정은 우리 한국의 한 가지 명산물인데, 경상북도 경주(慶州)에서 가장 많이 산출되고 그 품질 또한 우수하다. 경상남도의 울산(蔚山), 전라북도의 고산(高山), 충청북도의 죽산(竹山), 황해도의 토산(兎山) 등의 지방이 또한 제법 유명한 산지이다.

마노는 전체 산출량이 적으니 전국에서 경상도의 울산, 평안남도의 안주(安州)에서만 약간 산출되는 데 불과하다.

납석은 전라도와 충청도 곳곳에서 산출되나 양질은 적다. 오직 전라남도 해남군(海南郡) 우수영(右水營)에서 산출이 제법 많고 또 품질이 우수하다 한다.

운모는 강원도의 남부와 평안도 부근의 연안 및 경기도의 동남부 이천군(利川郡) 엄현(俺峴) 부근에서 제법 많이 산출되나 그 채굴에 종사하는 사람은 극히 드물다. (미완)

▲ 우리는 우리 정부에 세금을 내는 것보다 우리의 태만과 오만과 어리석음에 세금을 내는 것이 더 심중하다.

학회를 논하다

지나 음빙실주인(飮氷室主人) 저
회원 이갑(李甲) 역술

도(道)는 무리 짓는 것보다 좋을 수가 없고 혼자인 것보다 나쁠 수가 없다. 혼자이기에 군색해지고 군색하기에 우매해지며 우매하기에 약해진다. 무리 지었기에 통하고 통하기에 지혜로워지며 지혜롭기에 강해진다. 별과 땅이 서로 당겨 세계를 이루고 질(質)과 점이 서로 만나 형체를 이루며, 몇 명이 무리 지어 일가를 이루고 천백 명이 무리 지어 일족을 이루며 억만 명이 무리 지어 일국을 이루고 조(兆)·경(京)·해(垓)·자(秭)·양(穰) 명이 무리 지어 천하를 이룬 것이다. 무리가 없으면 소위 '환과고독(鰥寡孤獨)'이 되니, 이는 하소연할 데 없는 백성을 이른다. 호랑이와 표범과 코끼리와 낙타와 소와 말이 크고 우람함에도 불구하고 사람이 우리에 가두고 타고 다니는 것은 무리를 이루지 못하였기 때문이고, 아프리카의 흑인, 인도의 갈색인, 아메리카와 남양군도와 호주의 홍인(紅人)이 그 거주지가 지구의 10분의 6·7이나 되는데도 유럽인이 이를 분할하고 점령하여 마치 사자나 코끼리를 우리에 가두고 낙타나 말을 타고 다니는 것처럼 하는 것은 또한 그들이 능히 무리를 이루지 못하였기 때문이다.

무리 짓는 방도는 형질(形質)로 무리 짓는 것이 하급이고 심지(心智)로 무리 짓는 것이 상급이다. 형질로 무리 짓는 것은 메뚜기, 모기, 벌, 개미의 무리이지 인도(人道)의 무리는 아니다. 무리 짓기만을 그치지 않으면 반드시 천하를 좀먹어 마침내 심지로 무리 지은 인간에 의해 제지된다. 몽골족과 아랍족 모두 집단의 힘으로 대지를 횡행하였지만 게르만족 후예에게 굴복의 신세를 면하지 못하였으니, 메뚜기, 모기, 벌, 개미의 무리요 인도(人道)의 무리가 아니었기 때문이다.

그러므로 심지로 무리 짓는 일에 주목하는 것이다. 유럽인이 이 점을 잘 알아서 시행한 것이 세 가지니, 나라의 무리는 의원(議院)이라 하고 상업의 무리는 회사〔公司〕라 하고 선비의 무리는 학회라 한다. 대체로 의원과 회사의 의론과 업예(業藝)가 학문에서 나오지 않음이 없으니, 학회야말로 이 두 가지의 모태라 하겠다. 학교가 위에서 진흥하고 학회는 아래에서 이루어져 유럽인이 심지를 가지고 온 천하의 영웅이 된 것이 백 년 이래의 일이다.

학회는 서구에서 일어났는가. 아니다. 중국에서 2천 년에 걸쳐 이루어진 법도다. 『주역(周易)』에 "군자는 이로써 붕우(朋友)와 강습한다." 하였다. 『논어(論語)』에는 "벗이 먼 곳에서 온다."라 하였고 또 "군자는 학문을 통해 벗을 모은다."라 하였으며 또한 "각종 장인은 공방에서 자신의 일을 완수하고 군자는 배움을 통해 자신의 도를 이룬다."라 하였다. 공자(孔子)는 3천 문도를 길렀고 맹자(孟子)는 추종자가 수백이었으며, 자하(子夏)는 서하(西河)에 있었고 증자(曾子)는 무성(武城)에 있었다. 순경(荀卿)은 초(楚)・송(宋)에서 좨주(祭酒)가 되었고, 태사공(太史公)은 제(齊)・노(魯)에서 학업을 강론하였고, 누차자(樓次子)의 저록은 9천 권이었고, 서준명(徐遵明)[4]의 회강(會講)은 만 회를 넘겼으며, 아호(鵝湖)와 백록동(白鹿洞)의 성대한 모임이 있었고, 동림(東林)과 복사(復社)의 장관[5]이 있었으니, 이러한 전례가 전부 그 증거가 된다. 그러므로 선대 성현의 도가 전대에 끊이지 않은 사연과 중국 인종이 야만의 습속에 물들지 않은 원인을 말하자면 오직 학회 덕분이라 하겠다.

학회의 폐망은 어디서 일어났는가. 국조(國朝) 한학가(漢學家)의 죄이니, 기윤(紀昀)[6]이 그 수괴(首魁)이다. 한학가가 말하기를 "한(漢)은 당고(黨錮)[7]에 의해 망하고 송(宋)은 위학(僞學)에 의해 망하고 명(明)은 동림

4 서준명(徐遵明) : 475-529. 북조 북위(北魏) 화음(華陰) 사람. 자는 자판(子判)이다. 『효경(孝經)』『논어』『모시(毛詩)』『상서(尙書)』 삼례(三禮)에 정통하며 수많은 문도를 지도하였다.

5 동림(東林)과 복사(復社)의 장관 : 동림당(東林黨)과 복사(復社)는 중국 명나라 말기 고학(古學)의 부흥을 주창하며 결성된 단체로서 당대 공소한 학문과 정치를 비판하였다.

6 기윤(紀昀) : 1724-1805. 청나라 하간부(河間府) 사람이다. 자는 효람(曉嵐), 춘범(春帆), 호는 석운(石云), 관혁도인(觀弈道人)이다. 『사고전서(四庫全書)』 사업의 총찬수관(總纂修官)으로 활약하였다. 실증적인 한학의 입장을 취하였다.

7 당고(黨錮) : 동한(東漢) 말엽에 환관들이 정권을 장악하였는데, 환제(桓帝)・영제(靈帝) 때 진번(陳蕃), 이응(李膺) 등이 이를 미워하여 공박하자 환관들이 도리어 이들을 당인(黨人)이라고 지목하여 종신토록 금고(禁錮)한 사건이다. 『후한서(後漢書)』 권

(東林)에 의해 망하였다." 하였는데, 아아 이게 무슨 말인가. 이는 십상시(十常侍)[8]가 이씨(李氏) · 범씨(范氏)의 도당을 금고한 말이고, 채경(蔡京)과 한기주(韓侂胄)[9]가 사마공(司馬公)과 주자(朱子)를 금고한 말이고, 위충현(魏忠賢)[10]과 완대성(阮大鋮)[11]이 고씨(顧氏), 고씨(高氏), 진씨(陳氏), 하씨(夏氏)를 무함한 말이다. 나는 모르겠노라. 소인으로서 꺼리는 짓이 없는 기윤이 과연 이씨(李氏) · 범씨(范氏) 등 현인들의 무엇이 미워서 기꺼이 십상시, 채경, 한기주, 위충현, 완대성의 노예가 되었으며, 온 천하의 후학들마저 오히려 그를 추종하여 두려워하며 고개를 숙이고 노예의 노예가 되어서는 마치 원수나 도적처럼 집단이나 모임을 질시한 것인가. 이러한 까닭에 소인은 집단이 있되 군자는 도리어 집단이 없어졌고 무뢰배는 모임이 있되 정직한 직업인은 도리어 모임이 없어졌으니, 이는 소인을 몰아서 군자의 살을 먹게 하고 온 천하 사람을 몰아서 환과고독(鰥寡孤獨)이 되게 하고 코끼리, 낙타, 소, 말로 들어가 메뚜기, 모기, 벌, 개미만도 못하게 하고 나서야 선인(善人)이라 칭하는 격이니, 아아, 어찌 애통할 노릇이 아닌가.

지금 천하의 변고가 극에 달하였다. 시국에 다소 통달한 자는 반드시 말하기를 "광업의 이득을 일으키고 철로를 만들고 상업을 정리하며 해

---

67 「당고열전(黨錮列傳)」에 나온다.

8 십상시(十常侍) : 중국 한(漢) 영제(靈帝) 때 권력을 쥐고 국정을 농단한 10명의 환관(宦官)이다.

9 채경(蔡京)과 한기주(韓侂胄) : 중국 송(宋)의 간신들이다. 이들은 사마광(司馬光)과 주희(朱熹)를 무고한 적이 있다.

10 위충현(魏忠賢) : 중국 명(明)의 환관이다. 희종(熹宗) 밑에서 권세를 누리며, 동림당(東林党)을 탄압하였다.

11 완대성(阮大鋮) : 중국 명(明)의 간신이다. 홍광(弘光) 때 마사영이 집정(執政)하자 병부상서(兵部尙書)에 임명되어 동림(東林)과 복사(復社)의 당원들에게 혹독하게 보복하였으며, 뒤에 청(淸)나라에 항복하여 선하령(仙霞嶺)의 공격에 참여했다가 죽었다.

군을 훈련시켜야 한다."라 한다. 그렇다면 이제 한 번 묻겠다. 팔고문(八股文)·팔운시(八韻詩)와 과거(科擧)의 문장에 종사하는 문사들을 몰아서 온갖 사업을 담당하게 한다면 과연 할 수 있겠는가 없겠는가. 그러면 곧 "동문관(同文館)과 수사학당(水師學堂)의 생도들에게 달려 있다." 할 것이다. 그렇다면 이제 이 생도들이 과연 학문을 성취하였는지 여부를 불문하고 다시 한번 묻겠다. 구구한 생도들의 능력으로 천하 18행성(行省)에 변법(變法)을 시행하게 한다면 과연 할 수 있겠는가 없겠는가. 인재가 다 사라져버리고 만사가 다 망하고 말 것이니, 이는 중국이 신법을 강구한 지 30년 동안 성과가 하나도 없고 마침내 좁아터진 수구적 의론이 그 입을 틀어막게 된 이유이다.

지금 국내 4억 인구 가운데 총명한 재능과 역량을 지닌 호걸지사로서 이러한 여러 학문에 대해 애통해하는 자들이 아마도 있을 것이다. 하지만 이러한 여러 학문은 과거(科擧)의 문장처럼 두문불출하고 참고서만 늘어놓는다고 터득할 수 있는 것이 아니다. 광업의 이익은 반드시 각 지역을 두루 다니면서 각국의 개광(開礦), 분광(分礦), 연광(鍊礦)의 방도를 널리 구하며 그 기계와 의기(儀器)를 대거 구매하여 시험하고, 그 광업 관련 서적을 죄다 구매하여 번역하며, 만국이 소유한 광산(鑛產)을 수집하고 나열하여 비교해야 한다. 또한 군사 훈련은 반드시 각국의 병법서를 수집하여 열독하며 만국의 창포(槍砲)·탄약의 제조법과 군영·함선의 축조법과 수리법을 수집하여 배워야 한다. 이러한 여러 방법을 배우자면 역시 빈손으로 배울 것이 아니라 반드시 그 나라를 두루 다니면서 그 훈련을 관찰하고 각 공장을 두루 살피면서 그 제조를 관찰하며 증기 기계를 크게 진열하여 그 활용법을 습득해야 한다. 나머지 여러 학술 역시 대개 이와 같다. 그러므로 37만 금의 천문대와 35만 금의 망원경〔千里鏡〕이 없으면 천문학이 필시 정밀할 수 없고 능히 지구를 두루 다니지 못할 것이다. 설령 다닌다고 하더라도 각국의 성(省)·부

(府)・주(州)・현(縣)을 두루 다니면서 그 자취를 전부 남길 수 없다면 지리학이 필시 정밀하지 못할 것이다. 이제 물어보겠다. 한 사람의 힘으로 능히 담당할 수 있겠는가 없겠는가. 이것이 바로 설령 한두 명 뜻있는 인사가 있어도 학문을 성취할 수도 없고 활용을 할 수도 없어서 종신토록 폐기되는 이유이다.

서양인의 학문에서는 학문 하나가 있으면 학회 하나가 생긴다. 그리하여 농학회(農學會)가 있으며 광학회(礦學會)가 있으며 상학회(商學會)가 있으며 공학회(工學會)가 있으며 법학회(法學會)가 있으며 천학회(天學會)가 있으며 지학회(地學會)가 있으며 산학회(算學會)가 있으며 화학회(化學會)가 있으며 전학회(電學會)가 있으며 성학회(聲學會)가 있으며 광학회(光學會)가 있으며 중학회(重學會)가 있으며 역학회(力學會)가 있으며 수학회(水學會)가 있으며 열학회(熱學會)가 있으며 의학회(醫學會)가 있으며 동식물 양 학회가 있으며 교무회(教務會)가 있고 또한 조상(照像)과 단청(丹靑)과 욕당(浴堂) 등 자질구레한 것까지 학회가 다 있다. 위로는 후비(后妃)와 왕공(王公)부터 아래로 일개 포의(布衣)에 이르기까지 학회의 무리가 모여 수백만 명에 달하는 경우도 있고 회비가 모여 수백만 금에 달하는 경우도 있다. 학회에 서적이 있어서 열람을 편하게 하고, 기구가 있어서 시험을 편하게 하고, 신문이 있어서 신학문 전파를 편하게 하고, 스승과 학우가 있어서 의심 가는 부분의 연구를 편하게 한다. 그러므로 학문이 성취되지 않을 수 없고 경영이 정밀해지지 않을 수 없어서 신법이 나날이 나와 백성의 일용을 인도하고 인재가 다달이 늘어나 국가의 근간이 되니, 이로써 능히 부강함이 오대주의 으뜸이 되고 문치(文治)가 삼고(三古) 시대보다 뛰어나게 된 것이다.

지금 오인도(五印度)의 수만 리 큰 지역이 50년 동안 평온히 영국에 귀속되고 광저우(廣州)전쟁으로 홍콩을 분할하여 영국은 항구를 여니 그 거동이 성대하여 온 천하가 두려워하는데, 이것이 전부 저 중의 상학회(商學會)가 한 일인 줄 알지 못한다. 또한 통상 이래로 서양인이 증빙 문서를 장악하고 각 성(省)을 두루 다니면서 지도를 작성하고 광물을 조사하는 일이 매년 있지만 중국인이 그 간사함을 의심하면서도 금할 방도가 없는데, 이것이 전부 저 중의 지학회(地學會)가 한 일인 줄 알지 못한다. 그러므로 서양은 국가가 여러 학회를 존중하여 보호하고 장려하는 것이니, 군주께서 친히 왕림하여 해당 사업을 중시하기도 하고 지원금을 지급하여 그 성사를 지원하기도 한다. 이것이 서구에서 학회가 나날이 흥성하고 학문이 나날이 진보하는 이유이다.

이제 국가를 일으키려 한다면 인재를 넓혀야 하고, 인재를 넓히려 한다면 학회를 진흥해야 한다. 여러 학문의 분회를 갑자기 세울 수는 없어 우선 총회부터 설명하겠으니, 학회 설립의 조목은 1) 학회의 이익을 일일이 열거하여 황제에게 올리는 글을 오로지 다듬어서 대중의 마음을 안정시켜야 할 것이요, 2) 공자의 사당을 건립해 학회에 신주를 차려서 최고 권위를 드러내야 할 것이요, 3) 국내외의 고관에게 서신을 보내 지원하게 하여 물자를 넉넉히 확보해야 할 것이요, 4) 국내의 동지를 다 초청하고 다 입회시켜 특이한 인재를 널리 모아야 할 것이요, 5) 각국 학회를 조회해 서로 소식을 통하여 성기(聲氣)를 넓혀야 할 것이요, 6) 중국에 있는 서양 인사들에게 서신을 보내 초청하고 입회시켜 타산지석을 거두어야 할 것이요, 7) 관국(官局)의 여러 서적을 취합하고 전부 정리하여 장서고를 갖추어야 할 것이요, 8) 이미 전파된 서양 서적을 다 구매해 학회에 거두어 정리하여 도서 대출을 편리하게 할 것이요, 9) 서양 문자로 된 각 서적을 가려 구매하고 종류별로 나누어 번역을 할 것이요, 10) 지구 각 신문을 널리 퍼트려 행성(行省)마다 유포하여 이목을 새롭게 할 것이요, 11) 국내외 지도를 자세히 수색하고 회당에 내걸어 열람할 수 있도록 갖출 것이요, 12) 각종 의기(儀器)를 대거 진열하고 박물관을 열어 시험을 도울 것이요, 13) 유용한 서적을 편찬하여 널리 인쇄하고 저가로 판매하여 풍기(風氣)를 계도할 것이요, 14) 회우(會友)의 공과를 엄격히 산정하고 전문분야를 각기 집행하여 실학을 장려할 것이요, 15) 총명한 자제를 선발해 학당을 개설하여 인재를 육성할 것이요, 16) 학문을 성취한 회우를 공식 파견해 국내외를 두루 돌아다니고 저술을 하도록 해야 할 것이다.

하지만 이 거대한 나라 전체에 하나의 학회가 겨우 있을 뿐이니, 모기 한 마리나 등에 한 마리의 노력 같은 것에 지나지 않는다. 지금 4억 인구 중에 천하를 걱정하고 자강(自强)을 강구하는 인사는 어디든 다 있다. 그러므로 마땅히 도처에 분회를 널리 세워야 하니, 한 성(省)에 한 성회(省會)가 있고 한 부(府)에 한 부회(府會)가 있고 한 주현(州縣)에 한 주현회(州縣會)가 있고 한 향(鄉)에 한 향회(鄉會)가 있어야 한다. 비록 수십 인의 적은 인원과 수백 금의 미미한 자금이라도 학회가 되기에는 무방하니, 작은 것을 쌓아 높고 크게 만들고 확충한다면 천하에 학문을 성취하지 않은 이가 없을 것이다.

이에 따라 시행한다면 1년이면 호걸들이 모일 것이고 3년이면 온갖 학술이 갖춰질 것이고 9년이면 기풍이 이루어질 것이다. 농학을 진흥하려 한다면 농학회의 인재를 충분히 등용할 수 있을 것이요, 광업의 이익을 진흥하려 한다면 광학회의 인재를 충분히 등용할 수 있을 것이요, 공예를 진흥하려 한다면 공예회의 인재를 충분히 등용할 수 있을 것이요, 상무(商務)를 진흥하려 한다면 상무회의 인재를 충분히 등용할 수 있을 것이요, 재능 있는 관리를 구하려 한다면 법학회의 인재를 충분히 등용할 수 있을 것이요, 수군・육군을 정비하려 한다면 병학회(兵學會)의 인재를 충분히 등용할 수 있을 것이요, 새로운 기구를 만들고 신법을 넓히려 한다면 천학(天學), 산학(算學), 성학(聲學), 광학(光學), 화학(化學), 전학(電學) 등 학회의 인재를 충분히 등용할 수 있을 것이니, 치욕을 씻고자 한다면 어떠한 치욕이라도 씻을 수 없겠으며 정사를 베풀고

자 한다면 어떠한 정사라도 이룰 수 없겠는가. 만약 기윤(紀均)의 허언을 따르고 두려움에 짓눌려 구습을 좇고 군중을 즐겁게 하는 공리를 어기며 하소연할 데 없는 오명을 감내한다면 아프리카와 인도와 돌궐의 전철의 밟는 것과 다름없게 될 것이니, 서방의 사람들이 어찌 아끼겠는가. 나무 하나의 외기둥으로는 거센 물길을 버틸 수 없고 일개 패옥으로는 급한 재난을 구제할 수 없다. 『시경(詩經)』에 이르길 "하늘에서 장마가 오기 전에 저 뽕나무 뿌리를 거두어다가 창과 문을 얽어 놓는다면, 지금 이 낮은 백성들이 누가 감히 나를 업신여기리오." 하였으니, 여러분은 굳이 그 풍우가 휘몰아칠 때까지 가만히 있다가 그제야 굳게 다물었던 입을 열어서 서로를 구원할 수 없는 지경이 되지 않도록 해야 할 것이다.

이 논의를 살펴보면 세계상 사회에서 범위가 가장 광대한 것도 학회요, 규모가 가장 완비된 것도 학회요, 사업이 가장 긴요한 것도 학회요, 성과가 가장 성대한 것도 학회이다. 진실로 학회가 성행한다면 인재도 성행할 것이요 인재가 성행한다면 국세도 진흥할 것이니, 어떠한 치욕인들 씻을 수 없겠으며 어떠한 성과인들 이룰 수 없겠는가. 지금 우리가 발기한 학회는 곧 우리 한국이 창성할 시초이다. 과연 능히 정성을 들이고 협력하여 확장하고 매진한다면 장래의 성과를 이루 다 헤아릴 수 없을 것이다. 오직 우리 사우들이 각기 혈심(血心)으로 담당하여 위에 논한 바와 같이 여러 목적에 도달할 수 있다면 우리의 소원이 다 이루어질 것이니, 유념하여 힘쓸지어다.

이갑(李甲) 씀

잡조

공중비행기의 대경쟁

회원 박성흠(朴聖欽)

지금으로부터 236년 전에 라나(Francesco Lana de Terzi) 씨가 공중비행선을 제작 출품한 이래로 공중을 인류 교통의 공식 통로로 삼으려는 발상이 수많은 발명가들의 뇌리를 지배하는 과제가 되었다. 최초로 범선에 큰 경기구(輕氣球) 두 개를 부착한 유치한 것부터 최근 경기구가 없는 것에 이르기까지 중요한 것만 들어도 그 종류를 십여 가지나 셀 수 있다. 발명가는 벨(Alexander Graham Bell), 메손스, 미라, 로레도, 데라마루, 비다,[12] 헨슨(William Samuel Henson) 등인데, 특히 브라질인 산투스 뒤몽(Alberto Santos-Dumont) 씨는 최근 비행선 대발명가로 모르는 이가 없는 아주 유명한 사람이다.

이 자리에 게재하는 것은 뒤몽 씨가 최근에 발명한 신식 비행선인데, 길이가 32척이고 너비가 39척이며 중량은 한 사람을 실은 채로 465톤이고 두 날개는 18척과 11척의 상자 형태로 되어 있다. 공기를 지탱하는 표면적은 861평방척이고 사람이 타는 바구니는 버들가지처럼 엮고 조종키는 상하좌우 자유자재로 승강과 전진을 조종하고 예상 속력은 1시간당 25리이다. 이 기구의 특색은 가스의 부양력을 사용하지 않고 석유발동기로 작동하는 것이다. 첫 시험을 작년 11월 12일에 실시하였는데, 처음에 38간(間), 그다음에 1정(町), 그다음에 21간을 비행하였고, 그 지점에서 출발하여 역풍에 저항하여 출발점으로 복귀하는데 처음에 15간가량을 지면과 마찰하며 날다가 갑자기 큰 새처럼 5척가량

12 메손스……비다 : '메손스'는 기관총의 발명자로 유명한 맥심(Sir Hiram Maxim)으로, '로레도'는 르나르(Charles Renard)로 추정된다. '미라', '데라마루', '비다'는 미상이다.

비상하여 비행하는 것이 장관이었다. 다만 불행히도 도중에 관중 무리를 피하려다가 조종키를 실수로 놓치니, 비행기가 지상으로 추락하여 한쪽 날개가 부러져버렸다. 시험 결과는 이와 같지만 성공이라 해도 가히 무방하다. 뒤몽 씨가 시작한 비행선 시험은 지금으로부터 7년 전인데, 그 후에 230척 고도로 비상한 사례가 있지만 이 비행선은 가스를 이용한 것이었다. 요즘 비행선의 문제는 성사의 문제에 있지 않고 시간의 문제에 있다.

작년 말에 파리에서 만국 비행선 대경주의 기획이 있었다. 파리 마단 신문[13]은 다가오는 1908년을 기약하여 이 큰 경쟁을 시행하였는데, 파리에서 도버 해협을 횡단해 무사히 런던에 착륙하는 자에게 현상금 4만 원을 주겠다고 발표하였다. 이 계획이 다른 이들의 열성적 찬성을 얻어서 상금을 추가하여 10만 원에 달하였다. 또한 영국 데일리메일 신문사 역시 현상금 경주를 기획하여 기한을 정하지 않고 가장 먼저 런던-맨체스터 사이를 비행선으로 비행하는 자에게 상금 10만 원을 주겠다고 발표하였다.

공중 비행이 일반 인류의 신경 조직에 적합할 것인지, 추락의 위험성이 완전히 사라질 정도까지 진보할 것인지 하는 각종 문제는 차후의 일이다. 스티븐슨 씨의 증기기관차가 1시간당 6리의 속력으로 육상을 질주하여 천하의 이목을 사로잡은 것이 지금으로부터 겨우 93년 전의 일이다. 그 후 리버풀 맨체스터 철도회사가 가장 우수한 기관차에 대해 현상금 5천 원을 수여한 것도 역시 스티븐슨 씨의 기관차라는 사실을 고려해본다면, 지금도 유아 수준에 머무는 비행선이 머지않은 미래에 실용에 적합한 거의 완전한 수준으로 진화할 것임은 의심할 바 없다.

---

13 마단 신문 : 미상이다.

북극 탐험

북극 탐험을 이전보다 왕성히 시도하고 있기에 암흑 세계가 점차 열리고 있다. 최근에 시도한 자는 미국의 페리(Ferry) 씨다. 일행 20명이 북위 87도 6분까지 진입하였으니 이는 인류가 도달한 최북단이다. 탐험선은 루즈벨트 호인데, 여러 연구를 종합해 건조한 것으로 북극의 빙하를 잘 견딘다. 이 일행은 1905년 뉴욕에서 출항하였다.

뱃멀미 치료법

뱃멀미만큼 고통스러운 일이 없으니 그 고통을 피하려고 멀리 돌아서 육로로 다니는 사람이 많다. 이 병을 치료할 방법이 있다면 몹시 편리할 것이다. 미국의 유명한 여행가 오루후 씨[14]가 다년 연구하여 발명한 바에 의하면, 손으로 쥐기 어려울 정도로 열이 나는 압정포(壓定布)-곧 수건 종류-를 가지고 수차례 지속적으로 머리를 덮으면 결코 뱃멀미가 나지 않는다고 한다. 하지만 이 방법은 실제로 시행하기 어려운 까닭에, 지금은 이를 손쉽게 시행할 수 있는 도구를 고안하는 중이라 한다.

식물의 털

알제리 지역은 식물제 털을 제조하니, 이는 해안에서 자생하는 작은 종려나무로 제조한 물건이다. 말갈기 같은 용도가 될 뿐 아니라 가격도 저렴하니, 요즘 오스트리아와 독일 등 군대에서 많이 쓴다고 한다. 이

14 오루후 씨 : 미상이다.

식물은 수년 전만 해도 무용지물로 여겨졌는데, 요즘에 그 섬유를 잘 건조시켜 실을 뽑아 털을 제조하는 까닭에 해당 지역에 공장을 수백 개소나 건설하고, 각 공장에서 아라비아인 수백 명을 고용하여 대량으로 이를 제조한다. 1톤의 가치가 4파운드 15펜스가량이다. 이처럼 무용한 식물이 아주 유용한 물건이 되었으니, 속담에 "종려나무는 빈민에게 떡을 제공하기 위해 만들어졌다." 한 것이다.

군수(郡守)는 마땅히 교육에 전념해야 한다

회원 정재화(鄭在和)

현재 우리 한국 제일의 급선무로 교육보다 우선할 것이 없다. 우리 황상 폐하께서 전후의 조칙을 통해 진실로 거듭 당부하셨거니와 일반 뜻있는 인사들이 단상에서 연설하고 기사를 써서 권장하는 것도 오직 교육 또 교육이다. 그런즉 우리 한민족 가운데 국가 사상이 다소 있고 국민의 의무를 다소 아는 자라면 누구라도 교육에 대해 전심으로 전력하지 않겠는가마는, 지방의 군수로서 폐하의 뜻을 받들어 백성에게 널리 알려서 자신의 직분을 수행하려 한다면 어찌 '교육' 두 자에 정신을 기울여 애써야 하지 않겠는가. 하물며 요즘은 검사가 있기에 송사의 처리도 없고, 세무관이 있기에 공납의 주관도 없으며, 세운(世運)이 점차 나아지고 민지(民智)가 차츰 열려서 인민의 재산을 취하는 것도 예전과 다름에랴. 지방 군수의 책임이 교육 밖에 또 없는 듯하니 아무쪼록 생각하여 보시고 애를 써보시오. 만일 교육이 발달한다면 크게는 국가를 위하고 작게는 자신과 집안을 위함에 더할 나위 없는 사업이 될 것이오.

산학(筭學)을 논하다 (전호 속)

회원 이유정(李裕楨)

이제 만일 어떤 사람이 나타나 자릿수의 법칙을 거듭 정하며 "가장 사용하기 편하려면 12를 자릿수로 삼고, 12의 단수를 합쳐 1묶음으로 삼아 10수를 대신하며, 다시 144의 단수를 합쳐 12묶음으로 삼아 100수를 대신해야 한다. 이로써 수학으로 가능한 작업은 다 끝낼 수 있다. 그렇게 하면 세상 사람들이 사용하는 기호가 참으로 산학가의 편리한 도구가 될 것이다. 이제 시험 삼아 묻겠으니 이러한 기호가 처음 만들어진 때는 과연 언제부터인가?" 한다면, 대답하는 자가 이렇게 답할 것이다. "이는 진실로 상고시대 야인(野人)이 사용한 상형문자에서 유래한 것이다. 어떤 북아메리카의 원주민 집단이 전쟁할 때 적을 죽인 자는 늘 그 머리털의 정수리 거죽을 벗겨내어 돌아갔다. 정수리 거죽 하나를 벗길 때마다 자신의 몸에 붙어 있는 진흙을 취해 1획을 칠해서 그 수를 표기하였다. 4명인 경우 4획을 칠한 것이 겹쳐 보여서 지금의 기호와 유사하다. 이는 진실로 자연에서 나온 것이지 배워서 알게 된 것이 아니다.

다만 이 방법은 소수(小數)를 표기하기에는 몹시 편하지만, 대수(大數)를 표기하기에는 실로 불편하다. 이러한 까닭에 옛사람이 문자를 처음 만들 때 1획만 가지고 사용하기에 부족함을 알고, 특별히 5수, 10수, 100수, 1000수 등의 기호를 만들어 대수를 기록하는 용도로 쓰고, 1, 2, 3, 4 등의 단수만 남으면 그대로 1획을 쓴 것이다. 수학은 여기서 변모한 것이다."

▲ 압제는 자초하는 것이지, 타인에게 당하는 것이 아니다.

신라의 시조(始祖)

신라의 시조는 선도산(仙桃山) 성모(聖母)의 소생이다. 성모는 한(漢) 황실의 따님으로 명(名)이 파소(婆蘇)이다. 신선술을 터득하여 남편도 없이 잉태하니 사람들의 의심을 받았다. 이에 바다를 건너 동쪽으로 와서 서악(西嶽) 선도산에 은거하였다. 하늘에 기도한 지 3일 만에 양산(楊山) 나정(蘿井)의 오색구름 속에서 내려와 시조를 낳으시고 구름을 타고 떠났다. 그 지역 육촌(六村)의 촌장이 바라보니 나정의 숲 사이에서 용마(龍馬)가 크게 울고 신선처럼 꿇어앉아 절하는 형상이 있었다. 고허촌장(高墟村長) 소벌공(蘇伐公)이 가서 보니 바가지 같은 큰 알이 있었다. 그 알을 부화시키니 한 아이가 태어났다. 동천(東川)에서 목욕시키니 광채가 새로이 났다. 육촌의 사람이 그 아이의 탄생을 신이하게 여겨 길렀는데 7년 만에 영특하게 자라서 성인이 되었다. 진한(辰韓) 지역의 속어로 '바가지'를 '박'이라 하기에 '박'을 성씨로 삼았다. 신인(神人)이 금척(金尺)을 주는 꿈을 꾸었다. 한(漢) 선제(宣帝) 오봉(五鳳) 원년 갑자에 즉위하였다. 국호를 서라벌이라 하였는데 이후에 신라로 개칭하였다.

지나(支那) 역사가의 찬(讚)을 살펴보니 "선도산 성모가 현자를 낳아 나라를 세웠다."는 말이 있는데 지금도 경주(慶州) 서악 선도산에 성모사가 있다. 또 『동사(東史)』를 살펴보니 "고려조 김부식이 중국에 들어가자 이부(吏部)의 관원이 그림 한 점을 내보이며 말하였다. '이는 그대 나라 신라 시조왕의 성모 초상이다. 본래 황실의 여식인데, 신선술을 터득하여 동쪽으로 바다를 건너더니 남편도 없이 잉태하여 왕을 낳았다. 그러므로 역사가의 찬이 남아 있는 것이다.'" 하였다.

김유신전(金庾信傳)

회원 박은식(朴殷植)

김유신은 신라(新羅) 왕경(王京) 사람으로, 가락국(駕洛國) 수로왕(首露王)의 15세손이다. 조부는 무력(武力)이니 신라 신주도(新州道) 행군총관(行軍總管)이 되어 일찍이 군사를 거느리고 백제왕을 사로잡고 수만여 명의 수급을 벤 적이 있다. 부친은 서현(舒玄)이니 관직이 소판(蘇判)에 이르렀다. 모친은 만명(萬明)이니 갈문왕(葛文王)의 아들인 숙흘종(肅訖宗)의 딸이다. 서현이 경진일(庚辰日)에 화성과 토성 두 별이 자신에게 내려오는 꿈을 꾸었고, 만명 역시 동자가 금갑을 입고 구름을 타고 집에 들어오는 꿈을 꾸었다. 이윽고 태기가 있어 20개월 만에 유신을 낳았는데 때는 진평왕(眞平王) 건복(建福) 12년 을묘였다. 장차 이름을 정하려 할 때 서현이 부인에게 말하기를 "내가 경진(庚辰)일 밤의 길몽으로 이 아이를 얻었으니 이름으로 삼아야겠소. 다만 예법에 일월(日月)로 이름을 삼지 않소. '경(庚)'은 '유(庾)'와 글자가 흡사하고 '진(辰)'은 '신(信)'과 소리가 유사하거니와, 더구나 옛사람 중에 유신이란 이름을 가진 자도 있소."라 하고 마침내 이름을 유신이라 지었다.

유신이 장성해 화랑(花郎)이 되니 수많은 사람들이 복종하여 용거향도(龍擧香徒)라 칭하였다. 나이 17세에 고구려, 백제, 말갈(靺羯) 등이 신라의 국경을 침략하는 것을 보고 분개하여 평정할 뜻을 품었다. 이에 홀로 중악(中嶽)의 석굴에 들어가 목욕재계하고 하늘에 아뢰기를 "적국이 승냥이나 범처럼 우리의 영토를 어지럽히니 편안한 해가 전혀 없습니다. 저는 일개 미천한 신하로 재주와 역량을 헤아리지 않고 화란(禍亂)을 평정하고자 하니, 하늘께서 강림하시어 저에게 힘을 빌려주소서."

하였다. 거처한 지 나흘 만에 갑자기 갈옷을 입은 한 노인이 와서 말하기를 "이곳은 독충과 맹수가 많다. 두려운 곳에 귀한 소년이 와서 홀로 지내고 있으니 무엇 때문인가." 하였다. 유신이 비상한 인물인 줄 알고 재배(再拜)하며 말하기를 "저는 신라인입니다. 나라의 원수를 보고 한이 맺혀 이곳에 왔습니다. 배우기를 청합니다." 하였다. 노인이 가만히 말이 없으니 유신이 눈물을 흘리며 간청하였다. 이에 노인이 말하기를 "그대의 나이가 아직 어린데도 삼국을 통일할 뜻이 있으니 장하지 않은가." 하고는 비법을 전수해주었다. 말이 끝나자마자 떠났는데 뒤쫓아 가도 보이지 않고 산에서 오색찬란한 광채가 날 뿐이었다. 건복 29년에 적군의 환란이 더 심해지자, 유신이 보검을 차고 열박산(咽薄山) 깊은 골짜기로 들어가 사흘 동안 향을 사르며 하늘에 기도하니, 밤에 허수(虛宿)와 각수(角宿) 두 별자리의 빛이 환히 내려와 보검이 흔들리는 것 같았다.

건복 46년 8월에 왕이 이찬(伊飡) 임말리(任末里)[15], 소판(蘇判) 대인(大因)·서현(舒玄) 등을 파견해 고구려의 낭비성(狼臂城)을 공략하게 하였다. 이에 고구려인이 출병하여 역공하니 신라인이 불리하여 사망자가 많았다. 유신은 당시 중당(中幢)의 당주(幢主)였다. 투구를 벗고 부친에게 고하기를 "우리 군사가 패하였습니다. 소자는 평생 충성과 효도를 다하기로 스스로 다짐하였으니 전쟁에 임함에 용감히 싸우지 않을 수 없습니다." 하였다. 그러고는 말에 올라 검을 뽑아 들고 적진을 드나들며 적장의 목을 베어 그 머리를 들고 돌아왔다. 신라군이 이를 보자 승세를 타서 용감히 공격하여 5천여 명의 수급을 베고 1천여 명을 생포하였다. 이에 낭비성의 사람들이 공포에 떨며 나와서 항복하였다.

선덕왕(善德王) 11년에 백제가 대량주(大梁州)를 격파하였다. 당시 김

---

15 임말리(任末里) : 원문에는 임구리(任求里)로 되어 있으나 원전인 『삼국유사』 원문에는 임말리(任末里)로 되어 있어 이를 따랐다.

춘추(金春秋) 공의 딸인 고타소랑이 그 남편인 품석(品釋)을 따라 죽었다. 춘추 공이 이를 한탄하며 고구려에 원군을 청하여 백제에 대한 원수를 갚고자 하였다. 당시 길을 떠나려 할 때 유신에게 말하기를 "나는 유신 공과 더불어 나라의 기둥이오. 내 만약 저 백제와 고구려에 들어가 해를 입는다면 유신 공은 좌시하겠소?" 하니, 유신이 말하기를 "춘추 공이 가서 돌아오지 않는다면, 제 말의 발자국이 고구려왕과 백제왕의 궁정을 짓밟을 것이오. 이렇게 하지 않는다면, 장차 무슨 면목으로 우리나라 사람들을 대하겠소." 하였다. 이에 춘추 공이 감격하고 기뻐하여 손가락을 깨물어 피를 마시며 맹세하기를 "내 날을 헤아려 60일이 되면 돌아올 것이오. 만약 이 기한이 지나도 돌아오지 않는다면 재회할 기약이 다시는 없을 것이오." 하고 유신과 작별하였다. 후에 유신은 압량주(押梁州) 군주(軍主)가 되었다. 당시 춘추 공이 고구려를 찾아가 60일이 지나도 돌아오지 않자 유신이 국내의 용사 3천 인을 선발하여 말하기를 "위기를 보면 목숨을 내놓고 어려움이 닥치면 몸을 돌보지 않는 것이 열사의 뜻이라고 나는 들었소. 한 명이 목숨을 바쳐 백 명을 대적하고 백 명이 목숨을 바쳐 천 명을 대적하고 천 명이 목숨을 바쳐 만 명을 대적한다면 천하를 마음대로 할 수 있소. 지금 우리나라의 어진 재상이 다른 나라에 구금되어 있는데 어찌 죽음을 두려워해 어려움을 무릅쓰지 않을 수 있겠는가." 하니, 이에 용사들이 모두 말하기를 "비록 만사일생(萬死一生) 속으로 나아가는 것이라 해도 어찌 감히 장군의 명령을 따르지 않을 수 있겠습니까." 하였다. 마침 고구려의 첩자가 그 일을 고구려왕에게 고하니, 왕이 춘추 공을 감히 다시는 만류하지 못하고 후하게 예우하며 돌려보냈다. (미완)

▲ 덕의(德意)가 있는 인민이면서 부패한 대의원을 선출하는 경우가 없고, 비열하며 사려 없는 인민이면서 선량한 정부를 보유하는 경우가 없음은 고금의 큰 진리이다.

사조 漢

밀아자(蜜啞子) 유원표(劉元杓)
겸곡생(謙谷生) 주(註)
상목자(爽目子) 평(評)

기적 소리 한 줄기에 나그네 시름 맑은데 一聲汽笛旅魂清
: 듣는 귀는 같지만 슬픈 자만 유독 슬프다는 말이다.

숭례문 앞 저무는 해 걸렸네 崇禮門前落日橫
: 이곳에 모이니 이때가 언제이고 이곳이 어디인가.

눈을 들어 산 아래 보니 끝없이 눈물 나고 擧目山下無限淚
: 신정(新亭)에서 흘리는 눈물이 늘 어찌 그리 지극한가 하는 말이다.

천지를 둘러봐도 가련한 삶이라 側身天地可憐生
: 두릉(杜陵)의 수심에 가는 곳마다 애간장 다 녹는다는 말이다.

열국의 관공서 깃발 다 어디로 갔나 列邦公署旗何去
: 곁채에 몸 맡기니 귀빈들 절로 떠났다는 말이다.

통감부의 관신층 인장만 다니는구려 統府官紳印獨行
: 한밤에 배를 타며 단잠에 드니 어어하냐는 말이다.

우국지사 갈 데 없어 憂國大夫無處訪
: 마음속 근심 가득한데 누구와 다시 말하겠는가 하는 말이다.

쓸쓸히 한양성 다시 나서네 蕭蕭復出漢陽城
: 작년에 곡했는데 올해도 곡하면서 무한히 참고 다시 한양성을 나선다는 말이다.

평(評) : 비참하고 강개하며 원망하고 침통한 나머지 굳건한 창자도 찢어지려 하고 뜨거운 눈물도 붉어지려 하여 차마 읽을 수 없다.

서우 회보를 읽고 감흥이 일어 짓다 漢

밀아자(蜜啞子)

서림(西林)에서 개명 진보하니	開明進步自西林
계속해 높아지는 아름다운 명성 사모하네	傾慕華譽一往深
그늘에서 쉬려면 큰 나무로 옮겨가며	息蔭何能移大樹
종적을 감추려면 같은 산에 의탁해야지	寄蹤欲與托同岭
등불 앞에서 자세히 보니 눈 자주 놀라고	燈前細閱頻驚眼
붓끝의 문제 역시 고심의 발로라	筆下問題亦嘔心
현자와 우인의 거리 30리나 되는데	相去智愚三十里
누가 물색(物色)을 여기서 찾는가	誰將物色此中尋

내 거처가 경기도·황해도 경계와 거리가 30리나 된다. 물론 여기에도 뜻있는 자가 없지는 않지만, 모습을 감추고 드러내지 않는다. 그러한 까닭에 언급하였을 뿐이다.

서우의 행적을 찬양하다 漢

매하생(梅下生) 최영년(崔永年)

이른 새벽 마당 쓴 뒤 옥유향 사르고	淸晨掃地焚玉獲
병든 몸으로 한창 초사 읽을 제	病傖方讀楚之辭
문득 누런 사립문 두드리고	黃葉柴門忽剝啄
우체부 와서 서책 하나 전하네	遞夫來傳一烏絲
초록 바탕 흰 비단 옥첨(玉簽)으로 표하고	綠質素繒標玉簽
'서우' 두 자 특별히 적었기에	西友二字特書之
두 손으로 받아들고 아침도 잊고	雙手擎玩忘朝餐

창가로 낮 그림자 옮겨감도 깨닫지 못하였지	不覺竹牖午影移
한 장 한 장 광채 찬란하니	葉葉璀璨蟠寶光
명주처럼 어찌 그리 반짝이나	明珠百琲何離離
한 편 한 편 봄 밀물 가득 넘치고	篇篇滉瀁漲春潮
안개 서린 천 리 객지 어찌 그리 일렁이나	烟波千里何漪漪
화촉(華燭)이 단지 문장만 화려하게 할 뿐 아니라	燭犀不啻絢文章
바람 구름 별들도 정기 내뿜네	風雲星斗吐氣奇
큰 의론 큰 경제 아우르고	大議論包大經濟
한 자 한 자 정성 가득하다	字字腔血碧淋漓
우리 동토(東土) 쓸쓸히 불모지 신세거늘	東土寥寥委蔓草
금세기 대아(大雅)의 지은이 누구인가	今世大雅作者誰
아득히 생각하니 왕풍(王風)이 서경(西京)에서 비롯되고	緬憶王風始西京
백마(白馬)의 동천(東遷)[16]은 은(殷)나라의 무리일새	白馬東渡殷之師
수양버들 봄바람 8만 호	楊柳春風八萬家
고른 묵정밭 연기 바둑판 같지	井井菑烟似列棊
3천 년 동안 남은 덕화(德化)	遺化不泯三千年
용 서리고 봉황 숨은 패수 가	龍蟠鳳逸浿水湄
천지조화 그 변화 누가 아나	天造孰解草昧變
기미를 알아채고 먼저 혜안의 틈에 들어가니	時機先入慧眼窺
슬픔 잠긴 양거(羊車)와 녹거(鹿車)[17]는 부처를 느끼고	悲遍羊鹿感牟佛

16 백마(白馬)의 동천(東遷) : 은(殷)나라 충신 기자(箕子)가 조선에 온 것을 말한다. 『시경』 「유객장(有客章)」에 "귀한 손님이 흰 말을 타고 오셨네〔有客有客 亦白其馬〕."라는 구절이 있는데, 이를 기자가 백마(白馬)를 타고 주(周)나라에 조회를 한 것이라는 주장이 있다.

17 양거(羊車)와 녹거(鹿車) : 양이 끄는 수레, 사슴이 끄는 수레로 각각 성문승(聲聞乘)과 연각승(緣覺乘)을 비유적으로 이르는 말이다. 『법화경(法華經)』에 나온다.

근심 깊은 씽씽매미[18] 공자를 우러르네	憂深蟪蛄仰宣尼
아, 나라 걱정하는 동포 드물어	嗟嗟同胞鮮憂國
모르겠네, 필부에게 조국의 안위가 달렸는데	不識匹夫仗安危
갈천씨 상고사 부질없이 늘어놓고	葛天古史謾自說
무릉도원 봄꿈 깨기 어찌 그리 더딘가	桃源春夢覺何遲
지식 개발에 한창 급급한데	開牖知識方汲汲
집안 제사 어찌 천륜을 발하리	戶祝那將發天彝
관서의 좋은 벗 제 뜻을 주장하여	關西好友倡其志
경성에서 학회 열었으니	迺設學會于京師
큰 안개 속에 지남거가 선도하여	大霧先導指南車
가는 바늘이 팔유(八維)[19]를 정하듯	一毫午針定八維
서우 한 호가 이 바늘과 같아	西友一栞等此針
무지몽매한 이 능히 일깨우네	能使開蒙而啓痴
처음 어두운 거리에 혜촉 밝히듯	初似昏衢慧燭明
점차 차가운 땅에 운율 맞추듯	漸如冷陸韻律吹
1호 2호 달처럼 둥글어	一號二號與月圓
광채 내뿜으며 길이 줄지 않네	光輝潑潑長不虧
이로써 온 나라 마음 깨치고	從此全國喚惺惺
동서남북 한 궤도 따르니	東西南北一轍隨
우리 무리 문명 열리고	文明啓我萬萬衆
우리 기초 독립 굳혀서	獨立鞏我丕丕基
일사불란하게 온 천하를 든 것은	一絲裊裊扛九鼎

18 씽씽매미 : 극히 연약하고 생명력이 짧은 것을 비유한다. 『장자(莊子)』 「소요유(逍遙遊)」에 "아침의 버섯은 밤과 새벽을 모르고 씽씽매미는 봄과 가을을 모른다. 이것은 수명이 짧은 것들이다〔朝菌不知晦朔 蟪蛄不知春秋 此小年也〕."라 하였다.

19 팔유(八維) : 중국의 천문관으로 하늘을 팔유(八維)라 칭한다.

서우의 자부심 아니겠는가 無乃西友之自期
그 의지 초사(楚辭)에 비견되니 其志竊與楚辭比
삼려대부가 어찌하나 하며 三閭大夫云胡爲
초췌한 행색 설령 애국심 있어도 枯槁縱有憂國心
헛된 원망으로 두약과 강리[20]를 캐지 空怨杜若及茳蘺
서우의 나라 걱정 이와는 달라서 西友憂國異於此
어느 때에 범처럼 으르렁거리고 사자처럼 싸울까 虎闞獅鬩此何時
좋은 술 담가 세상 사람 머리에 부으니 醍醐鑿灌世人頂
서우의 충정 나만은 알아 西友若衷我獨知
수염 날리며 화통하게 한 잔 하고 掀髥暢飮一大白
느낀 바 있어 시문을 엮네 若有所得綴賀詞
먹으로 춤추고 붓으로 노래하며 날뛰면서 墨舞毫歌任顚狂
서우의 푸른 눈썹 점점이 이어보네 點綴西友靑霞眉

서우사범학교 학도가

회원 김유탁(金有鐸)

서우사범학교 청년학도들
벽의 괘종 소리 들어보시오
한 시간 두 시간 잠깐 가는데
인생 백 년이 달리는 말마냥 가고
동원(東園) 봄산의 향초와 녹음도
서풍 부는 가을 하늘의 누런 잎 성근 숲 되니

---

20 두약과 강리 : 두약(杜若)은 『초사(楚辭)』에 나오는 향초로 은거의 상징이다. 강리(茳蘺)도 유사한 함의로 보이나 정확한 뜻은 미상이다.

청춘 소년 자랑 마시오
거울에 백발이 애석하다네
후진 양성 교육 맡으려면
왕성한 소년 시기가 마땅하겠네
그러므로 우(禹)임금은 시간을 아끼시고
옛사람은 "일각(一刻)이 천금이라." 하였으니
이 말을 귀감으로 삼아 마음에 새기시고
잠시라도 태만하지 말고 근면해보세
생존경쟁 이 시대에 처하여
국가 흥망이 나에게 달렸네
열강의 대우를 생각할수록
노예 희생의 치욕뿐일세
2천만 동포 우리 형제들아
이때가 어떤 때이며 이날이 무슨 날인가
육대주 대륙의 형세 살피니
약육강식과 우승열패라
국권을 보전하고 동포를 구제함은
우리들 두 어깨에 짊어진 의무이니
피눈물을 뿌리며 분발하는 마음으로
현실적 학문을 연구합시다
일신이 영달하고 일국이 흥함은
학문 하나밖에는 다시 없겠네
당당한 삼천리 대한제국이
세계 만국과 동등하도록 해보세
부모님께 효도하여 영광 돌리고
나랏님께 충성하여 공업 세우세

대훈위(大勳位) 일등장(一等章) 동상기념(銅像紀念)은
천추만세의 역사에 이름 남기지
충신열사가 특별한 이 아니니
위공(偉功)을 사모하여 본받읍시다
일편 정신 우리 대한혼
두뇌 속에 넣고 잊지 마시오
학도 학도 사범 학도야
충군애국 혈성심(血誠心)을 잊지 마시오

문원

유심론(惟心論) 漢

지나 음빙실주인(飮氷室主人) 저

경(境)이란 심(心)이 만드는 것이다. 일체의 물경(物境)은 모두 허상이니, 오직 심이 만드는 경만이 진실이다. 같은 달밤이라도 옥 들보와 술잔에 맑은 노래와 현란한 춤이 어우러지고 수놓은 주렴이 반쯤 열리며 흰 손을 서로 잡는다면 남은 즐거움이 있고, 노역자가 아내를 그리워하며 그림자 마주하여 홀로 앉았는데 귀뚜라미가 벽에서 울고 단풍잎이 배에 떨어진다면 남은 슬픔이 있을 것이다. 같은 비바람이라도 두서너 지기들이 초가 화로에 둘러앉아 고금을 담론하고 술을 마시며 검무를 춘다면 남은 흥취가 있고, 외로운 나그네 먼 길 다녀 말들은 초췌하고 혹한에 살이 에이고 장마로 곡식이 손상된다면 남은 근심이 있을 것이다. "버들가지 끝에 달이 떠오를 때, 황혼 후를 기약했지〔月上柳梢頭, 人約黃昏後〕"[21]와 "두견새 우는 소리 견딜 수 없는데, 황혼 녘에 비가 배꽃 때려 깊숙이 문 닫는다〔杜宇聲聲不忍聞, 欲黃昏, 雨打梨花深閉門〕"[22]에는 똑같이 황혼이 나오지만 하나는 환희롭고 하나는 시름겨워 그 경이 전혀 다르다. "복사꽃 물 따라 아득히 흘러가니, 여기가 별천지요 인간 세상 아니네〔桃花流水杳然去, 別有天地非人間〕"[23]와 "사람은 어디로 갔는지 알 수 없고, 복사꽃만 예전처럼 동풍에 웃고 있네〔人面不知何處去, 桃花依舊笑春風〕"[24]에는 똑같이 복사꽃이 나오지만 하나는 청정(淸淨)하고 하나는 애련(愛戀)하여 그 경이 전혀 다르다. "전함들 꼬리 물고 천 리까지 이어지고 깃발들 하늘을 뒤덮는데, 술을 걸러 강에 임하여 마시며 창을 뉘어 놓고 시를 짓노라.〔舳艫千里, 旌旗蔽空, 釃酒臨江, 橫槊賦詩〕"[25]와 "심양강 머리에서 밤에 객 전송하니 단풍잎과 갈대꽃에 가을바람 쓸쓸하네. 주인은 말에서 내리고 객은 배에 있는데 술잔 들어 마시려 하나 음악이 없다오.〔潯陽江頭夜送客, 楓葉荻花秋瑟瑟. 主人下馬客在船, 擧酒欲飮無管絃〕"[26]에는 똑같이 강, 배, 술이 나지만 하나는 웅장하고 하나는 냉락(冷落)하여 그 경이 전혀 다르다. 그러하니 천하에 어찌 물경(物境)이 있겠는가. 심경(心境)만 있을 뿐이다.

푸른 안경을 쓴 자는 보이는 사물 모두 푸른색이고, 누런 안경을 쓴 자는 보이는 사물 모두 누런색이며, 황련(黃連)을 입에 머금은 자는 먹는 음식 모두 쓰고, 꿀 엿을 입에 머금은 자는 먹는 음식 모두 달다. 모든 것이 과연 푸른가, 누런가, 쓴가, 단가. 모든 것이 푸르지도 누렇지도 쓰지도 달지도 않지만, 모든 것이 역시 푸르고 역시 누렇고 역시 쓰고 역시 달아서, 모든 것이 즉 푸르고 즉 누렇고 즉 쓰고 즉 달다. 그런즉

---

21 버들……기약했지 : 구양수(歐陽修) 「생사자(生査子)」의 일부다.
22 두견새……닫는다 : 이중원(李重元) 「억왕손(憶王孫)」의 일부다.
23 복사꽃……아니네 : 이백(李白) 「산중답속인(山中答俗人)」의 일부다.
24 사람은……웃고 있네 : 최호(崔護) 「제도성남장(題都城南莊)」의 일부다.
25 전함들……짓노라 : 소식(蘇軾)의 「전적벽부(前赤壁賦)」의 일부이다.
26 심양강……없다오 : 백거이(白居易) 「비파행(琵琶行)」의 일부다.

푸른 것 누런 것 쓴 것 단 것의 분별이 물(物)이 아니라 아(我)에 있는 까닭에 "삼계(三界)가 오직 마음에 달렸다." 하는 것이다.

승려 두 명이 사찰의 깃발이 바람에 펄럭이는 문제로 인하여 서로 논쟁을 벌였다. 한 승려는 "바람이 움직인다." 하고 또 한 승려는 "깃발이 움직인다." 하며 서로 변론하였으나 결론을 내리지 못하였다. 육조대사(六曹大師)가 말하기를 "바람이 움직이는 것도 아니고 깃발이 움직이는 것도 아니다. 그대들의 마음이 스스로 움직인 것이다." 하니, 임공(任公)이 말하기를 "'삼계가 오직 마음에 달렸다'는 진리가 이 한 마디로 도파(道破)되었다." 하였다. 천지 간의 사물은 한 가지면서 만 가지이고, 만 가지이면서 한 가지이다. 산이 본래 산이고 내〔川〕가 본래 내고 봄이 본래 봄이고 가을이 본래 가을이고 바람이 본래 바람이고 달이 본래 달이고 꽃이 본래 꽃이고 새가 본래 새임은 만고불변이며 요지부동이다. 그런데 백 명이 여기서 이 산, 이 내, 이 봄, 이 가을, 이 바람, 이 달, 이 꽃, 이 새의 감촉을 똑같이 받아도 그 심경(心境)이 드러나는 것은 백 가지이고, 천 명이 이 감촉을 똑같이 받아도 그 심경이 드러나는 것이 천 가지이고, 억만 명 내지 무량수 명이 이 감촉을 똑같이 받아도 그 심경이 드러나는 것이 억만 가지 내지 무량수 가지이다. 그렇다면 물경이 과연 어떤 형상인지 말하려 한다면 누구를 따라야 하겠는가. 어진 자가 보면 어질다고 하고 지혜로운 자가 보면 지혜롭다고 하고 근심하는 자가 보면 근심스럽다고 하고 즐거운 자가 보면 즐겁다고 하니, 내가 보는 것이 곧 내가 받는 경의 진실한 상이다. 그러므로 '오직 심이 만드는 경이 진실이다.' 하는 것이다.

그렇다면 심성 수양의 학을 강론하려 하는 자가 종사할 바를 알 수 있다. 삼가(三家)의 촌학구(村學究)가 급제하면 놀라고 기뻐하며 법도를 잃지만 귀족 자제의 입장에서 보면 무엇이 있겠으며, 걸인이 길에서 백금을 얻으면 이를 가지고 남에게 교만을 부리지만 부호가의 입장에서 보면 무엇이 있겠는가. 날아오는 탄알이 얼굴을 스치며 지나가면 보통 사람은 안색이 변하지만 백전노장의 입장에서 보면 무엇이 있겠으며, 한 그릇 밥과 한 표주박 물을 마시며 누항에 살게 되면 보통사람은 근심을 견디지 못하지만 도(道) 있는 사인의 입장에서 보면 무엇이 있겠는가. 천하의 경이란 전부 다 즐거울 만하고 근심할 만하며 놀랄 만하고 기뻐할 만한 것이면서도, 실제로는 즐거울 만하고 근심할 만하며 놀랄 만하고 기뻐할 만한 것이 전혀 없는 것이니, 즐겁고 근심하고 놀라고 기뻐하는 것은 오직 사람의 심(心)에 달려 있다. 이것이 바로 "천하에는 본래 특별한 일이 없다. 단지 용렬한 자가 자초한 것이다." 한 것으로, 경도 마찬가지이다. 그렇다면 내가 갑자기 즐거워하고 갑자기 근심하고 불쑥 놀라고 불쑥 기뻐하는 것은 과연 무엇 때문인가. 마치 파리가 지창(紙窓)만 보면 다투어 뚫으려 하듯 고양이가 나무 그림자를 좇아 날뛰듯 개가 바람 소리를 듣고 미친 듯이 짖듯 놀라고 기뻐하고 근심하고 즐거워하는 가운데 어지럽게 일생을 보내는 것은 과연 무엇 때문인가. 이와 같은 상태를 일러 "물(物)이 있는 줄만 알고 아(我)가 있는 줄 모른다." 한다. 물이 있는 줄만 알고 아가 있는 줄 모르는 것을 일러 "아가 물의 부림을 받는다."고 하며 또한 "심중의 노예"라고 한다.

그러므로 호걸지사는 큰 놀라움도 없고 큰 기쁨도 없고 큰 고통도 없고 큰 즐거움도 없고 큰 근심도 없고 큰 두려움도 없으니, 이와 같이 할 수 있는데 어찌 다른 술책이 있어야 하겠는가. 역시 "삼계가 오직 마음에 달렸다."는 진리를 이해하고 "심중의 노예"를 제거하였을 뿐이다. 이러한 의미를 터득한다면 모든 사람이 다 호걸이 될 수 있을 것이다.

▲ 국가는 자유가 없으면 존재할 수 없고 자유는 선덕(善德)이 없으면 존재할 수 없다.

시보

1월 17일

○ 성은(聖恩)이 하늘 같다 : 일진회(一進會)에서 일본에 파견한 유학생 32명이 학비 부족으로 곤경에 처한 소식을 폐하께서 들으시자 즉시 내탕금(內帑金) 3,610원을 나누어주시어 해당 학생의 곤경을 구제해 주시고 금년도부터 관비생(官費生)으로 편입시키라고 명하셨다.

동(同) 18일

○ 경사(警使) 정임(正任) : 중추원(中樞院) 부찬의(副贊議) 김사묵(金思默) 씨가 경무사(警務使)에 임명되었다.

○ 하세가와(長谷川)가 성의를 표하다 : 일본군 사령관 하세가와 대장은 이번 가례(嘉禮)에 경의를 표하여 문수자(紋繻子) 8본을 황실에 진헌(進獻)하였다.

동 19일

○ 한국 관련 법안 : 도쿄 전보에 이르길, 일본 정부는 본일 중의원(衆議院)에서 한국 삼림의 특별회계법안과 한국 철도의 수익계산 손실 보충에 관한 법률안을 제출하였다 한다.

동 21일

○ 다나카(田中) 특사(特使) 입경(入京) : 황태자의 가례 때 축하사절로 일본 궁내대신(宮內大臣) 다나카 씨가 경성(京城)에 들어왔다.

동 22일

○ 특사가 국서(國書) 봉정(奉呈) : 오전 11시에 특사 일행이 대궐에 와서 폐하를 알현하니 폐하는 특사를 어전에서 명소(命召)하여 악수의 예를 갖추었다. 특사가 아뢰기를 "외신(外臣)이 이번 황태자비 책봉

식 거행에 대하여 대일본 황제 폐하의 칙명을 받들고 경의를 표하기 위하여 국서를 바치는 용무로 건너왔습니다." 하고 즉시 국서를 바쳤다. 폐하는 가례의 특사를 파견한 후의를 사례하는 내용의 칙서를 내리신 뒤 별전(別殿)에서 배식(陪食)을 내리셨다.

○ 각 대신 특사 방문 : 정부의 각 대신은 손탁호텔〔孫澤邸〕로 가서 다나카를 방문하였다.

○ 특사가 황족을 돌아가며 방문 : 다나카 특사는 오후 3시에 완흥군(完興君), 의양군(義陽君), 완순군(完順君), 완평군(完平君) 황족 4인을 차례대로 돌아가며 방문하였다.

동 24일

○ 가례(嘉禮) 성전(盛典) : 본일 황태자비 가례를 거행할 때 찾아와서 참관한 원근 백성들의 수를 헤아릴 수 없을 지경이었다.

○ 특사 경식(慶式) 참여 : 특사 일행은 오후 3시에 경사를 거행하는 함녕전(咸寧殿) 부근 영복당(永福堂)에서 알현하고 이에 참여하였다.

동 27일

○ 성은이 크게 내리다 : 조서에 이르셨다. "이렇듯 경사를 널리 함께하려는 때 내 마음이 기쁘니 마땅히 혜택을 널리 베푸는 조치가 있어야 할 것이다. 감옥에서 억울한 사정을 풀지 못하여 갈수록 슬픔과 고통을 당하는 자가 반드시 없을 것이라고 장담하기 어렵다. 죄 없는 그들을 생각하면 더욱 불쌍하고 염려스럽다. 법부와 육군법원으로 하여금 각 해당 재판소의 육범(六犯) 외의 죄인 중에 그 정상이 참작될 수 있는 자는 기결·미결을 막론하고 깨끗한 마음으로 조사하여 등급을 낮출 사람과 석방할 사람을 당일로 처단하여 머물러 있는 자가 없게 하고, 나이가 70세 이상이거나 15세 이하인 자는 모두 특별히 석방하여 흠휼(欽恤)의 뜻을 보여줌으로써 또한 상서로움과 화목함을 초치하려 한다는 것을 알게 하라."

○ 화폐 주조 금액 : 금년도 화폐 주조 예정액은 오사카(大坂) 조폐국과 교섭을 마쳤으니 다시 변경하지 않을 예정이다. 그 예정액은 다음과 같다. 20원 금화 10만 원, 반환(半圜) 은화 20만 원, 20전 은화 30만 원, 10전 은화 40만 원, 5전 백동화(白銅貨) 50만 원, 1전 청동화(青銅貨) 10만 원, 반 전 청동화 10만 원.

동 30일

○ 특사가 폐하께 고하다 : 다나카 특사가 오후 1시 중명전(重明殿)에서 폐하를 알현하고 고별하였다.

○ 화폐 주조 시기 : 금년도의 화폐 주조 시기는 대략 다음과 같이 정하였다. 반원(半圓) 은화는 10월 이후이고, 20전 은화는 5월부터 7월까지이고, 10전 은화는 4·5월 사이이고, 5전 백동화는 6월 이후이고, 1전·반전의 청동화는 9월 이후이다. 20원 금화는 재료 구입에 따라 편의를 봐서 제조할 예정이다.

동 31일

○ 신한(宸翰)과 칙답(勅答) : 이번 가례에 대하여 다나카 특사가 바친 일본 황제의 신한과 황제 폐하의 칙답은 다음과 같다.

신한(宸翰) : 대일본국 황제가 대한국 황제 폐하께 아룁니다. 짐이 본월 24일 폐하가 황태자의 가례를 거행하신다는 소식을 듣고 기쁨을 이기지 못하여 짐의 신임하는 궁내대신 정2위(正二位) 훈 1등(勳一等) 자작(子爵) 다나카 미쓰아키(田中光顯)를 특사로 대궐에 파견하여 짐의 성실한 축하의 뜻을 폐하께 전합니다. 원컨대 이 우의와 친교의 지극한 정을 다 헤아려주소서. 짐은 이에 폐하의 강녕(康寧)을 기원하며 귀 황실의 번영을 축원합니다.

신무천황(神武天皇) 즉위 기원 2567년 모월 모일 어명

칙답(勅答) : 지난번 짐의 특사 이지용(李址鎔)에 대한 귀 황실의 깊은 대우와 이번 가례를 위해 경을 특사로 파견하신 일본 황제

폐하의 드넓은 성의에 짐이 깊이 감동하여 어찌할 바를 모르겠습니다. 정부와 정부의 관계는 굳이 거듭 말할 필요도 없거니와, 한국과 일본 양 황실이 영원히 친교를 돈독히 하기를 짐이 간절히 바라 마지않습니다.

○ 특사 출발 : 오전 6시 40분에 특사 일행이 궁정열차를 타고 출발하려 하니 시종원부경(侍從院副卿) 송태관(宋台觀) 씨가 칙명을 받들어 남대문역까지 전송하였다.

2월 1일

○ 황태자비 관례식(冠禮式) : 오전 11시 함녕전(咸寧殿)에서 황태자비 관례식을 거행하였다.

○ 내부 협판(內部協辦) 신임(新任) : 한성 부윤(漢城府尹) 박의병(朴義秉) 씨가 내부 협판에 임명되었다.

동 5일

○ 농상공부(農商工部) 신설국(新設局) : 농상공부에서 도량형사무국(度量衡事務局), 공업전습소(工業傳習所), 측후소(測候所)를 신설하였다.

동 7일

○ 장학(奬學)의 조서를 내리다 : 조서에 이르셨다. "학생이 이웃나라에 유학하여 신학문을 강습하는 것은 대체로 자신을 수양하기 위해서뿐 아니라 궁극적으로 나라에 수용되기 위해서다. 관비생(官費生)과 사비생(私費生)을 막론하고 조정에서 장려하는 견지에서는 실로 이들을 별도로 보아서는 안 된다. 그 가운데 뜻은 독실하지만 경제력이 넉넉지 못하여 스스로 학비를 조달하지 못하고 종종 도중에 그만두는 자가 있으니 특히 애석한 일이다. 그래서 특별히 내탕금(內帑金) 1만 원을 내리니, 학부에서 방도를 잘 헤아려 타당하게 지급함으로써 돌봐주는 뜻을 보여 성취하는 데에 더욱 힘쓰게 하라."

동 8일

○ 토지 매점 발각 : 평양 전보에 이르길, 평양의 군용지(軍用地)가 조만간 개방된다는 풍문이 떠도니 경성의 일본인 소가 츠토무(曾我勉) 외 2명 및 평양의 일본인 아카사키(赤崎) 등이 군법을 범하고 토지를 매점하여 5만 원 이상 가격을 올린 사건이 적발되어 큰 문제가 된 터라 지금 헌병대에서 엄중히 조사하는 중인데 결국 엄벌에 처할 것이라 한다.

동 15일

○ 이씨 탄핵 : 이번 가례의 대경전(大慶典)을 거행한 후 특별사면의 은전이 내려져 각 재판소에서 감형하거나 석방해도 될 죄인들 대다수를 부서에 보고하였다. 그런데 평리원(平理院)에서 조사 보고한 죄인 중 아무개를 법부 형사국장 김낙헌(金洛憲) 씨가 멋대로 삭제하여 법의 공평함을 잃었다. 그리하여 평리원 검사 이준(李儁) 씨가 청원서를 제출하여 김낙헌 씨를 탄핵하였다.

동 16일

○ 영친왕비 책봉 : 영친왕비 책봉에 관한 조칙은 다음과 같다.

회보

제4회 통상회록

광무 11년 2월 2일 오후 7시에 본 회관에서 개회하고 회장 정운복(鄭雲復) 씨가 자리에 올랐다. 서기가 이름을 점검하니 출석원이 38인이었다. 서기가 전회 회록을 낭독하니 약간의 착오 부분이 있어 개정한 후 바로 받아들였다. 총무원 김명준(金明濬) 씨가 개회 순서와 규정 제정안을 보고하니, 김석태(金錫泰)씨가 특청하기를 "제5항의 문(問)자 이하 네 글자를 'ᄒᆞ야決定ᄒᆞᆫ後仍受'[27] 여덟 글자로 개정하자."라고 함에 이의가 없었다. 지방사무소 규칙기초위원 김명준 씨 등이 보고하기를 "그간 신병(身病)으로 인해 아직 초안을 작성하지 못하였다."라고 하니, 이달원(李達元) 씨가 특청하기를 "이는 급한 일이 아니므로 다음 회의 때 다시 논의하여 지휘(指揮)하자." 함에 이의가 없었다.

회계원 김달하(金達河) 씨가 지난달 회비의 출입을 보고하였다. 한북흥학회(漢北興學會) 회원 설태희(薛泰熙) 씨가 동정(同情)의 후의로 연설하고, 신사(紳士) 정태용(鄭泰容)·박영운(朴永雲) 씨와 회원 김희경(金羲庚) 씨가 연설한 뒤 회장 정운복 씨가 답사하였다. 시간이 다함에 신상민(申尚敏) 씨의 특청으로 폐회하였다.

신입회원 씨명 제4회

송병재(宋秉栽) 송의근(宋義根) 김찬연(金燦淵) 김두학(金斗學)
계원순(桂元淳) 한상호(韓相虎) 계도순(桂道淳) 박창근(朴昌根)
김승식(金升植) 이봉주(李鳳柱) 한윤근(韓玧根) 방흥주(方興周)
김이도(金履度) 오영선(吳濚善) 한형진(韓亨鎭) 김태환(金泰煥)
김세호(金世昊) 장현규(張顯奎) 김진학(金鎭鶴) 한기오(韓箕五)
박문영(朴文榮) 김영조(金永祚) 김기석(金基錫) 이덕수(李悳洙)
최운섭(崔雲燮) 이화준(李化俊) 이승훈(李昇薰) 유종주(柳淙柱)
최순전(崔舜甸) 이택원(李宅源) 송석웅(宋錫雄) 박문승(朴文承)
최명석(崔明錫) 김응섭(金應燮) 김상필(金尚弼) 김치은(金致殷)

---

27 ᄒᆞ야決定ᄒᆞᆫ後仍受 : 뒤에 게재되는 「본회 개회 순서 및 규정」의 '이름 점검' 항목 부분이다. 번역문으로는 '(물)어서 결정한 다음 받아들임' 부분에 해당한다.

박용수(朴龍洙) 최상면(崔相冕) 심창건(沈昌健) 유창언(兪昌彦)
변상룡(邊尙龒) 변용각(邊龍珏) 임희정(林喜精) 박지행(朴芝行)
오국성(吳國成) 길승규(吉昇奎) 허 홍(許 泓) 최순조(崔淳祚)
오상호(吳相鎬) 박종간(朴宗玕) 김정국(金鼎國) 문석환(文錫瓛)
강낙수(康樂洙) 이계식(李桂植) 김병제(金秉濟) 이두하(李斗河)
어용헌(魚用憲) 이영근(李永根) 김관구(金錧九) 강재린(康載麟)
이민후(李敏厚) 김여찬(金麗燦) 백낙성(白樂星) 백운기(白雲起)
이용석(李用錫) 양봉제(梁鳳濟)

회원 소식

옥동규(玉東奎), 한광호(韓光鎬), 한경렬(韓景烈), 강달준(姜達駿) 씨는 보성전문학교(普成專門學) 야학과(夜學科) 졸업증서를 일전에 받았다.

계영삼(桂英三) 씨는 2월 16일 탁지부(度支部) 기수(技手)로 임용되었다.

본회 개회 순서 및 규정

1. 개회 시한이 되면 회장이 자리에 올라 개회를 선언할 것.
1. 개회 후 회장이 사찰원(司察員)에게 명하여 회석(會席)을 정숙하게 할 것.
1. 사찰원이 다음 개석(開席) 규정 5항을 회중(會中)에 포고할 것.
    1) 개회 중 흡연을 불허함.
    2) 개회 중 사담(私談)을 불허함.
    3) 개회 중 석차(席次)와 좌향(坐向)의 변경을 불허함.

4) 개회 중 이유 없는 출입을 불허하되 부득이한 사정이 있을 시 사찰원에게 언급할 것.

5) 개회 중 먼저 퇴장하는 것을 불허함.

1. 이름 점검 : 서기가 이름을 점검할 때 회원이 일일이 응답한 다음 출석한 인원수를 회장에게 보고한다. 그러면 회장이 회원의 이름이 누락되었는지의 여부를 회중에 물어본 다음 출석한 인원수를 공포할 것.
1. 회록 낭독 : 서기가 회록을 낭독하면 회장이 회록의 착오 유무를 회중에 물어서 결정한 다음 받아들임을 공포할 것.
1. 각 위원과 임원의 보고 : 각 위원과 임원이 보고를 마치면 회장이 회중에 공포하고 가부를 물어서 접수 여부를 결정할 것.
1. 구 안건 처리 : 지난 회의에서 끝나지 않은 안건.
1. 신 안건 처리 : 이번 회의에서 새로 정할 안건.
1. 연설 혹은 강론
1. 폐회

○ 규정

1. 통상회는 회원 30인 이상이 출석하지 않으면 개회할 수 없음.
1. 회장 이하 일반 회원이 발언하고자 할 때는 단정하고 엄숙하게 기립하여 회장을 부르고 발언권을 획득한 다음 발언할 것.
   단, 2인 이상이 회장을 함께 부를 경우는 회장이 지정한 회원에게 발언권이 있음.
1. 회원 중 회무(會務)에 대하여 의안(議案)이 있는 사람은 언제든지 의안을 정서(淨書)하여 평의회에 제출할 것.
1. 회원이 의안을 제출할 때는 다음의 서식을 따를 것.

서식

의안

의장

회장

사실………

년　월　일　성명인(姓名印)

1. 일반 회원은 신구(新舊) 사건을 막론하고 의견을 진술한 다음 제의[動議]할 수 있음.
1. 제의에 대하여 찬성할 뜻이 있는 회원은 재청(再請)할 수 있음.
1. 제의에 재청이 있을 때는 회장이 대략 설명하고 회중의 의견을 물을 것.
   단, 제의에 대한 재청이 없는 경우, 해당 제의는 자동 무효처리함.
1. 제의에 대하여 반대하는 의견이 있는 회원은 개의(改議)할 수 있음.
1. 개의에 대하여 찬성할 뜻이 있는 회원은 재청할 수 있음.
1. 개의에 재청이 있을 때는 회장이 회중에 공포하고 의견을 물을 것.
   단, 개의에 재청이 없는 경우, 해당 개의는 자동 무효처리함.
1. 개의에 대하여 반대하는 의견이 있는 회원은 재개의(再改議)를 할 수 있음.
1. 재개의에 대한 재청 절차는 제의 및 개의에 대한 재청 절차와 같음.
1. 삼개의(三改議)는 할 수 없음.
1. 제의에 대한 설명을 마친 후 개의가 없으면 회장이 회중에 가부를 물어서 다수결에 따라 결정할 것.
1. 개의가 있을 때는 개의에 대한 설명을 마친 다음 재개의가 없으면 회장이 회중에 가부를 물어서 다수결에 따라 결정할 것.

1. 재개의가 있을 때는 재개의에 대한 설명을 마친 후 회장이 회중에 가부를 물어서 다수결에 따라 결정할 것.
1. 재개의가 가결되면 개의와 제의는 자동 무효처리하고, 만약 재개의가 부결되면 개의의 가부를 묻되 개의가 가결되면 제의는 자동 무효처리하고, 만약 개의가 부결되면 제의의 가(可)를 물어서 다수결에 따라 결정할 것.
1. 가부에 대한 표가 동수일 경우 회장이 표결(票決)할 것.
1. 회원 중 의견을 진술한 후 특청이 있으면, 회장이 회중에 이의 유무를 물어서 이의가 없으면 공포하고 시행할 것.
   단, 이의가 있으면 특청은 자동 무효처리함.
1. 동일한 사건에 대하여 한 사람이 세 번 이상 발언할 수 없음.
1. 회장이 의견을 진술할 필요가 있는 경우 대리 회장을 스스로 정하여 자리에 오르게 하고 발언권을 얻은 다음 발언할 것.
   단, 의견 진술을 마친 후에는 그전처럼 자리에 오를 것.
1. 의사(議事)를 마무리 짓지 못했는데 시간이 촉박할 경우 회원들에게 몇 분간 연기하기를 제의하여 재청이 있으면 의견을 묻지 않고 즉시 가부를 물어서 다수결에 따라 결정할 것.
1. 회무 처리 방법은 이상에서 기록한 것과 같이 하되, 다음의 네 가지 종류가 있음.
   1) 제의〔動議〕
   2) 개의
   3) 재개의
   4) 특청

면암(勉菴) 최익현(崔益鉉) 선생 제문 漢

아아, 소자들이 문산(文山)의「정기가(正氣歌)」[28]를 읽을 때마다 옷깃을 여미고 공경하는 마음을 일으켜 반복하며 읊으며 감탄하지 않은 적이 없었습니다. 무릇 천지 사이에 큰 정기가 있으니 위로는 열성(列星)이 되고 아래로는 산악이 되며 정기가 모여 사람과 만물이 되는데, 문산 같은 위인은 천리(天理)를 받들고 인륜을 바로 세우는 것이 우주의 해와 별처럼 환하였지요. 아아, 선생이 지금 있는 대마도야말로 문산의 연옥(燕獄) 같지 않은지요.

또 본조의 중봉(重峯) 선생[29]의 연보를 읽어보니, 타고난 강의(剛毅)와 정직, 겪었던 곤경과 좌절, 항소하며 피 흘리던 행적[30], 의로움을 따라 순절한 절개 등이 가을 서리처럼 한없이 늠름하였지요. 아아, 선생의 평생 행적이야말로 조중봉의 생전 같지 않은지요. 또 청음(淸陰) 김상헌(金尚憲) 선생이 정축년(丁丑年)의 변고에 화친의 문서를 찢으며 통곡하다가 6년이나 심양에 구금되었는데, 지금 선생의 귀환이 청음의 생환보다 더 슬픕니다.

세상의 산이 삼켜지고 언덕이 잠길 때[31] 그 정기(正氣)를 특별히 드러

---

28 문산(文山)의「정기가(正氣歌)」: 문산(文山)은 중국 남송(南宋) 때의 문신이자 시인인 문천상(文天祥)의 호.「정기가(正氣歌)」는 그가 원군(元軍)의 포로가 되어 옥중에 있을 때 지은 것으로, 역대 충열지사(忠烈之士)의 사적을 읊고, 천지간에 충만한 정대(正大)의 기(氣)가 만고불변함을 노래한 것이다.

29 중봉(重峯) 선생 : 조헌(趙憲, 1554-1592)으로, 본관은 배천(白川), 자는 여식(汝式), 호는 중봉・후율(後栗)이다. 임진왜란이 일어나자 옥천(沃川)에서 의병을 일으켜 금산 전투에서 7백 의병과 함께 전사하였다.

30 항소하며 피 흘리던 행적 : 도요토미 히데요시가 조선 경내(境內)의 길을 빌려 달라고 하자, 1591년 3월 조헌(趙憲)이 도끼를 지고 대궐로 나아가 왜사(倭使)를 참수하고 명나라 조정에 주문(奏聞)할 것을 상소한 일을 가리킨다.

31 산이……잠길 때 : 원문의 '懷襄'은 회산양릉(懷山襄陵)의 준말이다. 홍수가 험악하게 범람하여 산릉(山陵)을 삼키는 것을 말한다.『서경』「요전(堯典)」에 "넘실대는 홍수는

낸 자는 문산 이후로 오직 조중봉, 김청음 및 우리 선생뿐이었지요. 아아, 선생의 혼령이 이제 황천으로 떠나 우리 백성과 영영 멀어지니, 그 위의(威儀)를 우러르며 훈도를 받고자 한들 다시는 그럴 수 없게 되었습니다. 오직 그 드넓은 영렬(英烈)한 혼기(魂氣)만이 장차 저 하늘에 올라 나라의 치욕을 아뢰고 백성의 원통함을 알려서, 우리 창생들로 하여금 이 고난에서 벗어나게 하여 안락하게 해주실 것입니다. 천 리 밖에서 제문을 보내니 비처럼 눈물이 쏟아질 따름입니다. 아아, 슬픕니다.

흠향하소서.

회계원 보고 제4호

200환	한성은행 저축금 중 인출 조(條)
19환 54전	회계원 임치 조
26환 19전	월보 대금 수입 조, 우편 비용 포함
합계 245환 73전	

○ 제4회 입회금 수납 보고

이정현(李正鉉) 김윤영(金潤瑛) 이유태(李有泰) 장현규(張顯奎)
박창진(朴昌鎭) 송의근(宋義根) 김승식(金升植) 김진학(金鎭鶴)
송병재(宋秉栽) 김봉구(金鳳九) 한윤근(韓潤根) 한기오(韓基五)
이석윤(李錫潤) 김찬연(金燦淵) 김희경(金羲庚) 박문영(朴文榮)
김진건(金晋健) 김태순(金泰淳) 방흥주(方興周) 김영조(金永祚)
김상주(金尙柱) 노승룡(盧承龍) 김이도(金履度) 김기석(金基錫)

산을 삼키고 언덕을 잠기게 하며, 멀리 넘쳐나는 홍수는 하늘에 이르고 있소.〔蕩蕩懷山襄陵 浩浩滔天〕"라는 구절이 보인다.

한상호(韓相虎) 강창선(康昌善) 김태환(金泰煥) 이덕수(李悳洙)
이유정(李裕楨) 박창근(朴昌根) 김윤오(金允五) 김준섭(金駿涉)
안창일(安昌一) 최명석(崔明錫) 유창언(兪昌彦) 임희정(林禧精)
류종주(柳淙柱) 김응섭(金應燮) 변상룡(邊尙龍) 허 홍(許 泓)
장보형(張輔衡) 김상필(金尙弼) 변용각(邊龍玨) 최순조(崔淳祚)
최순전(崔舜甸) 김치은(金致殷) 박지행(朴芝行) 오상호(吳相鎬)
이택원(李宅源) 박용수(朴龍洙) 오국성(吳國成) 송석웅(宋錫雄)
최상면(崔相冕) 이승훈(李昇薰) 박문승(朴文承) 심창건(沈昌健)
문봉의(文鳳儀)
각 1환씩
합계 57환

○ 제4회 월연금 수납 보고

김윤영(金潤영) 80전 10년 11월부터 11년 1월까지 4개월 조
김도준(金道濬) 60전 10년 10월부터 12월까지 3개월 조
김병도(金秉燾) 1환 10년 10월부터 11년 2월 5개월 조
김태순(金泰淳) 60전 10년 10월부터 12월 3개월 조
한대모(韓大謨) 60전 10년 10월부터 12월 3개월 조
박경선(朴景善) 20전 10년 12월 조
박성흠(朴聖欽) 40전 10년 11월부터 12월 2개월 조
박유태(李有泰) 2환 10년 12월부터 11년 11월 1년 조
김기동(金基東) 2환 10년 12월부터 11년 11월 1년 조
유동작(柳東作) 60전 10년 12월부터 11년 2월 3개월 조
김희선(金羲善) 40전 1월부터 2월 2개월 조
김희경(金羲庚) 2환 10년 10월부터 11년 9월 1년 조
오윤선(吳潤善) 1환 10년 10월부터 11년 2월 5개월 조

김이도(金履度) 1환 2월부터 6월 5개월 조
김윤오(金允五) 2환 10년 10월부터 11년 9월 1년 조
신석하(申錫夏) 20전 1개월 조
안창일(安昌一) 1환 10년 10월부터 11년 2월 5개월 조
김기주(金基主) 60전 10년 10월부터 11년 2월 3개월 조
류종주(柳淙柱) 20전 2개월 조
최순전(崔舜甸) 20전 2개월 조
이택원(李宅源) 20전 2개월 조
송석웅(宋碩雄) 20전 2개월 조
장보형(張輔衡) 2환 10년 10월부터 11년 9월 1년 조
박문승(朴文承) 20전 2개월 조
최명석(崔明錫) 20전 2개월 조
김응섭(金應燮) 20전 2개월 조
김상필(金尙弼) 20전 2개월 조
김치은(金致殷) 20전 2개월 조
박용수(朴龍洙) 20전 2개월 조
최상면(崔相冕) 20전 2개월 조
심창건(沈昌健) 20전 2개월 조
유창언(兪昌彦) 20전 2개월 조
변상룡(邊尙龔) 20전 2개월 조
변용각(邊龍珏) 20전 2개월 조
임희정(林禧精) 20전 2개월 조
박지행(朴芝行) 20전 2개월 조
오국성(吳國成) 20전 2개월 조
이승훈(李昇薰) 2환 2월부터 12년 1월 1년 조
노승룡(盧承龍) 40전 1월부터 2월 2개월 조

합계 25환

○ 제4회 기부금 수납 보고

김도준(金道濬) 30환 신석하(申錫厦) 30환
한국영(韓國英) 10환 김달하(金達河) 100환
김상필(金尙弼) 20환 이택원(李宅源) 10환
합계 200환
이상 4건 총합 527환 73전 이내

○ 제4회 사용비 보고 : 1월 15일부터 2월 15일까지

50전	'서우학회' 사자도장(四字圖章) 값
120환	평남 권유위원(勸諭委員) 이유정(李裕경) · 최재학(崔在學) 2인 여비 선급
60전	재향책사(在鄕冊肆) 네 곳 2호 월보 소포비
49환 40전	3호 월보 인쇄비 완납
1환 68전	양지봉투(洋紙封套), 소필(小筆) 값 포함
140환	각 사무원 1월 월급 조
3환 65전	송시(松柴) 2태(駄) 값
1환 95전	각종 신문 값 및 광고료
8환 63전	학교 내 장작, 좌등(坐燈), 백묵 값 포함
30환 20전	장작 11태 값
2환 35전	5리 우표 350매, 3전 표 20매
85전	3호 월보 재향책사 여섯 곳 소포비
2환 57전 5리	최면암(崔勉菴) 부의(賻儀) 조
2환 64전	백탄(白炭) 1태 값
1환 87전 5리	석유 1통 값, 품삯 포함

140환	각 사무원 2개월 월급 예급(預給)
1환 20전	초석(草席) 1립(笠), 시계 수리 공임비 포함
8환	하인 2개월 월급 예급
1환 92전	학교용 만국, 물리, 산술, 영어 4책 값

합계 501환 2전 제외하고
잔액 26환 71전 이내.
10환 한성은행 저축 제외하고
잔액 16환 71전 회계원 임치.
한성은행 저축금 도합 710환.

광고

○ 특별광고

본 책사(冊肆)에서 내외국 신서적을 널리 구매하고 수입하여 학계 인사들에게 특별 염가로 판매하오니 구독하실 분들은 계속 왕림하여 주시고 서신으로 청구하시는 경우에는 거주지를 소상히 명시하시면 즉시 우편으로 부쳐드릴 터이니-발송비는 본 책사에서 부담함- 살펴주십시오.

한성 시전 병문(試廛屛門) 책사 주인
김상만(金相萬) 알림

○ 특별광고

민사소송 대리와 형사 변호 및 감정(鑑定) 고문(顧問)과 기타 문안 기초 등 제반 법률 사무를 신속 처리함.

경성 중서(中署) 대립동(大笠洞) 77통 법률사무소
변호사 · 전(前) 검사 홍재기(洪在祺)

<table>
<tr><td colspan="3">광무 10년 12월 1일 창간</td></tr>
<tr><td colspan="3">회원 주의</td></tr>
<tr><td rowspan="2">회비 송부</td><td>회계원</td><td>한성 남서(南署) 하교(河橋) 48통 10호 서우학회관 내 김달하(金達河) 김윤오(金允五)</td></tr>
<tr><td>수취인</td><td>서우학회</td></tr>
<tr><td rowspan="2">원고 송부</td><td>편집인</td><td>한성 남서 하교 48통 10호 서우학회관 내 김명준(金明濬)</td></tr>
<tr><td>조건</td><td>용지 : 편의에 따라
기한 : 매월 10일 내</td></tr>
<tr><td>주필</td><td colspan="2">박은식(朴殷植)</td></tr>
<tr><td>편집 겸 발행인</td><td colspan="2">김명준(金明濬)</td></tr>
<tr><td>인쇄소</td><td colspan="2">보성사(普成社)</td></tr>
<tr><td>발행소</td><td colspan="2">한성 남서 하교 48통 10호 서우학회관</td></tr>
<tr><td>발매소</td><td colspan="2">한성 북서(北署) 안동(安洞) 4가 동화서관(東華書館)
평안남도 평양성 내 종로(鐘路) 대동서관(大同書觀)
평안북도 의주(義州) 남문 밖 한서대약방(韓西大藥房)
황해도 재령읍 제중원(濟衆院)
경성 중서(中署) 파조교(罷朝橋) 건너편 주한영 책사(朱翰榮冊肆)
경성 중서 종로(鐘路) 대동서시(大同書市)
경성 중서 송교(松橋) 최창한 책사(崔昌漢冊肆)</td></tr>
<tr><td>정가</td><td colspan="2">1책 : 금 10전(우편비용 1전)
6책 : 금 55전(우편비용 6전)
12책 : 금 1환(우편비용 12전)</td></tr>
<tr><td>광고료</td><td colspan="2">반 페이지 : 금 5환
한 페이지 : 금 10환</td></tr>
<tr><td colspan="3">첨원(僉員) 주의</td></tr>
<tr><td colspan="3">1. 본회의 월보를 구독하거나 본보에 광고를 게재하고자 하시는 분들은 서우학회 서무실로 신청하십시오.
1. 본보 대금과 광고료는 서우학회 회계실로 송부하십시오.
1. 선금이 다할 때에는 봉투 겉면 위에 날인으로 증명함.
1. 본보를 구독하고자 하시는 여러분은 주소와 통호(統戶)를 소상히 기재하여 서우학회 서무실로 보내주십시오.
1. 논설, 사조 등을 본보에 기재하고자 하시는 여러분은 서우학회 회관 내 월보 편집실로 보내주십시오.</td></tr>
</table>

○ **광고**

본 서관에서 내외국 신서적을 널리 구매하고 수입하여 학계 인사들의 구독과 각 학교의 교과용으로 가격 외 염가에 제공하오니 해내(海內)의 여러분께서는 계속 왕림하여 주십시오.

경성 대안동(大安洞) 동화서관(東華書館)

함경북도 성진항(城津港) 내 동화서관 지점 신경균(申景均)

함경남도 단천읍(端川邑) 내 동화서관 지점 김응성(金應聲)

*

본 서관에서 법서(法書)·명화(名畵)를 널리 구매하여 쌓아두고 일체 주련벽서(柱聯壁書)의 재료를 공급하되 인생의 윤리와 사업상에 긴요한 구어(句語)와 진상(眞相)으로 일반 동포의 사상을 감발하고자 하여 염가로 제공할 터이오니 원근(遠近)의 여러분께서는 왕림하여 구독해주시고, 국내의 홍유거장(鴻儒巨匠)은 이를 헤아리시어 노고를 잊고 시(詩)와 문(文)을 지어서 보내주시면 후히 사례하겠습니다.

동화서관 내

수암서화관(守巖書畵館) 주인 김유탁(金有鐸) 알림

광무 10년 12월 1일 | 메이지 39년 12월 1일 | 제3종 우편물 인가

광무 11년 4월* 1일 발행
(매월 1일 1회 발행)

서우

제5호

서우학회

* 4월 : 원문에는 '1월(一月)'로 되어 있다. '4월'의 오기이다.

서우학회월보 제5호

축사

회원 방흥주(方興周)

대개 세계 민족이 오대양 안에서 살고 대륙 위에서 태어나 그 성질과 기개에 유전하는 것이 각각 있다. 우리 한국에 대해 말하건대, 삼국 정립의 때에 지추덕재(地醜德齊)[1]하여 서로 높아질 수 없었다. 신라는 지나(支那)의 위세를 우러르고 백제는 일본의 도움을 빌리는 것을 그 정략(政略)으로 삼으니. 우리 한국 사람으로 하여금 한결같이 의뢰하는 습관을 만들게 하여 지금까지 유전하게 한 것이 실로 여기에 원인이 있다. 오직 고구려만이 서북에 할거하여 장수는 용감하고 병사는 강해서 수나라의 무리를 살수(薩水)에서 수몰하고 당나라의 군사를 안시(安市)에서 물리쳐 혁혁한 위엄이 대국과 맞섰으니, 그 기풍의 용맹함과 민지(民志)의 용감함이 실로 독립의 기개였다. 그런즉 우리 한민족이 자강의 기초를 세우고 독립의 정신을 지키고 싶다면 그것은 반드시 우리 양서(兩西)가 맡는 것이 옳다. 과연 서우학회가 오늘날 굴기(崛起)하여 단체적 주의와 진보적 사상이 홀연히 만들어지고 왕성하게 일어나니 앞으로의 발전을 어찌 헤아리지 않을 수 있겠는가. 세상의 논자가 우리 한국의 양서를 일본의 사쵸(薩長)[2] 두 주에 비교하는 데는 참으로 이유가 있다. 이날에 이르러 인재를 만들고 민지(民智)를 발달시켜 우리 자강의 힘을 기르며 우리 독립의 권리를 회복하는 것이 우리 양서의 책임이 아니겠는가. 천

1 지추덕재(地醜德齊) : 토지의 크기나 덕이 서로 비슷하다는 뜻으로 서로 조건이 비슷함을 이른다.

2 사쵸〔薩長〕 : 사츠마번(薩摩藩)과 쵸슈번(長州藩)을 아울러 이르는 말이다.

재일우의 기회를 놓쳐서는 안 될 것이다. 나는 배움이 본디 보잘것없고 나이 또한 다 차간다. 이렇게 세상에서 보기 드문 일이 일어난 것에 대해 다만 공감〔同情〕의 감정을 절실히 느끼기에, 삼가 장차 30원을 드려 작은 정성을 표시하고 두서없는 말을 붙이노니 본 학회가 천만세에 이어지길 축원하는 바이다.

논설

사범 양성의 급무

회원 박은식(朴殷植)

오늘날 교육방침에 있어서 가장 급선무는 사범 양성이다. 대개 학생은 국가의 기초요, 몽학(蒙學)은 학생의 기초다. 몽학이 없으면 완전한 학생이 없을 것이요, 완전한 학생이 없으면 어찌 완전한 국가가 있으리오. 오직 완전한 배움을 건립하고자 한다면 반드시 먼저 완전한 사범을 배양해야 한다.

이와 관련하여 세계 각국의 교육사를 보건대 모두 그 사범학교를 군학(群學)의 기초로 삼았다. 최근의 일본 교육사를 근거하더라도 메이지 8년에 비로소 나라 안에 대학교를 두루 세웠는데, 3년을 앞서서 사범학교를 설비하여 소학교와 더불어 병립하게 하니, 소학교의 교사가 곧 사범학교의 생도였다. 수년 이후에는 소학의 생도가 진급하여 중학·대학의 생도가 되고 소학의 교사가 진급하여 중학·대학의 교사가 되었으니, 그러므로 사범학교는 군학의 근간이라 하는 것이다.

바로 지금 우리 한국 학계는 부허(浮虛)하고 부실하며 고루하고 미개한 형편 가운데 있으니, 이른바 몽학숙사(蒙學塾師)의 학문은 『천자문』과 『동몽선습(童蒙先習)』과 『사략(史略)』 『통감(痛鑑)』 등의 책에 불과하고 그보다 높은 것도 단지 『소학』과 『맹자』 몇 종의 책뿐이다. 세계 각국의 역사도 익히지 않으며 일용 사물에 긴요한 산술도 이해하지 않으며 오대주의 명칭도 알지 못하며 팔성(八星)[3]의 위치도 변별하지 못하는 것이다.

대저 산의 나무를 다루어 재료를 만들고자 하면 양장(良匠)을 반드시 기다릴 것이요, 아름다운 비단으로 복어(服御)[4]를 지어 공급하고자 하면 이를 배운 자로 하여금 짓게 하지 않으면 안 될 것이다. 더구나 우리 동포의 청년자제는 장래 국가의 기둥이 될 터이요 인민의 표준이 될 자인즉, 그 귀중한 품(品)이 어찌 산의 나무와 아름다운 비단에 비교될 수 있겠는가. 그런데 이렇게 귀중한 교도(敎導)를 하나의 기예도 통달하지 못하며 오대주도 알지 못하며 팔성도 변별하지 못하는 자에게 위임하니, 일반 몽학의 무리가 비록 총명한 천성이 있다 하더라도 어찌 지식의 발달이 있을 것이며 재기(才器)의 성취를 바랄 수 있으리오. 현재 각 지방 유지인사가 시무의 적당함을 생각하며 문명 전도(前途)에 주의하여 재물을 기부하여 학교를 세우는 일이 연이어 일어나니 참으로 치하해 마지않을 만하나, 단 교사의 소질을 갖춘 자가 부족하므로 지방 각 학교에서 종종 서울로부터 교사를 초빙하고자 하여도 평소 양성자가 역시 몇 명 없다. 이로써 보면 우리 한국의 현상은 비록 전국 인사가 일제히 흥기하여 학교를 세우지 않는 곳이 없고 배움을 바라지 않는 사람이 없을지라도 사범의 결핍으로 인하여 인재를 만들고 문화를 발달시키는 일의 실효는 결코 바랄 수 없으니, 오늘날 교육의 급무가 무엇보다 먼저 이에 있지 않겠는가.

이 때문에 본 학회가 비록 초창기에 속하나 한성 중앙에 한 사립사범

---

3 팔성(八星) : 이십팔성(二十八星), 곧 이십팔수(二十八宿)를 줄여 쓴 것으로 보인다.
4 복어(服御) : 임금의 의복과 탈 것 등을 아울러 뜻한다.

을 급히 설립하였고, 또 이때를 즈음하여 현임 평안남도 관찰사 이시영(李始榮) 씨가 고삐를 당겨 나서며 분발하여 우선 사범학교를 평양에 설립하여 각처 사숙(私塾)의 초빙에 응할 수 있도록 규모를 대략 정하였으니, 장래 위임이 또한 본 학회에 있을 것이다. 이상 두 곳 사범의 성립이 우리 서주(西州)에 있어 문명의 전도(前導)와 관계가 매우 깊으니, 오직 우리 사우(社友)는 그 확장 방침에 대하여 아무쪼록 한마음으로 협조하며 힘을 모아 실행하여 시작한 일을 끝까지 마무리하는 실효를 통쾌히 알려주기를 간곡히 바란다. 오호라, 유념하고 힘쓸지어다.

별보(別報)

청보(淸報)에 실린 것을 나중에 알다

회원 박은식(朴殷植)

베이양(北洋)[5]의 풍속 개화에 관하여 최근 사정을 보도한 것이 있다. "현재 톈진(天津) 하등사회의 행상과 인력거꾼들이 휴식하는 겨를마다 모여 백화보(白話報)-즉 국어보(國語報)-를 문득 꺼내어 읽고 혹은 삼삼오오 서로 읽은 것에 대하여 시사를 이야기한다. 그 이야기 내용의 식견이 어떠한지 종지가 어디에 있는지를 막론하고, 근래 미신을 이야기하고 뜬 소문을 지어내던 것에 비하면 그 정도가 하늘과 땅 차이다. 이것이 과연 하등사회의 젊은이들이 저절로 개통했기 때문이겠는가. 아니다. 이는 계발한 자가 있기 때문이다. 광서(光緖) 30년 봄을 맞았을 때는 계문열보사(啓文閱報社) 하나가 겨우 있었으니, 그 학당은 여러 열성적인 사람이 자금을 모아 만든 것이었다. 둥마루(東馬路) 중간에 설립하여

5 베이양[北洋] : 청나라 말에 즈리(直隸), 산둥(山東), 펑톈(奉天)을 합쳐 부르던 이름이다.

갖가지 신문과 풍속을 여는 논설을 비치하고 매일 시각을 정해서 마음대로 들어가 열람케 하니, 들어가 살펴보는 자가 너무 많아서 비좁기에 두루 돌아다닐 수 없는 형세가 되었다. 또 어떤 학당의 여러 열성적인 사람이 광지열보사(廣智閱報社) 하나를 허둥(河東)에 설치하고 또 숭실열보사(崇實閱報社)를 마자커우(馬家口)에 설치하여 그 규정을 계문보사(啓文報社)와 더불어 알맞게 시행하니, 그것을 행할 무렵에 장사꾼들이 시사를 알고 국정을 아는 자가 있게 되었다. 31년 봄에 이르러 해당 신문열람소를 관리하는 여러 열성적인 사람이 계문열보사에 모여 의논하여 이르되 "사내(社內)에 신문이 비록 있으나 겨우 문학이 통하는 자의 열람에 이바지한다. 글자를 모르는 자가 다수이므로 반드시 방법을 갖춰 진화시켜야 우리의 목적에 도달할 것이다."라고 했다. 이에 신문 강독 방법이 나와 정기적으로 반을 돌아가며 계문사(啓文社) 안에서 신문 강독을 하니, 매일 저물녘 8시 종 칠 때부터 2시간 동안 강독을 하여 전혀 글자를 모르는 자들이 방청을 할 수 있게 하였다. 기운차게 백화보(白話報)에서 시작하여 수개월이 지남에 또 열성적인 여러 사람이 광지(廣智)・숭실(崇實) 두 열람소에 나가서 강설하고, 또 부정기적으로 여러 사람이 때때로 각 신문열람소에 와서 열심히 거들어 단상에 올라 강설하기도 하였다. 당시에 보러 오는 청강자가 매일 많았으나, 그 수효가 이렇게 빨리 늘 줄은 미처 예상하지 못한 것이었다. 현재 열보사(閱報社)는 8곳으로 많이 늘어났고, 그중 강독하는 데는 서너 곳이다. 이로 보건대 풍속이 개화하지 않는 이유는 상등사회에 있지 않고 하등사회에 있다. 대개 상등자는 소수를 점하고 하등자는 다수를 점한다. 상등자는 배워 익힌 것이 이미 깊어서 한번 굳어지면 변치 않는 형세가 있고, 하등자는 불학무식이라 의욕〔整氣〕이 쉽게 고동친다. 상등자는 자기가 옳다고 여겨 감동하는 것이 어렵고, 하등자는 듣지 못했던 것을 들어서 감동이 빠르다. 풍속을 개화하려는 자는 먼저 하등인에게 힘을 다해야 하니, 다수의 사람이 진화하면 소수는 진화하고 싶지 않아도 결단코 그렇게 되지 않을 수가 없다. 내 바라건대 개통을 주장하는 자는 이 말에 주의하며 이 말을 기꺼이 받아들여야 할 것이다. 그러면 풍속의 개화가 도처에서 이루어져 모두 베이양 같아지는 것을 보게 될 것이요 그 진보가 또한 겨우 베이양 정도에만 있지 않을 것이니, 눈을 씻고 기다리고 거듭 또 씻고 기다리겠노라."라 하였다.

본 기자는 일찍이 보관(報舘)에서 매번 두세 동지와 함께 보통 진화의 방침을 강구하길 "풍속의 개화는 마땅히 하등사회로부터 기초해야 한다. 현재 우리나라 안에 국문보(國文報)는 단지 제국사(帝國社) 하나가 있으니 어찌 초라하지 않겠는가. 지금 다시 국문보를 확장하여 하등사회의 지식을 계도하면, 그 보통 효력이 단지 한자보(漢字報)를 문학이 있는 자에게만 공급하는 것보다 더욱 많고 클 것이다."라 하였다. 단 자금 변통의 어려움으로 뜻은 있으나 이루지 못하여 언제나 탄식만 하였다. 이제 톈진보(天津報)가 논한 바를 따르면 그 효과의 여하가 확실하고 명증하니, 세상에서 개통에 주의하는 자는 역시 이 거사를 돕고 거들어야 하지 않겠는가.

교육부

정당한 교육법

래드 박사[6]의 강연

류동작(柳東作) 역술

○ 품성과 지식의 안전판[7]

교원이 수양한 품성이 고상하고 그 준비한 지식이 풍부하여도 이것을 사용하는 방법이 적당하지 않을 때는 교육에 있어서 성공하기 어려울 것이다. 지금 이 과(科)를 과학적으로 말하면 먼저 기억하기 쉬운 두 조목의 진리가 있으니, 하나는 교육에 있어서 선량·건전한 품성과 지식을 구비한 교육이면 결코 오류에 빠지지 않는다는 것이다. 즉 선량한 품성을 갖추며 교육의 지덕(智德)을 충분히 수양하는 것이 교육에 있어서 과오에 빠지지 않게 하는 것을 증명하는 하나의 안전판이자 보험이라 할 것이다. 교육법은 과학이 아니다. 그 진리의 두 번째는 엄격한 의미로 교육법에는 일정한 학문이 없다는 것이다. 이는 교육법은 과학이 아니요 하나의 기술임을 뜻한다. 규칙을 만들어서 교육의 정밀한 방법을 이루는 것은 도저히 불가능하다. 그러므로 교육하는 자가 스스로 연구 발명하여 이 방법을 실험적으로 도출하지 않으면 안 된다.

교육방법에서 교원에게 일임해야 함이 이상과 같으니, 그 감독의 당국자 되는 정부나 관서(官署)가 그 교육방법에 관하여 일일이 이를 속박·지휘함은 좋지 않은 방법이다. 마땅히 자유롭게 교원에게[8] 일임하는 것이 옳다. 이렇게 교원이 스스로 새로운 방법을 내서 교육법을 진보하게 할 필요가 있다.

○ 교원과 생도의 상호 관계

교육 전체는 교원 한 사람과 생도 한 사람 각각의 상호적 인격 관계의

---

6 래드 박사 : George Trumbull Ladd, 1842-1921. 1892년부터 1899년까지 일본 정부의 초청으로 제국대학에서 강의했다. 일본 교육 개혁에 역할이 커 메이지 천황에게 훈장을 받았고 이토 히로부미와 한국을 시찰하기도 했다. 헤르바르트파를 계승한 헤르만 로체의 영향을 받았고 심리학과 교육학에 대한 다수의 저서를 출판했다.

7 안전판 : 원문은 '安全辯'으로 되어 있다. 安全瓣의 오자로 보아 해당 단어로 번역하였다.

8 교원에게 : 원문에는 '教育의게'로 되어 있다. 문맥상 '교원'으로 보여 이와 같이 번역하였다.

문제다. 비록 정당한 방법이 부족할지라도 각 교원이 한 가지 방법을 각 생도에게 적용하는 것은 불가능하니, 1) 교원 각자의 인격에 의거하며, 2) 생도 각자의 연령·성질의 차이에 의거하며, 3) 국가 사회의 요구에 따라서 교원이 자유롭게 다소의 제한을 가할 필요에 의거해야 한다. 이것이 변통이 없기는 불가능하다. 그러므로 교육법이라 하는 것이 복잡하고 곤란함을 상상하는 것은 어렵지 않다.

○ 목적물은 발달 진행 중

엄밀한 의미로 교육법은 과학이 아니요 하나의 기술이라 하였으나, 보통 교육학이라 하는 의미의 용어에 따르면 종래의 경험에 기초한 법칙이 없는 것은 아니다. 그 첫 번째로 교육의 방법은 정신적 발달의 순서 및 그 방법을 따르지 않으면 안 될 것이니, 교육의 목적물 되는 생도가 진화·발달의 진행 중에 있다는 것을 잊어서는 안 된다. 바꿔 말하면 생도는 주야로 발달하는 것이니 그 순서에 역행하면 성공하지 못할 것이다. 천연의 초목이 사람의 손에 의하여 때로 새로운 종을 양성하는 경우가 있을지라도 하나같이 자연의 법칙에 따라서 이를 양성해야 하는 것과 다르지 않다. (미완)

황금이 쌓여 있는 가운데 아사(餓死)한다는 이야기

한 배에 백여 명이 탑승하고 한 무인절도에 이주하였다. 첫 번째 임무는 곡물을 심어서 영주(永住)의 경영을 힘써야 하는 것인데, 그 사람들이 이 섬에서 황금이 많이 나는 것을 보고 밭을 갈아 씨 뿌리는 일은 돌아보지 않고 오로지 채금을 일삼아 어느덧 봄철이 이미 지나가고 파종할 시기를 놓쳐버렸다. 그 사람들이 채금으로 전업(專業)하여 모두

금 부자가 되었으나 저장된 음식물이 점점 줄어들어 가을철에 이르러서는 음식물이 거의 없어지니 어찌 금 조각으로 겨울을 보낼 수 있으리오. 황금은 비록 높은 산과 같이 쌓였으나 필경 아사를 면치 못하였다 하니, 독자 여러분은 각 방면으로 추구하여 스스로 경계하소서.

까마귀의 합의재판론

수적박사(穗積博士)

다수의 까마귀가 모여서 까마귀 한 마리를 핍박하는데 세속에서 이를 여오(旅烏)라 한다. 그러나 동물학자의 실험에 의하면 그런 것이 아니라 이것이 완전히 까마귀의 합의재판이라 한다. 어떠한 사람이 장난으로 까마귀 알을 집오리의 알로 바꿔치기했다. 수까마귀가 집오리의 알이 둥지에 있는 것을 보고 벌컥 고함치며 "괴이한 일이다, 괴이한 일이다." 라고 한즉 암까마귀가 그 무죄함을 울면서 애원하는데 결국 듣지 않고 그 간통죄를 문제 삼으니 둥지 주변에 모여든 친구 까마귀들이 대단히 지저귄 결과 어떠한 판결이 정해진 듯하더니, 드디어 그 암까마귀의 비행이라 하여 죽였다. 까마귀 사회의 이 합의재판으로 보건대 형을 집행하는 순서가 명백하다.

교육의 종지(宗旨)

회원 안병찬(安秉瓚)

무릇 교육이란 것은 진실로 국가의 근본이다. 그런데 교육에는 정신적인 것이 있으며 피부적인 것이 있으니, 정신적 교육은 곧 위기지학(爲己之學)이요 피부적 교육은 위인지학(爲人之學)이다. 그러므로 교육은 먼저 그 종지를 정한 후에야 반드시 그 효과를 얻을 수 있다. 그 종지는 식물의 씨앗과 같아서 오이를 심으면 오이가 나고 콩을 심으면 콩이 나는 것이라 피〔稗〕의 씨앗을 뿌려서 보리라는 결실을 거둔 적은 아직 없다. 오호라, 우리가 이 경쟁 시대에 처하여 자강(自强)하지 않으면 단연코 지켜내지 못할 것이다. 가만히 생각건대 우리 한국이 가정교육과 학교교육과 사회교육에서 균등하게 자강을 종지로 삼아 전국 인민이 각자 힘써서 강함의 효과를 기도하면 어찌 국권의 타락과 민력(民力)의 부족을 근심하겠는가. 이른바 자강은 지육(智育)으로써 강해지며 덕육(德育)으로써 강해지며 체육(體育)으로써 강해지는 것이다. 지・덕・체 삼육을 정밀히 말하면 『중용』에서 지(智)・인(仁)・용(勇) 세 가지가 천하의 보편적인 덕이라 이른 것이니, 그 종지를 어찌 삼가지 않으며 어찌 힘쓰지 않겠는가.

가정학 (전호 속)

회원 김명준(金明濬) 역술

3. 소아의 의식(衣食)과 거주

갓 핀 꽃과 어린 꽃봉오리를 사랑하는 자는 반드시 소중히 보호하는 것이 남다를지니, 아이를 잘 키우는 자가 어찌 이와 다르겠는가. 소아의 심신 발육은 불완전한 시기에 있으니 그 어머니가 양육을 잘하는지 못하는지는 아이의 건강함과 허약함, 어짊과 못남에 실로 이어진다. 습관은 제2의 성질이니 완전히 그 어머니의 손에 의해 주조되는 것이므로 의복과 음식과 주거 등을 어머니 된 자가 반드시 충분히 주의하여 소홀히 하면 안 될 것이다.

소아의 의복은 가볍고 따뜻하고 끝이 트인 것이 적당하니 무명, 고운베 종류가 그것이다. 여름철에는 극히 청결한 삼베를 사용하되 그 오염이 쉽게 발견되는 것을 취하고 더불어 색은 흰 것으로 한다. 가장 적당하지 않은 것은 비단이다. 다만 세탁이 어려워 청결하게 하는 것이 쉽지 않기 때문이 아니라 또한 어린아이의 마음이 사치에 이끌릴까 두려운 까닭이므로, 비록 부잣집이더라도 소아는 오직 청결한 무명옷을 사용해야 한다. 소아 의복의 제조는 가볍고 넉넉하게 해야 하니 몸통은 마땅히 넓히며 소매는 마땅히 트이게 하며 소매통과 끈의 폭은 넉넉히 넓게 만들어 수족의 움직임을 편하게 한다. 옷감은 가볍고 얇게 해야 하며, 여름 동안은 배두렁이를 지어 입혀 수족이 밖으로 노출되게 함이 좋다. 아이를 사랑하는 인정(人情)으로 종종 두툼한 의복을 입히려 하는데, 신체가 취약해 추위로 인해 병에 걸릴까 두렵기 때문이지만 어렸을 때는 발육이 매우 빨라서 생기가 밖으로 차고 넘친다. 의복이 얇으면 사지 운동이 충분히 활발하여 비록 엄동이라도 오히려 땀을 흘리니 신체에 신익(神益)이 있을지도 모른다. 소아 의복은 청결하게 할 것이니, 시시때때로 세탁하여 포개어 가지런하게 준비해서 사용한다. 이는 위생상 필요가 될 뿐 아니라 덕육상(德育上)에도 또한 깊은 관계가 있다. 무릇 소아가 귀로 능히 듣지 못하고 입으로 능히 말하지 못할 때에 마땅히 일종의 청결을 좋아하며 반듯함을 기꺼워하는 성정을 양성해야 하는 것이다.

또 소아가 태어난 지 1년이 되면 소화기관이 점점 발육하고 치아 수도 또한 늘어나고 위장의 모양이 점점 커져 주머니처럼 되는데, 죽과 밥, 어육, 채소, 과실 등을 이때에 모두 좋은 것으로 선택하여 적당하게 조리하여 먹이고, 마실 것은 주류를 제외한 맑은 국물과 우유를 모두 사용한다. 음식은 마땅히 미지근해야 하니, 지나치게 차거나 지나치게 뜨거운 것은 모두 적당하지 않다. 소아의 음식물이 부드러워야 하고 푹 익혀서 소화하기 쉬워야 한다는 것은 누구나 이미 알고 있으나, 더 나아가 간이 된 식품의 경우 너무 달고 짠 것은 피한다. 매운 향의 맛은 더해질수록 적당하지 않으며 맛이 변할 수 있는 음식물은 반드시 날마다 바꿔주어야 한다. 또 앞에서 기술한 것과 같은 식품을 갑자기 구할 수 없으면 곧 같은 종류의 것으로 대신하여 반드시 소아의 입맛을 맞추되, 식욕이 날로 늘어나면서 소아의 무지가 낭비하는 심성을 양성하거나 늘상 먹는 것을 싫증 내어 진미를 다시 구할 수 있으니, 이런 종류의 습관은 덕육상에 심한 결점이 된다. 그 폐해를 알고 그것을 바로잡아 위생과 덕육 두 가지에 지나침과 모자람이 없게 하는 것은 인자한 어머니의 책임이다. 소아의 정신은 매우 많이 진동하니, 갓난아기가 편안히 누워 있을 때를 보면 손발이 춤추는 것에서 그 성질을 알 수 있다. 또한 걸어 다닐 수 있게 되면 능히 물건을 취하며 유희의 마음이 왕성하게 생긴다. 그러므로 신체가 발달하면서 운동이 활발해져 음식물의 섭취가 어른과 견줄 만큼 많아진다. 만약 강건한 소아가 충분한 음식을 먹으면 유희 운동을 하게 해서 그 소화를 촉진시켜야 한다. 다만 소아는 스스로 분량을 짐작하지 못하여 좋아하는 것은 반드시 지나치게 먹으니 이를 어머니 된 자가 조절하고 보호해야 한다.

소아의 거처는 남향이어야 한다. 그다음 좋은 방향은 마땅히 동남·서남이니, 반드시 햇빛과 공기가 통하는 곳을 택하여 소아로 하여금 신선한 공기를 호흡하여 신체에 유익하게 해야 한다. 소아가 걸음걸이를 익힐 때에는 위험한 일이 매우 많다. 바닥의 고저와 문지방의 출입과 마름돌의 급경사, 샘물 근처의 땅이 모두 염려해야 할 것이니 마땅히 높은 난간을 설치해 제한해야 한다. 그 침실은 대개 어머니가 함께하는 것이 인정이겠으나 함께 자는 것은 좋지 않다. 거처와 침실을 매우 청결하게 하여 더러운 물건이 가까이 있지 않게 해야 하니, 반드시 혐오스런 냄새가 없게 하는 것이 마땅하다. 방 안에 늘어놓은 기구를 반드시 정리정돈하여 혼잡하지 않게 할 것이니, 소아가 춥고 더운 것을 분별하지 못하는 어릴 적에 눈으로 접촉한 물건이 모두 조리가 있고 규칙이 있으면 법률의 관념이 날로 뇌에 새겨지고 스스로 알지 못하는 사이에 물들어 혈기가 그와 함께 융화하며 성정이 그와 함께 변할 것이다. 그리하여 장성했을 때의 행동거지가 반드시 법도의 준수를 어려워하지 않을 것이니 이는 덕육상 가장 필요한 것이 될 것이다. (미완)

학교 총론[9] (전호 속)

회원 박은식(朴殷植) 역술

지금의 동문관(同文館)과 광방언관(廣方言館)과 수사학당(水師學堂)과 무비학당(武備學堂)과 자강학당(自强學堂)과 실학관(實學館) 등이 남다른 재능을 가진 사람을 얻을 수 없는 것은 무슨 까닭인가. 예(藝)를 말하는 일이 많고, 정(政)과 교(教)를 말하는 일이 적음인데, 이른바 '예'라는 것 또한 언어문자의 얄팍함과 병학(兵學)의 말단에 불과하여 그것을 크게 하는 데 힘쓰지 않고 그 근본을 헤아리지 않으니 곧 도리를 다하여도 이루는 바가 별로 없다. 또 병의 근원이 세 가지가 있으니 첫째는 과거제가 고쳐지지 않아 취학하는 인재가 부족하다는 것이요, 둘째는 사범학당이 세워지지 않아 교습할 사람이 없다는 것이요, 셋째는 전문업이 나누어지지 않아 정밀함에 이르는 것이 없다는 것이다. 그러므로 이중의 어떤 인사가 육경을 내버리고 여러 서적을 치워 중국 구학(舊學)에 대해서는 이미 일절 불문하고 서양인의 부강의 근본과 제작의 정밀함을 알아보려 해도 또한 능히 그것에 대해 말할 수 있고 그것을 본받을 수 있는 자가 드물다. 그 도달한 성취를 헤아려보면, 능히 역관의 일을 맡는 것이 상급 인재가 스스로 삼는 일이요, 그다음인 자는 적절히 양행(洋

9 학교 총론 : 원문 제목은 '학교 총론 역술(譯述)'로 되어 있다. 연속 기사인 만큼 다른 호에 게재된 기사들과의 일관성을 고려하여 저자명 뒤에 '역술'을 붙였다.

行)・매판(買辦)[10]이 이루고자 하는 바를 위해 고용된다. 그중 한두 가지 탁월한 성취가 있어 나라 안팎의 일에 통달하여 국가의 중임을 담당할 수 있는 자는 결국 그 사람의 총명한 재주의 역량이 능히 다른 세계의 단서를 바탕 삼아 스스로 정진한 것이지 해당 관(舘)과 여러 학당의 공에 의한 것이 아니다.

무릇 국가가 학교를 설립하는 것은 인재를 양성하여 천하에 이바지하려는 것이거늘, 상급 인재가 겨우 이와 같고 그다음 자가 저와 같으니 이는 당연히 조정이 인재를 만들고자 한 처음의 뜻이 아니다. 지금 조사(朝士)의 언론이 급급히 인재의 비축을 급선무로 삼는 것은 대개 사람이 부족해서가 아니니, 학교의 맹아가 거의 이에서 싹텄다. 그 역시 병의 근원이 이러한 세 가지에 있음을 훤히 꿰뚫은 것이니 다소 유의함이 있어서가 아니겠는가. 또한 지금 학교의 취지가 이행되지 못함에는 연유가 있다. 경비가 매우 크고 조달이 상당히 어려워서 시급함을 알아도 감당하지 못한다. 무릇 지금 농부가 이랑을 갈아서 봄을 보내고 여름을 지내며 거름을 주고 물을 대며 고생을 하는 것에는 의아하게 여길 부분이 없다. 이렇게 하지 않으면 가을의 성과를 바랄 것이 없기 때문이다. 중인의 집도 오히려 절제하고 옷을 줄이는 것으로 자제를 가르치고 그 성취를 바라 문려(門閭)를 크게 빛내려 하는데, 지금 국가만은 자강하고자 하지 않는다. 진실로 자강하고자 한다면 수많은 일 중에 오직 이를 중대한 일로 삼아야 하니 비록 온갖 일로 겨를이 없더라도 마땅히 먼저 도모해야 한다.

들어보니 서양 여러 대국의 학교 경비가 많게는 8천 7백여 만이요, 적게는 8백만이다–소학당 경비가 영국은 매년 3천 3백만 원(元)이요, 프랑스는 1천 4백만

10 양행(洋行)・매판(買辦) : '양행'은 중국 청조 때 외국 상인과 전문적으로 거래하던 상점을 이른다. '매판'은 중국에 있었던 외국 상관(商館)과 영사관 등에서 거래 중개를 위해 고용된 중국인을 뜻한다.

원이요, 독일은 3천 4백만 원이요, 러시아는 5백만 원이요, 미국은 8천 4백만 원이요, 중학·대학의 도합 경비가 영국은 매년 860만 원이요, 프랑스는 3천만 원이요, 독일은 2백만 원이요, 러시아는 4백여만 원이요, 미국은 3백여만 원이다-. 일본은 삼도(三島)[11]가 각각 매년 드는 비용이 8·9백만에 이르니, 나라의 방책을 꾀하는 자가 어찌 절제의 의(義)를 생각하지 않아서 서슴없이 황금을 빈 골짜기에 던지는 것이겠는가. 저 일본인이 흥학(興學)에 쓴 경비는 우리와의 일전(一戰)을 통해 취한 배상금의 나머지이다. 우리가 예전에 그 이른바 2억 냥을 백으로 나누어 그중 한둘을 취해 군학(羣學)을 흥하게 했다면 20년 사이에 인재가 크게 이루어졌을 것이니, 세월을 보낸 뒤에 어찌 이러한 일이 있겠는가. 오호라, 지난 일을 잊지 않으면 다가올 일의 스승으로 삼을 수 있다. 지금 도모하지 않으면 훗날의 근심이 될까 두려우니, 그 비용이 지금의 소위 2억 냥에서 곱절이 되는 것은 시간문제이다. 병통의 시작이 다시 이르러서야 비로소 지금의 잘못을 뉘우친다면 또 무슨 소용 있겠는가. 지금 많은 비용을 아낌없이 쓰며 해군을 다스리되 적은 비용도 기꺼이 학교 경영에는 쓰려 하지 않는다. 이것은 가벼운 것을 무겁게 여기고 무거운 것을 가볍게 여기는 것이다. 비유컨대 어린아이가 품에 있는 과일과 금을 보여주면 금을 버리고 과일을 취하는 것과 같고, 비유컨대 야인(野人)이 가지고 있는 작은 진주와 1백 전을 보여주면 진주를 버리고 푼돈을 택하는 것과 같다. 적이 나에게 승리한 도구만을 알 뿐 승리의 근거를 이룬 도구는 모르므로, 날을 허비하고 힘을 다하여 눈앞에 미처 보이지 않는 바에 종사하고 그 미처 보지 않는 바에 가려져서 그 귀결처를 궁구함에서는 이룬 바가 하나도 없으니, 이 지식이 어린아이나 야인의 것과 얼마나 다르겠는가.

서양인이 중국에 대해 헤아린바, 서양 국가의 인구수와 중국의 인구

11 삼도(三島) : 일본 열도를 이루는 세 개의 주요 섬, 혼슈, 시코쿠, 규슈를 이른다.

수로 비례를 삼아 그에 따르는 학생과 그 학교의 경비를 셈하였는데 소학생이 응당 4천만 명이며 매년 경비는 2억 2천 6백만 원이 들고, 중학생이 응당 118만 4천여 명이며 매년 경비는 5억 9백만여 원이 들고, 대학생이 응당 16만 5천여 명이며 매년 경비는 7천 1백여만 원이 든다 하였다. 지금은 감히 분명하게 말하지는 못하거니와 서양인이 요청한 바의 100분의 1과 같더라도 또한 마땅히 소학생 4만 명과 중학생 11,840명과 대학생 1,850여 명은 있을 것이요 매년 마땅히 356만 원을 들여야 할 터인데, 중국은 의식주의 비용이 서양인에 비하면 겨우 3분의 1이니 매년 1백여만 원이면 된다. 중국 과거 급제의 영광은 천하에서 패주한 지 오래되었다. 제예(制藝)와 해법(楷法)에 대하여 사람들이 독려하거나 재촉했던 적이 없지만, 이록(利祿)의 길이 그들로 하여금 그렇게 하도록 한 것이다. 지금 창립의 초기에 혹 경비가 부족하다면, 다만 과거제도를 개정하여 학교로 귀결되게끔 천하에 호소하고 학교에서 공과(功課)만 정하여 학비를 지급하지 않더라도 천하의 호걸지사들이 군집하여 부지런히 종사토록 한다면 반드시 인재가 부족하지는 않을 것이다. 이러한즉 경비가 또한 살펴야 하는 세 가지 중의 하나이니, 세비(歲費) 70여 만이면 족할 것이다. 학교에서 일구어낸 인재는 곧 10을 뽑아 5를 얻는 것으로 계산할지라도 10년 후에는 대학생으로 성취한 자 8천 명을 얻을 수 있으니 상하에 배치하여 등용해서 온갖 법률과 제도를 다시 새롭게 하면 넉넉히 남는 것이 있을 것이다. 무릇 작은 일본에서도 매년 이 비용이 오히려 8・9백만에 이르는데 당당한 중국이 일본의 12분의 1의 비용을 얻고자 함에 그것이 나올 데 없음을 근심해야겠는가. 결코 그렇지 않을 것이다.

위생부 (전호 속)

회원 김봉관(金鳳觀)

현재 세계상 각 사람의 생활체(生活体) 수요를 충족하게 하려면 실로 동포 민중이 서로 도와야 되는 것이니, 곧 음식물의 좋은 맛과 의복의 적당함과 가옥의 양호함이 그것이다. 이는 결코 각 사람의 협력에 의하지 아니하면 얻기 어려운 것이다. 대개 농공, 기예, 학술 등이 갈수록 복잡해져, 우리의 수요에 응하여 이를 점점 더 완전하게 하려면 각기 전문의 직에 진력하여 생존·경영의 방법을 강구함이 마땅하다. 이러한 사태 외에 다수 인민이 서로 단결하는 것은 맹수, 독사 및 다른 적수에 대하여 투쟁력을 대단히 증가하는 것으로 알 수 있는데, 점차 가족, 친족, 종족, 민족을 형성하여 공동의 주거지를 서로 개척하며 또 그 단체를 조직하여 피차 왕래·무역함에 이른 것이다.

인류가 서로 단결하여 그 생활 방도를 강구하면 편리하긴 하나 종종 폐해를 빚어 각 사람의 건강을 해칠 때가 있으니, 이들 폐해를 없애기 위해 공중의 건강체를 보호하는 제도를 세워서 공중위생상 목적을 달성하는 것이 국가 행정상의 중요한 사업이다. 무릇 지구상에 산포한 바 여러 개의 집으로 이루어진 한 단체는 촌락, 숙역(宿驛)[12], 도시 등에 이르고 큰 단체는 인류로서 서로 근접하여 서식하며 점차 그 지식을 발달시켰다. 이들 토지에 주거하는 인민의 건강은 일정 유력한 상태 여하에 관련되어 있으니, 곧 토지의 위치 및 토질과 오예물(汚穢物) 제거법과 거주의 광협(廣狹) 구성과 경영의 종류와 민복(民福) 및 지식의 정도와 음식물에 대한 단속과 빈자·병자에 대한 간호 및 사체 매장의 방법

12 숙역(宿驛) : 나그네를 묵게 하기 위하여 세운 숙소를 뜻한다.

등이 그것이다. 또 공동의 힘으로 삼림을 벌채하거나 구릉, 단애(斷崖)를 평탄하게 하며 공기의 유통을 편하게 하며 도랑에 하수를 설치하여 수류(水流)의 소통을 용이하게 하며 수로를 깊게 하고 또 연장하여서 토지의 습윤을 막고 소택지(沼澤地)를 건조하게 하니, 이는 모두 경험상 열성(熱性)의 여러 병을 예방하는 데 필요한 것이다.

무리가 공동으로 거주하는 땅에서 직접 건강을 해치는 것은 유기물(遺棄物)과 배설물이 퇴적함에서 기인하기 때문에 유럽의 도시에서는 쓰레기를 제거하는 것 외에 대변 및 기타 오예물을 제거하기 위하여 방류수(放流水)를 시설하였다. 이 방류 하수는 견고하고 촘촘한 철관을 지하에 매설하여 대변, 오수 등을 이 관 안으로 끌어들이는 것인데, 그 관을 적당히 배열하여 다량의 오수 및 변소에서 나오는 물을 쉽게 관 안으로 통과하게 하며 또한 많은 빗물을 이 관 안으로 흘러내려 가게 한다. 그러나 도로로 흘러내리는 커다란 쓰레기는 많은 지장을 주므로 그 관 입구에 먼지 제거 장치를 필요로 한다. 또 이 하수관에 특별한 구멍을 설치하는데, 예컨대 큰비나 홍수 때에 오수가 우연히 증가하여 관 밖으로 넘쳐날 때는 이 특별한 구멍을 열어서 그 가득한 수량(水量)의 일부분을 일시 방류하게 하여 오수의 범람을 예방한다. 무릇 오예물을 제거하기는 상당히 곤란하나 이 오예물이 그 토지를 비옥하게 하는 성질이 있으므로 비료로써 경작지에 사용하기도 하니, 다분히 오물의 종류에 따라 적당한 방법으로 청결히 소제해야 한다.

무릇 사람의 동작·휴식도 역시 위생상 주의할 요점이다. 생활체의 안일함은 건강에 유익할 것 같으나 반대로 무궁한 해를 끼치는 것이다. 그러므로 각기 평소 업무에 응하여 유익한 서책을 베끼며 아름다운 그림을 바라보며 혹 음악을 들을 때는 답답한 심회를 발산하며 정신을 많이 쓰다가 휴식할 때 체조, 경주, 기마 등 활발한 운동을 행하여 근육을 단련케 하고 또 실외에서 느긋한 산보로 신선한 공기를 호흡하여

정신 및 육체를 강건히 증진케 하는 것이 대단히 필요하다. (완)

우리 한국의 광산(鑛産) 개요 (전호 속)

회원 박성흠(朴聖欽)

우리 한국의 광물 분포는 전호에 약술한 바이거니와, 우리나라 광산의 으뜸가는 사금(砂金)과 금광에 대하여 종래 경영하던 광업 방법의 대략을 다음에 설명함으로써 그 실황이 어떠한지를 보이려 한다.

우리 한국의 산금(產金)은 사금이 다수를 차지하므로 이제 채집의 방법을 말함에 있어서 먼저 사금의 일을 말하겠다.

우리 한국이 종래로 행해온 사금 채집 방법은 대략 다음과 같다.

(1) 산금지(產金地)에서 각기 장소를 살펴 우물 모양으로 지면을 개굴(開掘)하여 금이 포함된 지층에 도달해서 사토(砂土)를 채굴한다. 다만 그 아래 암반에 도달하면 종종 물이 나오기 때문에 금분(金分)이 침전한 양호한 함금사토(含金砂土)를 채취할 수 없다. 이는 채금가(採金家)의 일상사라 한다.

(2) 높은 곳에서 흐르는 물을 이용하여 그 채굴한 함금사토를 세척하여 커다란 돌덩이를 제거하고 작은 사석(砂石)만을 남기는데 이를 첫 번째 정선(精選)이라 한다.

(3) 첫 번째로 정선하여 얻은 작은 사석 중 수력(水力)에 의하여 다시금 좀 더 큰 사석을 제거하고 오직 미세한 사립(砂粒)만을 남기는데 이를 두 번째 정선이라 한다.

(4) 두 번째로 정선하여 얻은 미세한 사석을 이번에는 나선형 나무그릇-함박-에 넣어서 여러 번 세척하여 조금씩 사립을 흘려보내고 점차

금분만을 그릇 아래 침전시켜 남기는데 이를 세 번째 정선이라 한다.

세 번째 정선에 이르러 채금하는 작업이 완전히 끝난다. 만약 사금지가 물을 이용하기 불편하여 이와 같이 나열한 세척·정선법을 행하기 어려운 경우에는 다른 방법을 사용하는데, 그 방법은 위와 같은 방법으로 채굴을 행하고 나서 그 채굴해 얻은 함금사토를 바로 나선형 나무그릇에 넣어서 회전하며 세척하여 돌덩이를 버리고 사립을 제거하여 마침내 그 금분만을 침전시켜 남기는 것이다.

요컨대 위의 두 방법의 다른 점은, 하나는 흐르는 물의 자연력을 응용하여 세척·정선하므로 다소의 인력을 줄인다는 것이고, 또 하나는 이러한 응용이 없고 온전히 나선형 나무그릇 하나를 사용하여 처음부터 끝까지 정선한다는 것이다.

사금의 채집은 대개 이상의 방법으로 일반적으로 채집하는데, 그 사토를 맨 처음 채굴할 때에 공연히 밑바닥에 남아 있어 채집할 수 없는 금분이 결코 적지 않다. 만약 오늘날 그 방법을 개량하여 완전한 채굴을 행하는 데 이르면 그 산금의 증가가 막대함을 대체로 볼 수 있을 것이다.

사금 채집의 시기는 지방의 남북을 따라 다소 늦고 빠름이 있다. 이는 대개 남북 기후의 한난(寒暖)에 차이가 있기 때문이다. 엄동에는 각 광산지에서 그 작업을 중지하는데, 남부 지방에서는 대개 3월 초순에 시작하여 11월 말경까지 채집할 수 있고 북변에 이르러서는 항상 4월 초순경부터 착수하여 10월 중에 마치니 곧 남부 지방과 북부 지방의 작업 기간에 거의 2개월간의 장단이 있다.

또 위의 시기 중에 끊임없이 채집하는 곳도 있으며 농업이 한산한 시기에만 채집하는 곳도 있다. 전자는 산금이 풍부하여 규모가 굉장한 곳에 속하는 것이요, 후자는 그렇지 않아서 대개 그 산출이 많지 않으므로 오직 그 지방 인민들이 농업 여가에 종사한다.

금광의 경우는 그 작업이 사금 채집에 비해 여러 가지로 곤란하기 때문에 그 유치함과 번거로움이 한층 더 심하다.

우리나라 사람은 자본이 박약하므로 광산사업에 있어 구차함을 가리지 않으며 번거로움을 피하지 않고 오직 그 설비를 간단히 하여 눈앞의 비용을 절약하는 데 힘쓰니, 광산에 사용하는 기계도 쇠망치, 공착(功鑿) 및 배수통 등 두세 기구뿐이요, 화약을 사용하여 광맥을 폭발시켜 채광하는 기술은 최근 10여 년 들어 외국인을 모방하여 조금 진보하였다. 또 광갱(鑛坑)을 시찰하면 어느 곳의 광갱이든지 대체로 지면을 파냄이 5・60척에서 7・80척에 이르는데, 가장 깊은 곳을 기준 삼아 그 채굴을 대개 정지하니 대략 이 갱내가 깊어지면 물이 솟아나는 경우가 많아져 차후 작업이 곤란한 까닭이다. 또 일하는 데 있어서 당장의 노력을 아끼려 하다 보니 그 갱이 매우 비좁아 광물을 옮기며 물을 없애는 것이 극히 불편하고 또 지주(支柱)를 많이 사용하지 않기 때문에 혹 암질(巖質)이 무른 곳은 그 붕괴를 막기 위해 폐광하는 일이 종종 있다.

채금한 것을 정선하는 방법은 맨 처음에 그 채굴한 광석을 검사하여 광석 속에 금분이 있다고 인정된 것만을 취하고 그 나머지는 모두 파기하는데 이를 사석(捨石)이라 이름한다. 그 가려낸 광석은 먼저 쇠망치로 깨뜨려 작은 알갱이로 만들고 다시 이를 돌에 갈아서 분말을 만들고 이를 나선형 나무그릇에 넣어 세척・정선한다. 또 우물 모양의 도기를 사용하여 세척・정선하고 최종적으로 초산을 넣어서 혼합된 다른 금속을 제거하고 점점 금분만을 가려낸다.

이같이 구차한 방법에 의하여 광석을 부수고 채금하는 것은 수고와 시간상에 매우 불리할 뿐 아니라, 최종 정선에 초산을 주입함으로 인하여 그 함유된 은분(銀分)이 모두 무용으로 돌아감을 면치 못한다. 또 최초에 광석 선별을 행할 때에 사석(捨石)이라 하는 것을 그 유치한 지식으로 감정하다 보니, 금의 유무를 판별하여 취사함이 매우 투박함을 면치 못하여 가치 있는 광석이라도 버리고 돌아보지 않는 경우가 파다하다. 대개 이 채금법으로는 금 함량이 10만 분의 5 이하 되는 광석에서 채금하는 것은 도저히 곤란한 일에 속한다. 지금 각 광산에서 10만 분의 5 이하의 금 함유 광석을 사석으로 간주하면 전국 광산에 방기되는 이익이 실로 얼마큼의 거액이 되는지 상상도 할 수 없다.

경상도 창원에서 금광을 채굴하는 일본인 우마키 켄조(馬木健藏)가 그 실험한 바에 대해 말하기를, 자기가 일찍이 한인의 사석 3만 근을 주워 모아 이를 일본에 가지고 가서 미츠이광산합명회사(三井鑛山合名會社)의 히다카미오카(飛驒神岡) 제련소에서 분석·시험하여 그 성적으로 금 10만분의 5, 은 10만분의 45, 납 100분의 15를 얻었다 하니, 우리나라 사람의 광석 선별이 투박함을 이로써 또한 알 수 있을 것이다.

또 우리나라 사람의 사금 개채(開採)에 관한 관습을 보면, 새로 광지(鑛地)를 개굴하려 하는 경우에는 그 업자가 반드시 먼저 유사(有司)에게 허가를 구해야 하는데, 누구든지 허가를 얻어 사금지에서 채금할 수 없는 것은 아니로되 관례상으로 대개 그 지방 덕대(德隊)에게 허가하는 것이 보통이다. 덕대란 것은 광산의 동량(棟樑)을 이르니, 대개 수십 명 광부를 이끌고 채굴에 종사하여 그 소득 금량의 10분의 1은 덕대가 먼저 자기의 수입으로 정하고 그 나머지를 갱부가 각자 소득으로 한다. 또 정부에 납세하는 것은 광부 1명에 매 1개월 금의 6·7푼 내지 1전까지를 바치는데, 많은 경우 지방관이 이를 취급하여 경성 정부에 송치한다.

그런데 우리나라 광산을 행정상으로 말하면 2종으로 대부분 구별이 되니, 하나는 농상공부 관할에 속한 것이요 하나는 관내부 관할에 속한 것인데 현재 전국 유망한 광산은 대개 관내부에 속해 있다. 관내부에 속한 광산의 소재 지방을 아래에 게시한다.

함경북도	창녕(富寧), 단천(端川), 길주(吉州), 경성(鏡城)
함경남도	갑산(甲山), 장진(長津), 함흥(咸興), 영흥(永興), 문천(文川), 고원(高原)
평안남도	은산(殷山), 평양(平壤), 순안(順安), 개천(价川), 영원(寧遠)
평안북도	선천(宣川), 의주(義州), 후창(厚昌), 영변(寧邊), 창성(昌城)
황해도	송화(松禾), 장연(長淵), 수안(遂安), 재녕(載寧)
경기도	안성(安城), 통진(通津)
강원도	금성(金城), 춘천(春川), 삼척(三陟), 홍천(洪川)
충청남도	직산(稷山), 공주(公州), 문의(文義)
충청북도	충주(忠州), 청주(淸州)
전라북도	금구(金溝), 남원(南原), 전주(全州)
경상남도	창원(昌原), 진주(晋州), 울산(蔚山)
경상북도	청송(青松), 의성(義城), 성주(星州), 경주(慶州)

전국 13도 331군 중에 관내부가 관할하는 광산구가 12도에 걸쳐서 41군을 점하니, 곧 전라남도 일대를 제외한 각 도에 2・3군 내지 4・5군의 관할이 없는 곳이 없다. 지금으로부터 10여 년 전 운산(雲山) 금광이 미국인 모스(J. R. Morse)의 손에 떨어짐으로 인하여 외인의 시선이 우리 한국의 광산에 모여서 그 이익선(利益線)이 오로지 이 업으로 향하여 진행되었다. 국내 주요 유리한 광산이 속속 외인의 손에 떨어지는 일이 많으니, 지금 우리나라 광산에 착수한 자의 이름과 장소가 대략 다음과 같다.

평안북도 운산 금광은 지금으로부터 12년 전에 미국인 모스의 손에 떨어지고

강원도 금성 금광은 지금으로부터 10년 전에 독일인 볼터(C.A Wolter)의 손에 이전되고

평안남도 은산 금광은 지금으로부터 7년 전에 영국인 모건이 점령한 바 되고

충청남도 직산 금광의 일부는 일본인 시부사와 에이치(澁澤榮一)와

아사노 소이치(淺野總一)가 시굴하였고

황해도의 은율, 영남의 창원, 의성, 협천(狹川) 등지의 금광이 모두 일본인들이 착수하여 경영하게 되니

무릇 이 동서 외국인이 우리나라 광산에 착수하여 1개년 소득 이익이 수십만 원 혹은 수십 천 원의 거액에 달한다.

최근 각 신보에 게재된 바를 따르면 외인의 광산 특허가 또한 다음과 같다.

평안북도	구성(龜城)	영국인	할러웨이(Holloway) 씨	
동(同)	초산(楚山)	동	해리스(Harris) 씨	
동	선천(宣川)	독일인	마이어(Meyer) 컴퍼니[13]	
동	희천(熙川)	일본인	츠다 가지오(津田鍜雄) 씨	합동
		미국인	데쉴러(David W. Desheler) 씨	

오호라, 금광은 우리 한국의 일대 부의 근원인데 국위가 선양되지 못하고 인지(人智)가 미개하여 마침내 외국인으로 하여금 그 시선을 기울이게 하여 그 세력을 키우게 만들었다. 이들이 우리 한국의 광산을 주인 없는 것과 같이 여겨 도처에서 벌써 착수하여 오직 뒤떨어질까 두려우니, 어찌 우리의 통한이 골수에 사무칠 일이 아니겠는가. (완)

산학을 논하다

산학(算學)을 논하다 (전호 속)

회원 이유정(李裕禎)

지금 수학이 처음 시작된 곳으로 거슬러 올라가보면 먼저 대단히 엉

13 마이어 컴퍼니 : 원문에는 '마야콩파네 씨'로 되어 있다. 사람 이름으로 여기고 '씨'를 붙인 것으로 보인다. 선천 광산은 당시 세창양행을 소유한 마이어(Meyer) 상사의 소유였다.

성하고 얕은 법을 논하게 된다. 상고시대 사람들은 흙덩이로 수를 세고 새끼줄로 수를 기록하였으니, 이 법이 비록 오래되었으나 다만 지금 사람도 역시 무심코 이와 부합하는 방식을 쓸 때가 있다. 즉 우리 같은 사람들 중에도 혹 무슨 일이 있을 때 그것을 잊지 않으려고 따로 수건에 매듭을 짓는 방식으로 이를 기록하는 경우가 있으니, 이것은 여전히 상고시대에 새끼줄을 가지고 기록하던 방식이 남아 있는 것이라 하겠다.

돌을 모아서 수를 세는 법칙에 대해 말하자면, 지금의 아프리카 흑인이 시장에서 거래를 하면서 은과 바꿔서 물건을 사는데 모두 작은 돌을 주워서 수를 계산함에 돌이 다섯 개가 되면 작은 돌 다섯 개를 모아 하나의 작은 무더기를 만들어서 옆에 두고 혼란함을 피한다.

태평양 군도의 원주민과 같은 이들은 흑인들이 하는 것과는 조금 달라서, 계산하여 10에 이르면 10개의 물건으로 무더기를 만드는 것이 아니라 나뭇가지 하나를 옆에 두고 기록하는데 그 수가 100에 이르면 큰 나뭇가지를 두어서 이를 분별한다.

이렇게 수를 기록하는 물건을 어떤 경우는 흙덩이로, 어떤 경우는 콩알로, 어떤 경우는 나뭇가지로 하는 것을 보면 대개 손쉽게 얻을 수 있는 것을 이용하며 정해진 방식에 구애받지 않는다. 그러므로 그 수에 원래 관계가 없고 그 비슷한 것을 하나로 하고 열 개로 하여 분별하는 데에 쓰는 것에 불과할 뿐이다

이런 식으로 숫자를 기록하는 흙덩이 등의 방식은 지금 영국 시골의 무지랭이들이 여전히 사용하는 것으로, 예전에 하던 것과 다르다고 하기에 부족하다. 그리스어에서 '산(算)'이라는 글자는 곧 흙덩이〔厚〕라는 글자를 따라서 얻게 된 것이다. 라틴어에서는 흙덩이를 '칼쿨루스(calculus)'라고 말하고, 또 계산이라는 말도 '칼쿨루스'라고 하니, 단지 라틴어 문장만이 아니라 그리스어도 같은 기원을 가진 것임을 알 수 있다. 또 지금 영어에서 계산을 칭하는 '캘큘레이트(calculate)'라는 말

또한 상고시대 산학의 유적임을 알 수 있다.

흙덩이의 쓰임이 점차 발전하여 체계를 갖추게 되면서 즉 제대로 된 모양을 갖춘 판을 사용하게 되었는데 이를 산반(算盤)이라고 했다. 옛날부터 산반을 제작하는 방법은 동일하지 않았다. 로마의 산반은 판에 구멍을 뚫고 그것을 나무로 막아서 만들었고, 동방국의 산반은 철선 위에 구슬을 꿰어 만들어서 그 움직임이 대단히 뛰어났다. 동방 사람 중 주산을 잘하는 사람은 신속하고 정확한 것이 서구 사람이 숫자를 적으면서 계산하는 것보다 훨씬 낫다. (미완)

잡조

통치의 목적물

회원 한광호(韓光鎬)

통치권은 국권으로 그 나라를 통치하는 주권이니, 제반 지휘 권력 위에 존재하는 최고의 독립된 것이며 또 영구 무한의 힘을 가진다. 한편에 권력자가 있으면 다른 한편에 권력이 미치는 목적물이 있는 것은 당연한 이치이다. 그러므로 통치권이 있음과 동시에 통치권이 미치는 목적물이 있을 것이니, 바로 국토와 신민이 통치권의 객체가 된다.

법리상의 문제로는 해석이 같지 않아서 어떤 이는 통치의 목적물이 인민이라고 말하고 어떤 이는 인민과 토지를 합병한 사회단체라고 말하며 어떤 이는 토지라고 말하여 여러 갈래의 의견이 존재한다. 이것을 연혁적으로 말해보면 곧 통치의 목적물은 국가 조직의 현상에 따라서 같지 않음을 통해 알 수 있다. 과거의 역사를 보면 일정한 토지를 국가 성립의 요소로 삼지 않았다. 어느 종족의 인민이 부락을 이루고 민족을 이루면 이를 통치하는 권력을 곧 주권이라 주장하였으니, 생각건대 인류의 집합이라는 관념에 불과했다. 이와 같은 이유로 당시 국가의 주권 개념에 국토는 그 요소가 되지 못하였고 그 인민만이 통치권의 목적물에 불과했다.

그러나 동서양을 막론하고 소위 봉건시대에 이르러서는 그 관념이 일변한다. 이 시대의 국가 관념에 영토라는 사상이 생겨나기 시작하여, 군주가 국가를 유지하는 것은 한 개인이 토지를 소유물로 보관하는 것과 흡사해서 통치권은 하나의 큰 소유권과 같고 군주는 큰 지주로 일정한 토지를 자기의 영토 삼아 점유하는 것을 통치권의 작동으로 생각하고 인민을 또한 그 부속물로 삼았다.

그런데 근세의 국가 관념은 이전 시대의 관념들을 점차 조화시켜서 국가라는 것을 일정한 토지와 일정한 인민에 근거해 성립하는 것이라고 하고, 국토는 주권의 영토이며 국민은 즉 주권의 신민이라고 하였다.

영토권은 일정한 토지 위에 다른 권력의 시행을 배척하며 자기의 통치권만을 시행하는 힘이니, 내부에 대해서는 모든 사적 권력의 행사를 일체 금지하고 주권을 최고의 권력으로 삼으며, 외부에 대해서는 그 국가의 판도 안에 외국 국권의 침입을 방어하여 자신의 국권만이 유일한 권력이 되게 한다. 그러므로 외국인이 우리나라의 판도 안에 들어올 때 우리 국권에 복종하지 않으면 안 되는 것은 이것이 바로 영토권의 작동이기 때문이다. 또 영토권은 사람에 대한 것이 아니라 일정한 토지에 대한 관계이므로 외국인이 한 발짝이라도 우리나라 판도의 바깥으로 나간다면 이에 대해서는 국권이 미치지 못하다.

무릇 한 나라의 범위는 그 나라 법률이 행해지는 구역을 드러내는 데 가장 필요한 표준이니, 근세의 법률 사상에서 법률이 미치는 범위는 속지주의(屬地主義)를 원칙으로 하되, 그저 편의상 하나의 예외로 속인주의(屬人主義)를 취할 뿐이다. 그러므로 법률에 특별한 예외 규정이 없는 이상 우리 한국의 법률은 우리 대한제국 안에서 행해지며 내외국인의 구별이 없이 모두 통할하니 이 또한 영토권의 작동인 것이다.

또 통치권의 목적물이 되는 신민은 신민이 되는 자격에 따라 절대적으로 무한히 주권에 복종하는 데 일정한 제한이 없으니, 이것은 신민에 대한 국가의 특별한 성질이다. 어떤 이는 이를 두고 인민에 대한 국가의 압제라고 말하는 경우가 있지만, 그러나 어떤 국체 어떤 정체든 이 원칙은 결단코 변동할 수 없는 것이다. 이 기초가 있기 때문에 헌법과 법률을 제정하여 인민 복종의 정도 및 분량을 정할 수 있다.

신민과 국권의 관계는 절대적 복종의 관계이니, 신민은 국권에 대해서 절대적으로 복종함으로 인해 국권의 보호를 받을 수 있고, 또 국권이 인민을 보호함으로 인해서 인민에게 권리가 생겨나는 것이다.

이로써 외국인이라도 그 나라의 판도 안에 있어서 보호를 받는 이상은 그 나라의 국권에 복종해야 한다. 그러나 외국인의 복종은 절대 무한이 아니요, 그 나라 국경 안에 들어온 조건으로 인하여 복종의 관계가 비로소 생겨나는 것이다. 또 외국인에 대한 국권의 관계는 영토권의 작용에서 벗어나지 않는다.

그런즉 국권은 무엇을 위하여 존재하며 인민은 무엇에 근거해 절대적으로 복종하는가. 그 목적과 정신의 여하를 밝히면, 신민은 자기의 안녕 행복을 완전하게 보호하고자 하는 데에서 연유한다. 구체적으로 말하자면 한 개인이 각자의 완력을 가지고 자기의 신체와 재산을 지키는 것보다 한층 최고의 권력에 의거하여 보호를 받는 것이 자기의 안녕 행복을 도리어 완전하게 지킬 수 있기 때문이다. 국가는 어째서 절대의 권력을 행하는가 하면, 결국은 신민을 보호하고 질서를 유지하기 위해서이다.

그러므로 최고의 권력과 절대적 복종이 있은 다음에 국가적 단체가 이루어질 수 있고, 국가의 단체가 생겨난 이후에 국민의 권력이 완전히 유지될 수 있다.

학생의 지원(志願)

회원 박경선(朴景善)

영국 학생 살득불제리(撒得弗第利) 씨[14]가 15살 때에 전차로(電車路)의 전신암호를 만들어냈다. 영국의 전기공사에서 매년 봉급으로 미화 1만 8천 원(元)을 지불하고 서로 돕기를 바랐지만, 살득블제리 군은 학업을 아직 마치지 않았다고 하여 이를 사양하고 거절했다고 한다. 자그마한 이익을 탐하여 학업을 중도에 그만두는 자들이 넘치도록 많은데, 지금 살득불제리 군의 일을 들으니 그 풍모와 사상을 상상하건대 봉황이 천 길을 나는 모양이라 할 만할 것이다. 학생의 지원(志願)이 본래 이러해야 마땅하지 않을까.

시간의 귀중함

무릇 대단히 빠르면서 쉬지 않는 것이 시간이요, 한번 가버리면 돌아오지 않는 것이 시간이다. 사람이 청년 시대에 운명을 깨우치지 못한다면 기회가 이미 지나가버려 마치 식어버린 철을 두들겨도 소용없는 것과 마찬가지여서 구하는 바가 있어 열심히 공부해도 그것을 얻기가 대단히 어렵다. 그러므로 개미가 굴을 파는 것과 벌이 꿀을 만드는 일은 그 근면과 노고로 인하여 이루어지는 것이요, 산의 물방울이 돌을 뚫어버리고 미약한 바람이 구리를 갈아내는 것은 끊임없기 때문에 이루어지는 것이다. 가장 두려워해야 할 것도 시간이요 가장 신중하게 다루어야 할 것도 시간이니, 이에 주의하여 시간을 이용하는 일이 가장 중요하다. 예나 지금이나 시간을 이용해서 위대한 사업을 이룬 사람들이 모두 그

14 살득불제리(撒得弗第利) 씨 : 미상이다.

러했으니, 어찌 이를 소홀히 할 수 있겠는가. 사람의 제일가는 원수이자 적은 바로 나태인 것이다. '나태' 두 글자는 능력이 커서 사람의 정력을 어지럽혀 빼앗고 원기를 소모시키며 품행을 추락시키니 반드시 경계해야 할 것이다. 세월은 흐르는 물과 같고 시간은 날아가는 화살과 같아서, 흰 말이 한 번 지나가면 제아무리 빠른 사마(駟馬)로도 따라잡을 수 없는 것이다. 어언간 청년의 귀밑에 털이 났는데 저 나태란 것이 또한 어정거리며 틈을 타서 시간을 소모하니, 이것이 바로 우리가 맹렬히 반성해야 할 바이다.

양력(陽曆)은 구력(舊曆)이다

> 지나(支那) 신문을 보니, 양력 기년(紀年)의 문제에 대해 다룬 논설이 아래와 같다.

요사이 중국에 큰 문제가 있으니, 양력의 기년으로 고쳐 쓰는 데 대한 것이다. 이것은 옛사람을 놀라게 하고 지금 사람을 소란스럽게 하는 이상한 이야기로, 평범한 유생의 말문을 필시 막을 만한 것이라 하겠다. 중국이 정삭(正朔)의 의례를 받듦으로써 전제 독재의 미사(美事)를 이루었는데, 지금 교통하는 데 불편하고 시간을 헤아리는 데 차이가 많으며 또 서양에서 돈을 빌리는 등의 일에 종종 혼란이 생겨서 들쑥날쑥하고 차출·차입에도 매우 차이가 있다고 하다. 또 중국과 서양의 달력이 같지 않아서 시간과 날짜에 착오가 있기 때문에 혼란이 생기는데 그 요령을 얻지 못하고 있다고 한다.

이로부터 여러 가지 곤란한 사정이 생겨나 양력으로 고쳐 쓰자는 주장이 있는 것이다. 야오어사(姚御史)[15]가 마침내 이에 대해 거리낌 없이 아뢰어 올리고 정부 역시 아래 사람들의 의견을 모았으니, 그 이후의 결과는 내가 감히 확언할 수 없으나 그 모양을 어림잡아 보면, 일 년을 기다리면 바뀌어 갈 것이고 십 년 백 년을 기다리면 또한 바뀌어 갈 것이다. 대세가 나아가는 것은 어쩔 수 없어 그 기세는 반드시 바뀌는 것으로 귀일한다. 이것은 소위 시국이 그러한 것이며, 인력으로 강제할 수 있는 것이 아니다. 그렇지만 내가 시험 삼아 생각해보건대 양력이라는 것은 우리 중국의 구력(舊曆)으로, 유사 이래 우리 중국이 5천 년 전에 역법을 가장 먼저 만들었으니 오늘날 서양 사람들이 사용하는 양력의 법 또한 우리 아시아로부터 처음 시행한 첫 번째의 구력인 것이다.

『사서(史書)』에서 이르길, 태호복희씨(太昊伏羲氏)가 갑력(甲曆)을 제작하여 윤달을 두지 않고 삼백육십의 밤낮으로 한 해를 세었다 하였으니, 곧 양력의 효시이다. 황제헌원씨(黃帝軒轅氏)에 이르러 대요(大撓)에게 명령하시어 북두칠성의 자루[斗柄]를 점쳐서 갑자(甲子)를 제작하게 하였다. 개천(蓋天)-즉 혼천의(渾天儀)-과 조력(調曆)을 만들 때 갑인(甲寅)으로 한 해를 기록하고 갑자(甲子)로 날짜를 기록하게 하며, 처음으로 기유(己酉)를 기준으로 나누어 초하루를 삼게 하여 예측한 날을 역법으로 추산해서 16신력(神曆)을 만들고 여분의 날을 누적하여 윤달을 두었으니, 이것이 음력으로 고쳐 쓰는 발단이 되었다. 이후 2백 년을 지나 전욱(顓頊) 고양제(高陽帝)-황제의 손자이다-에 이르러 처음으로 음력 정월을 한 해의 시작으로 삼았다-『진서(晋書)』에서 이 책력을 으뜸으로 받든다-.

요임금 때에 이르면 다시 희중(羲中)에게 명하여 우이(嵎夷)-즉 지금의 조선-에 거하게 하였고, 희숙(羲叔)은 남교(南交)-즉 지금의 교지(交趾)-에, 화중(和仲)은 서쪽-지리지에서는 사막지대의 서쪽, 지금의 소아시아에 있는 곳으로 해석한다-에, 화숙(和叔)은 삭방(朔方)-지리지에서는 지금의 고비 사막 북쪽, 지금의 북빙양(北

15 야오어사(姚御史) : 야오(姚)는 성씨, 어사(御史)는 관명인데 해당 인물이 누구인지는 확인하지 못했다.

氷洋) 지대에 있는 곳으로 해석한다-에 거하게 하였으니, 요임금 시대의 판도가 실로 중국이 가장 팽창했던 시대이다. 이후로는 생각건대 원나라 하나만이 여기에 그런대로 견주어 비할 만하다.

이로부터 정력(正曆)의 수를 고려하되 갑신(甲辰)년부터 출발하여 1년마다 한 해가 다 이뤄졌음을 알리고 을(乙)·사(巳)가 들어가는 두 해에는 윤달을 배치하게 하였다. 내 생각으로는 요임금 때에 교통의 편리를 위한 방법이 있어야 했던 까닭에 역법을 통일하자는 논의가 있었던 것이니, 마치 지금 양력으로 개정하려는 것과 같았을 것이다. 이리하여 희화(羲和)에게 명하여 바꾸라고 하였는데, 그렇지 않으면 희화가 조사한 공이 이보다 신속할 수가 없었을 것이요, 황제 시대에 이미 여분으로 윤달을 두는 법이 있었으니 요임금 시대에 다시 윤달을 두는 법이 필요 없었다. 그러나 요임금이 이 때문에 "매해 11월 갑자(甲子) 초하루 즉, 동지(冬至)를 역원(歷元)으로 삼았다."[16]고 한 것이다. 이는 매년 건자(建子)[17]를 정월로 삼은 것이니, 중국이 양력의 조금 변형된 것을 고쳐 사용한 것이다. 이어 순(舜)임금 시대에 이르러 선기옥형(璇璣玉衡)[18]을 살펴 칠정(七政)을 가지런히 하시니, 후세에 음력의 표준이 되었으나 여전히 요임금 때의 역법을 고치지 못하였다. 우(禹)임금이 제위에 오르시어 국호를 하(夏)라 고치시고 다시 인월(寅月)을 세워 한 해의 시작으로 삼았고, 공자께서 다시 하(夏)나라의 역법을 행하라고 말씀하시니, 이후로 결국 아주 오랫동안 바뀌지 않는 가르침이 되었다. 공자 이전에 상(商)나라는 건축(建丑)하였고 주(周)나라는 건자(建子)하였으니 여러

---

16 매해……삼았다 : 『맹자(孟子)』「이루(離婁)」에 "상고(上古) 시대에 11월 갑자(甲子) 초하루〔朔〕 야반(夜半) 즉, 동지(冬至)로 역원(歷元)을 삼았다."고 하였다.

17 건자(建子) : 북두칠성의 자루가 자(子)의 방향을 가리키는 것으로, 음력 11월을 말한다.

18 선기옥형(璇璣玉衡) : 북두칠성을 뜻하기도 하고 혼천의(渾天儀)를 뜻하기도 한다.

나라 각국이 분봉(分封)하면서 각기 기원을 춘추의 전례처럼 하고, 한(漢)나라 때까지 여전히 이렇게 행하였다. 공자의 후세에 다소 변경한 바 있으니, 진(秦) 영정(嬴政)의 건해(建亥)와 이자성(李自成)의 건해(建亥) 등은 다 무도함으로 지목된 것이다.[19] 그 후에 행해진 것이 이미 오래되어 사람들이 점점 편리하게 사용하니 결국 제왕을 기원으로 하는 개력(改曆)을 감히 행하지 못하였다. 본조(本朝)가 각국과 통상을 하면서 일천 몇 백 몇 년이라 하는 것을 보고는 모두 과장이라 하였고, 『영환지략(瀛環志略)』과 『해국도지(海國圖志)』도 모두 세상 사람들의 비웃음을 사는 것을 면하지 못하였는데, 이때에도 여전히 서력(西曆)이 예수 기원임을 알지 못하였다.

그런데 생각해보면 서양 사람들이 양력 기원으로 개정한 것 또한 옛날의 통일된 제도는 아니었다. 바빌론 기원은 지금 서력기원 전 753년에 있었고, 그리스는 집정관 혹은 대제사장이 재위하는 해를 기원으로 삼았으며, 이슬람교에서는 무하마드가 피난한 해를 기원으로 삼았고, 유대인은 구약 창세기의 기록에 나오는 세계 개벽일로 기원을 삼았으니 지금의 서력기원 전 3761년이다. 예수교는 예수가 피를 흘린 해를 기원으로 삼았다가 6세기에 이르러 로마교도가 다시 왕성하게 의논하여 예수 탄생을 기원으로 고쳐서 사용하면서 이후로 서양 기년(紀年)의 부호가 마침내 한 가지 좋은 제도로 확정되었다. 이것은 번잡함으로부터 간편함으로 옮겨간 것이요 분요(紛擾)를 기피하고 통일을 누리는 것이다. 또 이 부호의 법제가 본디 사람들이 반드시 다툼을 벌이는 경전과 무관하므로, 중국이 정삭(正朔)을 받들어서 제왕의 표지로 삼는 말과도 다르다. 그러므로 지금 행해지는 것은 구미에 두루 상용되는 데 문제될 것이

19 공자 이전에……지목된 것이다 : 건축(建丑)은 음력 12월을, 건자(建子)는 음력 11월을, 건해(建亥)는 음력 10월을 정월로 삼는 것을 말한다.

없다. 오직 러시아가 약간 달라서 홀로 자기 기원을 사용하고 이 역법을 사용하지 않아 서력과 약간의 차이가 있다. 이것이 서양 사람들의 양력 기원에 대한 대강의 정형(情形)이다.

중국이 근래 들어 변법의 논의가 일어나면서부터 『강학보(强學報)』[20]는 교주를 존숭하여 먼저 공자를 기원으로 삼으니, 마침내 헌정당(憲政黨)-보황당(保皇黨)이 최근 헌정당으로 개칭-과 혁명당(革命黨)을 가르는 기호가 되었다. 혁명당은 스스로 황종한족(黃種漢族)으로 여기는 까닭에 황제(黃帝)를 존숭하여 황제를 기원으로 삼고 태호복희(太昊伏羲) 이하의 십오제-대략 1260년-, 신농(神農) 이하 팔제-대략 520년-는 모두 황종의 사람이 아니라고 하니, 이 또한 어떤 소견을 말하는 것인지 알 수가 없다.

요사이 국가가 주로 양력으로 고치는데 또 공자를 존숭하며 태사(太師)[21]로 승격시키라 하신 유지(諭旨)가 있었으니, 그 대강은 공자를 기원으로 삼자는 것이다. 그런데 공자는 우리 중국의 공전절후이신 대철인(大哲人)으로 내가 감히 세상의 교주들과 비교하여 공자를 욕보일 수는 없다. 다만 그 이론이 삼천 년이 되었음에도 여전히 그 범위를 완전히 벗어나지 못한 것을 보면 곧 우리 중국의 가장 뛰어난 분임을 알 수 있다. 기원으로 삼아도 지나칠 것이 거의 없지만, 그러나 중국이 보황당에 물어야 할 죄가 혁명당에 비하여 대단히 심하니, 과연 조금의 혐의라도 풀고 그 장점을 채용할 수 있을지 기약할 수 없다. 만일 그렇게 하지 않는다면 복희씨를 양력의 해를 세는 기원으로 삼아서 쓸 수 있을까.

그러나 복희씨는 제왕의 줄기니, 홀연히 로마교도가 6세기 중에 번창하여 고쳐 쓴 기원을 본조(本朝)는 원래부터 가지고 있었던 것이요, 만

---

20 강학보(講學報) : 1896년 1월 상하이에서 캉유웨이(康有爲)가 창간한 잡지이다.

21 태사(太師) : 원문에는 '太記'로 되어 있다. 오기로 판단되어 문맥에 맞는 벼슬이름인 '태사'로 번역하였다.

주는 또한 같은 주인을 섬기는 아시아이며 같은 무리의 황족(黃族)으로 같은 하후씨(夏后氏)와 전순유(田淳維)의 후예가 되니, 복희씨를 존숭하는 것은 또한 그 조상을 존숭하는 것이라 할 수도 있다. 그러나 시간이 지나면서 점차 멀어지고 이후에 다시 배만당(排滿黨)의 행위와 비슷해지니, 마침내 제왕의 줄기를 벗어나서 공자를 기원으로 삼는 것이 타당하지 못하게 생각되는 것이다. 나는 여러 가지 논의거리를 늘어놓고는 채택을 준비하니, 세상의 논자들께서는 부디 습견(習見)으로 나무라지 마실지어다.

원래 더욱 앞으로 나아가려면 새로운 기원은 역시 기념할 만한 명사여야 할 것이다. 만일 전대(前代)의 심원한 명인(名人)을 취하지 않을 바에야 차라리 옛것을 고쳐 새로운 것을 취하는 게 낫다. 우리 중국이 아직 입헌의 성거(盛擧)를 이루지 못하였으니, 진실로 밖으로는 열국의 대세를 살펴보고, 안으로는 국민이 함께 한뜻으로 뭉쳐 입헌을 실행하여 우리 광서제(光緖帝)를 실로 중국 인류의 신기원의 첫 번째 인물로 삼아야 한다. 중국이 광서제를 받들어 양력의 신기원으로 바꾸는 것을 진(晋)나라 사람이 역종(曆宗)[22]의 고사를 받든 것처럼 하여, 금년 33년부터 만만년(萬萬年)에 파급하게 하고 또 숭덕(崇德)에 절실히 보답하는 큰 기념으로 삼아야 할 것이니, 생각건대 우리 종족 가운데 충군애국하는 자는 반드시 이 말을 무시하지는 않을 것이다.

---

22 역종(曆宗) : 『산당고색(山堂考索)』에 "전욱(顓頊)으로부터는 남정(南正) 중(重)에게 하늘을 맡기고, 북정(北正) 여(黎)에게 땅을 맡기고, 맹춘(孟春)을 역원(曆元)으로 삼았으니, 이것이 역종(曆宗)이 된다[顓帝則南正重司天, 北正黎司地, 建孟春以爲元, 是爲曆宗]." 하였다.

인내하는 것이 사업의 근원

회원 박성흠(朴聖欽)

사람에게는 실망에 저항하는 정신이 없을 수 없으니, 백번 패배하여도 그만두지 않는 의지와 기개가 있은 후에 그 뜻을 이룰 수 있다.

한 방울의 샘물이 쉬지 않고 영구히 계속되면 단단한 돌이라도 뚫을 수 있으니,

포부를 가지고 나아가는 데 있어 곤란함이 있다 해도 멈추지 않고 힘쓰고 장려하면 할수록 이루지 못할 일이 없다.

어떠한 곤란함이 있다고 해도 그 몸을 굽히지 않고, 그 눈을 감지 않으며, 그 사상을 의심하지 않는 자가 반드시 승리를 얻을 것이니,

승리라는 것은 반드시 인내한 이후에 얻을 수 있으므로 승리는 인내의 손아귀 안에 있는 것이다.

무릇 고상한 일은 그것을 시작할 때에 어렵지 않은 일이 없으니,

기이한 것을 보고 옮기거나 풍문을 듣고 휩쓸리는 것은 마치 수은의 성질과 같아서 가슴 속에 오래되고 단단한 기초가 없다면 어떤 일이든지 결코 이룰 수 없을 것이다.

인내라는 것은 온갖 일과 이치로 말미암은 것이다. 증기기계도 이로 인하여 나오고 방적기계도 이로 인하여 나오고 전선 전화도 이로 인하여 나온 것인즉 무릇 우주의 원리와 법칙을 엿보고 밝히려는 자가 인내하지 않았다면 어찌 일을 이루었겠는가.

스페인 알람브라 궁전의 문으로 나귀를 타고 나온 사람을 어찌 알지 못하는가. 그 사람이 바로 콜럼버스이다. 어렸을 때부터 세계가 둥글다는 생각을 깨달았으니, 후일에 해상 4백 리 위에서 이상하게 조각된 목재를 얻고 또 포르투갈의 해안에서 다른 인종의 시체를 발견하여 이로부터 서반구(西半球) 안에 대륙이 반드시 있으리라는 것을 점점 믿게

되었다. 그리고 크게 발원해 스스로 탐색하고 살피고자 사람들에게 도움을 구하였는데 그의 어리석음을 비웃지 않은 이가 없었다. 빈곤하고 무료한 지경에서 지도를 그려 가며 생계를 이었지만, 여전히 집념을 가지고 맹세하기를 그치지 않아 결국 아내마저 버리고 일을 다시 도모하니 친구들도 그를 보고 미쳤다고 하였다. 마침 스페인 국왕이 그의 이야기를 믿고는 나라 안에 사람들을 모아 이에 관해 의논하자, 모두들 입을 모아 현혹하는 것이라 비난하며 반대하여 한 사람도 찬성하는 자가 없었다. 다만 스페인 국왕이 자못 그의 이야기를 믿어 도움을 받는데 성공을 거두었다. 그 후 나귀를 타고서 알람브라 궁전의 문으로 나온 것이다.

콜럼버스가 이를 실행해 탐험대가 그를 따라 곤란을 겪게 되었다. 선원들은 더 이상 가고 싶지 않았지만 콜럼버스는 고집을 피우고 그들의 말을 듣지 않았다. 마침내 선원들이 그를 죽이고 고향으로 돌아가고자 했는데 콜럼버스가 백방으로 그들을 달랬다. 그리고 출발한 후 2천 3백 해리(海里)를 지나면서 물 위를 떠다니는 과일과 배 주위를 나는 새를 보았고 또 기이한 모양의 조각을 습득했다. 콜럼버스가 크게 기뻐하며 그 대륙에 가까워졌음을 알게 되었다. 결국 1492년 10월 12일에 신세계인 아메리카 대륙을 찾아낼 수 있었다.

구르는 돌에는 이끼가 끼지 않고 변천하는 사람은 성공하지 않을 수 없다. 그러므로 이르길 "무릇 호걸의 위업은 단번에 이루어지지 않고 고난의 극복을 수차례 거친 이후에야 이룰 수 있으니 남의 도움 없이 어찌 비상할 수 있으리오. 다만 고난을 극복하며 한 걸음, 한 계단씩 나아가면 자연히 구름 위에 우뚝 솟을 날이 있을 것이다."라 하는 것이니,

이에 근거해보건대 사업의 근원이 인내에 있다고 함이 옳은가 옳지 않은가. 일본인이 실망에 저항하는 정신이라는 제목을 달아 논하여 이르길,

"말하기는 매우 쉽지만 행동하기는 매우 어려운 것이 있으니 바로 인고(忍苦)가 그것이다." 하였다.

고통의 압박에 접하여 우리 마음속에 가장 먼저 발동하는 것이 반동심이니, 즉 이른바 저항적 정신이다.

인고는 결코 희망이 없는 것이 아니라 큰 희망이 있는 것이니, 희망이 있기 때문에 인고가 있는 것이다.

인고는 하늘의 뜻을 받들어서 행하는 것이다. 사람은 믿음도 있고 희망도 있기 때문에 어려움을 인내하는데, 많은 사람들이 믿고 희망하는 바가 바로 하늘이고 신이며 미래이고 장래라고 칭하는 것이다.

인고는 인생의 가장 큰 덕행을 이르는 말이니, 이보다 뛰어난 덕은 없으며 이보다 위대한 힘은 없다.

고통을 만나서 울지 않는 자, 호소하지 않는 자, 탄성을 뱉지 않는 자, 격분하지 않는 자, 이런 사람을 어디에서 만날 수 있으리오.

사람이 세상에 처하여 인고하지 못한다면 그 생명은 거의 쓸모가 없는 것이니, 다만 불평만을 품고 우는 소리만 내는 자의 생명이 세상에서 어떤 도움이 되리오. -말은 여기서 끝난다-

보통 사람들이 진흙탕 속을 구르면서도 고상한 감정을 홀로 품는다면 세상이 혹 오해하고 멸시도 하며 배척도 하여 저 애쓰고 인내하는 미덕을 누가 알아주겠냐만, 어느 날에 이르러 그 역량을 떨치게 되면 돌연 빛을 발하여 사회의 영광이 되는 것이다.

우리 한국이 지금 곤란한 상황 속에 있어 학문을 하든지 사업을 하든지 도처에서 곤란한 지경을 접하는데, 오직 그 마음과 힘을 다하고 그 정신을 떨쳐서 밤낮으로 연구하여 그 목적을 관철한 후에야 곤경이 끝날 것이니 인내하는 자가 사업을 이룬다고 할 것이다.

탐라국(耽羅國)

탐라국은 지금의 제주(濟州)이다. 남해(南海) 중에 있고 지역이 4백여 리다. 태초에 인물이 없었을 때 세 신인(神人)이 땅에서 솟아났으니-한라산(漢拏山)에 분화구가 있는데 '모흥혈(毛興穴)'이라 한다.- 첫째는 양을나(良乙那)요, 둘째는 고을나(高乙那)요, 셋째는 부을나(夫乙那)였다. 세 신인이 해변에서 사냥할 때 자줏빛 진흙으로 봉한 나무상자가 일본국에서 떠밀려 왔는데 그 속에 돌상자가 들어 있었다. 상자를 열어보니 푸른 옷을 입은 처녀 3명, 망아지, 송아지, 오곡의 종자 등이 들어 있었다. 마침내 그들은 처녀 3명을 나누어 아내로 맞고 오곡을 파종하며 소와 말을 사육하였다. 양을나는 제1도읍에 거처하고 고을나는 제2도읍에 거처하고 부을나는 제3도읍에 거처하였다. 세 신인이 세 도읍을 나누어 점거할 때 북두의 형상을 본떠서 대를 쌓고 터전을 삼아 칠성도(七星圖)라고 명명하였다.

고을나의 15대손 고후(高厚)와 고청(高清)이 신라에 와서 조회하였다. 당시 객성(客星)이 나타난 지 얼마 지나지 않아 고후 등이 온 것이라 신라왕이 기뻐하여 그에게 성주(星主)라는 칭호를 내렸다. 그 나라를 탐라라고 명명하였는데 이는 고후 등이 신라에 올 때 탐진(耽津)에 처음 정박했기 때문이다. 먼저 백제에 속하고 뒤에 신라에 속하였다. 고려 충렬왕 대에 이르러 원나라에 속하여 만호(萬戶)와 목장(牧場)이 설치되었다가 원나라가 망하자 다시 고려에 소속되었다. 그리고 마침내 성주라는 칭호를 폐지하고 제주군을 설치하였다.

김유신전(金庾信傳) (속)

회원 박은식(朴殷植)

13년 9월에 왕이 김유신을 상장군(上將軍)에 임명하여 백제의 일곱 성을 공략하게 하여 크게 이겼다. 얼마 지나지 않아 백제의 대군이 매리포성(買利浦城)을 공격하니 왕이 유신에게 명하여 대항하게 하였다. 유신이 어명을 받자 곧 출발하여 처자식을 돌보지 않고 백제군을 역공하여 패퇴시키고 2천 명의 수급(首級)을 베었다. 3월에 왕궁에 결과를 보고하고 귀가하기 전에, 첩자가 급히 고하기를 "백제군이 국경을 나서서 주둔하고 있으니 장차 대거 와서 침략할 것입니다." 하니, 왕이 다시 유신에게 명하기를 "청컨대 공은 노고를 꺼리지 말고 속히 떠나서 그들이 당도하기 전에 진영을 갖춰라." 하였다. 유신이 또 집에 들어가지 못하고 군사를 정비하여 서쪽으로 떠나는데, 당시 유신의 집 사람들 모두 문밖에 나와서 그가 오기를 기다렸다. 유신이 집 대문을 지나쳐 원치 않게 50보가량 더 가서 말을 잠시 세우고 하인에게 명하여 집에서 장수(漿水)를 가져오도록 하여 마시고 말하기를 "우리 집 장맛이 옛 그대로다." 하였다. 이에 군졸이 다 말하기를 "대장군도 이와 같은데, 우리가 어찌 골육과의 이별을 한탄할 수 있겠는가." 하였다. 국경에 당도하자 백제인이 신라군의 위세가 몹시 엄정함을 바라보고는 달아났다. 대왕이 이 소식을 듣자 몹시 기뻐하여 작위와 포상을 더하였다.

16년에 진덕왕(眞德王)이 선덕왕(善德王)을 이어 즉위하자 대신인 비담(毗曇)과 염종(廉宗) 등이 말하기를 "여왕은 나라를 잘 다스릴 수 없다."고 하고는 여왕을 폐위하려고 군사를 일으켜 명활성(明活城)에 주둔하니 왕의 군사는 월성(月城)에 주둔하였다. 열흘이나 공방전을 펼쳤으나 결판이 나지 않았는데 밤에 큰 별이 월성에 떨어졌다. 이에 비담 등이 병사들에게 말하기를 "내 들으니 별이 떨어진 자리에 반드시 피가 흐른다고 하였다. 이는 여왕이 대패할 징조다." 하니 병사들의 함성이 땅을 울렸다. 대왕이 이 소리를 듣고 두려워하며 평정심을 잃으니, 유신이 왕을 알현하여 말하기를 "길흉이란 일정하지 않으니 사람이 일으키는 것입니다. 덕망은 요사함을 이기나니 변고는 두려워할 것이 못 됩니다. 왕은 심려하지 마소서." 하고는 허수아비를 만들어 불을 붙이고 연에 실어 날렸는데, 마치 떨어진 별이 다시 하늘로 올라가는 것처럼 보였다. 다음날 사람을 시켜 거리에 소문을 내기를 "어젯밤에 떨어진 별이 다시 하늘로 올라갔다." 하여 적군을 의심하게 하였다. 그리고 백마를 잡아 별이 떨어진 곳에서 제사를 지내고 축원하기를 "하늘의 도는 양이 강하고 음이 약한 것이고, 사람의 도는 군주가 높고 신하가 낮은 것이니, 혹시라도 순서가 바뀌면 큰 난리가 납니다. 지금 비담 등이 신하의 신분으로 군주를 도모하고 아랫사람으로 윗사람을 범하니, 이 이른바 난신적자(亂臣賊子)는 사람과 귀신 모두 싫어하는 것이고 하늘과 땅이 용납하지 않는 일입니다. 하늘의 위세와 사람의 소망에 따라 선을 선으로 대하고 악을 악으로 대하여, 신의 수치가 될 일을 하지 마소서." 하고는 여러 장수를 독려하여 용감히 싸우니 비담 등이 패하여 달아났다. 추격하여 수급을 베었다.

겨울 10월에 백제군이 와서 무산성(茂山城), 감물성(甘勿城), 동잠성(桐岑城) 세 성을 포위하였다. 왕이 유신으로 하여금 보병과 기병 1만을 이끌어 대항하게 하였는데 악전고투하여 기력이 다하였다. 유신이 비녕자(丕寧子)에게 말하기를 "오늘 일이 다급하니, 자네가 아니면 누가 군사들의 전의를 격동시킬 수 있겠는가." 하니, 비녕자가 절하며 말하기를 "어찌 감히 명을 따르지 않을 수 있겠습니까." 하고는 마침내 적진에 나아갔다. 그의 아들 거진(擧眞)과 노비 합절(合節)이 그 뒤를 따랐는데, 창검을 부딪치며 힘써 싸우다 전사하였다. 군사들이 이를 바라보고 분발하여 앞다투어 싸워서 적군을 크게 격파하고 3천여 명의 수급을 베었다.

진덕왕 대화(大和) 원년에 춘추 공이 고구려에 원군을 청하지 못한 까닭에 마침내 당(唐)나라에 들어가 원군을 청하였다. 당 태종(太宗)이 묻기를 "신라의 유신이란 자의 명성을 들었는데 그 사람됨이 어떠하오." 하자, 춘추 공이 답하기를 "유신이 아무리 재능과 지혜가 있어도 대국의 위세에 의지하지 않으면 어찌 쉬이 이웃나라의 우환을 없앨 수 있겠습니까." 하니 당 태종이 말하기를 "신라는 참으로 군자의 나라로다." 하고, 장군 소정방(蘇定方)에게 명하여 군사 2십만으로 백제를 정벌하게 하였다.

당시 유신이 압량주(押梁州) 군주가 되어 군사에 뜻이 없고 열흘이나 음주가무를 누차 벌이니, 압량주 사람들이 비난하기를 "사람들이 편안히 지낸 지 오래되어 힘이 넉넉하니 한번 싸워볼 만하다. 그런데 장군이 나태하니 어쩌겠는가." 하였다. 유신이 이를 듣고 백성을 부릴 수 있음을 깨닫고는 왕에게 청하기를 "지금 민심을 보니 거사를 일으킬 수 있습니다. 청컨대 백제를 정벌하여 대량주(大梁州)의 전투에 보복하려 합니다." 하였다. 왕이 말하기를 "적은 군사로 많은 군사를 대적하니 그 위기를 어찌하오." 하자, 유신이 답하기를 "전쟁의 승패는 군사의 수가 아니라 인심의 여부에 달려 있습니다. 그러므로 상(商)나라 주왕(紂王)이 수많은 무리를 거느렸지만 마음이 떠나고 덕이 떠나서 주(周)나라 왕실의 어진 신하 10명이 마음을 합치고 덕을 합친 것만 못한 것이었습니다. 지금 우리가 한뜻이 되어 생사를 함께할 수 있으니 저 백제도 두려울 것이 못됩니다." 하니, 왕이 허락하였다. 마침내 압량주의 군사를 선발하여 훈련시켜 대량성(大梁城) 아래에 당도하니, 백제가 역습으로 대항하였다. 거짓으로 패하여 이기지 못하는 척하여 옥문곡(玉門谷)에 당도

하니 백제가 업신여겨 크게 군사를 거느리고 왔다. 이때 신라의 복병이 일어나 전후를 공격해 크게 격파하니 백제 장수 8인을 생포하고 1천 명의 수급을 베어 얻었다. 사신을 보내 백제에 전하기를 "우리의 군주인 품석(品釋)과 그의 처 김씨의 유골이 너희 나라 옥중에 묻혀 있고, 지금 너희 나라 장수 8인이 나에게 사로잡혀 엎드려 명을 청하고 있다. 지금 너희 나라가 죽은 2인의 유골을 보내 살아 있는 8인과 교환하는 것이 좋지 않겠는가." 하였다. 백제의 중상좌평(仲常佐平)이 왕에게 말하기를 "신라인의 유골은 남겨봤자 이득이 없으니 보내도 됩니다. 만약 신라인이 신의가 없어 우리 장수 8인을 돌려주지 않는다면 잘못은 저쪽에 있고 바름은 우리에게 있으니 무슨 근심이 있겠습니까." 하고는 품석 부부의 유골을 수습하여 관에 넣어 보내주었다. 유신이 말하기를 "잎 하나 더 떨어진다고 해서 무성한 숲이 손상되지 않으며, 티끌 하나 더 모인다고 해서 큰 산이 커지지는 않는다." 하고는 8인의 생환을 허락하였다. 마침내 승세를 타서 열두 성을 공략하여 2만여 명의 수급을 베고 9천 인을 생포하니 그 공으로 인해 이찬(伊湌)으로 증질(增秩)되었다. 유신은 상주 행군대총관(上州行軍大摠官)이 되어 다시 적국의 국경으로 쳐들어가 아홉 성을 공략하고 9천 여 명의 수급을 베고 6백 인을 생포하였다. 춘추 공이 당나라에서 귀국하여 유신을 만나 말하기를 "생사는 천명에 달려 있소. 그렇기에 살아 돌아와서 다시 공을 만날 수 있으니 얼마나 다행인지요." 하니, 유신이 대답하기를 "제가 나라에 의지하고 영령에 힘입으니 다시 백제와 크게 싸워서 이십여 성을 공략하고 3만여 명의 수급을 베었으며 품석공과 그 부인의 유골을 고향으로 돌아올 수 있게 하였습니다. 이는 전부 천행이 그리 한 것이지 제가 무슨 힘이 있겠습니까." 하였다. (미완)

사조

기운각(綺雲閣)[23] 주인을 추억하며 漢

소송(小宋)

마음 흔들린 지 오래라 이미 선가를 떠나고	心猿久已逃禪寂
다시 열 길 마귀 같은 정념에 얽매이네	又着情絲十丈魔
비 오는 아시아, 구름 낀 유럽을 홀로 다닐 때	亞雨歐雲獨來往
언 하늘 눈 덮인 땅에도 풍파 일었지	氷天雪地亦風波
아득히 신선 구하는 이를 늘 따른다고	每從縹緲求仙子
굳이 몸가짐이 대형〔大哥〕 같을 필요는 없겠네	未必儀容似大哥
이처럼 얽힌 마음 벗어나기 어려운데	如此纏綿難解脫
언제 다시 천녀(天女)가 유마힐(維摩詰)과 짝하리	幾時天女伴維摩
인재들 대강 보자 기북(冀北)이 텅 비었는데	睥睨羣才冀北空
미인의 풍취가 자연히 영롱하구나	美人風調自玲瓏
산마다 모두 회심(回心)의 역을 두고	山山盡置回心驛
숨결마다 진실로 통로 하나에 기대었네	息息眞憑一線通
조가(朝歌)에 당도하기 전에 잠깐 쉬고	未到朝歌先稅駕
야연(夜宴)을 열 때마다 활 당겼지	每開夜宴引雕弓
가서(哥舒)는 임조(臨洮)의 물가에서 말 키우며	哥舒牧馬臨洮水
찬 서리 밟는 소리 북두성 아래서 들었지	聽履寒霜北斗中

23 기운각(綺雲閣) : 1919년 탄생한 대한민국의 임시정부가 있던 건물은 상하이 '영안공사'란 회사 소유건물이었다. 최초의 백화점이었던 이 건물의 옥상에 독특한 3층짜기 석조 누각이 있는데, 이 누각이 바로 '기운각(綺雲閣)', 즉 '비단 구름의 누각'이다.

천산(天山)이 하늘을 남북으로 가르되	天山隔絶天南北
떠나는 이 막지 않으니 꿈에나 혼령과 함께하지	不隔行人夢與魂
노자, 부처와 함께 금세계 노니니	老佛同遊金世界
누가 비노(飛奴)[24] 시켜 옥곤륜(玉崑崙)[25]을 보내었나	飛奴誰遣玉崑崙
누각에 살던 제비는 소식 없는데	樓中燕子無消息
부채 밑의 복사꽃엔 눈물 자국 남아 있네	扇底桃花有淚痕
순간의 기쁨도 무한히 좋으니	片刻懽娛無限好
하늘땅이 장구하더라도 지금이 은혜롭도다	天長地久此時恩

음산한 산은 지나가는 비구름도 허용치 않으니	陰山不許行雲雨
갠 하늘의 눈덩이는 한 해 끝에 끊어진 실마냥 하얗게 쌓이네	晴雪終年積斷絲
강물은 만 리를 왔어도 바다로 가기 급한데	萬里河流歸海急
하늘엔 기러기 날아도 편지 옴이 더디구나	一天鴻雁寄書遲
잔을 들어 길손에게 포도주 권하니	停盃客勸葡萄酒
말 매는 이는 양류지(楊柳枝)[26] 부르네	繫馬人歌楊柳枝
국경 밖 출정하는 님께 드릴 것 없으니	塞外征夫無所贈
님 때문에 눈물 나서 연지를 감춘다오	爲君和淚蓄臙脂

---

24 비노(飛奴) : 당나라 장구령(張九齡)이 어릴 때 집에 많은 비둘기를 길러 두고 친지들에게 서신을 보낼 때 비둘기의 발에 서신을 묶어서 보내며 이를 비노(飛奴), 즉 '나는 종'이라 불렀다 한다.

25 옥곤륜(玉崑崙) : 옥으로 만든 술그릇을 이른다.

26 양류지(楊柳枝) : 중국 당나라 때부터 유행했던 사곡(詞曲) 이름이다. 애초에는 수나라의 멸망을 애도하는 의미였으나 뒷날에는 이별의 아쉬움을 노래하였다.

문원

전제(專制)를 몰아내는 글 漢

지나 신문을 보니, 음력 섣달 그믐날 밤을 맞아 「전제(專制)를 몰아내는 글」 한 편이 실렸다. 그 서문에 이르길 "문공(文公) 한유(韓愈)가 섣달 그믐날 밤에 「곤궁을 내보내는 글〔送窮文〕」을 지은 까닭은 진실로 곤궁함이 인생에서 가장 곤란한 사안이라 글을 지어 보낸 것이다. 내가 생각건대 전제정치가 또한 더할 나위 없이 괴로운 지경으로 인류 최고의 곤란한 지경이기에 이 글을 지어 몰아내고자 한다." 하였다.

오호라! 네가 우리 중국에 끼친 해악이 참으로 독하다. 진(秦)나라가 정치적 통일을 이룩한 때부터 오늘까지 그동안 수많은 폭군과 탐관이 너에게 힘입어 지독하게 번성하고 너에게 기대어 위압으로 복덕을 누려서 우리 생민을 도탄에 빠트리고 우리 현사(賢士)에게 형벌을 내리며 우리 신명의 자손을 멸절한 까닭에 너의 죄상은 이미 머리카락 수처럼 이루 다 헤아릴 수 없거니와, 아래로 그 자녀와 소인들도 너의 위력을 빌려서 다른 이의 국가를 뒤엎고 다른 이의 종사(宗嗣)를 끊었다. 이제 이십사사(二十四史)[27]를 다 열람하고 나서 생각건대, 너로 인해 재앙이 일어나 다른 이의 집안이 무너지고 다른 이의 나라가 망하지 않은 것을 과연 얼마나 보았던가! 아득한 옛일을 다 거론하지 않지마는 가까이로는 명(明)나라 주씨(朱氏) 천계(天啓)[28] 연간의 조정만 보더라도, 너는 일개 음란하고 미천한 객씨(客氏)와 일개 환관 위충현(魏忠賢)과 더불어

27 이십사사(二十四史) : 『사기(史記)』부터 『명사(明史)』까지 중국의 역대 왕조를 기전체(紀傳體)로 기록한 중국 정사(正史)이다.

28 천계(天啓) : 1621-1627. 명나라 제15대 황제인 희종(熹宗)의 연호이다. 이 시기에 희종의 유모인 객씨(客氏)와 환관 위충현(魏忠賢)이 정권을 농단하였다.

의지하며 간사한 짓을 자행하고는 마침내 어진 이들을 다 너의 채찍과 매질로 죽여버렸다. 이러한 너의 참혹한 해악은 인륜이 전혀 없어서 온 세상이 다 성내지만 그 누구도 감히 어쩌지 못하였다.

가령 루소(Rousseau)라는 이가 올바른 인륜을 창도하고 『사회계약론』의 저술을 통해 너를 단죄하여 도깨비 고장으로 몰아내지 않았더라면, 네가 날마다 성난 화염을 제멋대로 토해내어 오늘이 또 어떠한 세계가 되었을지. 쯧, 너 전제여. 예전에는 인륜이 멸절된 까닭에 너의 창궐을 내버려두어 전 지구 각지에 횡행하고 성행하여 마침내 인류 가운데 힘써 막을 자가 없었지만, 이제는 천도(天道)가 다시 창성한 까닭에 인격이 속히 진보되어 마침내 네가 정착할 곳이 없게 되고 지껄일 곳이 없게 되었다. 그리하여 근래에 우리 중국에 비록 뒤늦은 탄식이 일었지만 소생할 희망이 생겼다.

입헌의 조칙(詔飭)이 이제 반포되어 비록 너의 미약한 숨통을 우리 동아시아의 오래된 나라에서 연장하게 되었지만, 이제 섣달 그믐날이라 곧 내년이 우리 중국 입헌의 첫날이니 인류가 거듭나는 신기원이다. 이와 같은 시기라서 너는 매일 백 리나 줄어들고 천 리나 줄어드니, 그 위축됨을 아마도 말로는 다 할 수 없을 것이다. 그리고 우리 동아시아 신명의 자손이 나날이 무궁히 전진하여 우리의 위엄을 회복하고 우리의 구역을 정리하며 우리 문명을 회복하고 우리 자유를 되찾아서, 둥둥 북을 치고 깽깽 쇠를 치며 모두 방패와 창을 들어 너와 싸우고, 산과 못에 불을 질러 너의 거처를 불태워서 수천 년 동안 너에게 짓밟힌 우리의 한을 갚을 것이다.

오호라! 곤궁해져 위축된 너의 꼬락서니가 나날이 심해지니, 너의 떠도는 혼은 얼마 지나지 않아 썩어빠진 풀과 희미한 반딧불처럼 없음의 상태로 돌아갈 것이다. 내 이토록 통쾌하게 말하며 너의 꼬락서니를 떠올리니 나도 모르게 미친 듯이 소리 높여 웃으며 우주를 뒤흔들고 내

정신과 안색이 춤추는 듯 날아서 용기백배한다. 내 한스러운 것은, 수백 수천 년 동안 인류를 짓밟은 너 같은 흉악한 도적을 즉시 죽이고 우리 동포를 즉시 구원하여 문화의 경지에 속히 올라서 그 창명(昌明)한 기상을 자연히 드러내 대중의 뜻을 통쾌히 하지 못한 것이다.

쯧쯧, 쥐새끼야, 대가리 숙이고 떠나라. 우리는 이미 너의 면목을 물리게 보았고 너의 목소리는 듣기도 싫다. 오래도록 너에게 칼을 꽂아서 추악한 무리인 너를 섬멸하고 너의 무대를 파괴하고 너의 소굴을 소탕하고 싶다. 내 비록 권력이 없어서 너의 목숨을 끊을 수 없지만, 내 목구멍과 혀가 있으니 내 과감히 인류를 이끌어 붓으로 베고 입으로 쳐서 너의 우익(羽翼)을 끊어내고 너의 해악을 제거할 것이다. 너는 전제의 범과 이리다! 너는 전제의 뱀과 전갈이다! 너는 전제의 귀신과 도깨비이다! 너는 전제의 매와 개이다! 너는 피비린내 나는 더러운 전제의 역사이다! 너는 모질고 참혹한 전제의 형률(刑律)이다! 너는 멋대로 하고 잘난 체하고 방자한 전제의 율법이다! 너는 불공평하고 불공정하고 불평등한 전제의 법도이다! 너는 다 네 족속을 데리고 떠나 아득히 먼 별천지에나 가서 살아라!

우리가 사는 이 세계에 대해 너도 일찌감치 들었을 것이니, 20세기에 네가 몸을 숨길 곳은 없다. 입헌국과 공화국을 막론하고 다 네가 즐거이 거처할 곳이 아니니, 네가 인류의 큰 원수이자 인류의 큰 장애임을 사람들이 다 안다. 그러니 너 또한 결단코 그 예봉을 함부로 붙잡지 말고 그 경계를 엿보지 말라. 더구나 우리 중국의 경우 네가 가장 오래 머물고 가장 심하게 가로막고 가장 괴롭게 학대한바 우리의 골수를 찾아서 너의 씹을 거리로 삼고 우리의 고혈을 빼앗아 너의 사치 거리로 삼으니, 남이 너를 원수로 삼지 않아도 너는 또한 조속히 떠나야 할 것이다.

네가 만약 스스로 헤아리지 못하고 이곳을 배회하며 스스로 그르친다면 훗날 진화가 나날이 치닫고 민지(民智)가 나날이 열려 반드시 너를 용납하지 않을 것이다. 다소 너의 자취를 숨겨 해악을 남겨도 각국의 비웃음거리가 될 것이다. 쯧! 전제야, 속히 떠나 머물지 마라. 네가 스스로 떠나지 않고 현명한 길을 일찌감치 피하며 시간만 끌고 관망하면서 때를 기다린다면, 나는 프랑스의 일대 참극을 오늘에 다시 보게 될까 걱정스럽다. 이러하다면 우리나라에 끼친 너의 해독이 잔인한 만큼 너에 대한 우리나라의 보복도 필시 혹독할 것이다. 천도(天道)도 환하고 전례도 가까우니[29] 중국이 멸망하여 끝내 네 멋대로 할 수 있을 것이라 여기지 마라. 나는 네 자손의 멸절을 지켜볼 것이다. 쯧쯧, 쥐새끼야, 대가리 숙이고 떠나라. 율령(律令)처럼 서둘러라.

시보

2월 16일

○ 영친왕비(英親王妃) 책봉 조서 : 조서에 이르시길 "영친왕 관례(冠禮)의 길일을 이달 20일 이후 그믐 전으로 택하여 들여라." 또한 "영친왕 부인의 간택 건을 장례원(掌禮院)에 분부하라."라 하셨다.

동 17일

○ 서씨의 장한 행동 : 대구(大邱) 대동광문회(大東廣文會) 회원 서상돈(徐相敦) 씨가 건의하기를 "우리 2천만 동포가 3개월 금연하고, 그 대금을 매월 1인당 20전씩 수금하면 국채 1천 3백만 원을 보상할 수 있을 것이다." 하고 즉시 7백 원의 의연금을 출연하니, 당장 찬성

29 전례도 가까우니 : 원문은 '은감불원(殷鑒不遠)'이다. 은나라 주왕(紂王)이 거울로 삼을 수 있는 하(夏)나라 걸왕(桀王)의 역사가 가까이에 있다는 말이다.

하여 의연금을 출연하는 이가 적지 않았다.

동 19일

○ 이씨 체포 수감 : 평리원(平理院) 수반검사(首班檢事) 이건호(李健鎬) 씨가 해당원 검사 이준(李儁) 씨를 체포 수감하였다.

동 20일

○ 이씨 청원 : 평리원에 수감된 해당원 검사 이준 씨가 해당원 수반검사 이건호, 법부 형사국장 김낙헌(金洛憲), 법부 문서과장 이종협(李鍾協) 3인을 전부 체포하여 징벌하라고 법부대신에게 청원하였다.

○ 경무서(警務署) 폐지 : 함경북도 변경 및 각 개항 시장의 담당 경무서를 폐지하였다.

○ 이씨 보석 : 본일 오후 5시경에 평리원에서 체포 수감된 이준 씨가 보석으로 풀려났다.

동 25일

○ 연합 연설회 : 본일 오후 1시부터 국민연설대(國民演說臺)에서 신사들이 법률 연설회를 개최하였다. 연설 제목과 변사(辯士)의 씨명(氏名)은 다음과 같다.

- 인권을 존중하지 않을 수 없음〔윤효정(尹孝定)〕
- 백성이 법을 불신하는 원인〔염중모(廉仲模)〕
- 검사의 직권〔이면우(李冕宇)〕
- 백성이 법을 모르는 폐해〔홍임기(洪任祺)〕
- 법률과 여론〔유승겸(兪承兼)〕
- 법관의 마음가짐〔정운복(鄭雲復)〕
- 법률은 치안의 기관〔전덕기(全德基)〕
- 은택(恩澤)은 공평해야 하지 불공평해서는 안 됨〔김명준(金明濬)〕
- 주명(主命) 재산의 보호 여부〔강윤희(姜玧熙)〕

• 부패한 사법(司法)은 문명의 원수〔오세창(吳世昌)〕

○ 오스트리아 황족 입경 : 오스트리아 친왕 요제프(Franz Joseph I)가 입경(入京)하여 손탁호텔〔孫澤孃邸〕에 투숙하였다.

동 26일

○ 이용익(李容翊) 씨 병사 : 블라디보스토크에서 다음과 같은 전보를 보냈다. "본지(本地)에서 체류 중이던 이용익 씨가 지난 24일 아침에 지병으로 사망하였다."

동 27일

○ 오스트리아 황족 폐하 알현 : 오스트리아 친왕 요제프가 오후 5시 중명전(重明殿)에서 폐하를 알현하였다.

○ 이씨 공판 : 평리원에서 해당원 검사 이준 씨를 공개재판하였다. 법관의 불공평함에 이씨가 불복하였다.

3월 1일

○ 오스트리아 황족 경성 출발 : 오스트리아 친왕이 남대문 발 1번 열차를 타고 부산으로 향하였다.

○ 시찰원 임명 : 일본 시찰원 16명이 임명되었다.

○ 남한(南韓) 학교 증설지 : 학부(學部) 히로타(廣田) 촉탁(廣田囑托)이 남한을 시찰하고 학교 증설지를 다음과 같이 결정하였다. 원주(原州), 상주(尙州), 울산(蔚山), 성주(星州), 청주(淸州), 강경(江景), 남원(南原), 나주(羅州), 목포(木浦), 군산(群山), 동래(東萊).

동 4일

○ 시찰원 분담 : 민영인(閔泳璘), 이기동(李基東), 이재항(李載恒), 조남익(趙南益), 심영섭(沈瓆燮) 5인은 일본국 궁내성 사무시찰로, 조동윤(趙東潤), 이명수(李明秀) 2인은 동(同) 육군성 사무시찰로, 송지헌(宋之憲), 권직상(權直相) 2인은 동 내무성 사무시찰로, 한상학(韓相鶴), 민영오(閔泳五) 2인은 동 대장성(大藏省) 사무시찰로, 권태환(權泰

煥), 홍운표(洪運杓) 2인은 동 내각 사무시찰로, 이능화(李能和), 민건식(閔建植), 이회구(李會九) 3인은 동 문부성(文部省) 사무시찰로 분담되었다.

동 5일

○ 인천 대화재 : 오전 5시 인천에서 큰 화재가 나서 한국인 가옥 18호, 일본인 가옥 373호, 청국인 가옥 9호 등이 소실되었는데, 그 피해액이 대략 백만 원가량이라 한다.

동 8일

○ 이안(李案) 승인 : 법부대신 이하영(李夏榮) 씨가 평리원 검사 이준 씨의 사건을 태형 100대로 처결할 뜻을 아뢰었는데 특별히 3등급을 감하라시는 황명을 받았다.

○ 공업전습소(工業傳習所) 신설 : 공업전습소를 신설하고 관제(官制)를 널리 알리며 신수과목(新授科目) 등을 신설 시행하였다.

동 10일

○ 일본 육군 기념제 : 본일은 러일전쟁 제2회 기념일이라 하여 일본군 사령부에서 기념 축제를 성대히 거행한다고 한다.

동 11일

○ 영친왕 관례식(冠禮式) : 영친왕 전하의 관례식을 거행하였다.

○ 대한의원(大韓醫院) 관제 : 이번에 대한의원 관제를 널리 알렸다.

○ 내협(內協) 전임 : 내부 협판(內部協辦) 박의병(朴義秉) 씨가 한성 부윤(府尹)으로 전임되었다.

동 12일

○ 법회(法會) 공문 : 법안연구연합회(法案研究聯合會)에서 법부와 의정부에 공문을 보내 법부대신의 사퇴를 권고하였다.

○ 영친왕 부인 초간택(初揀擇) : 영친왕 부인의 초간택 의식을 거행하였다. 의친왕부 총판(義親王府總辦) 민봉식(閔鳳植) 씨의 따님이 수망

(首望)으로 참여하였다.

동 14일

○ 다시 은명을 내리시다 : 조서에 이르시길 "이번의 경사로 짐의 마음이 매우 기쁘니 은혜를 널리 베푸는 거사를 행할 것이다. 노약자의 몸으로 수감된 이들이 가장 불쌍하다. 법부와 육군법원의 각 해당 재판소로 하여금 육범(六犯) 내외의 나이 70세 이상 15세 이하이면 기결·미결을 막론하고 전부 특별히 석방하여 경사의 기쁨을 함께하는 뜻을 보여라." 하셨다.

동 15일

○ 법부대신 이하영 씨가 평리원 검사 이준 씨를 태형 100대로 처결할 뜻을 아뢰니 대황제 폐하께서 특별히 3등급을 감하여 태형 70대로 처결하셨다. 이에 법부대신이 한층 불평을 더하여 이준 씨를 면관(免官)하라는 내용의 상소를 올리니 황제께서 보류하셨다.

○ 국채(國債) 1천 3백만 원 보상 건에 대하여 경향(京鄕) 각지에서 발기하지 않은 곳이 없다고 한다.

회보

제5회 통상회록

광무 11년 3월 2일 오후 7시에 본 회관에서 개회하고 회장 정운복(鄭雲復) 씨가 자리에 올랐다. 서기가 이름을 점검하니 출석원이 40인이었다. 전회 회록을 낭독하니 착오처가 없어 바로 받아들였다. 평남 권유위원(勸諭委員)의 보고를 공포하였다. 류동작(柳東作) 씨가 제의하기를 "평양 각 학교에서 사용하는 교과서를 조사하여 본회에서 맡아 내려보내되

책값은 두 달 한도로 선부담하여 보내자." 함에 한광호(韓光鎬) 씨의 재청으로 가결되었다. 회계원 김달하(金達河) 씨가 회금(會金) 출납을 보고하였다. 류동작 씨가 특청하기를 "회금의 수입·지출의 잔액을 은행에 저축한 실제 액수와 합산하여 매 통상회의에서 보고하게 하자." 함에 이의가 없었다. 최재학(崔在學) 씨가 특청하기를 "김유탁(金有鐸) 씨가 제의한 바 각 임원 및 협찬원은 월보 원고를 매월 10일 내 만들어 보낼 것을 회원 전체에게 공포하자." 하니 이의가 없었다. 재일본 도쿄 태극학회 회장 장응진(張膺震) 씨의 답신과 운산 군수(雲山郡守) 양봉제(梁鳳濟)의 공함(公函)과 법안연구연합회(法案研究聯合會) 공함과 곽산흥양학회(郭山興襄學會) 공함을 보고하였다. 평의원 안병찬(安秉瓚), 안익(安瀷) 2인의 사면 청원서를 보고하자 김명준(金明濬) 씨가 특청하기를 "안병찬 씨는 현재 평북 검사로서 임지에 있으니 청원에 따라 사면을 허락하고 안익 씨는 신병이 지금 이미 쾌차하였으니 청원서를 돌려보내자." 하니 이의가 없었다. 장연군(長淵郡) 장현규(張顯奎) 씨 등 4인과 운산군(雲山郡) 강낙수(康樂洙) 씨 등 11인과 평양군 황영환(黃永煥) 씨 등 134인의 입회 청원서를 수락하였다. 본회 소관 서우학교 총교장 이도재(李道宰) 씨가 지난해 평북 관찰사 재임 시에 그 도 21군에 설립하였던 한위사(捍衛社) 자본금을 본회 소관 서우학교 학비로 기부하신 사실을 공포하였다. 국채 보상에 대하여 본 회원 전체의 의연금은 본회로 송부할 것을 공포하였다. 총무원 김명준 씨가 안창호(安昌浩) 씨 환영회 개최의 전말을 설명하였다. 안창호 씨가 국민의 의무는 단합·진력 두 가지 외에는 없다는 주제로 연설하고 회장 정운복 씨가 답사하였다. 시간이 다하여 김형섭(金亨燮) 씨의 특청으로 폐회하였다.

신입회원 씨명

정경보(鄭敬寶) 송인보(宋燐甫) 김정재(金丁哉) 김제현(金濟現)
안석상(安碩尙) 김두병(金斗柄) 김형복(金亨復) 길현서(吉賢瑞)
김기창(金基昌) 최창립(崔昌立) 최시건(崔時健) 이창즙(李昌檝)
노문일(盧文逸) 유계식(劉啓寔) 김용주(金龍珠) 차운봉(車運鳳)
정윤문(鄭允文) 지기영(池基榮) 조원하(趙元夏) 김태운(金兌運)
김백선(金伯善) 백낙원(白樂元) 안창호(安昌浩) 이면희(李冕羲)
김이섭(金履燮) 박숭전(朴崇銓) 김봉근(金奉根) 김석엽(金錫曄)
홍종관(洪鍾觀) 황대영(黃大永) 황병준(黃秉俊) 황　업(黃　業)
정희순(鄭熙淳) 변인석(邊仁錫) 우봉한(禹鳳翰) 최예식(崔禮植)
최정환(崔晶煥) 김인환(金仁煥) 이승모(李承模) 이화진(李華鎭)
박재수(朴在秀) 양제만(楊濟晩) 김영진(金英鎭) 박진학(朴鎭學)
선우경(鮮于儆) 김수철(金壽哲) 이원학(李元鶴) 김영필(金永弼)
최응두(崔應斗) 김영건(金永鍵) 차종호(車宗鎬) 채수현(蔡洙玹)
박경석(朴經錫) 한성리(韓成履) 박태립(朴台岦) 김명래(金命來)
차주원(車周遠) 김경빈(金景彬) 김문준(金文俊) 홍병은(洪炳殷)
장하성(張夏星) 황석헌(黃錫憲) 박성휴(朴性烋) 김기웅(金基雄)
박대윤(朴大潤) 주선명(朱善明) 김윤보(金允輔) 오선하(吳善夏)
정기용(鄭基用) 선우석(鮮于奭) 정진용(鄭震溶) 이연봉(李演鳳)
김명식(金明植) 박규남(朴圭南) 이학수(李鶴洙) 정인숙(鄭仁叔)
박봉보(朴鳳輔) 오윤선(吳胤善) 남순우(南舜祐) 왕면호(王冕鎬)
한창정(韓昌禎) 김승섭(金昇燮) 강기현(康基鉉) 홍재운(洪在雲)
강기익(康基鉽) 강기록(康基錄) 강희두(康熙斗) 이태진(李泰鎭)
장용건(張用健) 김명즙(金命楫) 이창서(李昌瑞) 최영학(崔永學)
유한걸(劉漢杰) 이태진(李泰鎭) 양재진(楊在鎭) 손면후(孫冕後)

김기탁(金起鐸) 홍종협(洪鍾協) 김병찬(金炳瓚) 김택풍(金宅豊)
석태경(石泰慶) 진태연(陳泰淵) 최은성(崔殷聖) 윤기주(尹基周)
박학전(朴鶴銓) 김석영(金錫英) 최주환(崔周煥) 장기영(張基永)
박선근(朴宣根) 김홍렬(金弘烈) 나인강(羅仁綱) 옥창호(玉昌鎬)
김항규(金恒圭) 강능주(姜能周) 김영하(金永夏) 윤하주(尹夏柱)
박도순(朴道淳) 백요흠(白堯欽) 김선팔(金善八) 박도환(朴道煥)
황영환(黃永煥) 선우억(鮮于檍) 조석간(曹錫幹) 한봉의(韓鳳儀)
김병하(金炳河) 최진업(崔鎭業) 김순현(金舜鉉) 김학귀(金學龜)
문태규(文泰圭) 김일원(金一元) 이규철(李奎澈) 조석희(趙錫禧)
김정현(金正鉉) 이진태(李鎭泰) 이기병(李基柄) 김경선(金景先)
이의선(李儀鮮) 김규석(金圭錫) 이덕준(李德濬) 박제균(朴濟均)
오형봉(吳瀅鳳) 오익영(吳翊永) 임찬주(林燦周) 문영증(文榮增)
김동만(金東萬) 김두학(金斗學) 김관호(金觀鎬) 김기황(金基璜)
이익겸(李益謙) 이교식(李敎植) 김봉건(金鳳鍵) 이종규(李宗圭)
김용준(金龍俊) 김진후(金鎭厚) 김영환(金泳環) 이석용(李錫龍)
김규현(金奎鉉) 김필순(金弼淳) 김두환(金斗桓) 최찬효(崔鑽孝)
황석용(黃錫龍) 이보현(李輔鉉) 이건종(李建鍾) 김원철(金元喆)
최관수(崔觀洙) 박선하(朴善河) 장달빈(張達斌) 이희간(李喜侃)
이면규(李冕奎) 현도철(玄道澈) 홍병은(洪炳殷) 정태형(鄭泰炯)
김광진(金光鎭) 김필주(金弼柱) 오치묵(吳致默) 장수철(張壽喆)
신덕균(申德均) 채원혁(蔡元赫) 김두진(金斗振) 노득주(盧得柱)
이두성(李斗成) 지사영(池思榮) 홍순칠(洪淳七) 장진석(張鎭奭)
김창호(金昌鎬) 최봉강(崔鳳岡) 이연준(李鍊俊) 최태형(崔泰衡)
길헌태(吉憲泰) 김낙경(金洛卿) 양봉을(梁鳳乙) 이국심(李國心)
오익영(吳翊泳) 전태순(全泰舜) 이창모(李昌模) 한상면(韓相冕)
박문징(朴文徵) 박상목(朴相穆) 김경변(金慶變) 김병하(金炳河)

이병건(李炳乾) 송남붕(宋南鵬) 차병희(車炳禧) 신형균(申瀅均)
김희인(金希麟) 신언구(申彦球) 이기성(李基鋮) 신현덕(申鉉德)
최 열(崔 烈) 임찬주(林燦周) 한영관(韓永寬) 양영근(楊泳根)
이병렬(李炳洌) 이윤실(李允實) 백시항(白始降) 노옥근(盧玉根)
김용병(金用炳) 김태현(金泰鉉) 김균석(金均錫) 함처일(咸處一)
마준표(馬駿杓) 김시봉(金時鳳) 이충건(李忠健) 이창섭(李昌燮)
이시우(李時雨) 이연철(李演喆) 최호범(崔豪範) 표치정(表致楨)
이종백(李鍾伯) 김천우(金天雨) 기재동(奇在東) 이풍희(李豊喜)
정건유(鄭健裕) 이성근(李聖根) 기재선(奇在善) 양우범(梁禹範)
이정식(李貞植) 강세열(康世烈) 기봉순(奇鳳淳) 양기회(梁基檜)
배태화(裵泰華) 이정균(李鼎均) 황영중(黃濚中) 황희중(黃羲中)
김영건(金永健) 김긍진(金肯鎭) 방철서(方澈恕) 김계헌(金啓憲)
이태학(李泰學) 홍종서(洪鍾緖)

회계원 보고 제5호

16원 71전 회계원 임치 조(條)
17원 80전 월보 대금 수입 조, 우편 비용 포함
합계 34원 51전

○ 제5회 입회금 수납 보고

박영두(朴永斗) 이영근(李永根) 김정재(金丁哉) 문학시(文學詩)
문석환(文錫瓛) 김관구(金錧九) 김세호(金世昊) 백학증(白學曾)
강낙수(康樂洙) 강재린(康載麟) 김제홍(金濟弘) 정우범(鄭禹範)
이계식(李桂植) 백낙성(白樂星) 김제현(金濟現) 김기창(金基昌)

김병제(金秉濟) 양봉제(梁鳳濟) 안석상(安碩尙) 최창립(崔昌立)
이두하(李斗河) 양기탁(梁起鐸) 김두병(金斗柄) 최시건(崔時健)
이민후(李敏厚) 이용석(李用錫) 길승규(吉昇奎) 이창즙(李昌檝)
김여찬(金麗燦) 정경보(鄭敬寶) 김형복(金亨復) 노문일(盧文逸)
어용헌(魚用헌) 송찬보(宋燦甫) 강문경(康文璟) 유계식(劉啓寔)
김용주(金龍珠) 정희순(鄭熙淳) 최응두(崔應斗) 박대윤(朴大潤)
차운봉(車運鳳) 변인석(邊仁錫) 김영건(金永鍵) 주선명(朱善明)
정윤문(鄭允文) 장봉한(張鳳翰) 차종호(車宗鎬) 김윤보(金允輔)
김백선(金伯善) 최예식(崔禮植) 채수현(蔡洙玹) 오선하(吳善夏)
길현서(吉現瑞) 최정환(崔晶煥) 박경석(朴經錫) 정기용(鄭基用)
안창호(安昌鎬) 김인환(金仁煥) 한성리(韓成履) 선우석(鮮于奭)
김응선(金應善) 이승모(李承模) 박태립(朴台岦) 정진용(鄭震溶)
이면희(李冕羲) 이화진(李華鎭) 김명래(金命來) 이연봉(李演鳳)
김이섭(金履燮) 박재수(朴在秀) 차주원(車周遠) 김명식(金明植)
박숭전(朴崇銓) 양제만(楊濟晩) 김경빈(金景彬) 박규남(朴圭南)
김봉근(金奉根) 김영진(金英鎭) 김문준(金文俊) 이학수(李鶴洙)
김석엽(金錫曄) 박진학(朴鎭學) 홍병은(洪炳殷) 정인숙(鄭仁淑)
홍종관(洪鍾觀) 선우경(鮮于儆) 장하성(張夏星) 박봉보(朴鳳輔)
황대영(黃大永) 김수철(金壽哲) 황석헌(黃錫憲) 오윤선(吳胤善)
황병준(黃秉俊) 이원학(李元鶴) 박성휴(朴性烋) 남순우(南舜祐)
황　업(黃　業) 김영필(金永弼) 김기웅(金基雄) 왕면호(王冕鎬)
한창정(韓昌禎) 김명즙(金命楫) 김택풍(金宅豊) 김홍렬(金弘烈)
김승섭(金昇燮) 이창서(李昌瑞) 석태경(石泰慶) 나인강(羅仁綱)
강기현(姜基鉉) 최영학(崔永學) 진태연(陳泰淵) 옥창호(玉昌鎬)
홍재운(洪在雲) 유한걸(劉漢杰) 최은성(崔殷聖) 김항규(金恒圭)
강기익(康基釴) 이태진(李泰鎭) 윤기주(尹基周) 강능주(姜能周)

강기록(康基錄) 양재진(楊在鎭) 박용전(朴龍銓) 김영하(金永夏)
강창두(康昌斗) 손면후(孫冕後) 김석영(金錫英) 윤하주(尹夏柱)
강희두(康熙斗) 김기탁(金起鐸) 최주환(崔周煥) 박도순(朴道淳)
이태진(李泰鎭) 홍종협(洪鐘協) 장기영(張基永) 백요흠(白堯欽)
장용건(張用健) 김병찬(金炳瓚) 박선근(朴宣根) 김선팔(金善八)
이석용(李錫龍) 노영식(盧永軾) 김진후(金鎭厚) 이종규(李宗圭)
김규현(金奎鉉) 변창혁(邊昌爀) 김윤화(金允和) 이교식(李敎植)
안태국(安泰國) 김용준(金龍俊) 정재명(鄭在命) 조경훈(趙庚薰)
황영환(黃永煥) 김일원(金一元) 한영교(韓英敎) 이은규(李誾珪)
각 1원씩
합계 156원

○ 제5회 월연금 수납 보고

박영두(朴永斗) 1원 10년 11월부터 11년 3월까지 5개월 조
한용증(韓龍曾) 2원 10년 10월부터 11년 9월까지 1개년 조
장익후(張益厚) 2원 10년 2월부터 11년 11월 1개년 조
문학시(文學詩) 60전 10년 10월부터 12월까지 3개월 조
양대록(楊大祿) 60전 1월부터 3월까지 3개월 조
백학증(白學曾) 60전 10년 10월부터 12월까지 3개월 조
이용석(李用錫) 2원 11년 2월부터 12년 1월까지 1개년 조
정우범(鄭禹範) 60전 10년 10월부터 12월 3개월 조
정경보(鄭敬寶) 1원 2월부터 6월까지 5개월 조
길현서(吉賢瑞) 2원 11년 3월부터 12년 2월까지 1개년 조
김정재(金丁哉) 1원 10전 2월부터 7월까지 6개월 조
김응선(金應善) 1원 10년 10월부터 11년 2월까지 5개월 조
김제홍(金濟弘) 1원 10년 10월부터 11년 2월까지 5개월 조

최재학(崔在學) 80전 10년 12월부터 11년 3월까지 4개월 조
김제현(金濟現) 20전 3개월 조
선우예(鮮于叡) 40전 2월부터 3월까지 1개월 조
안석상(安碩尙) 20전 3개월 조
김영택(金永澤) 1원 10년 12월부터 11년 4월까지 5개월 조
김두병(金斗柄) 2원 11년 3월부터 12년 2월까지 1개년 조
이은규(李誾珪) 1원 10년 10월부터 11년 2월까지 5개월 조
강문경(康文璟) 1원 10년 10월부터 11년 2월까지 5개월 조
계영삼(桂英三) 40전 1월부터 2월까지 2개월 조
송우영(宋禹榮) 60전 1월부터 3월까지 3개월 조
합계 23원 10전

○ 제5회 기부금 수납 보고

양봉제(梁鳳濟) 5원 문학시(文學詩) 50원
양기탁(梁起鐸) 10원 백학증(白學曾) 20원
이용석(李用錫) 20원 정우범(鄭禹範) 20원
이재임(李在林) 5원 길현서(吉賢瑞) 20원
김정재(金丁哉) 1원 김규현(金奎鉉) 2원
한용증(韓龍曾) 30원
찬성원(贊成員) 김상만(金相萬) 초등소학 4책
합계 183원
이상 4건 총합 396원 61전 이내

○ 제5회 사용비 보고 : 2월 15일부터 3월 15일까지

121원 5전 4호 월보 인쇄비, 종이 값 포함
2원 11전 5리 양지봉투(洋紙封套), 괘등(掛灯), 소필(小筆), 등피,

	성냥 값 포함
55전	차관(茶罐) 1개 값
30전	달력 1건 값
3원	학교장(學校章), 교장장(校長章), 총교장장(總校長章) 3개 값
2원 50전	5리 우표 500장 값
1원 45전	각 신문 값 5종
90전	4호 월보 120책 각 6개소 배송 시 소포비
1원 65전	학교교장인장(學校校長印章), 합인주인장(合印朱印章), 궤(櫃) 값 포함
24전	미국 각 사회 4호 월보 배송 시 소포비
63전	우유 1통, 과자 값 포함, 안창호(安昌鎬) 영접 시
7원 20전	장작 6태(駄) 값
30전	학교 개학 광고비
2원 64전	목탄 1태 값
30전	4호 월보 짐삯 지급
1원	각 신문사 간친회 시 비용
1원 12전 5리	국채 보상 의무금(義務金) 3일 광고비
20원	5호 월보 인쇄비 중 선급

합계 167원 40전 제외하고

잔액 229원 21전 이내.

110원 평양사무소 임치

100원 한성은행 저축

합계 210원 제외하고

잔액 19원 21전 회계원 임치.

한성은행 저축금 도합 810원.

광고

○ 본회 특별 알림

본회에서 국채 배상금 모집에 대한 우리 회원의 의연금은 오직 본회관으로 취합하여 장차 정당한 수금소로 납부할 것임은 이미 신보(申報)에 광고가 있었거니와 대개 이 배상금 문제는 우리 전국 동포의 충군애국 사상이 일제히 분발한 데서 연유한 것입니다. 각 신문에 게재된 사실을 살펴보면 남녀 귀천 빈부를 막론하고 그 선두를 다투면서 뒤쳐질까 염려하는 진지한 성의가 과연 어떠한지요. 본회의 경우 국민의 책임을 마땅히 다해야 할 의무가 더욱 절실하고 귀중하며 일반 국민의 칭찬과 기대에 부응하는 것도 가벼운 일이 아니니, 이 국채의 문제에 대해 어찌 감히 정성과 노력을 다하지 않겠습니까. 우리 회원들께서 더욱 분발해주시어 의연금을 기한 내에 납부하여 주시기 바랍니다.

단, 액수에는 구애받지 마십시오.

<table>
<tr><td colspan="3">광무 10년 12월 1일 창간</td></tr>
<tr><td colspan="3">회원 주의</td></tr>
<tr><td rowspan="2">회비 송부</td><td>회계원</td><td>한성 남서(南署) 하교(河橋) 48통 10호 서우학회관 내 김달하(金達河) 김윤오(金允五)</td></tr>
<tr><td>수취인</td><td>서우학회</td></tr>
<tr><td rowspan="2">원고 송부</td><td>편집인</td><td>한성 남서 하교 48통 10호 서우학회관 내 김명준(金明濬)</td></tr>
<tr><td>조건</td><td>용지 : 편의에 따라
기한 : 매월 10일 내</td></tr>
<tr><td>주필</td><td colspan="2">박은식(朴殷植)</td></tr>
<tr><td>편집 겸 발행인</td><td colspan="2">김명준(金明濬)</td></tr>
<tr><td>인쇄소</td><td colspan="2">보성사(普成社)</td></tr>
<tr><td>발행소</td><td colspan="2">한성 남서 하교 48통 10호 서우학회관</td></tr>
<tr><td>발매소</td><td colspan="2">한성 북서(北署) 안동(安洞) 4가 동화서관(東華書舘)
평안남도 평양성 내 종로(鐘路) 대동서관(大同書觀)
평안북도 의주(義州) 남문 밖 한서대약방(韓西大藥房)
황해도 재령읍 제중원(濟衆院)</td></tr>
<tr><td>정가</td><td colspan="2">1책 : 금 10전(우편비용 1전)
6책 : 금 55전(우편비용 6전)
12책 : 금 1환(우편비용 12전)</td></tr>
<tr><td>광고료</td><td colspan="2">반 페이지 : 금 5환
한 페이지 : 금 10환</td></tr>
<tr><td colspan="3">첨원(僉員) 주의</td></tr>
<tr><td colspan="3">1. 본회의 월보를 구독하거나 본보에 광고를 게재하고자 하시는 분들은 서우학회 서무실로 신청하십시오.
1. 본보 대금과 광고료는 서우학회 회계실로 송부하십시오.
1. 선금이 다할 때에는 봉투 겉면 위에 날인으로 증명함.
1. 본보를 구독하고자 하시는 여러분은 주소와 통호(統戶)를 소상히 기재하여 서우학회 서무실로 보내주십시오.
1. 논설, 사조 등을 본보에 기재하고자 하시는 여러분은 서우학회 회관 내 월보 편집실로 보내주십시오.</td></tr>
</table>

○ **영업 개요**

-만 가지 서적의 구비는 본관의 특색-

△ 종교와 역사 서적	○ 내외 도서 출판	△ 법률과 정치 서적
△ 수학과 이과 서적	○ 교과서류 발매	△ 수신과 위생 서적
△ 실업과 경제 서적	○ 신문 잡지 취급	△ 어학과 문법 서적
△ 지리와 지도 서적	○ 학교용품 판매	△ 생리와 화학 서적
△ 소설과 문예 서적		△ 의학과 양잠 서적

-배달 우편료의 불필요는 독자의 경제-

(본점) 황성 중서(中署) 포병(布屛) 밑 중앙서관(中央書館)

(지점) 평북 선천읍(宣川邑) 천변 신민서회(新民書會)

역자소개

권정원 權政媛

부산대학교 점필재연구소 연구원. 한국한문학 전공. 조선후기 문인 이덕무(李德懋)를 연구해 왔으며, 조선후기 문단의 명청문학유파 수용에 주목하고 있다. 주요 논저로 『책에 미친 바보』(2011), 『역주 이재난고』(공역, 2015), 『완역 태극학보』(공역, 2020), 「이덕무의 명청문학에 대한 관심의 추이 양상」(2015), 「이덕무의 경릉파 인식과 수용」(2017) 등이 있다.

신재식 申在湜

부산대학교 점필재연구소 연구원. 한국경학 전공. 조선에서의 명말청초 경학자 고염무(顧炎武) 학설의 수용 사례를 연구하였다. 주요 논저로 「정조조(正祖朝) 경학(經學)의 고염무 경설(經說) 수용 양상」(2017), 「조선후기 지식인의 이광지 수용과 비판」(2017), 「조선후기 고증학과 염약거」(2019), 『완역 태극학보』(공역, 2020) 등이 있다.

신지연 申智姸

한국근현대문학을 전공했다. 현재 동덕여대에서 강의하고 있다. 주요 저서로 『글쓰기라는 거울-근대적 글쓰기의 형성과 재현성』(2007), 『증상으로서의 내재율』(2014), 『완역 조양보』(공역, 2019), 『완역 태극학보』(공역, 2020) 등이 있다.

최진호 崔珍豪

동아시아학 전공자로 중국의 근대성이 한국에서 갖는 의미를 연구하고 있다. 현재 성균관대, 서울과학기술대학 등에서 강의하고 있다. 주요 논저로 『상상된 루쉰과 현대중국』(2019), 「'모랄'과 '의식화'-한국에서 '루쉰의 태도' 번역의 계보」(2019), 「친선과 연대의 정치성」(2019) 등이 있다.

연구진

연구책임자	강명관
공동연구원	손성준
	유석환
	임상석
전임연구원	권정원
	신재식
	신지연
	최진호
연구보조원	서미나
	이강석
	장미나

대한제국기번역총서

완역 서우 1

2021년 7월 20일 초판 1쇄 펴냄

역 자 권정원·신재식·신지연·최진호
발행인 김흥국
발행처 보고사

책임편집 황효은
표지디자인 손정자

등록 1990년 12월 13일 제6-0429호
주소 경기도 파주시 회동길 337-15 보고사
전화 031-955-9797(대표), 02-922-5120~1(편집), 02-922-2246(영업)
팩스 02-922-6990
메일 kanapub3@naver.com / bogosabooks@naver.com
http://www.bogosabooks.co.kr

ISBN 979-11-6587-201-4 94910
979-11-6587-200-7 (세트)

정가 28,000원

이 저서는 2017년 대한민국 교육부와 한국학중앙연구원(한국학진흥사업단)의 한국학 분야 토대연구지원사업의 지원을 받아 수행된 연구임(AKS-2017-KFR-1230013)